宅建士試験 速報！

宅地造成等規制法が
盛土規制法に[illegible]た

令和４年５月27日に公布[illegible]一部を改正する法律」に基づき、「宅地造成及び特定盛土等規制法」が令和５年５月26日に施行されました。

大雨に伴って盛土が崩落し、甚大な人的・物的被害が発生していることなどから、土地の用途（宅地・森林・農地等）にかかわらず、**危険な盛土等を全国一律の基準で包括的に規制**するのが目的です。

これまで指定されていた宅地造成等規制区域に加えて、**特定盛土等規制区域**が新設され、規制区域内で行われる盛土等には**都道府県知事等の許可**が必要となりました。

また、施工状況の**定期報告**や、施工中の**中間検査**及び工事完了時の**完了検査**により、盛土等の安全確保が図られています。

盛土等が行われた土地の所有者等に対しては、「**常時安全な状態に維持する責務**」があることを明確化し、災害防止のため必要があるときは、土地所有者等だけでなく、当該盛土等を行った造成主や工事施工者、過去の土地所有者等を含む**原因行為者**に対しても、都道府県知事等が**是正措置等を命令**することができるようになりました。

また新たに、主務大臣が宅地造成、特定盛土等または土石の堆積に伴う災害の防止に関する基本的な方針（**基本方針**）を定めるべきことが規定され、都道府県等はその基本方針に基づいておおむね５年ごとに、災害のおそれのある土地に関する**基礎調査**を行うこととなりました。

※令和６年度の宅建士試験の法令基準日は、例年通り、令和６年４月１日現在で施行されている法令等が基準になるものと見込まれます。改正法等に関する最新情報は、本書専用のブログにて公開いたします（アドレスは本冊の最終ページに記載しています）。

『宅建士　2023年法改正と完全予想模試』収録の予想問題が令和5年度試験でズバリ的中!! しました

本試験問題　問13

2　集会は、区分所有者の4分の3以上の同意があるときは、招集の手続を経ないで開くことができる。

完全予想模試③　問13

3　集会は、区分所有者及び議決権の各4分の3以上の多数の同意があるときは、招集の手続きを経ないで開くことができる。

本試験問題　問15

2　高度利用地区は、土地の合理的かつ健全な高度利用と都市機能の更新とを図るため、都市計画に、建築物の高さの最低限度を定める地区とされている。

完全予想模試①　問15

1　高度利用地区は、用途地域内において市街地における土地の合理的かつ健全な高度利用と都市機能の更新とを図るため、建築物の容積率の最高限度及び最低限度を定める地区である。

本試験問題　問19

1　都道府県知事は、関係市町村長の意見を聴いて、宅地造成工事規制区域内で、宅地造成に伴う災害で相当数の居住者その他の者に危害を生ずるものの発生のおそれが大きい一団の造成宅地の区域であって、一定の基準に該当するものを、造成宅地防災区域として指定することができる。

完全予想模試③　問19

4　都道府県知事は、関係市町村長の意見を聴いて、宅地造成工事規制区域外で、宅地造成に伴う災害で相当数の居住者その他の者に危害を生ずるものの発生のおそれが大きい一団の造成宅地の区域であって一定の基準に該当するものを、造成宅地防災区域として指定することができる。

コンデックス情報研究所では、長年の過去問題の分析結果にもとづき予想問題を作成しております。その結果、令和５年度試験においても、以下のように予想問題と同じ問題が本試験で多数出題されました。本書はその経験と研究の成果を活かして編集された書籍です。

本試験問題　問30

ア　Aが免許を受けた日から6か月以内に甲県知事に営業保証金を供託した旨の届出を行わないとき、甲県知事はその届出をすべき旨の催告をしなければならず、当該催告が到達した日から1か月以内にAが届出を行わないときは、その免許を取り消すことができる。

完全予想模試②　問29

3　甲県知事は、Aによる供託から3月が経過してもAから供託の届出がないことから、Aに対して届出をするよう催告したが、催告後1か月が経過しても依然としてAから届出がない場合、Aの宅地建物取引業の免許を取り消すことができる。

本試験問題　問37

2　宅地建物取引業者は、その事務所ごとに従業者名簿を備えなければならないが、取引の関係者から閲覧の請求があった場合であっても、宅地建物取引業法第45条に規定する秘密を守る義務を理由に、閲覧を拒むことができる。

完全予想模試④　問30

3　宅地建物取引業者は、その事務所に従業者名簿を備えることとされているが、取引の関係者から請求があった場合、当該名簿をその者に閲覧させなければならない。

的中問題続出!!

本試験問題		完全予想模試
本試験問題　問15-4	ズバリ的中!!	完全予想模試④　問15-1
本試験問題　問21-1		完全予想模試①　問21-1
本試験問題　問24-1		完全予想模試①　問24-1
本試験問題　問38-エ		完全予想模試②　問33-ウ
本試験問題　問43-4		完全予想模試③　問37-ア

他　多数!!

『宅建士　2024年法改正と完全予想模試』は、2024年６月に発売予定!!

令和５年度本試験問題の分析と令和６年度受験対策

難度は昨年度と同程度、 合否判定基準は 36 問以上

権利変動（14 問＝± 0）

科　目	民　法	借地借家法	区分所有法	不動産登記法
出題数	10	2	1	1

出題内容を解説

民法は、近年の法改正に関する出題が多くみられた。基本的な内容を押さえておけば正解できる問題が多く、難度は昨年より低くなった。

問１は、毎年１問出題される**判決文**による出題です。共同相続に関する改正点も問われましたが、判決文をよく読めば正解できる問題でした。

問２は、**相隣関係**に関する出題です。昨年の改正点が出題されたので、改正内容を把握していなければ正解が難しい問題でした。

問３は、**契約不適合**に関する出題です。基本的な知識を押さえていれば正解できる問題でした。

問４は、**相殺**に関する出題です。相殺に関する基本的な理解があれば正解できる問題でした。

問５は、**不在者の財産の管理**に関する出題です。基本的な知識があれば正解できる問題でした。

問６は、**取得時効**に関する出題です。個数問題で、対抗要件をしっかり理解していなければ正解が難しい問題でした。

問７は、**配偶者居住権**に関する出題です。令和２年度の改正内容ですが、基本的な知識があれば正解できる問題でした。

問８は、**無効及び取消し**に関する出題です。未成年者の行為と追認に関する理解が求められ、難度の高い問題でした。

問９は、**賃貸借契約における修繕**に関する出題です。基本的な問題なので、正解しておきたい問題でした。

問 10は、**抵当権の順位の放棄と配当額**に関する出題です。按分の仕方を理解できないと正解できない問題でした。

問 11 は、**借地借家法上の借地権**に関する出題です。細かい知識が問われており、比較的難度が高い問題でした。

問 12 は、**借地借家法上の建物賃貸借契約**に関する出題です。借地借家法の条文、基本的な判例を押さえていれば正解できる問題でした。

問 13 は、**建物区分所有法**に関する基本的な出題であり、確実に正解すべき問題でした。

問 14 は、**不動産登記法**に関する出題です。基本的な条文を押さえていれば正解できる問題でした。

令和 6 年度受験対策 ▶▶▶ 条文と有名判例を中心に学習をしよう

民法は、過去問の知識だけで正解することができる問題は多くはありませんので、テキスト等で基本知識をしっかりと学習する必要があります。基本知識とは、**条文知識と判例知識**です。宅建士試験では、条文や判例の知識を問う問題がほとんどですので、この 2 つに焦点をあてて勉強をする必要があります。

令和 5 年度試験も**改正後の民法の条文に関する知識を問う問題**が出題されました。令和 6 年度は、引き続き、近年改正があった重要条文はしっかりと押さえておきましょう。

借地借家法、区分所有法は、過去問で問われた知識が繰り返し出題されていますので、過去問中心の対策をしておきましょう。

法令上の制限 (8 問＝± 0)

科　目	都計法	建基法	宅造法	区画法	農地法	国土法
出題数	2	2	1	1	1	1

出題内容を解説 都市計画法、建築基準法は、標準的な難度の問題が出題された

都市計画法の**問 15** は、過去に出題されたことのある知識が問われているので、確実に正解したい問題でした。**問 16** は、開発許可からの出題でした。この問題も、過去に出題された知識を押さえておけば、容易に正解できる問題でした。

建築基準法の**問 17**、**問 18** は、都市計画法と同様に、基本的な知識を押さえていれば正解できる問題でした。

宅地造成等規制法の**問 19** は、過去問を押さえていれば容易に解答できる問題でした。

土地区画整理法の**問 20** は、細かい知識が出題されましたが、基本的な知識を確実に押さえていれば迷うことはない問題でした。

農地法の**問 21** は、昨年と同様に、細かい知識が出題され、難度が高い問題でした。

国土利用計画法の**問 22** は、令和 4 年に施行された法律に関する出題もありましたが、過去に出題された知識に関してしっかり学習していれば確実に正解できる問題でした。

令和 6 年度受験対策 ▶▶▶ 改正された盛土規制法をマークしよう

宅地造成等規制法が改正されて**盛土規制法**が施行されたので、改正内容に注意しておきましょう。

都市計画法は、**開発行為**が毎年のように出題されています。開発許可の例外の場合を中心に過去問で問われた知識は確実に正解できるように対策しておきましょう。

建築基準法は、**道路**、**防火・準防火地域内の制限**、**建蔽率**、**容積率**などの分野が特に問われますので、これらを含めて広く知識を整理しておくことが大切です。

税法その他（税法 2 問、その他 1 問＝±0）

科　目	印紙税	不動産取得税	鑑定評価基準
出題数	1	1	1

出題内容を解説 今年は印紙税、不動産取得税、鑑定評価基準からの出題

税法からは**印紙税**と**不動産取得税**が出題されました。いずれも基本的な知識に関する出題なので、正解してほしい問題でした。

鑑定評価基準も過去に何度か問われている問題ですので、なんとか正解してほしい問題でした。

令和６年度受験対策 ▶▶▶ 税法は過去問をマスターする！
税制改正も要チェック！

最近の税法の問題は、**印紙税**、**不動産取得税**、**固定資産税**、**登録免許税**、そして**所得税**の特例からほぼ交替で出題されています。かなり細かい知識が問われることもありますが、過去問で問われた事項が多く出題されますので、難しい問題でも消去法で正解できるよう、過去問をマスターして基本的な事項をしっかりと学習しておきましょう。また、**税制改正**が毎年行われるので、財務省のホームページ等で確認しておきましょう。

地価公示法、**鑑定評価**については、過去問中心の勉強で十分です。

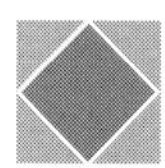

宅建業法（20問＝±０）

内　容	免　許	事務所	宅建士	営業保証金	媒介・代理	重要事項説明
出題数	1	0	1	1	2	2

内　容	37条書面	クーリング・オフ	広告規制	手付金・損害賠償額の予定	手付金等保全措置
出題数	2	1	1	1	1

内　容	報　酬	業務規制	建物状況調査	保証協会	監督処分・罰則	履行確保法
出題数	1	6	1	1	1	1

※重複あり。

出題内容を解説 例年通り、過去問で問われた知識が繰り返し出題

宅建業法分野からは、**個数問題**が７問出題され、昨年より２問増加しました。一方で、昨年同様、**組合わせ問題**は出題されませんでした。難度は昨年同様か、やや下がったといえます。

内容的には、建物状況調査に関する問題が１問出題されたほか、電磁的方法による書面の提供に関する出題もありましたが、多くは過去問で問われた知識が繰り返し問われており、初めて見たという問題は少なかったと思われます。例年通り、過去問対策をしていれば容易に正誤を判断できる出題が多く見られました。

令和６年度受験対策 ▶▶▶ 過去問を繰り返し解くことが最も重要！

宅建業法は出題数が多く、過去に出題された事項が繰り返し問われる傾向にあるため、対策を立てやすく、得点源であることは例年通りです。一見難しそうな問題も出題されていますが、過去問をしっかりと学習していれば解答できる問題ですし、確実に正誤を判断することができる選択肢から解けばなんとか正解にたどり着く問題です。

合格のためには、**過去に出題された基本事項を問う問題**を確実に正解する必要があります。**重要事項説明、37 条書面**については、必要的記載事項など細かい事項まで確実にマスターしてください。

需給・取引実務・土地建物の知識（5 問＝± 0）

科　目	機構法	景表法	統　計	土地の知識	建物の知識
出題数	1	1	1	1	1

出題内容を解説　過去問演習と基本知識で得点可能

この分野の 5 問は、国土交通省令で定める講習の修了者は 5 問すべて正解扱いされる分野です。一般の受験者は、令和 5 年度試験の難度であれば 4 問は正解しておきたいところです。

機構法や**景表法**は、例年通り過去問をしっかり押さえていれば確実に正解することが可能な問題でした。また、**統計**は例年通りの出題内容でしたので、最新のデータをチェックしていれば正解できました。**土地建物の知識**は、例年と同様に平易な問題でしたので、確実に正解すべきでした。

令和 6 年度受験対策 ▶▶▶ 過去問中心に基本知識を確認！

機構法は過去問で問われた知識を確認しておきましょう。**景表法**については過去問で繰り返し問われている**不動産に関する公正競争規約**、同施行規則を読んでおくことが大切です。**土地の知識**は過去問を中心に知識を整理し、**建物の知識**は過去問に加えて**建築基準法**の単体規定、施行令、施行規則の規定に目を通しておくことが有用でしょう。

統計は、試験直前に、最新の**地価公示の概要**、**土地白書**、**建築着工統計**を確認しておきましょう。また、国土交通白書で**宅建業者数**、法人企業統計年報で**不動産業の売上高経常利益**に関する数字を必ず確認して、確実に正解しましょう。

本書の使い方

繰り返しでつかむ正解のコツ

この問題集は宅建士試験の過去７回分の問題を掲載し、民法改正など、その間の**法改正に対応させて可能な限り改題**を加えていますので、過去の傾向をつかみながら、今年度の試験対策として役に立つものです。

何年分かやってみると似たような問題があることに気づくと思います。そうした重要問題はこの問題集をやっていくうちに自分のものになって、**正しい肢を選びとるコツ**がつかめてくるはずです。見覚えのある問題ばかりになるまで繰り返しチャレンジして、栄冠を手にしてください。

役立つマークシート解答欄と正解一覧表

問題編の最後に本試験と同様の**マークシート解答用紙**を用意しましたのでコピーをして使ってください。正しいものを選ぶ問題、誤っているものを選ぶ問題など、**問題文の指示**はしっかりと読んで肢を読み始めましょう。

正解・解説は別冊になっており、しかも**正解一覧表**がついていますので答え合わせはスムーズにできます。間違えてしまった問題については中の解説を読みましょう。それぞれの肢について**詳しい解説**と**参照すべき条文、判例**がついているほか、**答えやポイントが赤字**になっているので、**付属の赤シート**で隠して学習できます。

■法改正に関して

宅建士試験の問題は、毎年４月１日（基準日）現在で施行されている法令等によって作成されます。本書は、原則として、令和６年３月１日現在で施行されている現行法令に基づいて編集しています。ただし、令和６年４月１日までに施行されることが判明しているものはできるだけ反映しています。

また、本書は過去の本試験問題を再現していますが、問題によっては、現行法令では解答できないものもあります。そのため、このような問題には変更を加えました。

本書編集時点から令和６年４月１日（令和６年度試験の出題法令基準日〈予定〉）までに施行される法改正や本書に関する最新情報などは、下記のアドレスで確認することができます。

http://www.s-henshu.info/tkkm2403/

随時更新中！

CONTENTS

試験の概要

注意）この情報は、例年のものであり、変更される場合があります。受験される方は、事前に必ずご自身で試験実施機関が公表する最新情報を確認してください。

1　**試験日**　10月第3日曜日（13:00 〜 15:00 ／2時間）

2　**受験資格**　年齢・性別・学歴等の制限は一切なく、だれでも受験できます。
※合格後、登録にあたっては、一定の条件（宅建業法18条）があります。

3　**試験の基準・内容**　試験は、宅地建物取引業に関する実用的な知識を有し、その知識が、次の内容のおおむね全般に及んでいるかどうかを判定することに基準を置くものとされています。

a（土地・建物の知識2問）土地の形質・地積・地目・種別、建物の形質・構造・種別に関すること。
b（権利変動14問）土地・建物についての権利及び権利の変動に関する法令に関すること。
c（法令上の制限8問）土地・建物についての法令上の制限に関すること。
d（税法2問）宅地・建物についての税に関する法令に関すること。
e（需給・取引実務3問）宅地・建物の需給に関する法令・実務に関すること。
f（不動産の価格の評定1問）宅地・建物の価格の評定に関すること。
g（宅建業法20問）宅建業法・同法の関係法令に関すること。
ただし、宅建業法16条3項の規定による登録講習修了者は、a・eに関する問題（計5問）が免除されます。登録講習については、（一財）不動産適正取引推進機構のホームページで実施団体がわかるので、そちらにお問い合わせください。

4　**試験方法**　50問4肢択一による筆記試験（マークシート）

5　**受験手数料**　8,200円

6　**試験申込書の配布**　7月上旬〜中旬（郵送）　7月上旬〜末頃（インターネット）

■試験に関する問合わせ先■

（一財）不動産適正取引推進機構

〒105-0001　東京都港区虎ノ門3丁目8番21号　第33森ビル3階
TEL　03（3435）8181（試験部）
〈ホームページ〉https://www.retio.or.jp/

宅地建物取引士資格試験

令和５年度　問題

試験時間に合わせて解いてみよう！！

■午後 1:00 ～ 3:00（制限時間２時間）

■合否判定基準：36 問以上正解

（登録講習修了者は 45 問中 31 問以上正解）

■登録講習修了者は例年、問 46 ～問 50 の５問が免除され、試験時間は午後１：10 ～３：00 までの１時間 50 分となります（ただし、午後 12：30 から注意事項が説明されるので、着席していること）。

◆ 試験結果データ ◆

受験者数	233,276 人
合格者数	40,025 人
合 格 率	17.2 %

p.271 の解答用紙をコピーしてお使いください。

答え合わせに便利な正解一覧は別冊 p.3

【問　1】 次の１から４までの記述のうち、民法の規定、判例及び下記判決文によれば、誤っているものはどれか。

（判決文）

遺産は、相続人が数人あるときは、相続開始から遺産分割までの間、共同相続人の共有に属するものであるから、この間に遺産である賃貸不動産を使用管理した結果生ずる金銭債権たる賃料債権は、遺産とは別個の財産というべきであって、各共同相続人がその相続分に応じて分割単独債権として確定的に取得するものと解するのが相当である。

1　遺産である不動産から、相続開始から遺産分割までの間に生じた賃料債権は、遺産である不動産が遺産分割によって複数の相続人のうちの一人に帰属することとなった場合、当該不動産が帰属することになった相続人が相続開始時にさかのぼって取得する。

2　相続人が数人あるときは、相続財産は、その共有に属し、各共同相続人は、その相続分に応じて被相続人の権利義務を承継する。

3　遺産分割の効力は、相続開始の時にさかのぼって生ずる。ただし、第三者の権利を害することはできない。

4　遺産である不動産が遺産分割によって複数の相続人のうちの一人に帰属することとなった場合、当該不動産から遺産分割後に生じた賃料債権は、遺産分割によって当該不動産が帰属した相続人が取得する。

【問　2】 相隣関係に関する次の記述のうち、民法の規定によれば、正しいものはどれか。

1　土地の所有者は、境界標の調査又は境界に関する測量等の一定の目的のために必要な範囲内で隣地を使用することができる場合であっても、住家については、その家の居住者の承諾がなければ、当該住家に立ち入ることはできない。

2　土地の所有者は、隣地の竹木の枝が境界線を越える場合、その竹木の所有者にその枝を切除させることができるが、その枝を切除するよう催告したにもかかわらず相当の期間内に切除しなかったときであっても、自らその枝を切り取ることはできない。

3　相隣者の一人は、相隣者間で共有する障壁の高さを増すときは、他方の相隣者の承諾を得なければならない。

4　他の土地に囲まれて公道に通じない土地の所有者は、公道に出るためにその土地を囲んでいる他の土地を自由に選んで通行することができる。

【問　3】 Aを注文者、Bを請負人として、A所有の建物に対して独立性を有さずその構成部分となる増築部分の工事請負契約を締結し、Bは3か月間で増築工事を終了させた。この場合に関する次の記述のうち、民法の規定及び判例によれば、誤っているものはどれか。なお、この問において「契約不適合」とは品質に関して契約の内容に適合しないことをいい、当該請負契約には契約不適合責任に関する特約は定められていなかったものとする。

1　AがBに請負代金を支払っていなくても、Aは増築部分の所有権を取得する。

2　Bが材料を提供して増築した部分に契約不適合がある場合、Aは工事が終了した日から1年以内にその旨をBに通知しなければ、契約不適合を理由とした修補をBに対して請求することはできない。

3　Bが材料を提供して増築した部分に契約不適合があり、Bは不適合があることを知りながらそのことをAに告げずに工事を終了し、Aが工事終了日から3年後に契約不適合を知った場合、AはBに対して、消滅時効が完成するまでは契約不適合を理由とした修補を請求することができる。

4　増築した部分にAが提供した材料の性質によって契約不適合が生じ、Bが材料が不適当であることを知らずに工事を終了した場合、AはBに対して、Aが提供した材料によって生じた契約不適合を理由とした修補を請求することはできない。

【問　4】　ＡがＢに対して貸金債権である甲債権を、ＢがＡに対して貸金債権である乙債権をそれぞれ有している場合において、民法の規定及び判例によれば、次のアからエまでの記述のうち、Ａが一方的な意思表示により甲債権と乙債権とを対当額にて相殺できないものを全て掲げたものは、次の１から４のうちどれか。なお、いずれの債権も相殺を禁止し又は制限する旨の意思表示はされていないものとする。

ア　弁済期の定めのない甲債権と、弁済期到来前に、ＡがＢに対して期限の利益を放棄する旨の意思表示をした乙債権

イ　弁済期が到来している甲債権と、弁済期の定めのない乙債権

ウ　弁済期の定めのない甲債権と、弁済期が到来している乙債権

エ　弁済期が到来していない甲債権と、弁済期が到来している乙債権

1　ア、イ、ウ

2　イ、ウ

3　ウ、エ

4　エ

【問　5】 従来の住所又は居所を去った者（以下この問において「不在者」という。）の財産の管理に関する次の記述のうち、民法の規定及び判例によれば、正しいものはどれか。なお、この問において「管理人」とは、不在者の財産の管理人をいうものとする。

1　不在者が管理人を置かなかったときは、当該不在者の生死が７年間明らかでない場合に限り、家庭裁判所は、利害関係人又は検察官の請求により、その財産の管理について必要な処分を命ずることができる。

2　不在者が管理人を置いた場合において、その不在者の生死が明らかでないときは、家庭裁判所は、利害関係人又は検察官から請求があったとしても管理人を改任することはできない。

3　家庭裁判所により選任された管理人は、不在者を被告とする建物収去土地明渡請求を認容した第一審判決に対して控訴を提起するには、家庭裁判所の許可が必要である。

4　家庭裁判所により選任された管理人は、保存行為として不在者の自宅を修理することができるほか、家庭裁判所の許可を得てこれを売却することができる。

【問　6】 Ａ所有の甲土地について、Ｂが所有の意思をもって平穏にかつ公然と時効取得に必要な期間占有を継続した場合に関する次の記述のうち、民法の規定及び判例によれば、正しいものはいくつあるか。

ア　ＡがＣに対して甲土地を売却し、Ｃが所有権移転登記を備えた後にＢの取得時効が完成した場合には、Ｂは登記を備えていなくても、甲土地の所有権の時効取得をＣに対抗することができる。

イ　Ｂの取得時効が完成した後に、ＡがＤに対して甲土地を売却しＤが所有権移転登記を備え、Ｂが、Ｄの登記の日から所有の意思をもって平穏にかつ公然と時効取得に必要な期間占有を継続した場合、所有権移転登記を備えていなくても、甲土地の所有権の時効取得をDに対抗することができる。

ウ　Bの取得時効完成後、Bへの所有権移転登記がなされないままEがAを債務者として甲土地にAから抵当権の設定を受けて抵当権設定登記をした場合において、Bがその後引き続き所有の意思をもって平穏にかつ公然と時効取得に必要な期間占有を継続した場合、特段の事情がない限り、再度の時効取得により、Bは甲土地の所有権を取得し、Eの抵当権は消滅する。

1　一つ　　2　二つ

3　三つ　　4　なし

【問　7】　甲建物を所有するAが死亡し、Aの配偶者Bが甲建物の配偶者居住権を、Aの子Cが甲建物の所有権をそれぞれ取得する旨の遺産分割協議が成立した場合に関する次の記述のうち、民法の規定によれば、正しいものはどれか。

1　遺産分割協議において、Bの配偶者居住権の存続期間が定められなかった場合、配偶者居住権の存続期間は20年となる。

2　Bが高齢となり、バリアフリーのマンションに転居するための資金が必要になった場合、Bは、Cの承諾を得ずに甲建物を第三者Dに賃貸することができる。

3　Cには、Bに対し、配偶者居住権の設定の登記を備えさせる義務がある。

4　Cは、甲建物の通常の必要費を負担しなければならない。

【問　8】 未成年者Ａが、法定代理人Ｂの同意を得ずに、Ｃから甲建物を買い受ける契約（以下この問において「本件売買契約」という。）を締結した場合における次の記述のうち、民法の規定によれば、正しいものはどれか。なお、Ａに処分を許された財産はなく、Ａは、営業を許されてはいないものとする。

1　ＡがＢの同意を得ずに制限行為能力を理由として本件売買契約を取り消した場合、Ｂは、自己が本件売買契約の取消しに同意していないことを理由に、Ａの当該取消しの意思表示を取り消すことができる。

2　本件売買契約締結時にＡが未成年者であることにつきＣが善意無過失であった場合、Ｂは、Ａの制限行為能力を理由として、本件売買契約を取り消すことはできない。

3　本件売買契約につき、取消しがなされないままＡが成年に達した場合、本件売買契約についてＢが反対していたとしても、自らが取消権を有すると知ったＡは、本件売買契約を追認することができ、追認後は本件売買契約を取り消すことはできなくなる。

4　本件売買契約につき、Ｂが追認しないまま、Ａが成年に達する前にＢの同意を得ずに甲建物をＤに売却した場合、ＢがＤへの売却について追認していないときでも、Ａは制限行為能力を理由として、本件売買契約を取り消すことはできなくなる。

【問　9】　Ａを貸主、Ｂを借主として甲建物の賃貸借契約が令和５年７月１日に締結された場合の甲建物の修繕に関する次の記述のうち、民法の規定によれば、誤っているものはどれか。

1　甲建物の修繕が必要であることを、Ａが知ったにもかかわらず、Ａが相当の期間内に必要な修繕をしないときは、Ｂは甲建物の修繕をすることができる。

2　甲建物の修繕が必要である場合において、ＢがＡに修繕が必要である旨を通知したにもかかわらず、Ａが必要な修繕を直ちにしないときは、Ｂは甲建物の修繕をすることができる。

3　Ｂの責めに帰すべき事由によって甲建物の修繕が必要となった場合は、Ａは甲建物を修繕する義務を負わない。

4　甲建物の修繕が必要である場合において、急迫の事情があるときは、Ｂは甲建物の修繕をすることができる。

【問　10】　債務者Ａが所有する甲土地には、債権者Ｂが一番抵当権（債権額1,000万円）、債権者Ｃが二番抵当権（債権額1,200万円）、債権者Ｄが三番抵当権（債権額2,000万円）をそれぞれ有しているが、ＢがＤの利益のため、Ａの承諾を得て抵当権の順位を放棄した。甲土地の競売に基づく売却代金が2,400万円であった場合、Ｂの受ける配当額として、民法の規定によれば、正しいものはどれか。

1　0円

2　200万円

3　400万円

4　800万円

【問　11】　AがBとの間で、A所有の甲土地につき建物所有目的で期間を50年とする賃貸借契約（以下この問において「本件契約」という。）を締結する場合に関する次の記述のうち、借地借家法の規定及び判例によれば、正しいものはどれか。

1　本件契約に、当初の10年間は地代を減額しない旨の特約を定めた場合、その期間内は、BはAに対して地代の減額請求をすることはできない。

2　本件契約が甲土地上で専ら賃貸アパート事業用の建物を所有する目的である場合、契約の更新や建物の築造による存続期間の延長がない旨を定めるためには、公正証書で合意しなければならない。

3　本件契約に建物買取請求権を排除する旨の特約が定められていない場合、本件契約が終了したときは、その終了事由のいかんにかかわらず、BはAに対してBが甲土地上に所有している建物を時価で買い取るべきことを請求することができる。

4　本件契約がBの居住のための建物を所有する目的であり契約の更新がない旨を定めていない契約であって、期間満了する場合において甲土地上に建物があり、Bが契約の更新を請求したとしても、Aが遅滞なく異議を述べ、その異議に更新を拒絶する正当な事由があると認められる場合は、本件契約は更新されない。

【問　12】　令和5年7月1日に締結された建物の賃貸借契約（定期建物賃貸借契約及び一時使用目的の建物の賃貸借契約を除く。）に関する次の記述のうち、民法及び借地借家法の規定並びに判例によれば、正しいものはどれか。

1　期間を1年未満とする建物の賃貸借契約は、期間を1年とするものとみなされる。

2　当事者間において、一定の期間は建物の賃料を減額しない旨の特約がある場合、現行賃料が不相当になったなどの事情が生じたとしても、この特約は有効である。

3　賃借人が建物の引渡しを受けている場合において、当該建物の賃貸人が当該建物を譲渡するに当たり、当該建物の譲渡人及び譲受人が、賃貸人たる地位を譲渡人に留保する旨及び当該建物の譲受人が譲渡人に賃貸する旨の合意をしたときは、賃貸人たる地位は譲受人に移転しない。

4　現行賃料が定められた時から一定の期間が経過していなければ、賃料増額請求は、認められない。

【問　13】　建物の区分所有等に関する法律（以下この問において「法」という。）に関する次の記述のうち、誤っているものはどれか。

1　集会においては、法で集会の決議につき特別の定数が定められている事項を除き、規約で別段の定めをすれば、あらかじめ通知した事項以外についても決議することができる。

2　集会は、区分所有者の４分の３以上の同意があるときは、招集の手続を経ないで開くことができる。

3　共用部分の保存行為は、規約に別段の定めがある場合を除いて、各共有者がすることができるため集会の決議を必要としない。

4　一部共用部分に関する事項で区分所有者全員の利害に関係しないものについての区分所有者全員の規約は、当該一部共用部分を共用すべき区分所有者が８人である場合、３人が反対したときは変更することができない。

【問　14】　不動産の登記に関する次の記述のうち、不動産登記法の規定によれば、誤っているものはどれか。

1　建物が滅失したときは、表題部所有者又は所有権の登記名義人は、その滅失の日から１か月以内に、当該建物の滅失の登記を申請しなければならない。

2　何人も、理由の有無にかかわらず、登記官に対し、手数料を納付して、登記簿の附属書類である申請書を閲覧することができる。

3　共有物分割禁止の定めに係る権利の変更の登記の申請は、当該権利の共有者である全ての登記名義人が共同してしなければならない。

4　区分建物の所有権の保存の登記は、表題部所有者から所有権を取得した者も、申請することができる。

【問　15】　都市計画法に関する次の記述のうち、正しいものはどれか。

1　市街化調整区域は、土地利用を整序し、又は環境を保全するための措置を講ずることなく放置すれば、将来における一体の都市としての整備に支障が生じるおそれがある区域とされている。

2　高度利用地区は、土地の合理的かつ健全な高度利用と都市機能の更新とを図るため、都市計画に、建築物の高さの最低限度を定める地区とされている。

3　特定用途制限地域は、用途地域が定められている土地の区域内において、都市計画に、制限すべき特定の建築物等の用途の概要を定める地域とされている。

4　地区計画は、用途地域が定められている土地の区域のほか、一定の場合には、用途地域が定められていない土地の区域にも定めることができる。

【問　16】　都市計画法に関する次の記述のうち、正しいものはどれか。ただし、この問において条例による特別の定めはないものとし、「都道府県知事」とは、地方自治法に基づく指定都市、中核市及び施行時特例市にあってはその長をいうものとする。

1　開発許可を申請しようとする者は、あらかじめ、開発行為に関係がある公共施設の管理者と協議し、その同意を得なければならない。

2　開発許可を受けた者は、当該許可を受ける際に申請書に記載した事項を変更しようとする場合においては、都道府県知事に届け出なければならないが、当該変更が国土交通省令で定める軽微な変更に当たるときは、届け出なくてよい。

3　開発許可を受けた者は、当該開発行為に関する工事が完了し、都道府県知事から検査済証を交付されたときは、遅滞なく、当該工事が完了した旨を公告しなければならない。

4　市街化調整区域のうち開発許可を受けた開発区域以外の区域内において、自己の居住用の住宅を新築しようとする全ての者は、当該建築が開発行為を伴わない場合であれば、都道府県知事の許可を受けなくてよい。

【問　17】　建築基準法に関する次の記述のうち、誤っているものはどれか。

1　地方公共団体は、条例で、津波、高潮、出水等による危険の著しい区域を災害危険区域として指定し、当該区域内における住居の用に供する建築物の建築を禁止することができる。

2　3階建て以上の建築物の避難階以外の階を、床面積の合計が 1,500m² を超える物品販売業の店舗の売場とする場合には、当該階から避難階又は地上に通ずる2以上の直通階段を設けなければならない。

3　建築物が防火地域及び準防火地域にわたる場合、その全部について準防火地域内の建築物に関する規定を適用する。

4　石綿等をあらかじめ添加した建築材料は、石綿等を飛散又は発散させるおそれがないものとして国土交通大臣が定めたもの又は国土交通大臣の認定を受けたものを除き、使用してはならない。

【問　18】　次の記述のうち、建築基準法（以下この問において「法」という。）の規定によれば、正しいものはどれか。

1　法第 53 条第 1 項及び第 2 項の建蔽率制限に係る規定の適用については、準防火地域内にある準耐火建築物であり、かつ、街区の角にある敷地又はこれに準ずる敷地で特定行政庁が指定するものの内にある建築物にあっては同条第 1 項各号に定める数値に 10 分の 2 を加えたものをもって当該各号に定める数値とする。

2　建築物又は敷地を造成するための擁壁は、道路内に、又は道路に突き出して建築し、又は築造してはならず、地盤面下に設ける建築物においても同様である。

3　地方公共団体は、その敷地が袋路状道路にのみ接する建築物であって、延べ面積が 150m² を超えるものについては、一戸建ての住宅であっても、条例で、その敷地が接しなければならない道路の幅員、その敷地が道路に接する部分の長さその他その敷地又は建築物と道路との関係に関して必要な制限を付加することができる。

4　冬至日において、法第 56 条の 2 第 1 項の規定による日影規制の対象区域内の土地に日影を生じさせるものであっても、対象区域外にある建築物であれば一律に、同項の規定は適用されない。

【問　19】　盛土規制法に関する次の記述のうち、誤っているものはどれか。なお、この問において「都道府県知事」とは、地方自治法に基づく指定都市、中核市及び施行時特例市にあってはその長をいうものとする。

1　都道府県知事は、宅地造成等工事規制区域内で、宅地造成等に伴う災害で相当数の居住者等に危害を生ずるものの発生のおそれが大きい一団の造成宅地の区域であって、一定の基準に該当するものを、造成宅地防災区域として指定することができる。

2　都道府県知事は、その地方の気候、風土又は地勢の特殊性により、盛土規制法の規定のみによっては宅地造成等に伴うがけ崩れ又は土砂の流出の防止の目的を達し難いと認める場合は、都道府県（地方自治法に基づく指定都市、中核市又は施行時特例市の区域にあっては、それぞれ指定都市、中核市又は施行時特例市）の規則で、宅地造成等工事規制区域内において行われる宅地造成等に関する工事の技術的基準を強化し、又は付加することができる。

3　都道府県知事は、宅地造成等工事規制区域内の土地について、宅地造成等に伴う災害を防止するために必要があると認める場合には、その土地の所有者に対して、擁壁等の設置等の措置をとることを勧告することができる。

4　宅地造成等工事規制区域内の土地において、雨水その他の地表水又は地下水を排除するための排水施設の除却工事を行おうとする場合は、一定の場合を除き、都道府県知事への届出が必要となる。

【問　20】　土地区画整理法に関する次の記述のうち、誤っているものはどれか。

1　換地計画において定められた清算金は、換地処分の公告があった日の翌日において確定する。

2　現に施行されている土地区画整理事業の施行地区となっている区域については、その施行者の同意を得なければ、その施行者以外の者は、土地区画整理事業を施行することができない。

3　施行者は、換地処分の公告があった場合において、施行地区内の土地及び建物について土地区画整理事業の施行により変動があったときは、遅滞なく、その変動に係る登記を申請し、又は嘱託しなければならない。

4　土地区画整理組合は、仮換地を指定しようとする場合においては、あらかじめ、その指定について、土地区画整理審議会の同意を得なければならない。

【問　21】　農地に関する次の記述のうち、農地法（以下この問において「法」という。）の規定によれば、誤っているものはどれか。

1　相続により農地を取得する場合は、法第3条第1項の許可を要しないが、相続人に該当しない者が特定遺贈により農地を取得する場合は、同項の許可を受ける必要がある。

2　自己の所有する面積4アールの農地を農作物の育成又は養畜の事業のための農業用施設に転用する場合は、法第4条第1項の許可を受ける必要はない。

3　法第３条第１項又は法第５条第１項の許可が必要な農地の売買について、これらの許可を受けずに売買契約を締結しても、その所有権の移転の効力は生じない。

4　社会福祉事業を行うことを目的として設立された法人（社会福祉法人）が、農地をその目的に係る業務の運営に必要な施設の用に供すると認められる場合、農地所有適格法人でなくても、農業委員会の許可を得て、農地の所有権を取得することができる。

【問　22】　土地を取得する場合における届出に関する次の記述のうち、正しいものはどれか。なお、この問において「事後届出」とは、国土利用計画法第 23 条の届出をいい、「重要土地等調査法」とは、重要施設周辺及び国境離島等における土地等の利用状況の調査及び利用の規制等に関する法律をいうものとする。

1　都市計画区域外において、国から一団の土地である 6,000m^2 と 5,000m^2 の土地を購入した者は、事後届出を行う必要はない。

2　市街化区域を除く都市計画区域内において、A が所有する 7,000m^2 の土地を B が相続により取得した場合、B は事後届出を行う必要がある。

3　市街化区域において、C が所有する 3,000m^2 の土地を D が購入する契約を締結した場合、C 及び D は事後届出を行わなければならない。

4　重要土地等調査法の規定による特別注視区域内にある 100m^2 の規模の土地に関する所有権又はその取得を目的とする権利の移転をする契約を締結する場合には、当事者は、一定の事項を、あらかじめ、内閣総理大臣に届け出なければならない。

【問　23】　印紙税に関する次の記述のうち、正しいものはどれか。なお、以下の契約書はいずれも書面により作成されたものとする。

1　売主Aと買主Bが土地の譲渡契約書を3通作成し、A、B及び仲介人Cがそれぞれ1通ずつ保存する場合、当該契約書3通には印紙税が課される。

2　一の契約書に土地の譲渡契約（譲渡金額5,000万円）と建物の建築請負契約（請負金額6,000万円）をそれぞれ区分して記載した場合、印紙税の課税標準となる当該契約書の記載金額は1億1,000万円である。

3　「Dの所有する甲土地（時価2,000万円）をEに贈与する」旨を記載した贈与契約書を作成した場合、印紙税の課税標準となる当該契約書の記載金額は、2,000万円である。

4　当初作成の「土地を1億円で譲渡する」旨を記載した土地譲渡契約書の契約金額を変更するために作成する契約書で、「当初の契約書の契約金額を1,000万円減額し、9,000万円とする」旨を記載した変更契約書について、印紙税の課税標準となる当該変更契約書の記載金額は、1,000万円である。

【問　24】　不動産取得税に関する次の記述のうち、正しいものはどれか。

1　不動産取得税の徴収については、特別徴収の方法によることができる。

2　不動産取得税は、目的税である。

3　不動産取得税は、不動産の取得に対し、当該不動産所在の市町村及び特別区において、当該不動産の取得者に課する。

4　不動産取得税は、市町村及び特別区に対して、課することができない。

【問　25】 不動産の鑑定評価に関する次の記述のうち、不動産鑑定評価基準によれば、正しいものはどれか。

1　原価法は、価格時点における対象不動産の収益価格を求め、この収益価格について減価修正を行って対象不動産の比準価格を求める手法である。

2　原価法は、対象不動産が建物又は建物及びその敷地である場合には適用することができるが、対象不動産が土地のみである場合においては、いかなる場合も適用することができない。

3　取引事例比較法における取引事例が、特殊事情のある事例である場合、その具体的な状況が判明し、事情補正できるものであっても採用することは許されない。

4　取引事例比較法は、近隣地域若しくは同一需給圏内の類似地域等において対象不動産と類似の不動産の取引が行われている場合又は同一需給圏内の代替競争不動産の取引が行われている場合に有効である。

【問　26】 宅地建物取引業法第 37 条の規定により交付すべき書面に記載すべき事項を電磁的方法により提供すること（以下この問において「37 条書面の電磁的方法による提供」という。）に関する次の記述のうち、正しいものはいくつあるか。

ア　宅地建物取引業者が自ら売主として締結する売買契約において、当該契約の相手方から宅地建物取引業法施行令第３条の４第１項に規定する承諾を得なければ、37 条書面の電磁的方法による提供をすることができない。

イ　宅地建物取引業者が媒介業者として関与する売買契約について、宅地建物取引業法施行令第３条の４第１項に規定する承諾を取得するための通知の中に宅地建物取引士を明示しておけば、37 条書面の電磁的方法による提供において提供に係る宅地建物取引士を明示する必要はない。

ウ　宅地建物取引業者が自ら売主として締結する売買契約において、37条書面の電磁的方法による提供を行う場合、当該提供されたファイルへの記録を取引の相手方が出力することにより書面を作成できるものでなければならない。

エ　宅地建物取引業者が媒介業者として関与する建物賃貸借契約について、37条書面の電磁的方法による提供を行う場合、当該提供するファイルに記録された記載事項について、改変が行われていないかどうかを確認することができる措置を講じなければならない。

1　一つ　　**2**　二つ

3　三つ　　**4**　四つ

【問　27】　宅地建物取引業法第34条の2第1項第4号に規定する建物状況調査（以下この問において「建物状況調査」という。）に関する次の記述のうち、誤っているものはどれか。

1　建物状況調査とは、建物の構造耐力上主要な部分又は雨水の浸入を防止する部分として国土交通省令で定めるものの状況の調査であって、経年変化その他の建物に生じる事象に関する知識及び能力を有する者として国土交通省令で定める者が実施するものをいう。

2　宅地建物取引業者が建物状況調査を実施する者のあっせんを行う場合、建物状況調査を実施する者は建築士法第2条第1項に規定する建築士であって国土交通大臣が定める講習を修了した者でなければならない。

3　既存住宅の売買の媒介を行う宅地建物取引業者が売主に対して建物状況調査を実施する者のあっせんを行った場合、宅地建物取引業者は売主から報酬とは別にあっせんに係る料金を受領することはできない。

4　既存住宅の貸借の媒介を行う宅地建物取引業者は、宅地建物取引業法第37条の規定により交付すべき書面に建物の構造耐力上主要な部分等の状況について当事者の双方が確認した事項を記載しなければならない。

【問　28】　宅地建物取引業者Aの業務に関する次の記述のうち、宅地建物取引業法（以下この問において「法」という。）の規定に違反するものはいくつあるか。

ア　Aの従業員Bが、Cが所有する戸建住宅の買取りを目的とした訪問勧誘をCに対して行ったところ、Cから「契約の意思がないので今後勧誘に来ないでほしい」と言われたことから、後日、Aは、別の従業員Dに同じ目的で訪問勧誘を行わせて、当該勧誘を継続した。

イ　Aの従業員Eは、Fが所有する戸建住宅の買取りを目的とした電話勧誘をFに対して行った際に、不実のことと認識しながら「今後５年以内にこの一帯は再開発されるので、急いで売却した方がよい。」と説明した。

ウ　Aの従業員Gは、Hが所有する戸建住宅の買取りを目的とした電話勧誘をHに対して行おうと考え、23時頃にHの自宅に電話をかけ、勧誘を行い、Hの私生活の平穏を害し、Hを困惑させた。

エ　Aは、Jとの間でJが所有する戸建住宅を買い取る売買契約を締結し、法第37条の規定に基づく書面をJに交付したが、Aの宅地建物取引士に、当該書面に記名のみさせ、押印させることを省略した。

1　一つ　　　**2**　二つ

3　三つ　　　**4**　四つ

【問　29】 宅地建物取引業の免許（以下この問において「免許」という。）に関する次の記述のうち、宅地建物取引業法の規定によれば、正しいものはどれか。

1 宅地建物取引業者A社の使用人であって、A社の宅地建物取引業を行う支店の代表者であるものが、道路交通法の規定に違反したことにより懲役の刑に処せられたとしても、A社の免許は取り消されることはない。

2 宅地建物取引業者B社の取締役が、所得税法の規定に違反したことにより罰金の刑に処せられたとしても、B社の免許は取り消されることはない。

3 宅地建物取引業者である個人Cが、宅地建物取引業法の規定に違反したことにより罰金の刑に処せられたとしても、Cの免許は取り消されることはない。

4 宅地建物取引業者D社の非常勤の取締役が、刑法第222条（脅迫）の罪を犯したことにより罰金の刑に処せられたとしても、D社の免許は取り消されることはない。

【問　30】 宅地建物取引業者A（甲県知事免許）の営業保証金に関する次の記述のうち、宅地建物取引業法の規定によれば、正しいものはいくつあるか。なお、Aは宅地建物取引業保証協会の社員ではないものとする。

ア　Aが免許を受けた日から6か月以内に甲県知事に営業保証金を供託した旨の届出を行わないとき、甲県知事はその届出をすべき旨の催告をしなければならず、当該催告が到達した日から1か月以内にAが届出を行わないときは、その免許を取り消すことができる。

イ　Aは、営業保証金を供託したときは、その供託物受入れの記載のある供託書の写しを添付して、その旨を甲県知事に届け出なければならず、当該届出をした後でなければ、その事業を開始することができない。

ウ　Ａは、営業保証金が還付され、甲県知事から営業保証金が政令で定める額に不足が生じた旨の通知を受け、その不足額を供託したときは、30日以内に甲県知事にその旨を届け出なければならない。

エ　Ａが免許失効に伴い営業保証金を取り戻す際、供託した営業保証金につき還付を受ける権利を有する者に対し、３か月を下らない一定期間内に申し出るべき旨を公告し、期間内にその申出がなかった場合でなければ、取り戻すことができない。

1　一つ　　**2**　二つ

3　三つ　　**4**　四つ

【問　31】　宅地建物取引業者がその業務に関して行う広告に関する次の記述のうち、宅地建物取引業法（以下この問において「法」という。）の規定によれば、正しいものはどれか。なお、この問において「建築確認」とは、建築基準法第６条第１項の確認をいうものとする。

1　宅地又は建物の売買に関する注文を受けたときは、遅滞なくその注文をした者に対して取引態様の別を明らかにしなければならないが、当該注文者が事前に取引態様の別を明示した広告を見てから注文してきた場合においては、取引態様の別を遅滞なく明らかにする必要はない。

2　既存の住宅に関する広告を行うときは、法第34条の２第１項第４号に規定する建物状況調査を実施しているかどうかを明示しなければならない。

3　これから建築工事を行う予定である建築確認申請中の建物については、当該建物の売買の媒介に関する広告をしてはならないが、貸借の媒介に関する広告はすることができる。

4　販売する宅地又は建物の広告に関し、著しく事実に相違する表示をした場合、監督処分の対象となるだけでなく、懲役若しくは罰金に処せられ、又はこれを併科されることもある。

【問　32】　宅地建物取引業者が行う届出に関する次の記述のうち、宅地建物取引業法の規定によれば、誤っているものはどれか。

1　宅地建物取引業者A（甲県知事免許）が、新たに宅地建物取引業を営む支店を甲県内に設置した場合、Aはその日から30日以内にその旨を甲県知事に届け出なければならない。

2　宅地建物取引業者B（乙県知事免許）が、宅地建物取引業者ではないCとの合併により消滅した場合、Bを代表する役員であった者は、その日から30日以内にその旨を乙県知事に届け出なければならない。

3　宅地建物取引業者D（丙県知事免許）が、本店における専任の宅地建物取引士Eの退職に伴い、新たに専任の宅地建物取引士Fを本店に置いた場合、Dはその日から30日以内にその旨を丙県知事に届け出なければならない。

4　宅地建物取引業者G（丁県知事免許）が、その業務に関し展示会を丁県内で実施する場合、展示会を実施する場所において売買契約の締結（予約を含む。）又は売買契約の申込みの受付を行うときは、Gは展示会での業務を開始する日の5日前までに展示会を実施する場所について丁県知事に届け出なければならない。

【問　33】　宅地建物取引業法第 35 条に規定する重要事項の説明に関する次の記述のうち、正しいものはどれか。

1　甲宅地を所有する宅地建物取引業者 A が、乙宅地を所有する宅地建物取引業者ではない個人 B と、甲宅地と乙宅地の交換契約を締結するに当たって、B に対して、甲宅地に関する重要事項の説明を行う義務はあるが、乙宅地に関する重要事項の説明を行う義務はない。

2　宅地の売買における当該宅地の引渡しの時期について、重要事項説明において説明しなければならない。

3　宅地建物取引業者が売主となる宅地の売買に関し、売主が買主から受領しようとする金銭のうち、買主への所有権移転の登記以後に受領するものに対して、宅地建物取引業法施行規則第 16 条の 4 に定める保全措置を講ずるかどうかについて、重要事項説明書に記載する必要がある。

4　重要事項説明書の電磁的方法による提供については、重要事項説明を受ける者から電磁的方法でよいと口頭で依頼があった場合、改めて電磁的方法で提供することについて承諾を得る必要はない。

【問　34】　宅地建物取引業者 A（消費税課税事業者）は貸主 B から建物の貸借の媒介の依頼を受け、宅地建物取引業者 C（消費税課税事業者）は借主 D から建物の貸借の媒介の依頼を受け、B と D との間で、1 か月分の借賃を 12 万円（消費税等相当額を含まない。）とする賃貸借契約（以下この問において「本件契約」という。）を成立させた場合における次の記述のうち、宅地建物取引業法の規定に違反するものはいくつあるか。

ア　本件契約が建物を住居として貸借する契約である場合に、C は、媒介の依頼を受けるに当たって D から承諾を得ないまま、132,000 円の報酬を受領した。

イ　AはBから事前に特別な広告の依頼があったので、依頼に基づく大手新聞掲載広告料金に相当する額をBに請求し、受領した。

ウ　CはDに対し、賃貸借契約書の作成費を、Dから限度額まで受領した媒介報酬の他に請求して受領した。

エ　本件契約が建物を事務所として貸借する契約である場合に、報酬として、AはBから132,000円を、CはDから132,000円をそれぞれ受領した。

1　一つ　　**2**　二つ

3　三つ　　**4**　四つ

【問　35】　宅地建物取引業者Aが、自ら売主として、宅地建物取引業者ではない買主Bから宅地の買受けの申込みを受けた場合における宅地建物取引業法第37条の2の規定に基づくいわゆるクーリング・オフに関する次の記述のうち、正しいものはどれか。

1　Aは、仮設テント張りの案内所でBから買受けの申込みを受けた際、以後の取引について、その取引に係る書類に関してBから電磁的方法で提供をすることについての承諾を得た場合、クーリング・オフについて電磁的方法で告げることができる。

2　Aが、仮設テント張りの案内所でBから買受けの申込みを受けた場合、Bは、クーリング・オフについて告げられた日から8日以内に電磁的方法により当該申込みの撤回を申し出れば、申込みの撤回を行うことができる。

3　Aが、Aの事務所でBから買受けの申込みを受けた場合、Bは、申込みの日から8日以内に電磁的方法により当該申込みの撤回を申し出れば、申込みの撤回を行うことができる。

4　Ａが、売却の媒介を依頼している宅地建物取引業者Ｃの事務所でＢから買受けの申込みを受けた場合、Ｂは、申込みの日から８日以内に書面により当該申込みの撤回を申し出ても、申込みの撤回を行うことができない。

【問　36】　次の記述のうち、宅地建物取引業者Ａが行う業務に関して宅地建物取引業法の規定に違反するものはいくつあるか。

ア　建物の貸借の媒介に際して、賃借の申込みをした者がその撤回を申し出たので、Ａはかかった諸費用を差し引いて預り金を返還した。

イ　Ａは、売主としてマンションの売買契約を締結するに際して、買主が手付として必要な額を今すぐには用意できないと申し出たので、手付金の分割払いを買主に提案した。

ウ　Ａは取引のあったつど、その年月日やその取引に係る宅地又は建物の所在及び面積その他必要な記載事項を帳簿に漏らさず記載し、必要に応じて紙面にその内容を表示できる状態で、電子媒体により帳簿の保存を行っている。

エ　Ａはアンケート調査を装ってその目的がマンションの売買の勧誘であることを告げずに個人宅を訪問し、マンションの売買の勧誘をした。

1　一つ

2　二つ

3　三つ

4　四つ

【問　37】 次の記述のうち、宅地建物取引業法の規定によれば、正しいものはどれか。

1　宅地建物取引業者は、非常勤役員には従業者であることを証する証明書を携帯させる必要はない。

2　宅地建物取引業者は、その事務所ごとに従業者名簿を備えなければならないが、取引の関係者から閲覧の請求があった場合であっても、宅地建物取引業法第 45 条に規定する秘密を守る義務を理由に、閲覧を拒むことができる。

3　宅地建物取引業者の従業者は、宅地の買受けの申込みをした者から請求があった場合には、その者が宅地建物取引業者であっても、その者に従業者であることを証する証明書を提示する必要がある。

4　宅地建物取引業者は、従業者名簿を最終の記載をした日から 5 年間保存しなければならない。

【問　38】 次の記述のうち、宅地建物取引業法の規定によれば、正しいものはいくつあるか。

ア　宅地建物取引業者 A が、自ら所有する複数の建物について、複数人に対し、反復継続して賃貸する行為は、宅地建物取引業に該当しない。

イ　宅地建物取引士とは、宅地建物取引士資格試験に合格し、都道府県知事の登録を受けた者をいう。

ウ　建設業者 B が、建築請負工事の受注を目的として、業として宅地の売買の媒介を行う行為は、宅地建物取引業に該当しない。

エ　宅地建物取引士は、宅地又は建物の取引に係る事務に必要な知識及び能力の維持向上に努めなければならない。

1　一つ　　**2**　二つ

3　三つ　　**4**　四つ

【問　39】　宅地建物取引業者Ａが、自ら売主として、宅地建物取引業者ではない個人Ｂとの間で宅地の売買契約を締結する場合における手付金の保全措置に関する次の記述のうち、宅地建物取引業法の規定によれば、正しいものはどれか。なお、当該契約に係る手付金は保全措置が必要なものとする。

1　Ａは、Ｂから手付金を受領した後に、速やかに手付金の保全措置を講じなければならない。

2　Ａは、手付金の保全措置を保証保険契約を締結することにより講ずる場合、保険期間は保証保険契約が成立した時から宅地建物取引業者が受領した手付金に係る宅地の引渡しまでの期間とすればよい。

3　Ａは、手付金の保全措置を保証保険契約を締結することにより講ずる場合、保険事業者との間において保証保険契約を締結すればよく、保険証券をＢに交付する必要はない。

4　Ａは、手付金の保全措置を保証委託契約を締結することにより講ずるときは、保証委託契約に基づいて銀行等が手付金の返還債務を連帯して保証することを約する書面のＢへの交付に代えて、Ｂの承諾を得ることなく電磁的方法により講ずることができる。

【問　40】　宅地建物取引業者Ａが、ＢからＢ所有の中古住宅の売却の依頼を受け、専任媒介契約（専属専任媒介契約ではないものとする。）を締結した場合に関する次の記述のうち、宅地建物取引業法（以下この問において「法」という。）の規定によれば、正しいものはどれか。

1　Aは、当該中古住宅について購入の申込みがあったときは、遅滞なく、その旨をBに報告しなければならないが、Bの希望条件を満たさない申込みだとAが判断した場合については報告する必要はない。

2　Aは、法第34条の2第1項の規定に基づく書面の交付後、速やかに、Bに対し、法第34条の2第1項第4号に規定する建物状況調査を実施する者のあっせんの有無について確認しなければならない。

3　Aは、当該中古住宅について法で規定されている事項を、契約締結の日から休業日数を含め7日以内に指定流通機構へ登録する義務がある。

4　Aは、Bが他の宅地建物取引業者の媒介又は代理によって売買の契約を成立させたときの措置を法第34条の2第1項の規定に基づく書面に記載しなければならない。

【問　41】　次の記述のうち、宅地建物取引業法の規定によれば、正しいものはどれか。

1　甲県知事は、宅地建物取引士に対して必要な報告を求めることができるが、その対象は、甲県知事登録の宅地建物取引士であって、適正な事務の遂行を確保するために必要な場合に限られる。

2　宅地建物取引業者A（甲県知事免許）で専任の宅地建物取引士として従事しているB（甲県知事登録）が、勤務実態のない宅地建物取引業者C（乙県知事免許）において、自らが専任の宅地建物取引士である旨の表示がされていることを許した場合には、乙県知事は、Bに対し、必要な指示をすることができる。

3　宅地建物取引士が不正の手段により宅地建物取引士証の交付を受けた場合においては、その登録をしている都道府県知事は、情状が特に重いときは、当該宅地建物取引士の登録を消除することができる。

4　都道府県知事は、宅地建物取引士に対して登録消除処分を行ったときは、適切な方法で公告しなければならない。

【問　42】　宅地建物取引業法第 35 条に規定する重要事項の説明に関する次の記述のうち、誤っているものはいくつあるか。

ア　宅地建物取引士は、重要事項説明をする場合、取引の相手方から請求されなければ、宅地建物取引士証を相手方に提示する必要はない。

イ　売主及び買主が宅地建物取引業者ではない場合、当該取引の媒介業者は、売主及び買主に重要事項説明書を交付し、説明を行わなければならない。

ウ　宅地の売買について売主となる宅地建物取引業者は、買主が宅地建物取引業者である場合、重要事項説明書を交付しなければならないが、説明を省略することはできる。

エ　宅地建物取引業者である売主は、宅地建物取引業者ではない買主に対して、重要事項として代金並びにその支払時期及び方法を説明しなければならない。

1　一つ　　**2**　二つ

3　三つ　　**4**　四つ

【問　43】　宅地建物取引業者Aが媒介により宅地の売買契約を成立させた場合における宅地建物取引業法第37条の規定により交付すべき書面（以下この問において「37条書面」という。）に関する次の記述のうち、正しいものはどれか。

1　Aは、買主が宅地建物取引業者であるときは、37条書面に移転登記の申請時期を記載しなくてもよい。

2　Aは、37条書面を売買契約成立前に、各当事者に交付しなければならない。

3　Aは、37条書面を作成したときは、専任の宅地建物取引士をして37条書面に記名させる必要がある。

4　Aは、天災その他不可抗力による損害の負担に関する定めがあるときは、その内容を37条書面に記載しなければならない。

【問　44】　宅地建物取引業保証協会（以下この問において「保証協会」という。）に関する次の記述のうち、宅地建物取引業法の規定によれば、正しいものはどれか。

1　保証協会の社員は、自らが取り扱った宅地建物取引業に係る取引の相手方から当該取引に関する苦情について解決の申出が保証協会にあり、保証協会から関係する資料の提出を求められたときは、正当な理由がある場合でなければ、これを拒んではならない。

2　保証協会は、社員がその一部の事務所を廃止したことに伴って弁済業務保証金分担金を当該社員に返還しようとするときは、弁済業務保証金の還付請求権者に対し、一定期間内に認証を受けるため申し出るべき旨の公告を行わなければならない。

3　保証協会は、宅地建物取引業者の相手方から、社員である宅地建物取引業者の取り扱った宅地建物取引業に係る取引に関する損害の還付請求を受けたときは、直ちに弁済業務保証金から返還しなければならない。

4　保証協会は、手付金等保管事業について国土交通大臣の承認を受けた場合、社員が自ら売主となって行う宅地又は建物の売買で、宅地の造成又は建築に関する工事の完了前における買主からの手付金等の受領について、当該事業の対象とすることができる。

【問　45】　宅地建物取引業者Ａが、自ら売主として、宅地建物取引業者ではない買主Ｂに新築住宅を販売する場合に関する次の記述のうち、特定住宅瑕疵担保責任の履行の確保等に関する法律の規定によれば、正しいものはどれか。

1　Ａが信託会社又は金融機関の信託業務の兼営等に関する法律第１条第１項の認可を受けた金融機関であって、宅地建物取引業を営むものである場合、住宅販売瑕疵（かし）担保保証金の供託又は住宅販売瑕疵（かし）担保責任保険契約の締結を行う義務を負わない。

2　Ａは、住宅販売瑕疵（かし）担保保証金の供託をする場合、当該住宅の売買契約を締結するまでに、Ｂに対し供託所の所在地等について、必ず書面を交付して説明しなければならず、買主の承諾を得ても書面の交付に代えて電磁的方法により提供することはできない。

3　Ａは、住宅販売瑕疵（かし）担保保証金の供託をする場合、当該住宅の最寄りの供託所へ住宅販売瑕疵（かし）担保保証金の供託をしなければならない。

4　ＡＢ間の売買契約において、当該住宅の構造耐力上主要な部分に瑕疵（かし）があってもＡが瑕疵（かし）担保責任を負わない旨の特約があった場合においても、Ａは住宅販売瑕疵（かし）担保保証金の供託又は住宅販売瑕疵（かし）担保責任保険契約の締結を行う義務を負う。

【問　46】　独立行政法人住宅金融支援機構（以下この問において「機構」という。）に関する次の記述のうち、誤っているものはどれか。

1　機構は、子どもを育成する家庭又は高齢者の家庭（単身の世帯を含む。）に適した良好な居住性能及び居住環境を有する賃貸住宅の建設に必要な資金の貸付けを業務として行っている。

2　機構は、証券化支援事業（買取型）において、新築住宅に対する貸付債権のみを買取りの対象としている。

3　機構は、証券化支援事業（買取型）において、ZEH（ネット・ゼロ・エネルギーハウス）及び省エネルギー性、耐震性、バリアフリー性、耐久性・可変性に優れた住宅を取得する場合に、貸付金の利率を一定期間引き下げる制度を実施している。

4　機構は、マンション管理組合や区分所有者に対するマンション共用部分の改良に必要な資金の貸付けを業務として行っている。

【問　47】　宅地建物取引業者が行う広告に関する次の記述のうち、不当景品類及び不当表示防止法（不動産の表示に関する公正競争規約を含む。）の規定によれば、正しいものはどれか。

1　実際には取引する意思がない物件であっても実在するものであれば、当該物件を広告に掲載しても不当表示に問われることはない。

2　直線距離で50m以内に街道が存在する場合、物件名に当該街道の名称を用いることができる。

3　物件の近隣に所在するスーパーマーケットを表示する場合は、物件からの自転車による所要時間を明示しておくことで、徒歩による所要時間を明示する必要がなくなる。

4　一棟リノベーションマンションについては、一般消費者に対し、初めて購入の申込みの勧誘を行う場合であっても、「新発売」との表示を行うことはできない。

【問　48】　次の記述のうち、誤っているものはどれか。

1　令和３年度宅地建物取引業法の施行状況調査（令和４年９月公表）によれば、令和４年３月末における宅地建物取引業者の全事業者数は 14 万業者を超え、８年連続で増加した。

2　令和５年地価公示（令和５年３月公表）によれば、令和４年１月以降の１年間の地価について、地方圏平均では、全用途平均、住宅地、商業地のいずれも２年連続で上昇し、工業地は６年連続で上昇した。

3　建築着工統計調査報告（令和４年計。令和５年１月公表）によれば、令和４年の民間非居住建築物の着工床面積は、前年と比較すると、工場及び倉庫は増加したが、事務所及び店舗が減少したため、全体で減少となった。

4　年次別法人企業統計調査（令和３年度。令和４年９月公表）によれば、令和３年度における不動産業の売上高営業利益率は 11.1% と２年連続で前年度と比べ上昇し、売上高経常利益率も 12.5% と２年連続で前年度と比べ上昇した。

【問　49】　土地に関する次の記述のうち、最も不適当なものはどれか。

1　自然堤防の後背湿地側の縁は、砂が緩く堆積していて、地下水位も浅いため、地震時に液状化被害が生じやすい地盤である。

2　谷底低地に軟弱層が厚く堆積している所では、地震動が凝縮されて、震動が小さくなる。

3　1923年の関東地震の際には、東京の谷底低地で多くの水道管や建物が被害を受けた。

4　大都市の近郊の丘陵地では、丘を削り谷部に盛土し造成宅地が造られたが、盛土造成に際しては、地下水位を下げるため排水施設を設け、締め固める等の必要がある。

【問　50】　建物の構造と材料に関する次の記述のうち、最も不適当なものはどれか。

1　鉄筋コンクリート構造は、地震や風の力を受けても、躯(く)体の変形は比較的小さく、耐火性にも富んでいる。

2　鉄筋コンクリート構造は、躯(く)体の断面が大きく、材料の質量が大きいので、建物の自重が大きくなる。

3　鉄筋コンクリート構造では、鉄筋とコンクリートを一体化するには、断面が円形の棒鋼である丸鋼の方が表面に突起をつけた棒鋼である異形棒鋼より、優れている。

4　鉄筋コンクリート構造は、コンクリートが固まって所定の強度が得られるまでに日数がかかり、現場での施工も多いので、工事期間が長くなる。

宅地建物取引士資格試験

令和４年度　問題

試験時間に合わせて解いてみよう！！

■午後 1:00 ～ 3:00（制限時間 2 時間）

■合否判定基準：36 問以上正解
（登録講習修了者は 45 問中 31 問以上正解）

■登録講習修了者は例年、問 46 ～問 50 の 5 問が免除され、試験時間は午後 1：10 ～ 3：00 までの 1 時間 50 分となります（ただし、午後 12：30 から注意事項が説明されるので、着席していること）。

◆ 試験結果データ ◆

受験者数	226,048 人
合格者数	38,525 人
合 格 率	17.0 %

p.271 の解答用紙をコピーしてお使いください。
答え合わせに便利な正解一覧は別冊 p.27

【問　1】　次の１から４までの記述のうち、民法の規定、判例及び下記判決文によれば、正しいものはどれか。

（判決文）

所有者甲から乙が不動産を買い受け、その登記が未了の間に、丙が当該不動産を甲から二重に買い受け、更に丙から転得者丁が買い受けて登記を完了した場合に、たとい丙が背信的悪意者に当たるとしても、丁は、乙に対する関係で丁自身が背信的悪意者と評価されるのでない限り、当該不動産の所有権取得をもって乙に対抗することができるものと解するのが相当である。

1　所有者ＡからＢが不動産を買い受け、その登記が未了の間に、Ｃが当該不動産をＡから二重に買い受けて登記を完了した場合、Ｃは、自らが背信的悪意者に該当するときであっても、当該不動産の所有権取得をもってＢに対抗することができる。

2　所有者ＡからＢが不動産を買い受け、その登記が未了の間に、背信的悪意者ではないＣが当該不動産をＡから二重に買い受けた場合、先に買い受けたＢは登記が未了であっても当該不動産の所有権取得をもってＣに対抗することができる。

3　所有者ＡからＢが不動産を買い受け、その登記が未了の間に、背信的悪意者であるＣが当該不動産をＡから二重に買い受け、更にＣから転得者Ｄが買い受けて登記を完了した場合、ＤもＢに対する関係で背信的悪意者に該当するときには、Ｄは当該不動産の所有権取得をもってＢに対抗することができない。

4　所有者ＡからＢが不動産を買い受け、その登記が未了の間に、Ｃが当該不動産をＡから二重に買い受け登記を完了した場合、Ｃが背信的悪意者に該当しなくてもＢが登記未了であることにつき悪意であるときには、Ｃは当該不動産の所有権取得をもってＢに対抗することができない。

【問　2】 相続に関する次の記述のうち、民法の規定によれば、誤っているものはどれか。

1　被相続人の生前においては、相続人は、家庭裁判所の許可を受けることにより、遺留分を放棄することができる。

2　家庭裁判所への相続放棄の申述は、被相続人の生前には行うことができない。

3　相続人が遺留分の放棄について家庭裁判所の許可を受けると、当該相続人は、被相続人の遺産を相続する権利を失う。

4　相続人が被相続人の兄弟姉妹である場合、当該相続人には遺留分がない。

【問　3】 制限行為能力者に関する次の記述のうち、民法の規定及び判例によれば、正しいものはどれか。

1　成年後見人は、後見監督人がいる場合には、後見監督人の同意を得なければ、成年被後見人の法律行為を取り消すことができない。

2　相続の放棄は相手方のない単独行為であるから、成年後見人が成年被後見人に代わってこれを行っても、利益相反行為となることはない。

3　成年後見人は成年被後見人の法定代理人である一方、保佐人は被保佐人の行為に対する同意権と取消権を有するが、代理権が付与されることはない。

4　令和４年４月１日からは、成年年齢が18歳となったため、18歳の者は、年齢を理由とする後見人の欠格事由に該当しない。

【問　4】 A所有の甲土地にBのCに対する債務を担保するためにCの抵当権（以下この問において「本件抵当権」という。）が設定され、その旨の登記がなされた場合に関する次の記述のうち、民法の規定によれば、正しいものはどれか。

1　Aから甲土地を買い受けたDが、Cの請求に応じてその代価を弁済したときは、本件抵当権はDのために消滅する。

2　Cに対抗することができない賃貸借により甲土地を競売手続の開始前から使用するEは、甲土地の競売における買受人Fの買受けの時から6か月を経過するまでは、甲土地をFに引き渡すことを要しない。

3　本件抵当権設定登記後に、甲土地上に乙建物が築造された場合、Cが本件抵当権の実行として競売を申し立てるときには、甲土地とともに乙建物の競売も申し立てなければならない。

4　BがAから甲土地を買い受けた場合、Bは抵当不動産の第三取得者として、本件抵当権について、Cに対して抵当権消滅請求をすることができる。

【問　5】 期間の計算に関する次の記述のうち、民法の規定によれば、正しいものはどれか。なお、明記された日付は、日曜日、国民の祝日に関する法律に規定する休日その他の休日には当たらないものとする。

1　令和4年10月17日午前10時に、引渡日を契約締結日から1年後とする不動産の売買契約を締結した場合、令和5年10月16日が引渡日である。

2　令和4年8月31日午前10時に、弁済期限を契約締結日から1か月後とする金銭消費貸借契約を締結した場合、令和4年9月30日の終了をもって弁済期限となる。

3　期間の末日が日曜日、国民の祝日に関する法律に規定する休日その他の休日に当たるときは、その日に取引をしない慣習がある場合に限り、期間はその前日に満了する。

4　令和４年５月30日午前10時に、代金の支払期限を契約締結日から１か月後とする動産の売買契約を締結した場合、令和４年７月１日の終了をもって支払期限となる。

【問　6】　Aを貸主、Bを借主として、A所有の甲土地につき、資材置場とする目的で期間を２年として、AB間で、①賃貸借契約を締結した場合と、②使用貸借契約を締結した場合に関する次の記述のうち、民法の規定によれば、正しいものはどれか。

1　Aは、甲土地をBに引き渡す前であれば、①では口頭での契約の場合に限り自由に解除できるのに対し、②では書面で契約を締結している場合も自由に解除できる。

2　Bは、①ではAの承諾がなければ甲土地を適法に転貸することはできないが、②ではAの承諾がなくても甲土地を適法に転貸することができる。

3　Bは、①では期間内に解約する権利を留保しているときには期間内に解約の申入れをし解約することができ、②では期間内に解除する権利を留保していなくてもいつでも解除することができる。

4　甲土地について契約の本旨に反するBの使用によって生じた損害がある場合に、Aが損害賠償を請求するときは、①では甲土地の返還を受けた時から５年以内に請求しなければならないのに対し、②では甲土地の返還を受けた時から１年以内に請求しなければならない。

【問　7】　不在者Ａが、家庭裁判所から失踪宣告を受けた。Ａを単独相続したＢは相続財産である甲土地をＣに売却（以下この問において「本件売買契約」という。）して登記も移転したが、その後、生存していたＡの請求によって当該失踪宣告が取り消された。本件売買契約当時に、Ａの生存について、（ア）Ｂが善意でＣが善意、（イ）Ｂが悪意でＣが善意、（ウ）Ｂが善意でＣが悪意、（エ）Ｂが悪意でＣが悪意、の４つの場合があり得るが、これらのうち、民法の規定及び判例によれば、Ｃが本件売買契約に基づき取得した甲土地の所有権をＡに対抗できる場合を全て掲げたものとして正しいものはどれか。

1　（ア）、（イ）、（ウ）

2　（ア）、（イ）

3　（ア）、（ウ）

4　（ア）

【問　8】　ＡがＢ所有の甲土地を建物所有目的でなく利用するための権原が、①地上権である場合と②賃借権である場合に関する次の記述のうち、民法の規定及び判例によれば、正しいものはどれか。なお、ＡもＢも対抗要件を備えているものとする。

1　①でも②でも、特約がなくても、ＢはＡに対して、甲土地の使用及び収益に必要な修繕をする義務を負う。

2　ＣがＢに無断でＡから当該権原を譲り受け、甲土地を使用しているときは、①でも②でも、ＢはＣに対して、甲土地の明渡しを請求することができる。

3　①では、Ａは当該権原を目的とする抵当権を設定することができるが、②では、Ａは当該権原を目的とする抵当権を設定することはできない。

4　Ｄが甲土地を不法占拠してＡの土地利用を妨害している場合、①では、Ａは当該権原に基づく妨害排除請求権を行使してＤの妨害の排除を求めることができるが、②では、ＡはＤの妨害の排除を求めることはできない。

【問　9】　辞任に関する次の記述のうち、民法の規定によれば、正しいものはいくつあるか。

ア　委任によって代理権を授与された者は、報酬を受ける約束をしている場合であっても、いつでも委任契約を解除して代理権を消滅させて、代理人を辞することができる。

イ　親権者は、やむを得ない事由があるときは、法務局に届出を行うことによって、親権を辞することができる。

ウ　後見人は、正当な事由があるときは、後見監督人の許可を得て、その任務を辞することができる。

エ　遺言執行者は、正当な事由があるときは、相続人の許可を得て、その任務を辞することができる。

1　一つ

2　二つ

3　三つ

4　四つ

【問　10】 AはBに対し、自己所有の甲土地を売却し、代金と引換えにBに甲土地を引き渡したが、その後にCに対しても甲土地を売却し、代金と引換えにCに甲土地の所有権登記を移転した。この場合におけるBによる甲土地の所有権の時効取得に関する次の記述のうち、民法の規定及び判例によれば、正しいものはどれか。

1　Bが甲土地をDに賃貸し、引き渡したときは、Bは甲土地の占有を失うので、甲土地の所有権を時効取得することはできない。

2　Bが、時効の完成前に甲土地の占有をEに奪われたとしても、Eに対して占有回収の訴えを提起して占有を回復した場合には、Eに占有を奪われていた期間も時効期間に算入される。

3　Bが、甲土地の引渡しを受けた時点で所有の意思を有していたとしても、AC間の売買及びCに対する登記の移転を知ったときは、その時点で所有の意思が認められなくなるので、Bは甲土地を時効により取得することはできない。

4　Bが甲土地の所有権を時効取得した場合、Bは登記を備えなければ、その所有権を時効完成時において所有者であったCに対抗することはできない。

【問　11】 建物の所有を目的とする土地の賃貸借契約（定期借地権及び一時使用目的の借地権となる契約を除く。）に関する次の記述のうち、借地借家法の規定及び判例によれば、正しいものはどれか。

1　借地権の存続期間が満了する前に建物の滅失があった場合において、借地権者が借地権の残存期間を超えて存続すべき建物を築造したときは、その建物を築造することにつき借地権設定者の承諾がない場合でも、借地権の期間の延長の効果が生ずる。

2　転借地権が設定されている場合において、転借地上の建物が滅失したときは、転借地権は消滅し、転借地権者（転借人）は建物を再築することができない。

3　借地上の建物が滅失し、借地権設定者の承諾を得て借地権者が新たに建物を築造するに当たり、借地権設定者が存続期間満了の際における借地の返還確保の目的で、残存期間を超えて存続する建物を築造しない旨の特約を借地権者と結んだとしても、この特約は無効である。

4　借地上の建物所有者が借地権設定者に建物買取請求権を適法に行使した場合、買取代金の支払があるまでは建物の引渡しを拒み得るとともに、これに基づく敷地の占有についても、賃料相当額を支払う必要はない。

【問　12】 Aは、B所有の甲建物（床面積100m²）につき、居住を目的として、期間２年、賃料月額10万円と定めた賃貸借契約（以下この問において「本件契約」という。）をBと締結してその日に引渡しを受けた。この場合における次の記述のうち、民法及び借地借家法の規定並びに判例によれば、誤っているものはどれか。

1　BはAに対して、本件契約締結前に、契約の更新がなく、期間の満了により賃貸借が終了する旨を記載した賃貸借契約書を交付して説明すれば、本件契約を借地借家法第38条に規定する定期建物賃貸借契約として締結することができる。

2　本件契約が借地借家法第38条に規定する定期建物賃貸借契約であるか否かにかかわらず、Aは、甲建物の引渡しを受けてから１年後に甲建物をBから購入したCに対して、賃借人であることを主張できる。

3　本件契約が借地借家法第 38 条に規定する定期建物賃貸借契約である場合、A の中途解約を禁止する特約があっても、やむを得ない事情によって甲建物を自己の生活の本拠として使用することが困難になったときは、A は本件契約の解約の申入れをすることができる。

4　A が B に対して敷金を差し入れている場合、本件契約が期間満了で終了するに当たり、B は甲建物の返還を受けるまでは、A に対して敷金を返還する必要はない。

【問　13】　建物の区分所有等に関する法律（以下この問において「法」という。）に関する次の記述のうち、誤っているものはどれか。

1　管理者は、規約により、その職務に関し、区分所有者のために、原告又は被告となったときは、その旨を各区分所有者に通知しなくてよい。

2　管理者がないときは、区分所有者の 5 分の 1 以上で議決権の 5 分の 1 以上を有するものは、集会を招集することができる。ただし、この定数は、規約で減ずることができる。

3　集会において、管理者の選任を行う場合、規約に別段の定めがない限り、区分所有者及び議決権の各過半数で決する。

4　管理組合（法第 3 条に規定する区分所有者の団体をいう。）は、区分所有者及び議決権の各 4 分の 3 以上の多数による集会の決議で法人となる旨並びにその名称及び事務所を定め、かつ、その主たる事務所の所在地において登記をすることによって法人となる。

【問　14】 不動産の登記に関する次の記述のうち、誤っているものはどれか。

1　所有権の移転の登記の申請をする場合には、申請人は、法令に別段の定めがある場合を除き、その申請情報と併せて登記原因を証する情報を提供しなければならない。

2　所有権の移転の登記の申請をする場合において、当該申請を登記の申請の代理を業とすることができる代理人によってするときは、登記識別情報を提供することができないことにつき正当な理由があるとみなされるため、登記義務者の登記識別情報を提供することを要しない。

3　所有権の移転の登記の申請をする場合において、登記権利者が登記識別情報の通知を希望しない旨の申出をしたときは、当該登記に係る登記識別情報は通知されない。

4　所有権の移転の登記の申請をする場合において、その登記が完了した際に交付される登記完了証を送付の方法により交付することを求めるときは、その旨及び送付先の住所を申請情報の内容としなければならない。

【問　15】 都市計画法に関する次の記述のうち、誤っているものはどれか。

1　市街化区域については、都市計画に、少なくとも用途地域を定めるものとされている。

2　準都市計画区域については、都市計画に、特別用途地区を定めることができる。

3　高度地区については、都市計画に、建築物の容積率の最高限度又は最低限度を定めるものとされている。

4　工業地域は、主として工業の利便を増進するため定める地域とされている。

【問　16】　都市計画法に関する次の記述のうち、正しいものはどれか。ただし、この問において条例による特別の定めはないものとし、「都道府県知事」とは、地方自治法に基づく指定都市、中核市及び施行時特例市にあってはその長をいうものとする。

1　市街化区域内において、市街地再開発事業の施行として行う 1ha の開発行為を行おうとする者は、あらかじめ、都道府県知事の許可を受けなければならない。

2　区域区分が定められていない都市計画区域内において、博物館法に規定する博物館の建築を目的とした 8,000m^2 の開発行為を行おうとする者は、都道府県知事の許可を受けなくてよい。

3　自己の業務の用に供する施設の建築の用に供する目的で行う開発行為にあっては、開発区域内に土砂災害警戒区域等における土砂災害防止対策の推進に関する法律に規定する土砂災害警戒区域内の土地を含んではならない。

4　市街化調整区域内における開発行為について、当該開発行為が開発区域の周辺における市街化を促進するおそれがあるかどうかにかかわらず、都道府県知事は、開発審査会の議を経て開発許可をすることができる。

【問　17】　建築基準法（以下この問において「法」という。）に関する次の記述のうち、正しいものはどれか。

1　法の改正により、現に存する建築物が改正後の法の規定に適合しなくなった場合には、当該建築物は違反建築物となり、速やかに改正後の法の規定に適合させなければならない。

2　延べ面積が 500m^2 を超える建築物について、大規模な修繕をしようとする場合、都市計画区域外であれば建築確認を受ける必要はない。

3　地方公共団体は、条例で、建築物の敷地、構造又は建築設備に関して安全上、防火上又は衛生上必要な制限を附加することができる。

4　地方公共団体が、条例で、津波、高潮、出水等による危険の著しい区域を災害危険区域として指定した場合には、災害危険区域内における住居の用に供する建築物の建築は一律に禁止されることとなる。

【問　18】　次の記述のうち、建築基準法（以下この問において「法」という。）の規定によれば、正しいものはどれか。

1　第一種低層住居専用地域内においては、神社、寺院、教会を建築することはできない。

2　その敷地内に一定の空地を有し、かつ、その敷地面積が一定規模以上である建築物で、特定行政庁が交通上、安全上、防火上及び衛生上支障がなく、かつ、その建蔽率、容積率及び各部分の高さについて総合的な配慮がなされていることにより市街地の環境の整備改善に資すると認めて許可したものの建蔽率、容積率又は各部分の高さは、その許可の範囲内において、関係規定による限度を超えるものとすることができる。

3　法第３章の規定が適用されるに至った際、現に建築物が立ち並んでいる幅員 1.8m 未満の道で、あらかじめ、建築審査会の同意を得て特定行政庁が指定したものは、同章の規定における道路とみなされる。

4　第一種住居地域内においては、建築物の高さは、10m 又は 12m のうち当該地域に関する都市計画において定められた建築物の高さの限度を超えてはならない。

【問　19】　盛土規制法に関する次の記述のうち、誤っているものはどれか。なお、この問において「都道府県知事」とは、地方自治法に基づく指定都市、中核市及び施行時特例市にあってはその長をいうものとする。

1　宅地造成等工事規制区域内において、雨水その他の地表水又は地下水を排除するための排水施設の除却工事を行おうとする場合は、一定の場合を除き、都道府県知事への届出が必要となる。

2　宅地造成等工事規制区域内において、森林を宅地にするために行う切土であって、高さ 3m の崖を生ずることとなるものに関する工事については、工事主は、都市計画法第 29 条第 1 項又は第 2 項の許可を受けたときを除き、工事に着手する前に、都道府県知事の許可を受けなければならない。

3　宅地造成等工事規制区域内で過去に宅地造成に関する工事が行われ、現在は工事主とは異なる者がその工事が行われた土地を所有している場合において、当該土地の所有者は宅地造成等に伴う災害が生じないよう、その土地を常時安全な状態に維持するよう努めなければならない。

4　宅地造成等工事規制区域外に盛土によって造成された一団の造成宅地の区域において、造成された盛土の高さが 5m 未満の場合は、都道府県知事は、当該区域を造成宅地防災区域として指定することができない。

【問　20】　次の記述のうち、土地区画整理法の規定及び判例によれば、誤っているものはどれか。

1　土地区画整理組合の設立の認可の公告があった日以後、換地処分の公告がある日までは、施行地区内において、土地区画整理事業の施行の障害となるおそれがある建築物の新築を行おうとする者は、土地区画整理組合の許可を受けなければならない。

2　土地区画整理組合は、定款に別段の定めがある場合においては、換地計画に係る区域の全部について工事が完了する以前においても換地処分をすることができる。

3　仮換地を指定したことにより、使用し、又は収益することができる者のなくなった従前の宅地については、当該宅地を使用し、又は収益することができる者のなくなった時から換地処分の公告がある日までは、施行者が当該宅地を管理する。

4　清算金の徴収又は交付に関する権利義務は、換地処分の公告によって換地についての所有権が確定することと併せて、施行者と換地処分時点の換地所有者との間に確定的に発生するものであり、換地処分後に行われた当該換地の所有権の移転に伴い当然に移転する性質を有するものではない。

【問　21】　農地に関する次の記述のうち、農地法（以下この問において「法」という。）の規定によれば、正しいものはどれか。

1　農地の賃貸借及び使用貸借は、その登記がなくても農地の引渡しがあったときは、これをもってその後にその農地について所有権を取得した第三者に対抗することができる。

2　法第２条第３項の農地所有適格法人の要件を満たしていない株式会社は、耕作目的で農地を借り入れることはできない。

3　法第４条第１項、第５条第１項の違反について原状回復等の措置に係る命令の対象となる者（違反転用者等）には、当該規定に違反した者又はその一般承継人は含まれるが、当該違反に係る土地について工事を請け負った者は含まれない。

4　法の適用については、土地の面積は、登記簿の地積によることとしているが、登記簿の地積が著しく事実と相違する場合及び登記簿の地積がない場合には、実測に基づき農業委員会が認定したところによる。

【問　22】　国土利用計画法第23条の届出（以下この問において「事後届出」という。）に関する次の記述のうち、正しいものはどれか。なお、この問において「都道府県知事」とは、地方自治法に基づく指定都市にあってはその長をいうものとする。

1　都市計画区域外において、A市が所有する面積15,000m²の土地を宅地建物取引業者Bが購入した場合、Bは事後届出を行わなければならない。

2　事後届出において、土地売買等の契約に係る土地の土地に関する権利の移転又は設定の対価の額については届出事項ではない。

3　市街化区域を除く都市計画区域内において、一団の土地である甲土地（C所有、面積3,500m²）と乙土地（D所有、面積2,500m²）を宅地建物取引業者Eが購入した場合、Eは事後届出を行わなければならない。

4　都道府県知事は、土地利用審査会の意見を聴いて、事後届出をした者に対し、当該事後届出に係る土地の利用目的について必要な変更をすべきことを勧告することができ、勧告を受けた者がその勧告に従わない場合、その勧告に反する土地売買等の契約を取り消すことができる。

【問　23】　印紙税に関する次の記述のうち、正しいものはどれか。なお、以下の覚書又は契約書はいずれも書面により作成されたものとする。

1　土地を8,000万円で譲渡することを証した覚書を売主Aと買主Bが作成した場合、本契約書を後日作成することを文書上で明らかにしていれば、当該覚書には印紙税が課されない。

2　一の契約書に甲土地の譲渡契約（譲渡金額 6,000 万円）と、乙建物の譲渡契約（譲渡金額 3,000 万円）をそれぞれ区分して記載した場合、印紙税の課税標準となる当該契約書の記載金額は、6,000 万円である。

3　当初作成した土地の賃貸借契約書において「契約期間は５年とする」旨の記載がされていた契約期間を変更するために、「契約期間は 10 年とする」旨を記載した覚書を貸主Ｃと借主Ｄが作成した場合、当該覚書には印紙税が課される。

4　駐車場経営者Ｅと車両所有者Ｆが、Ｆの所有する車両を駐車場としての設備のある土地の特定の区画に駐車させる旨の賃貸借契約書を作成した場合、土地の賃借権の設定に関する契約書として印紙税が課される。

【問　24】　固定資産税に関する次の記述のうち、正しいものはどれか。

1　固定資産税の徴収については、特別徴収の方法によらなければならない。

2　土地価格等縦覧帳簿及び家屋価格等縦覧帳簿の縦覧期間は、毎年４月１日から、４月 20 日又は当該年度の最初の納期限の日のいずれか遅い日以後の日までの間である。

3　固定資産税の賦課期日は、市町村の条例で定めることとされている。

4　固定資産税は、固定資産の所有者に課するのが原則であるが、固定資産が賃借されている場合は、当該固定資産の賃借権者に対して課される。

【問　25】　地価公示法に関する次の記述のうち、誤っているものはどれか。

1　土地鑑定委員会は、標準地の正常な価格を判定したときは、標準地の単位面積当たりの価格のほか、当該標準地の地積及び形状についても官報で公示しなければならない。

2　正常な価格とは、土地について、自由な取引が行われるとした場合におけるその取引（一定の場合を除く。）において通常成立すると認められる価格をいい、当該土地に建物がある場合には、当該建物が存するものとして通常成立すると認められる価格をいう。

3　公示区域内の土地について鑑定評価を行う場合において、当該土地の正常な価格を求めるときは、公示価格を規準とする必要があり、その際には、当該土地とこれに類似する利用価値を有すると認められる1又は2以上の標準地との位置、地積、環境等の土地の客観的価値に作用する諸要因についての比較を行い、その結果に基づき、当該標準地の公示価格と当該土地の価格との間に均衡を保たせる必要がある。

4　公示区域とは、都市計画法第4条第2項に規定する都市計画区域その他の土地取引が相当程度見込まれるものとして国土交通省令で定める区域のうち、国土利用計画法第12条第1項の規定により指定された規制区域を除いた区域をいう。

【問　26】　宅地建物取引業法第3条第1項に規定する事務所（以下この問において「事務所」という。）に関する次の記述のうち、正しいものはどれか。

1　事務所とは、契約締結権限を有する者を置き、継続的に業務を行うことができる施設を有する場所を指すものであるが、商業登記簿に登載されていない営業所又は支店は事務所には該当しない。

2　宅地建物取引業を営まず他の兼業業務のみを営んでいる支店は、事務所には該当しない。

3　宅地建物取引業者は、主たる事務所については、免許証、標識及び国土交通大臣が定めた報酬の額を掲げ、従業者名簿及び帳簿を備え付ける義務を負う。

4　宅地建物取引業者は、その事務所ごとに一定の数の成年者である専任の宅地建物取引士を置かなければならないが、既存の事務所がこれを満たさなくなった場合は、30日以内に必要な措置を執らなければならない。

【問　27】　宅地建物取引業者A（消費税課税事業者）が受け取ることができる報酬についての次の記述のうち、宅地建物取引業法の規定によれば、正しいものはどれか。

1　Aが、Bから売買の媒介を依頼され、Bからの特別の依頼に基づき、遠隔地への現地調査を実施した。その際、当該調査に要する特別の費用について、Bが負担することを事前に承諾していたので、Aは媒介報酬とは別に、当該調査に要した特別の費用相当額を受領することができる。

2　Aが、居住用建物について、貸主Bから貸借の媒介を依頼され、この媒介が使用貸借に係るものである場合は、当該建物の通常の借賃をもとに報酬の限度額が定まるが、その算定に当たっては、不動産鑑定業者の鑑定評価を求めなければならない。

3　Aが居住用建物の貸主B及び借主Cの双方から媒介の依頼を受けるに当たって、依頼者の一方から受けることのできる報酬の額は、借賃の1か月分の0.55倍に相当する金額以内である。ただし、媒介の依頼を受けるに当たって、依頼者から承諾を得ている場合はこの限りではなく、双方から受けることのできる報酬の合計額は借賃の1か月分の1.1倍に相当する金額を超えてもよい。

4　Aは、土地付建物について、売主Bから媒介を依頼され、代金300万円（消費税等相当額を含み、土地代金は80万円である。）で契約を成立させた。現地調査等の費用については、通常の売買の媒介に比べ5万円（消費税等相当額を含まない。）多く要する旨、Bに対して説明し、合意の上、媒介契約を締結した。この場合、AがBから受領できる報酬の限度額は20万200円である。

【問　28】　宅地建物取引業者が行う宅地建物取引業法第35条に規定する重要事項の説明に関する次の記述のうち、正しいものはどれか。

1　宅地建物取引業者が、宅地建物取引業者ではない個人から媒介業者の仲介なしに土地付建物を購入する場合、買主である宅地建物取引業者は重要事項説明書を作成しなくても宅地建物取引業法違反とはならない。

2　宅地建物取引業者が、重要事項説明書を作成する際、調査不足のため、重要事項説明書に記載された内容が事実と異なるものとなったが、意図的に事実と異なる内容を記載したものではないため、宅地建物取引業法違反とはならない。

3　宅地建物取引業者は、土地売買の媒介を行う場合、宅地建物取引業者ではない売主に対して契約が成立する前までの間に、宅地建物取引士をして重要事項説明書を交付して説明をさせなければならない。

4　宅地又は建物の取引は権利関係や法令上の制限など取引条件に関する事項が複雑で多岐にわたるため、重要事項説明書は、宅地又は建物の取引の専門的知識を有する宅地建物取引士が作成しなければならない。

【問　29】 宅地建物取引士に関する次の記述のうち、宅地建物取引業法の規定によれば、誤っているものはどれか。

1　宅地建物取引士は、禁錮以上の刑に処せられた場合、刑に処せられた日から 30 日以内に、その旨を宅地建物取引士の登録を受けた都道府県知事に届け出なければならない。

2　宅地建物取引士は、業務に関して事務禁止の処分を受けた場合、速やかに、宅地建物取引士証をその交付を受けた都道府県知事に提出しなければならず、これを怠った場合には罰則の適用を受けることがある。

3　宅地建物取引士は、有効期間の満了日が到来する宅地建物取引士証を更新する場合、国土交通大臣が指定する講習を受講しなければならず、また、当該宅地建物取引士証の有効期間は５年である。

4　宅地建物取引士は、宅地建物取引士の信用を害するような行為をしてはならず、信用を害するような行為には、宅地建物取引士の職務に必ずしも直接関係しない行為や私的な行為も含まれる。

【問　30】 次の記述のうち、宅地建物取引業法（以下この問において「法」という。）及び犯罪による収益の移転防止に関する法律の規定によれば、正しいものはいくつあるか。

ア　法第35条第2項の規定による割賦販売とは、代金の全部又は一部について、目的物の引渡し後6か月以上の期間にわたり、かつ、2回以上に分割して受領することを条件として販売することをいう。

イ　犯罪による収益の移転防止に関する法律において、宅地建物取引業のうち、宅地若しくは建物の売買契約の締結又はその代理若しくは媒介が特定取引として規定されている。

ウ　宅地建物取引業者は、その従業者に対し、その業務を適正に実施させるため、必要な教育を行うよう努めなければならないと法に定められている。

エ　宅地建物取引業者の使用人その他の従業者は、正当な理由がある場合でなければ、宅地建物取引業の業務を補助したことについて知り得た秘密を他に漏らしてはならないと法に定められている。

1　一つ

2　二つ

3　三つ

4　なし

【問　31】 宅地建物取引業者Ａが、ＢからＢ所有の土地付建物の売却について媒介の依頼を受けた場合における次の記述のうち、宅地建物取引業法（以下この問において「法」という。）の規定によれば、正しいものはどれか。

1　Ａが、Ｂと一般媒介契約を締結した場合、ＡがＢに対し当該土地付建物の価額について意見を述べるために行った価額の査定に要した費用をＢに請求することはできない。

2　Ａは、Ｂとの間で締結した媒介契約が一般媒介契約である場合には、専任媒介契約の場合とは異なり、法第34条の2第1項の規定に基づく書面に、売買すべき価額を記載する必要はない。

3　Ａが、Ｂとの間で締結した専任媒介契約については、Ｂからの申出により更新することができ、その後の有効期間については、更新の時から3か月を超える内容に定めることができる。

4　Ａが、当該土地付建物の購入の媒介をＣから依頼され、Ｃとの間で一般媒介契約を締結した場合、Ａは、買主であるＣに対しては、必ずしも法第34条の2第1項の規定に基づく書面を交付しなくともよい。

【問　32】　宅地建物取引業法第 37 条の規定により交付すべき書面（以下この問において「37 条書面」という。）に関する次の記述のうち、誤っているものはどれか。

1　宅地建物取引業者である売主Ａは、宅地建物取引業者であるＢの媒介により、宅地建物取引業者ではないＣと宅地の売買契約を令和４年４月１日に締結した。ＡとＢが共同で作成した 37 条書面にＢの宅地建物取引士の記名がなされていれば、Ａは 37 条書面にＡの宅地建物取引士をして記名をさせる必要はない。

2　宅地建物取引士は、37 条書面を交付する際、買主から請求があったときは、宅地建物取引士証を提示しなければならない。

3　宅地建物取引業者である売主Ｄと宅地建物取引業者ではないＥとの建物の売買契約において、手付金の保全措置を講ずる場合、Ｄはその保全措置の概要を、重要事項説明書に記載し説明する必要があるが、37 条書面には記載する必要はない。

4　宅地建物取引業者である売主と宅地建物取引業者ではない個人との建物の売買において、建物の品質に関して契約の内容に適合しない場合におけるその不適合を担保すべき責任について特約を定めたときは、37 条書面にその内容を記載しなければならない。

【問　33】 宅地建物取引士に関する次の記述のうち、宅地建物取引業法の規定によれば、正しいものはいくつあるか。

ア　宅地建物取引士資格試験は未成年者でも受験することができるが、宅地建物取引士の登録は成年に達するまでいかなる場合にも受けることができない。

イ　甲県知事登録の宅地建物取引士が、宅地建物取引業者（乙県知事免許）の専任の宅地建物取引士に就任するためには、宅地建物取引士の登録を乙県に移転しなければならない。

ウ　丙県知事登録の宅地建物取引士が、事務の禁止の処分を受けた場合、丁県に所在する宅地建物取引業者の事務所の業務に従事しようとするときでも、その禁止の期間が満了するまで、宅地建物取引士の登録の移転を丁県知事に申請することができない。

エ　戊県知事登録の宅地建物取引士が、己県へ登録の移転の申請とともに宅地建物取引士証の交付を申請した場合、己県知事が宅地建物取引士証を交付するときは、戊県で交付された宅地建物取引士証の有効期間が経過するまでの期間を有効期間とする宅地建物取引士証を交付しなければならない。

1　一つ

2　二つ

3　三つ

4　四つ

【問　34】 宅地建物取引業者が建物の売買の媒介の際に行う宅地建物取引業法第35条に規定する重要事項の説明に関する次の記述のうち、誤っているものはどれか。なお、説明の相手方は宅地建物取引業者ではないものとする。

1 当該建物が既存の建物であるときは、宅地建物取引業法第34条の2第1項第4号に規定する建物状況調査を過去1年以内に実施しているかどうか、及びこれを実施している場合におけるその結果の概要を説明しなければならない。

2 当該建物が盛土規制法の規定により指定された造成宅地防災区域内にあるときは、その旨を説明しなければならない。

3 当該建物について、石綿の使用の有無の調査の結果が記録されているときは、その内容を説明しなければならない。

4 当該建物（昭和56年5月31日以前に新築の工事に着手したもの）が指定確認検査機関、建築士、登録住宅性能評価機関又は地方公共団体による耐震診断を受けたものであるときは、その旨を説明しなければならない。

【問　35】 次の記述のうち、宅地建物取引業法（以下この問において「法」という。）の規定によれば、正しいものはどれか。

1 宅地建物取引業者の従業者である宅地建物取引士は、取引の関係者から事務所で従業者証明書の提示を求められたときは、この証明書に代えて従業者名簿又は宅地建物取引士証を提示することで足りる。

2 宅地建物取引業者Aが所有する甲建物を法人Bに売却するに当たり、BがB宅地建物取引業者であるか否かにかかわらず、AはBに対し、宅地建物取引士をして、法第35条の規定に基づく書面を交付し説明をさせなければならない。

3　法人Ｃが所有する乙建物の個人Ｄへの賃貸を宅地建物取引業者Ｅが媒介し、当該賃貸借契約が成立したときは、ＥはＤに対し、宅地建物取引士をして、法第35条の規定に基づく書面を交付し説明をさせなければならない。

4　宅地建物取引業者Ｆが所有する丙宅地を法人Ｇに売却する契約を締結したとき、Ｇが宅地建物取引業者であるか否かにかかわらず、ＦはＧに対し、法第37条の規定に基づく書面を交付しなければならない。

【問　36】　宅地建物取引業者が行う宅地建物取引業法第35条に規定する重要事項の説明に関する次の記述のうち、正しいものはどれか。なお、説明の相手方は宅地建物取引業者ではないものとする。

1　建物の売買の媒介を行う場合、当該建物が既存の住宅であるときは当該建物の検査済証（宅地建物取引業法施行規則第16条の２の３第２号に定めるもの）の保存の状況について説明しなければならず、当該検査済証が存在しない場合はその旨を説明しなければならない。

2　宅地の売買の媒介を行う場合、売買代金の額並びにその支払の時期及び方法について説明しなければならない。

3　建物の貸借の媒介を行う場合、当該建物が、水防法施行規則第11条第１号の規定により市町村（特別区を含む。）の長が提供する図面にその位置が表示されている場合には、当該図面が存在していることを説明すれば足りる。

4　自ら売主となって建物の売買契約を締結する場合、当該建物の引渡しの時期について説明しなければならない。

【問　37】 宅地建物取引業者Aがその業務に関して行う広告に関する次の記述のうち、宅地建物取引業法（以下この問において「法」という。）の規定によれば、正しいものはいくつあるか。

ア　Aが未完成の建売住宅を販売する場合、建築基準法第6条第1項に基づく確認を受けた後、同項の変更の確認の申請書を提出している期間においては、変更の確認を受ける予定であることを表示し、かつ、当初の確認内容を合わせて表示すれば、変更の確認の内容を広告することができる。

イ　Aが新築住宅の売買に関する広告をインターネットで行った場合、実際のものより著しく優良又は有利であると人を誤認させるような表示を行ったが、当該広告について問合せや申込みがなかったときは、法第32条に定める誇大広告等の禁止の規定に違反しない。

ウ　Aが一団の宅地の販売について、数回に分けて広告をするときは、そのたびごとに広告へ取引態様の別を明示しなければならず、当該広告を見た者から売買に関する注文を受けたときも、改めて取引態様の別を明示しなければならない。

1　一つ

2　二つ

3　三つ

4　なし

【問　38】　宅地建物取引業者が自ら売主となる宅地の売買契約について、買受けの申込みを喫茶店で行った場合における宅地建物取引業法第 37 条の２の規定に基づくいわゆるクーリング・オフに関する次の記述のうち、正しいものはどれか。

1　買受けの申込みをした者が、売買契約締結後、当該宅地の引渡しを受けた場合、クーリング･オフによる当該売買契約の解除を行うことができない。

2　買受けの申込みをした者が宅地建物取引業者であった場合、クーリング・オフについて告げられていなくても、申込みを行った日から起算して８日を経過するまでは、書面により買受けの申込みの撤回をすることができる。

3　売主業者の申出により、買受けの申込みをした者の勤務先で売買契約を行った場合、クーリング・オフによる当該売買契約の解除を行うことはできない。

4　クーリング・オフによる売買契約の解除がなされた場合において、宅地建物取引業者は、買受けの申込みをした者に対し、速やかに、当該売買契約の締結に際し受領した手付金その他の金銭を返還しなければならない。

【問　39】　宅地建物取引業保証協会（以下この問において「保証協会」という。）に関する次の記述のうち、宅地建物取引業法の規定によれば、正しいものはどれか。

1　保証協会は、弁済業務保証金について弁済を受ける権利を有する者から認証申出書の提出があり、認証に係る事務を処理する場合には、各月ごとに、認証申出書に記載された取引が成立した時期の順序に従ってしなければならない。

2　保証協会は、当該保証協会の社員から弁済業務保証金分担金の納付を受けたときは、その納付を受けた額に相当する額の弁済業務保証金を当該社員の主たる事務所の最寄りの供託所に供託しなければならない。

3　保証協会の社員が弁済業務保証金分担金を納付した後に、新たに事務所を設置したときは、その日から２週間以内に保証協会に納付すべき弁済業務保証金分担金について、国債証券をもって充てることができる。

4　宅地建物取引業者と宅地の売買契約を締結した買主（宅地建物取引業者ではない。）は、当該宅地建物取引業者が保証協会の社員となる前にその取引により生じた債権に関し、当該保証協会が供託した弁済業務保証金について弁済を受ける権利を有する。

【問　40】　建物の貸借の媒介を行う宅地建物取引業者が、その取引の相手方（宅地建物取引業者を除く。）に対して、次のアからエの発言に続けて宅地建物取引業法第 35 条の規定に基づく重要事項の説明を行った場合のうち、宅地建物取引業法の規定に違反しないものはいくつあるか。

ア　本日は重要事項の説明を行うためにお電話しました。お客様は IT 環境をお持ちでなく映像を見ることができないとのことですので、宅地建物取引士である私が記名した重要事項説明書は現在お住まいの住所に郵送いたしました。このお電話にて重要事項の説明をさせていただきますので、お手元でご覧いただきながらお聞き願います。

イ　建物の貸主が宅地建物取引業者で、代表者が宅地建物取引士であり建物の事情に詳しいことから、その代表者が作成し、記名した重要事項説明書がこちらになります。当社の宅地建物取引士は同席しますが、説明は貸主の代表者が担当します。

ウ　この物件の担当である弊社の宅地建物取引士が本日急用のため対応できなくなりましたが、せっかくお越しいただきましたので、重要事項説明書にある宅地建物取引士欄を訂正の上、宅地建物取引士である私が記名をし、代わりに説明をいたします。私の宅地建物取引士証をお見せします。

エ　本日はお客様のご希望ですので、テレビ会議を用いて重要事項の説明を行います。当社の側の音声は聞こえていますでしょうか。十分に聞き取れたとのお返事、こちらにも聞こえました。では、説明を担当する私の宅地建物取引士証をお示ししますので、画面上でご確認をいただき、私の名前を読み上げていただけますでしょうか。そうです、読み方も間違いありません。それでは、双方音声・映像ともやりとりできる状況ですので、説明を始めます。事前にお送りした私が記名した重要事項説明書をお手元にご用意ください。

1　一つ　　2　二つ

3　三つ　　4　四つ

【問　41】　営業保証金及び宅地建物取引業保証協会（以下この問において「保証協会」という。）に関する次の記述のうち、宅地建物取引業法の規定によれば、誤っているものはいくつあるか。

ア　宅地建物取引業者の代表者が、その業務に関し刑法第222条（脅迫）の罪により懲役の刑に処せられたことを理由に宅地建物取引業の免許を取り消された場合、当該宅地建物取引業者であった者は、当該刑の執行を終わった日から5年間は供託した営業保証金を取り戻すことができない。

イ　営業保証金の還付により、営業保証金が政令で定める額に不足することとなったため、国土交通大臣又は都道府県知事から不足額を供託すべき旨の通知書の送付を受けた宅地建物取引業者は、その送付を受けた日から2週間以内にその不足額を供託しなければならない。

ウ　保証協会の社員は、自らが取り扱った宅地建物取引業に係る取引の相手方から当該取引に関する苦情について解決の申出が保証協会にあり、保証協会から関係する資料の提出を求められたときは、正当な理由がある場合でなければ、これを拒んではならない。

エ　保証協会の社員と宅地建物取引業に関し取引をした者は、その取引により生じた債権に関し、当該社員が納付した弁済業務保証金の額に相当する額の範囲内において弁済を受ける権利を有する。

1　一つ　　2　二つ

3　三つ　　4　四つ

【問　42】　宅地建物取引業者Ａが、ＢからＢ所有の宅地の売却を依頼され、Ｂと専属専任媒介契約（以下この問において「本件媒介契約」という。）を締結した場合に関する次の記述のうち、宅地建物取引業法の規定によれば、正しいものはどれか。

1　ＡはＢに対して、契約の相手方を探索するために行った措置など本件媒介契約に係る業務の処理状況を２週間に１回以上報告しなければならない。

2　ＡがＢに対し当該宅地の価額又は評価額について意見を述べるときは、その根拠を明らかにしなければならないが、根拠の明示は口頭でも書面を用いてもどちらでもよい。

3　本件媒介契約の有効期間について、あらかじめＢからの書面による申出があるときは、３か月を超える期間を定めることができる。

4　Ａは所定の事項を指定流通機構に登録した場合、Ｂから引渡しの依頼がなければ、その登録を証する書面をＢに引き渡さなくてもよい。

【問　43】　宅地建物取引業者Ａが、自ら売主として行う売買契約に関する次の記述のうち、宅地建物取引業法の規定によれば、誤っているものはどれか。なお、買主は宅地建物取引業者ではないものとする。

1　Ａが、宅地又は建物の売買契約に際して手付を受領した場合、その手付がいかなる性質のものであっても、Ａが契約の履行に着手するまでの間、買主はその手付を放棄して契約の解除をすることができる。

2　Ａが、土地付建物の売買契約を締結する場合において、買主との間で、「売主は、売買物件の引渡しの日から１年間に限り当該物件の種類又は品質に関して契約の内容に適合しない場合におけるその不適合を担保する責任を負う」とする旨の特約を設けることができる。

3　販売代金2,500万円の宅地について、Aが売買契約の締結を行い、損害賠償の額の予定及び違約金の定めをする場合、その合計額を500万円と設定することができる。

4　Aが建物の割賦販売を行った場合、当該建物を買主に引き渡し、かつ、代金の額の10分の3を超える額の支払を受けた後は、担保の目的で当該建物を譲り受けてはならない。

【問　44】　宅地建物取引業法（以下この問において「法」という。）第37条の規定により交付すべき書面（以下この問において「37条書面」という。）に関する次の記述のうち、宅地建物取引業者Aが法の規定に違反するものはどれか。

1　Aは、自ら売主として宅地建物取引業者ではないBとの間で宅地の売買契約を締結した。この際、当該買主の代理として宅地建物取引業者Cが関与していたことから、37条書面をBに加え、Cにも交付した。

2　Aは、その媒介により建物の貸借の契約を成立させ、37条書面を借主に交付するに当たり、37条書面に記名した宅地建物取引士が不在であったことから、宅地建物取引士ではないAの従業員に書面を交付させた。

3　Aは、その媒介により借主Dと建物の貸借の契約を成立させた。この際、借賃以外の金銭の授受に関する定めがあるので、その額や当該金銭の授受の時期だけでなく、当該金銭の授受の目的についても37条書面に記載し、Dに交付した。

4　Aは、自ら売主として宅地建物取引業者Eの媒介により、宅地建物取引業者Fと宅地の売買契約を締結した。37条書面については、A、E、Fの三者で内容を確認した上で各自作成し、交付せずにそれぞれ自ら作成した書類を保管した。

【問　45】 特定住宅瑕疵担保責任の履行の確保等に関する法律に基づく住宅販売瑕疵担保保証金の供託又は住宅販売瑕疵担保責任保険契約の締結に関する次の記述のうち、正しいものはどれか。

1　宅地建物取引業者は、自ら売主として宅地建物取引業者である買主との間で新築住宅の売買契約を締結し、その住宅を引き渡す場合、住宅販売瑕疵担保保証金の供託又は住宅販売瑕疵担保責任保険契約の締結を行う義務を負う。

2　住宅販売瑕疵担保責任保険契約は、新築住宅の引渡し時から10年以上有効でなければならないが、当該新築住宅の買主の承諾があれば、当該保険契約に係る保険期間を５年間に短縮することができる。

3　自ら売主として新築住宅を販売する宅地建物取引業者は、基準日から３週間を経過する日までの間において、当該基準日前10年間に自ら売主となる売買契約に基づき宅地建物取引業者ではない買主に引き渡した新築住宅（住宅販売瑕疵担保責任保険契約に係る新築住宅を除く。）について、住宅販売瑕疵担保保証金の供託をしていなければならない。

4　宅地建物取引業者が住宅販売瑕疵担保保証金の供託をし、その額が、基準日において、販売新築住宅の合計戸数を基礎として算定する基準額を超えることとなった場合、宅地建物取引業法の免許を受けた国土交通大臣又は都道府県知事の承認がなくても、その超過額を取り戻すことができる。

【問　46】 独立行政法人住宅金融支援機構（以下この問において「機構」という。）に関する次の記述のうち、誤っているものはどれか。

1　機構は、住宅の建設又は購入に必要な資金の貸付けに係る金融機関の貸付債権の譲受けを業務として行っているが、当該住宅の建設又は購入に付随する土地又は借地権の取得に必要な資金については、譲受けの対象としていない。

2　機構は、団体信用生命保険業務において、貸付けを受けた者が死亡した場合のみならず、重度障害となった場合においても、支払われる生命保険の保険金を当該貸付けに係る債務の弁済に充当することができる。

3　証券化支援事業（買取型）において、機構による譲受けの対象となる貸付債権の償還方法には、元利均等の方法であるものに加え、元金均等の方法であるものもある。

4　機構は、証券化支援事業（買取型）において、MBS（資産担保証券）を発行することにより、債券市場（投資家）から資金を調達している。

【問　47】 宅地建物取引業者が行う広告に関する次の記述のうち、不当景品類及び不当表示防止法（不動産の表示に関する公正競争規約を含む。）の規定によれば、正しいものはどれか。

1　物件からスーパーマーケット等の商業施設までの徒歩所要時間は、道路距離 80m につき 1 分間を要するものとして算出し、1 分未満の端数が生じたときは、端数を切り捨てて表示しなければならない。

2　インターネット上に掲載した賃貸物件の広告について、掲載直前に契約済みとなっていたとしても、消費者からの問合せに対して既に契約済みであり取引できない旨を説明すれば、不当表示に問われることはない。

3　マンションの管理費について、住戸により管理費の額が異なる場合において、その全ての住宅の管理費を示すことが困難であるときは、最高額のみを表示すればよい。

4　建築条件付土地の取引の広告においては、当該条件の内容、当該条件が成就しなかったときの措置の内容だけでなく、そもそも当該取引の対象が土地であることも明らかにして表示しなければならない。

【問　48】　次の記述のうち、正しいものはどれか。

1　建築着工統計調査報告（令和３年計。令和４年１月公表）によれば、令和３年の新設住宅の着工戸数のうち、持家は前年比で増加したが、貸家及び分譲住宅は前年比で減少した。

2　令和４年地価公示（令和４年３月公表）によれば、令和３年１月以降の１年間の住宅地の地価は、三大都市圏平均では下落したものの、それ以外の地方圏平均では上昇した。

3　令和４年版土地白書（令和４年６月公表）によれば、令和３年の全国の土地取引件数は約 133 万件となり、土地取引件数の対前年比は令和元年以降減少が続いている。

4　国土交通省の公表する不動産価格指数のうち、全国の商業用不動産総合の季節調整値は、2021 年（令和３年）においては第１四半期から第４四半期まで連続で対前期比増となった。

【問　49】　土地に関する次の記述のうち、最も不適当なものはどれか。

1　台地の上の浅い谷は、豪雨時には一時的に浸水することがあり、注意を要する。

2　低地は、一般に洪水や地震などに対して強く、防災的見地から住宅地として好ましい。

3　埋立地は、平均海面に対し４～ 5m の比高があり護岸が強固であれば、住宅地としても利用が可能である。

4　国土交通省が運営するハザードマップポータルサイトでは、洪水、土砂災害、高潮、津波のリスク情報などを地図や写真に重ねて表示できる。

【問　50】 建築物の構造に関する次の記述のうち、最も不適当なものはどれか。

1　木構造は、主要構造を木質系材料で構成するものであり、在来軸組構法での主要構造は、一般に軸組、小屋組、床組からなる。

2　在来軸組構法の軸組は、通常、水平材である土台、桁、胴差と、垂直材の柱及び耐力壁からなる。

3　小屋組は、屋根の骨組であり、小屋梁(ばり)、小屋束(づか)、母屋(もや)、垂木(たるき)等の部材を組み合わせた和小屋と、陸梁(ろくばり)、束(つか)、方杖(づえ)等の部材で形成するトラス構造の洋小屋がある。

4　軸組に仕上げを施した壁には、真壁と大壁があり、真壁のみで構成する洋風構造と、大壁のみで構成する和風構造があるが、これらを併用する場合はない。

宅地建物取引士資格試験

令和３年度
12 月試験問題

試験時間に合わせて解いてみよう！！

■午後 1:00 ～ 3:00（制限時間 2 時間）

■合否判定基準：34 問以上正解

■登録講習修了者は例年、問 46 ～問 50 の 5 問が免除され、試験時間は午後 1 ：10 ～ 3 ：00 までの 1 時間 50 分となります（ただし、午後 12：30 から注意事項が説明されるので、着席していること）。

◆ 試験結果データ ◆

受験者数	24,965 人
合格者数	3,892 人
合 格 率	15.6 %

p.271 の解答用紙をコピーしてお使いください。
答え合わせに便利な正解一覧は別冊 p.49

【問　1】 次の1から4までの記述のうち、民法の規定、判例及び下記判決文によれば、正しいものはどれか。

（判決文）

私力の行使は、原則として法の禁止するところであるが、法律に定める手続によつたのでは、権利に対する違法な侵害に対抗して現状を維持することが不可能又は著しく困難であると認められる緊急やむを得ない特別の事情が存する場合においてのみ、その必要の限度を超えない範囲内で、例外的に許されるものと解することを妨げない。

1　権利に対する違法な侵害に対抗して法律に定める手続によらずに自力救済することは、その必要の限度を超えない範囲内であれば、事情のいかんにかかわらず許される。

2　建物賃貸借契約終了後に当該建物内に家財などの残置物がある場合には、賃貸人の権利に対する違法な侵害であり、賃貸人は賃借人の同意の有無にかかわらず、原則として裁判を行わずに当該残置物を建物内から撤去することができる。

3　建物賃貸借契約の賃借人が賃料を1年分以上滞納した場合には、賃貸人の権利を著しく侵害するため、原則として裁判を行わずに、賃貸人は賃借人の同意なく当該建物の鍵とシリンダーを交換して建物内に入れないようにすることができる。

4　裁判を行っていては権利に対する違法な侵害に対抗して現状を維持することが不可能又は著しく困難であると認められる緊急やむを得ない特別の事情が存する場合には、その必要の限度を超えない範囲内で例外的に私力の行使が許される。

【問　2】 相隣関係に関する次の記述のうち、民法の規定によれば、誤っているものはどれか。

1　土地の所有者は、隣地の所有者と共同の費用で、境界標を設けることができる。

2　隣接する土地の境界線上に設けた障壁は、相隣者の共有に属するものと推定される。

3　高地の所有者は、その高地が浸水した場合にこれを乾かすためであっても、公の水流又は下水道に至るまで、低地に水を通過させることはできない。

4　土地の所有者が直接に雨水を隣地に注ぐ構造の屋根を設けた場合、隣地所有者は、その所有権に基づいて妨害排除又は予防の請求をすることができる。

【問　3】 成年後見人が、成年被後見人を代理して行う次に掲げる法律行為のうち、民法の規定によれば、家庭裁判所の許可を得なければ代理して行うことができないものはどれか。

1　成年被後見人が所有する乗用車の第三者への売却

2　成年被後見人が所有する成年被後見人の居住の用に供する建物への第三者の抵当権の設定

3　成年被後見人が所有するオフィスビルへの第三者の抵当権の設定

4　成年被後見人が所有する倉庫についての第三者との賃貸借契約の解除

【問　4】 いずれも宅地建物取引業者ではない売主Ａと買主Ｂとの間で令和３年７月１日に締結した売買契約に関する次の記述のうち、民法の規定によれば、正しいものはどれか。

1　ＢがＡに対して手付を交付した場合、Ａは、目的物を引き渡すまではいつでも、手付の倍額を現実に提供して売買契約を解除することができる。

2　売買契約の締結と同時に、Ａが目的物を買い戻すことができる旨の特約をする場合、買戻しについての期間の合意をしなければ、買戻しの特約自体が無効となる。

3　Ｂが購入した目的物が第三者Ｃの所有物であり、Ａが売買契約締結時点でそのことを知らなかった場合には、Ａは損害を賠償せずに売買契約を解除することができる。

4　目的物の引渡しの時点で目的物が品質に関して契約の内容に適合しないことをＡが知っていた場合には、当該不適合に関する請求権が消滅時効にかかっていない限り、ＢはＡの担保責任を追及することができる。

【問　5】 ＡがＢの代理人として行った行為に関する次の記述のうち、民法の規定及び判例によれば、正しいものはどれか。なお、いずれの行為もＢの追認はないものとし、令和３年７月１日以降になされたものとする。

1　ＡがＢの代理人として第三者の利益を図る目的で代理権の範囲内の行為をした場合、相手方Ｃがその目的を知っていたとしても、ＡＣ間の法律行為の効果はＢに帰属する。

2　ＢがＡに代理権を与えていないにもかかわらず代理権を与えた旨をＣに表示し、Ａが当該代理権の範囲内の行為をした場合、ＣがＡに代理権がないことを知っていたとしても、Ｂはその責任を負わなければならない。

3　AがBから何ら代理権を与えられていないにもかかわらずBの代理人と詐称してCとの間で法律行為をし、CがAにBの代理権があると信じた場合であっても、原則としてその法律行為の効果はBに帰属しない。

4　BがAに与えた代理権が消滅した後にAが行った代理権の範囲内の行為について、相手方Cが過失によって代理権消滅の事実を知らなかった場合でも、Bはその責任を負わなければならない。

【問　6】　不動産に関する物権変動の対抗要件に関する次の記述のうち、民法の規定及び判例によれば、誤っているものはどれか。

1　不動産の所有権がAからB、BからC、CからDと転々譲渡された場合、Aは、Dと対抗関係にある第三者に該当する。

2　土地の賃借人として当該土地上に登記ある建物を所有する者は、当該土地の所有権を新たに取得した者と対抗関係にある第三者に該当する。

3　第三者のなした登記後に時効が完成して不動産の所有権を取得した者は、当該第三者に対して、登記を備えなくても、時効取得をもって対抗することができる。

4　共同相続財産につき、相続人の一人から相続財産に属する不動産につき所有権の全部の譲渡を受けて移転登記を備えた第三者に対して、他の共同相続人は、自己の持分を登記なくして対抗することができる。

【問　7】 令和３年７月１日になされた遺言に関する次の記述のうち、民法の規定によれば、誤っているものはどれか。

1　自筆証書によって遺言をする場合、遺言者は、その全文、日付及び氏名を自書して押印しなければならないが、これに添付する相続財産の目録については、遺言者が毎葉に署名押印すれば、自書でないものも認められる。

2　公正証書遺言の作成には、証人２人以上の立会いが必要であるが、推定相続人は、未成年者でなくとも、証人となることができない。

3　船舶が遭難した場合、当該船舶中にいて死亡の危急に迫った者は、証人２人以上の立会いがあれば、口頭で遺言をすることができる。

4　遺贈義務者が、遺贈の義務を履行するため、受遺者に対し、相当の期間を定めて遺贈の承認をすべき旨の催告をした場合、受遺者がその期間内に意思表示をしないときは、遺贈を放棄したものとみなされる。

【問　8】 ＡはＢに対して、Ａが所有する甲土地を1,000万円で売却したい旨の申込みを郵便で令和３年７月１日に発信した（以下この問において「本件申込み」という。）が、本件申込みがＢに到達する前にＡが死亡した場合における次の記述のうち、民法の規定によれば、正しいものはどれか。

1　Ｂが承諾の通知を発する前に、ＢがＡの死亡を知ったとしても、本件申込みは効力を失わない。

2　Ａが、本件申込みにおいて、自己が死亡した場合には申込みの効力を失う旨の意思表示をしていたときには、ＢがＡの死亡を知らないとしても本件申込みは効力を失う。

3　本件申込みが効力を失わない場合、本件申込みに承諾をなすべき期間及び撤回をする権利についての記載がなかったときは、Aの相続人は、本件申込みをいつでも撤回することができる。

4　本件申込みが効力を失わない場合、Bが承諾の意思表示を発信した時点で甲土地の売買契約が成立する。

【問　9】　AがBに対してA所有の甲建物を令和３年７月１日に①売却した場合と②賃貸した場合についての次の記述のうち、民法の規定及び判例によれば、誤っているものはどれか。

1　①と②の契約が解除された場合、①ではBは甲建物を使用収益した利益をAに償還する必要があるのに対し、②では将来に向かって解除の効力が生じるのでAは解除までの期間の賃料をBに返還する必要はない。

2　①ではBはAの承諾を得ずにCに甲建物を賃貸することができ、②ではBはAの承諾を得なければ甲建物をCに転貸することはできない。

3　甲建物をDが不法占拠している場合、①ではBは甲建物の所有権移転登記を備えていなければ所有権をDに対抗できず、②ではBは甲建物につき賃借権の登記を備えていれば賃借権をDに対抗することができる。

4　①と②の契約締結後、甲建物の引渡し前に、甲建物がEの放火で全焼した場合、①ではBはAに対する売買代金の支払を拒むことができ、②ではBとAとの間の賃貸借契約は終了する。

【問　10】 Aは、Bからの借入金の担保として、A所有の甲建物に第一順位の抵当権（以下この問において「本件抵当権」という。）を設定し、その登記を行った。AC間にCを賃借人とする甲建物の一時使用目的ではない賃貸借契約がある場合に関する次の記述のうち、民法及び借地借家法の規定並びに判例によれば、正しいものはどれか。

1　本件抵当権設定登記後にAC間の賃貸借契約が締結され、AのBに対する借入金の返済が債務不履行となった場合、Bは抵当権に基づき、AがCに対して有している賃料債権を差し押さえることができる。

2　Cが本件抵当権設定登記より前に賃貸借契約に基づき甲建物の引渡しを受けていたとしても、AC間の賃貸借契約の期間を定めていない場合には、Cの賃借権は甲建物の競売による買受人に対抗することができない。

3　本件抵当権設定登記後にAC間で賃貸借契約を締結し、その後抵当権に基づく競売手続による買受けがなされた場合、買受けから賃貸借契約の期間満了までの期間が1年であったときは、Cは甲建物の競売における買受人に対し、期間満了までは甲建物を引き渡す必要はない。

4　Cが本件抵当権設定登記より前に賃貸借契約に基づき甲建物の引渡しを受けていたとしても、Cは、甲建物の競売による買受人に対し、買受人の買受けの時から1年を経過した時点で甲建物を買受人に引き渡さなければならない。

【問　11】 次の記述のうち、借地借家法の規定及び判例によれば、正しいものはどれか。

1　借地権の存続期間を契約で30年と定めた場合には、当事者が借地契約を更新する際､その期間を更新の日から30年以下に定めることはできない。

2　借地権の存続期間が満了する場合、借地権者が契約の更新を請求したとき、その土地上に建物が存在する限り、借地権設定者は異議を述べることができない。

3　借地権者が借地上の建物にのみ登記をしている場合、当該借地権を第三者に対抗することができるのは、当該建物の敷地の表示として記載されている土地のみである。

4　借地権設定者は、弁済期の到来した最後の３年分の地代等について、借地権者がその土地において所有する建物の上に先取特権を有する。

【問　12】　賃貸人Ａと賃借人Ｂとの間で令和３年７月１日に締結した一時使用目的ではない建物賃貸借契約（以下この問において「本件契約」という。）の終了に関する次の記述のうち、民法及び借地借家法の規定並びに判例によれば、正しいものはどれか。

1　本件契約に期間を２年とする旨の定めがあり、ＡもＢも更新拒絶の通知をしなかったために本件契約が借地借家法に基づき更新される場合、更新後の期間について特段の合意がなければ、更新後の契約期間は２年となる。

2　本件契約において期間の定めがない場合、借地借家法第28条に定める正当事由を備えてＡが解約の申入れをしたときには、解約の申入れをした日から６月を経過した日に、本件契約は終了する。

3　建物の転貸借がされている場合において、本件契約がＢ（転貸人）の債務不履行によって解除されて終了するときは、Ａが転借人に本件契約の終了を通知した日から６月を経過することによって、転貸借契約は終了する。

4　ＢがＡの同意を得て建物に付加した造作がある場合であっても、本件契約終了時にＡに対して借地借家法第33条の規定に基づく造作買取請求権を行使することはできない、という特約は無効である。

【問　13】 建物の区分所有等に関する法律に関する次の記述のうち、誤っているものはどれか。

1　区分所有者以外の者であって区分所有者の承諾を得て専有部分を占有する者は、会議の目的たる事項につき利害関係を有する場合には、集会に出席して議決権を行使することはできないが、意見を述べることはできる。

2　最初に建物の専有部分の全部を所有する者は、公正証書により、共用部分（数個の専有部分に通ずる廊下又は階段室その他構造上区分所有者の全員又はその一部の共用に供されるべき建物の部分）の規約を設定することができる。

3　共用部分は、区分所有者全員の共有に属するが、規約に特別の定めがあるときは、管理者を共用部分の所有者と定めることもできる。

4　管理組合法人を設立する場合は、理事を置かなければならず、理事が数人ある場合において、規約に別段の定めがないときは、管理組合法人の事務は、理事の過半数で決する。

【問　14】 不動産の登記に関する次の記述のうち、不動産登記法の規定によれば、誤っているものはどれか。

1　表題登記がない土地の所有権を取得した者は、その所有権の取得の日から１月以内に、表題登記を申請しなければならない。

2　共用部分である旨の登記がある建物について、合併の登記をすることができる。

3　登記官は、表示に関する登記について申請があった場合において、必要があると認めるときは、当該不動産の表示に関する事項を調査することができる。

4　区分建物である建物を新築した場合において、その所有者について相続その他の一般承継があったときは、相続人その他の一般承継人も、被承継人を表題部所有者とする当該建物についての表題登記を申請することができる。

【問　15】 都市計画法に関する次の記述のうち、正しいものはどれか。

1　近隣商業地域は、主として商業その他の業務の利便の増進を図りつつ、これと調和した住居の環境を保護するため定める地域とする。

2　準工業地域は、主として環境の悪化をもたらすおそれのない工業の利便の増進を図りつつ、これと調和した住居の環境を保護するため定める地域とする。

3　第一種低層住居専用地域については、都市計画に特定用途制限地域を定めることができる場合がある。

4　第一種住居地域については、都市計画に高層住居誘導地区を定めることができる場合がある。

【問　16】　都市計画法に関する次の記述のうち、誤っているものはどれか。ただし、この問において「都道府県知事」とは、地方自治法に基づく指定都市、中核市及び施行時特例市にあってはその長をいうものとする。

1　開発許可を受けようとする者は、開発行為に関する工事の請負人又は請負契約によらないで自らその工事を施行する者を記載した申請書を都道府県知事に提出しなければならない。

2　開発許可を受けた者は、開発行為に関する国土交通省令で定める軽微な変更をしたときは、遅滞なく、その旨を都道府県知事に届け出なければならない。

3　開発許可を受けた者は、開発行為に関する工事の廃止をしようとするときは、都道府県知事の許可を受けなければならない。

4　開発行為に同意していない土地の所有者は、当該開発行為に関する工事完了の公告前に、当該開発許可を受けた開発区域内において、その権利の行使として自己の土地に建築物を建築することができる。

【問　17】　建築基準法に関する次の記述のうち、誤っているものはどれか。

1　4階建ての建築物の避難階以外の階を劇場の用途に供し、当該階に客席を有する場合には、当該階から避難階又は地上に通ずる2以上の直通階段を設けなければならない。

2　床面積の合計が500㎡の映画館の用途に供する建築物を演芸場に用途変更する場合、建築主事又は指定確認検査機関の確認を受ける必要はない。

3　換気設備を設けていない居室には、換気のための窓その他の開口部を設け、その換気に有効な部分の面積は、その居室の床面積に対して10分の1以上としなければならない。

4　延べ面積が800㎡の百貨店の階段の部分には、排煙設備を設けなくてもよい。

【問　18】　次の記述のうち、建築基準法（以下この問において「法」という。）の規定によれば、正しいものはどれか。

1　法第68条の9第1項の規定に基づく条例の制定の際、現に建築物が立ち並んでいる道は、法上の道路とみなされる。

2　都市計画により、容積率の限度が10分の50とされている準工業地域内において、建築物の高さは、前面道路の反対側の境界線からの水平距離が35m以下の範囲内においては、当該部分から前面道路の反対側の境界線までの水平距離に、1.5を乗じて得た値以下でなければならない。

3　第一種住居地域においては、畜舎で、その用途に供する部分の床面積が4,000㎡のものを建築することができる。

4　建築物の敷地が、法第53条第1項の規定に基づく建築物の建蔽率に関する制限を受ける地域又は区域の二以上にわたる場合においては、当該建築物の敷地の過半の属する地域又は区域における建蔽率に関する制限が、当該建築物に対して適用される。

【問　19】　盛土規制法に関する次の記述のうち、誤っているものはどれか。なお、この問において「都道府県知事」とは、地方自治法に基づく指定都市、中核市及び施行時特例市にあってはその長をいうものとする。

1　宅地造成等工事規制区域外において行われる宅地造成に関する工事について、工事主は、工事に着手する前に都道府県知事に届け出なければならない。

2　都道府県知事は、宅地造成等工事規制区域内の土地の所有者、管理者又は占有者に対して、当該土地又は当該土地において行われている工事の状況について報告を求めることができる。

3　宅地造成等工事規制区域内において宅地造成等に関する工事を行う場合、宅地造成等に伴う災害を防止するために行う高さ 5m を超える擁壁に係る工事については、政令で定める資格を有する者の設計によらなければならない。

4　都道府県知事は、偽りその他不正な手段によって宅地造成等工事規制区域内において行われる宅地造成等に関する工事の許可を受けた者に対して、その許可を取り消すことができる。

【問　20】　土地区画整理法（以下この問において「法」という。）に関する次の記述のうち、誤っているものはどれか。

1　土地区画整理組合が施行する土地区画整理事業に係る施行地区内の宅地について借地権のみを有する者は、その土地区画整理組合の組合員とはならない。

2　法において、「公共施設」とは、道路、公園、広場、河川その他政令で定める公共の用に供する施設をいう。

3　施行者は、換地処分の公告があった場合においては、直ちに、その旨を換地計画に係る区域を管轄する登記所に通知しなければならない。

4　市町村が施行する土地区画整理事業では、事業ごとに、市町村に土地区画整理審議会が設置され、換地計画、仮換地の指定及び減価補償金の交付に関する事項について法に定める権限を行使する。

【問　21】　農地に関する次の記述のうち、農地法（以下この問において「法」という。）の規定によれば、正しいものはどれか。

1　自己所有の農地に住宅を建設する資金を借り入れるため、当該農地に抵当権の設定をする場合には、法第３条第１項の許可を受ける必要がある。

2　農地の賃貸借の解除については、農地の所有者が、賃借人に対して一方的に解約の申入れを行う場合には、法第18条第１項の許可を受ける必要がない。

3　登記簿の地目が宅地となっている場合には、現況が農地であっても法の規制の対象とはならない。

4　市街化区域内の自己所有の農地を駐車場に転用するため、あらかじめ農業委員会に届け出た場合には、法第４条第１項の許可を受ける必要がない。

【問　22】 国土利用計画法（以下この問において「法」という。）第23条の届出（以下この問において「事後届出」という。）及び法第29条の届出に関する次の記述のうち、正しいものはどれか。なお、この問において「都道府県知事」とは、地方自治法に基づく指定都市にあってはその長をいうものとする。

1　個人Aが所有する都市計画区域外の12,000㎡の土地に、個人Bが地上権の設定を受ける契約を締結した場合、Bは一定の場合を除き事後届出を行う必要がある。

2　法第28条に基づく遊休土地に係る通知を受けた者は、その通知があった日から起算して1月以内に、その通知に係る遊休土地の利用又は処分に関する計画を、都道府県知事に届け出なければならない。

3　市街化調整区域において、宅地建物取引業者Cが所有する面積5,000㎡の土地について、宅地建物取引業者Dが一定の計画に従って、2,000㎡と3,000㎡に分割して順次購入した場合、Dは事後届出を行う必要はない。

4　都道府県知事は、事後届出があった場合において、土地の利用目的に係る必要な勧告を行うことができ、その勧告を受けた者がその勧告に従わないときは、その旨及びその内容を公表しなければならない。

【問　23】 住宅用家屋の所有権の移転登記に係る登録免許税の税率の軽減措置に関する次の記述のうち、正しいものはどれか。

1　この税率の軽減措置の適用対象となる住宅用家屋は、床面積が100㎡以上で、その住宅用家屋を取得した個人の居住の用に供されるものに限られる。

2　この税率の軽減措置の適用対象となる住宅用家屋は、売買又は競落により取得したものに限られる。

3　この税率の軽減措置は、一定の要件を満たせばその住宅用家屋の敷地の用に供されている土地の所有権の移転登記についても適用される。

4　この税率の軽減措置の適用を受けるためには、登記の申請書に、一定の要件を満たす住宅用家屋であることの都道府県知事の証明書を添付しなければならない。

【問　24】　固定資産税に関する次の記述のうち、正しいものはどれか。

1　市町村長は、固定資産課税台帳に登録された価格等に重大な錯誤があることを発見した場合においては、直ちに決定された価格等を修正して、これを固定資産課税台帳に登録しなければならない。

2　固定資産税の納税義務者は、その納付すべき当該年度の固定資産課税に係る固定資産について、固定資産課税台帳に登録された価格について不服があるときは、公示の日から納税通知書の交付を受けた日後１月を経過するまでの間において、文書をもって、固定資産評価審査委員会に審査の申出をすることができる。

3　年度の途中において家屋の売買が行われた場合、売主と買主は、当該年度の固定資産税を、固定資産課税台帳に所有者として登録されている日数で按分して納付しなければならない。

4　住宅用地のうち小規模住宅用地に対して課する固定資産税の課税標準は、当該小規模住宅用地に係る固定資産税の課税標準となるべき価格の３分の１の額である。

【問　25】　地価公示法に関する次の記述のうち、誤っているものはどれか。

1　地価公示法の目的は、都市及びその周辺の地域等において、標準地を選定し、その正常な価格を公示することにより、一般の土地の取引価格に対して指標を与え、及び公共の利益となる事業の用に供する土地に対する適正な補償金の額の算定等に資し、もって適正な地価の形成に寄与することである。

2　不動産鑑定士は、公示区域内の土地について鑑定評価を行う場合において、当該土地の正常な価格を求めるときは、公示価格と実際の取引価格を規準としなければならない。

3　不動産鑑定士は、土地鑑定委員会の求めに応じて標準地の鑑定評価を行うに当たっては、近傍類地の取引価格から算定される推定の価格、近傍類地の地代等から算定される推定の価格及び同等の効用を有する土地の造成に要する推定の費用の額を勘案しなければならない。

4　関係市町村の長は、土地鑑定委員会が公示した事項のうち、当該市町村が属する都道府県に存する標準地に係る部分を記載した書面等を、当該市町村の事務所において一般の閲覧に供しなければならない。

【問　26】　宅地建物取引業者が宅地建物取引業法第 37 条の規定により交付すべき書面（以下この問において「37 条書面」という。）に関する次の記述のうち、正しいものはどれか。

1　宅地建物取引業者は、その媒介により建物の売買の契約を成立させた場合において、当該建物の引渡しの時期又は移転登記の申請の時期のいずれかを 37 条書面に記載し、当該契約の各当事者に交付しなければならない。

2　宅地建物取引業者は、その媒介により建物の貸借の契約を成立させた場合において、当該建物が既存の建物であるときは、建物の構造耐力上主要な部分等の状況について当事者の双方が確認した事項を 37 条書面に記載し、当該契約の各当事者に交付しなければならない。

3　宅地建物取引業者は、その媒介により建物の貸借の契約を成立させた場合において、借賃以外の金銭の授受に関する定めがあるときは、その額や当該金銭の授受の時期だけでなく、当該金銭の授受の目的についても 37 条書面に記載し、当該契約の各当事者に交付しなければならない。

4　宅地建物取引業者は、37 条書面を交付するに当たり、宅地建物取引士をして、その書面に記名の上、その内容を説明させなければならない。

【問　27】　宅地建物取引業者 A が、自ら売主として、宅地建物取引業者ではない B との間で建物の売買契約を締結する場合における次の記述のうち、宅地建物取引業法の規定によれば、正しいものはどれか。

1　AB 間で建物の売買契約を締結する場合において、当事者の債務の不履行を理由とする契約の解除に伴う損害賠償の額についての特約を、代金の額の 10 分の 2 を超えて定めた場合、当該特約は全体として無効となる。

2　AB 間で建築工事完了前の建物の売買契約を締結する場合において、A が B から保全措置が必要となる額の手付金を受領する場合、A は、事前に、国土交通大臣が指定する指定保管機関と手付金等寄託契約を締結し、かつ、当該契約を証する書面を買主に交付した後でなければ、B からその手付金を受領することができない。

3　AB 間で建物の売買契約を締結する場合において、A は、あらかじめ B の承諾を書面で得た場合に限り、売買代金の額の 10 分の 2 を超える額の手付を受領することができる。

4　AB 間で建築工事完了前の建物の売買契約を締結する場合において、売買代金の 10 分の 2 の額を手付金として定めた場合、A が手付金の保全措置を講じていないときは、B は手付金の支払を拒否することができる。

【問　28】　宅地建物取引業者 A（甲県知事免許）に関する監督処分及び罰則に関する次の記述のうち、宅地建物取引業法（以下この問において「法」という。）の規定によれば、正しいものはいくつあるか。

ア　A が、不正の手段により甲県知事から免許を受けたとき、甲県知事は A に対して当該免許を取り消さなければならない。

イ　Aが、法第３条の２第１項の規定により付された条件に違反したときは、甲県知事は A の免許を取り消さなければならない。

ウ　A が、事務所の公衆の見やすい場所に国土交通大臣が定めた報酬の額を掲示しなかった場合、A は甲県知事から指示処分を受けることはあるが、罰則の適用を受けることはない。

エ　A の従業者名簿の作成に当たり、法第 48 条第 3 項の規定により記載しなければならない事項について A の従業者 B が虚偽の記載をした場合、B は罰則の適用を受けることはあるが、A は罰則の適用を受けることはない。

1　一つ

2　二つ

3　三つ

4　四つ

【問　29】　次の記述のうち、宅地建物取引業法の規定によれば、誤っているものはどれか。

1　宅地建物取引業の免許の有効期間は５年であり、免許の更新の申請は、有効期間満了の日の90日前から30日前までの間に行わなければならない。

2　宅地建物取引業者から免許の更新の申請があった場合において、有効期間の満了の日までにその申請について処分がなされないときは、従前の免許は、有効期間の満了後もその処分がなされるまでの間は、なお効力を有する。

3　個人である宅地建物取引業者Ａ（甲県知事免許）が死亡した場合、Ａの相続人は、Ａの死亡の日から30日以内に、その旨を甲県知事に届け出なければならない。

4　法人である宅地建物取引業者Ｂ（乙県知事免許）が合併により消滅した場合、Ｂを代表する役員であった者は、その日から30日以内に、その旨を乙県知事に届け出なければならない。

【問　30】　宅地建物取引業者Ａがその業務に関して行う広告に関する次の記述のうち、宅地建物取引業法（以下この問において「法」という。）の規定によれば、正しいものはどれか。

1　Ａは、中古の建物の売買において、当該建物の所有者から媒介の依頼を受け、取引態様の別を明示せずに広告を掲載したものの、広告を見た者からの問合せはなく、契約成立には至らなかった場合には、当該広告は法第34条の規定に違反するものではない。

2　Ａは、自ら売主として、建築基準法第６条第１項の確認の申請中である新築の分譲マンションについて「建築確認申請済」と明示した上で広告を行った。当該広告は、建築確認を終えたものと誤認させるものではないため、法第33条の規定に違反するものではない。

3 Aは、顧客を集めるために売る意思のない条件の良い物件を広告し、実際は他の物件を販売しようとしたが注文がなく、売買が成立しなかった場合であっても、監督処分の対象となる。

4 Aは、免許を受けた都道府県知事から宅地建物取引業の免許の取消しを受けたものの、当該免許の取消し前に建物の売買の広告をしていた場合、当該建物の売買契約を締結する目的の範囲内においては、なお宅地建物取引業者とみなされる。

【問 31】 宅地建物取引業者A（消費税課税事業者）が貸主Bから建物の貸借の代理の依頼を受け、宅地建物取引業者C（消費税課税事業者）が借主Dから媒介の依頼を受け、BとDとの間で賃貸借契約を成立させた場合における次の記述のうち、宅地建物取引業法の規定によれば、誤っているものはいくつあるか。なお、1か月分の借賃は8万円とし、借賃及び権利金（権利設定の対価として支払われる金銭であって返還されないものをいう。）には、消費税等相当額を含まないものとする。

ア 建物を住居として貸借する場合、Cは、媒介の依頼を受けるに当たってDから承諾を得ているときを除き、44,000円を超える報酬をDから受領することはできない。

イ 建物を店舗として貸借する場合、AがBから受領する報酬とCがDから受領する報酬の合計額は88,000円を超えてはならない。

ウ 建物を店舗として貸借する場合、200万円の権利金の授受があるときは、A及びCが受領できる報酬の額の合計は、110,000円を超えてはならない。

エ Aは、Bから媒介報酬の限度額まで受領する他に、Bの依頼によらない通常の広告の料金に相当する額を別途受領することができる。

1　一つ

2　二つ

3　三つ

4　四つ

【問　32】　宅地建物取引業法第35条の２に規定する供託所等に関する説明についての次の記述のうち、正しいものはどれか。なお、特に断りのない限り、宅地建物取引業者の相手方は宅地建物取引業者ではないものとする。

1　宅地建物取引業者は、宅地建物取引業者の相手方に対して供託所等の説明を行う際に書面を交付することは要求されていないが、重要事項説明書に記載して説明することが望ましい。

2　宅地建物取引業者は、宅地建物取引業者が取引の相手方の場合においても、供託所等に係る説明をしなければならない。

3　宅地建物取引業者は、売買、交換又は貸借の契約に際し、契約成立後、速やかに供託所等に係る説明をしなければならない。

4　宅地建物取引業者は、自らが宅地建物取引業保証協会の社員である場合、営業保証金を供託した主たる事務所の最寄りの供託所及び所在地の説明をしなければならない。

【問　33】　宅地建物取引業者Aは、BからB所有の宅地の売却について媒介の依頼を受けた。この場合における次の記述のうち、宅地建物取引業法の規定によれば、正しいものはいくつあるか。なお、この問において「専任媒介契約」とは、専属専任媒介契約ではない専任媒介契約をいう。

ア　AがBとの間で専任媒介契約を締結した場合、AはBに対して、当該専任媒介契約に係る業務の処理状況を1週間に1回以上報告しなければならない。

イ　AがBとの間で専任媒介契約を締結した場合、Bの要望により当該宅地を指定流通機構に登録しない旨の特約をしているときを除き、Aは、当該専任媒介契約締結日から7日以内（休業日数を含まない。）に、指定流通機構に当該宅地の所在等を登録しなければならない。

ウ　AがBとの間で一般媒介契約を締結した場合、AはBに対して、遅滞なく、宅地建物取引業法第34条の2第1項の規定に基づく書面を交付しなければならない。

エ　AがBとの間で一般媒介契約を締結した場合、AがBに対し当該宅地の価額又は評価額について意見を述べるときは、その根拠を明らかにしなければならないが、根拠の明示は口頭でも書面を用いてもよい。

1　一つ　　**2**　二つ　　**3**　三つ　　**4**　四つ

【問　34】　宅地、建物に関する次の記述のうち、宅地建物取引業法の規定によれば、正しいものはどれか。

1　宅地とは、建物の敷地に供せられる土地をいい、道路、公園、河川、広場及び水路に供せられているものは宅地には当たらない。

2　建物の一部の売買の代理を業として行う行為は、宅地建物取引業に当たらない。

3　建物とは、土地に定着する工作物のうち、屋根及び柱若しくは壁を有するものをいうが、学校、病院、官公庁施設等の公共的な施設は建物には当たらない。

4　宅地とは、現に建物の敷地に供せられている土地をいい、その地目、現況によって宅地に当たるか否かを判断する。

【問　35】　宅地建物取引業者が宅地及び建物の売買の媒介を行う場合における宅地建物取引業法第35条に規定する重要事項の説明及び重要事項説明書の交付に関する次の記述のうち、正しいものはどれか。

1　宅地建物取引士は、テレビ会議等のITを活用して重要事項の説明を行うときは、相手方の承諾があれば宅地建物取引士証の提示を省略することができる。

2　宅地建物取引業者は、その媒介により売買契約が成立したときは、当該契約の各当事者に、遅滞なく、重要事項説明書を交付しなければならない。

3　宅地建物取引業者は、重要事項説明書の交付に当たり、専任の宅地建物取引士をして当該書面に記名させるとともに、売買契約の各当事者にも当該書面に記名させなければならない。

4　宅地建物取引業者は、買主が宅地建物取引業者であっても、重要事項説明書を交付しなければならない。

【問　36】 宅地建物取引業の免許（以下この問において「免許」という。）に関する次の記述のうち、宅地建物取引業法の規定によれば、正しいものはどれか。

1　法人である宅地建物取引業者A（甲県知事免許）について破産手続開始の決定があった場合、その日から30日以内に、Aを代表する役員Bは、その旨を、甲県知事に届け出なければならない。

2　宅地建物取引業者C（乙県知事免許）が国土交通大臣に免許換えの申請を行っているときは、Cは、取引の相手方に対し、重要事項説明書及び宅地建物取引業法第37条の規定により交付すべき書面を交付することができない。

3　宅地建物取引業者D（丙県知事免許）が、免許の更新の申請を怠り、その有効期間が満了した場合、Dは、遅滞なく、丙県知事に免許証を返納しなければならない。

4　宅地建物取引業者E（丁県知事免許）が引き続いて1年以上事業を休止したときは、丁県知事は免許を取り消さなければならない。

【問　37】 宅地建物取引士に関する次の記述のうち、宅地建物取引業法の規定によれば、正しいものはどれか。なお、この問において「登録」とは、宅地建物取引士の登録をいうものとする。

1　甲県知事の登録を受けている宅地建物取引士は、乙県に主たる事務所を置く宅地建物取引業者の専任の宅地建物取引士となる場合、乙県知事に登録の移転を申請しなければならない。

2　宅地建物取引士の氏名等が登載されている宅地建物取引士資格登録簿は一般の閲覧に供されることとはされていないが、専任の宅地建物取引士は、その氏名が宅地建物取引業者名簿に登載され、当該名簿が一般の閲覧に供される。

3　宅地建物取引士が、刑法第204条（傷害）の罪により罰金の刑に処せられ、登録が消除された場合、当該登録が消除された日から５年を経過するまでは、新たな登録を受けることができない。

4　未成年者は、宅地建物取引業に係る営業に関し成年者と同一の行為能力を有していたとしても、成年に達するまでは登録を受けることができない。

【問　38】　次の記述のうち、宅地建物取引業法の規定に違反しないものの組合せとして、正しいものはどれか。なお、この問において「建築確認」とは、建築基準法第６条第１項の確認をいうものとする。

ア　宅地建物取引業者Ａは、建築確認の済んでいない建築工事完了前の賃貸住宅の貸主Ｂから当該住宅の貸借の媒介を依頼され、取引態様を媒介と明示して募集広告を行った。

イ　宅地建物取引業者Ｃは、建築確認の済んでいない建築工事完了前の賃貸住宅の貸主Ｄから当該住宅の貸借の代理を依頼され、代理人として借主Ｅとの間で当該住宅の賃貸借契約を締結した。

ウ　宅地建物取引業者Ｆは、自己の所有に属しない宅地について、自ら売主として、宅地建物取引業者Ｇと売買契約の予約を締結した。

エ　宅地建物取引業者Ｈは、農地の所有者Ｉと建物の敷地に供するため農地法第５条の許可を条件とする売買契約を締結したので、自ら売主として宅地建物取引業者ではない個人ＪとＩ所有の農地の売買契約を締結した。

1　ア、イ　　**2**　ア、エ　　**3**　イ、ウ　　**4**　ウ、エ

【問　39】　宅地建物取引業保証協会（以下この問において「保証協会」という。）に関する次の記述のうち、宅地建物取引業法の規定によれば、誤っているものはどれか。

1　保証協会は、その名称、住所又は事務所の所在地を変更しようとするときは、あらかじめ、その旨を国土交通大臣に届け出なければならない。

2　保証協会は、新たに社員が加入したときは、直ちに、その旨を当該社員である宅地建物取引業者が免許を受けた国土交通大臣又は都道府県知事に報告しなければならない。

3　宅地建物取引業者で保証協会に加入しようとする者は、その加入した日から1週間以内に、政令で定める額の弁済業務保証金分担金を当該保証協会に納付しなければならない。

4　保証協会の社員は、自らが取り扱った宅地建物取引業に係る取引の相手方から当該取引に関する苦情について解決の申出が保証協会にあり、保証協会から説明を求められたときは、正当な理由がある場合でなければ、これを拒んではならない。

【問　40】　宅地建物取引業法第37条の規定により交付すべき書面（以下この問において「37条書面」という。）についての宅地建物取引業者Aの義務に関する次の記述のうち、正しいものはどれか。

1　Aは、自ら売主として、宅地建物取引業者Bの媒介により、Cと宅地の売買契約を締結した。Bが宅地建物取引士をして37条書面に記名させている場合、Aは宅地建物取引士をして当該書面に記名させる必要はない。

2　Aは、Dを売主としEを買主とする宅地の売買契約を媒介した。当該売買契約に、当該宅地が種類又は品質に関して契約の内容に適合しない場合においてその不適合を担保すべき責任に関する特約があるときは、Aは、当該特約について記載した37条書面をD及びEに交付しなければならない。

3　Aは、自ら買主として、Fと宅地の売買契約を締結した。この場合、Fに対して37条書面を交付する必要はない。

4　Aは、自ら貸主として、Gと事業用建物の定期賃貸借契約を締結した。この場合において、借賃の支払方法についての定めがあるときは、Aはその内容を37条書面に記載しなければならず、Gに対して当該書面を交付しなければならない。

【問　41】　宅地建物取引士に関する次の記述のうち、宅地建物取引業法の規定によれば、誤っているものはどれか。

1　宅地建物取引業者Aは、一団の宅地建物の分譲をするため設置した案内所には、契約を締結することなく、かつ、契約の申込みを受けることがないときでも、1名以上の専任の宅地建物取引士を置かなければならない。

2　宅地建物取引業者Bは、その主たる事務所に従事する唯一の専任の宅地建物取引士が退職したときは、2週間以内に、宅地建物取引業法第31条の3第1項の規定に適合させるため必要な措置を執らなければならない。

3　宅地建物取引業者Cが、20戸の一団の分譲建物の売買契約の申込みのみを受ける案内所甲を設置した場合、売買契約の締結は事務所乙で行うとしても、甲にも専任の宅地建物取引士を置かなければならない。

4 法人である宅地建物取引業者Ｄ社の従業者であり、宅地建物取引業に係る営業に関し成年者と同一の行為能力を有する18歳未満の宅地建物取引士Ｅは、Ｄ社の役員であるときを除き、Ｄ社の専任の宅地建物取引士となることができない。

【問　42】 宅地建物取引業者が媒介により既存建物の貸借の契約を成立させた場合に関する次の記述のうち、宅地建物取引業法第37条の規定により当該貸借の契約当事者に対して交付すべき書面に記載しなければならない事項はいくつあるか。

ア　借賃以外の金銭の授受に関する定めがあるときは、その額並びに当該金銭の授受の時期及び目的

イ　設計図書、点検記録その他の建物の建築及び維持保全の状況に関する書面で、国土交通省令で定めるものの保存の状況

ウ　契約の解除に関する定めがあるときは、その内容

エ　天災その他不可抗力による損害の負担に関する定めがあるときは、その内容

1 一つ

2 二つ

3 三つ

4 四つ

【問　43】 宅地建物取引業者Ａが、自ら売主として、宅地建物取引業者ではない法人Ｂ又は宅地建物取引業者ではない個人Ｃをそれぞれ買主とする土地付建物の売買契約を締結する場合において、宅地建物取引業法第37条の２の規定に基づくいわゆるクーリング・オフに関する次の記述のうち、誤っているものはどれか。なお、この問において、買主は本件売買契約に係る代金の全部を支払ってはおらず、かつ、土地付建物の引渡しを受けていないものとする。

1　Ｂは、Ａの仮設テント張りの案内所で買受けの申込みをし、その８日後にＡの事務所で契約を締結したが、その際クーリング・オフについて書面の交付を受けずに告げられた。この場合、クーリング・オフについて告げられた日から８日後には、Ｂはクーリング・オフによる契約の解除をすることができない。

2　Ｂは、Ａの仮設テント張りの案内所で買受けの申込みをし、その３日後にＡの事務所でクーリング・オフについて書面の交付を受け、告げられた上で契約を締結した。この書面の中で、クーリング・オフによる契約の解除ができる期間を14日間としていた場合、Ｂは、その書面を交付された日から12日後であっても契約の解除をすることができる。

3　Ｃは、Ａの仮設テント張りの案内所で買受けの申込みをし、その３日後にＡの事務所でクーリング・オフについて書面の交付を受け、告げられた上で契約を締結した。Ｃは、その書面を受け取った日から起算して８日目に、Ａに対しクーリング・オフによる契約の解除を行う旨の文書を送付し、その２日後にＡに到達した。この場合、Ａは契約の解除を拒むことができない。

4　Ｃは、Ａの事務所で買受けの申込みをし、その翌日、喫茶店で契約を締結したが、Ａはクーリング・オフについて告げる書面をＣに交付しなかった。この場合、Ｃはクーリング・オフによる契約の解除をすることができない。

【問　44】　宅地建物取引業者が行う宅地建物取引業法第 35 条に規定する重要事項の説明についての次の記述のうち、正しいものはいくつあるか。なお、説明の相手方は宅地建物取引業者ではないものとする。

ア　賃貸借契約において、取引対象となる宅地又は建物が、水防法施行規則第 11 条第 1 項の規定により市町村（特別区を含む。）の長が提供する図面に当該宅地又は建物の位置が表示されている場合には、当該図面における当該宅地又は建物の所在地を説明しなければならない。

イ　賃貸借契約において、対象となる建物が既存の住宅であるときは、法第 34 条の 2 第 1 項第 4 号に規定する建物状況調査を実施しているかどうか、及びこれを実施している場合におけるその結果の概要を説明しなければならない。

ウ　建物の売買において、その建物の種類又は品質に関して契約の内容に適合しない場合におけるその不適合を担保すべき責任の履行に関し保証保険契約の締結などの措置を講ずるかどうか、また、講ずる場合はその措置の概要を説明しなければならない。

1　一つ

2　二つ

3　三つ

4　なし

【問　45】　宅地建物取引業者Ａが、自ら売主として宅地建物取引業者ではない買主Ｂに新築住宅を販売する場合における次の記述のうち、特定住宅瑕疵担保責任の履行の確保等に関する法律の規定によれば、正しいものはどれか。

1　Ａは、Ｂの承諾を得た場合には、Ｂに引き渡した新築住宅について、住宅販売瑕疵担保保証金の供託又は住宅販売瑕疵担保責任保険契約の締結を行わなくてもよい。

2　Ａは、基準日に係る住宅販売瑕疵担保保証金の供託及び住宅販売瑕疵担保責任保険契約の締結の状況について届出をしなければ、当該基準日の翌日から起算して１月を経過した日以後においては、新たに自ら売主となる新築住宅の売買契約を締結することができない。

3　Ａが住宅販売瑕疵担保責任保険契約を締結する場合、保険金額は2,000万円以上でなければならないが、Ｂの承諾を得た場合には、保険金額を500万円以上の任意の額とすることができる。

4　Ａが住宅販売瑕疵担保責任保険契約を締結した場合、住宅の構造耐力上主要な部分又は雨水の浸入を防止する部分の瑕疵があり、Ａが相当の期間を経過してもなお特定住宅販売瑕疵担保責任を履行しないときは、Ｂは住宅販売瑕疵担保責任保険契約の有効期間内であれば、その瑕疵によって生じた損害について保険金を請求することができる。

【問　46】　独立行政法人住宅金融支援機構（以下この問において「機構」という。）に関する次の記述のうち、誤っているものはどれか。

1　機構は、子どもを育成する家庭又は高齢者の家庭に適した良好な居住性能及び居住環境を有する賃貸住宅の建設に必要な資金の貸付けを業務として行っていない。

2　機構は、災害により住宅が滅失した場合において、それに代わるべき建築物の建設又は購入に必要な資金の貸付けを業務として行っている。

3　機構が証券化支援事業（買取型）により譲り受ける貸付債権は、自ら居住する住宅又は自ら居住する住宅以外の親族の居住の用に供する住宅を建設し、又は購入する者に対する貸付けに係るものでなければならない。

4　機構は、マンション管理組合や区分所有者に対するマンション共用部分の改良に必要な資金の貸付けを業務として行っている。

【問　47】　宅地建物取引業者が行う広告に関する次の記述のうち、不当景品類及び不当表示防止法（不動産の表示に関する公正競争規約を含む。）の規定によれば、正しいものはどれか。

1　新築分譲マンションの販売広告において、近隣のデパート、スーパーマーケット、コンビニエンスストア、商店等の商業施設は、将来確実に利用できる施設であっても、現に利用できるものでなければ表示することができない。

2　有名な旧跡から直線距離で 1,100m の地点に所在する新築分譲マンションの名称に当該旧跡の名称を用いることができる。

3　土地の販売価格については、1 区画当たりの価格並びに 1 ㎡当たりの価格及び 1 区画当たりの土地面積のいずれも表示しなければならない。

4　新築分譲マンションの修繕積立金が住戸により異なる場合、広告スペースの関係で全ての住戸の修繕積立金を示すことが困難であっても、修繕積立金について全住戸の平均額で表示することはできない。

【問　48】　次の記述のうち、正しいものはどれか。

1　令和３年版国土交通白書（令和３年６月公表）によれば、宅地建物取引業者数は、令和元年度末において10万業者を下回っている。

2　令和３年地価公示（令和３年３月公表）によれば、令和２年１月以降の１年間の地価の変動を見ると、全国平均の用途別では、住宅地、商業地及び工業地のいずれの用途も下落に転じた。

3　令和３年版土地白書（令和３年６月公表）によれば、令和元年における我が国の国土面積は約3,780万haであり、このうち住宅地、工業用地等の宅地は約197万haとなっており、宅地及び農地の合計面積は、森林の面積を超えている。

4　建築着工統計（令和３年１月公表）によれば、令和２年１月から令和２年12月までのマンション着工戸数は、「三大都市圏計」及び「その他の地域」のいずれにおいても前年を下回っている。

【問　49】 土地に関する次の記述のうち、最も不適当なものはどれか。

1　沿岸地域における地震時の津波を免れるためには、巨大な防波堤が必要であるが、それには限度があり、完全に津波の襲来を防ぐことはできない。

2　一般に凝灰岩、頁岩（けつ）、花崗岩（こう）（風化してマサ土化したもの）は、崩壊しにくい。

3　低地は、大部分が水田や宅地として利用され、大都市の大部分もここに立地している。

4　平地に乏しい都市の周辺では、住宅地が丘陵や山麓に広がり、土砂崩壊等の災害を引き起こす例も多い。

【問　50】 建物の構造に関する次の記述のうち、最も不適当なものはどれか。

1　組積式構造は、耐震性は劣るものの、熱、音などを遮断する性能が優れている。

2　組積式構造を耐震的な構造にするためには、大きな開口部を造ることを避け、壁厚を大きくする必要がある。

3　補強コンクリートブロック造は、壁式構造の一種であり、コンクリートブロック造を鉄筋コンクリートで耐震的に補強改良したものである。

4　補強コンクリートブロック造は、壁量を多く必要とはせず、住宅等の小規模の建物には使用されていない。

宅地建物取引士資格試験

令和３年度
10月試験問題

試験時間に合わせて解いてみよう！！

■**午後 1:00 ～ 3:00（制限時間 2 時間）**

■**合否判定基準：34 問以上正解**
（登録講習修了者は 45 問中 29 問以上正解）

■登録講習修了者は例年、問 46 ～問 50 の 5 問が免除され、試験時間は午後 1 ：10 ～ 3 ：00 までの 1 時間 50 分となります（ただし、午後 12：30 から注意事項が説明されるので、着席していること）。

◆ 試験結果データ ◆

受験者数	209,749 人
合格者数	37,579 人
合 格 率	17.9 %

p.271 の解答用紙をコピーしてお使いください。
答え合わせに便利な正解一覧は別冊 p.71

【問　1】 次の１から４までの記述のうち、民法の規定、判例及び下記判決文によれば、正しいものはどれか。

（判決文）

賃貸人は、特別の約定のないかぎり、賃借人から家屋明渡を受けた後に前記の敷金残額を返還すれば足りるものと解すべく、したがつて、家屋明渡債務と敷金返還債務とは同時履行の関係にたつものではないと解するのが相当であり、このことは、賃貸借の終了原因が解除（解約）による場合であつても異なるところはないと解すべきである。

1　賃借人の家屋明渡債務が賃貸人の敷金返還債務に対し先履行の関係に立つと解すべき場合、賃借人は賃貸人に対し敷金返還請求権をもって家屋につき留置権を取得する余地はない。

2　賃貸借の終了に伴う賃借人の家屋明渡債務と賃貸人の敷金返還債務とは、1個の双務契約によって生じた対価的債務の関係にあるものといえる。

3　賃貸借における敷金は、賃貸借の終了時点までに生じた債権を担保するものであって、賃貸人は、賃貸借終了後賃借人の家屋の明渡しまでに生じた債権を敷金から控除することはできない。

4　賃貸借の終了に伴う賃借人の家屋明渡債務と賃貸人の敷金返還債務の間に同時履行の関係を肯定することは、家屋の明渡しまでに賃貸人が取得する一切の債権を担保することを目的とする敷金の性質にも適合する。

【問　2】 債務者Ａ、Ｂ、Ｃの３名が、令和３年７月１日に、内部的な負担部分の割合は等しいものとして合意した上で、債権者Ｄに対して300万円の連帯債務を負った場合に関する次の記述のうち、民法の規定によれば、誤っているものはどれか。

1　ＤがＡに対して裁判上の請求を行ったとしても、特段の合意がなければ、ＢとＣがＤに対して負う債務の消滅時効の完成には影響しない。

2　BがDに対して300万円の債権を有している場合、Bが相殺を援用しない間に300万円の支払の請求を受けたCは、BのDに対する債権で相殺する旨の意思表示をすることができる。

3　DがCに対して債務を免除した場合でも、特段の合意がなければ、DはAに対してもBに対しても、弁済期が到来した300万円全額の支払を請求することができる。

4　AとDとの間に更改があったときは、300万円の債権は、全ての連帯債務者の利益のために消滅する。

【問　3】　個人として事業を営むAが死亡した場合に関する次の記述のうち、民法の規定によれば、誤っているものはいくつあるか。なお、いずれの契約も令和３年７月１日付けで締結されたものとする。

ア　AがBとの間でB所有建物の清掃に関する準委任契約を締結していた場合、Aの相続人は、Bとの間で特段の合意をしなくても、当該準委任契約に基づく清掃業務を行う義務を負う。

イ　AがA所有の建物について賃借人Cとの間で賃貸借契約を締結している期間中にAが死亡した場合、Aの相続人は、Cに賃貸借契約を継続するか否かを相当の期間を定めて催告し、期間内に返答がなければ賃貸借契約をAの死亡を理由に解除することができる。

ウ　AがA所有の土地について買主Dとの間で売買契約を締結し、当該土地の引渡しと残代金決済の前にAが死亡した場合、当該売買契約は原始的に履行が不能となって無効となる。

エ　AがE所有の建物について貸主Eとの間で使用貸借契約を締結していた場合、Aの相続人は、Eとの間で特段の合意をしなくても、当該使用貸借契約の借主の地位を相続して当該建物を使用することができる。

1　一つ　　2　二つ　　3　三つ　　4　四つ

【問　4】　被相続人Aの配偶者Bが、A所有の建物に相続開始の時に居住していたため、遺産分割協議によって配偶者居住権を取得した場合に関する次の記述のうち、民法の規定によれば、正しいものはどれか。

1　遺産分割協議でBの配偶者居住権の存続期間を20年と定めた場合、存続期間が満了した時点で配偶者居住権は消滅し、配偶者居住権の延長や更新はできない。

2　Bは、配偶者居住権の存続期間内であれば、居住している建物の所有者の承諾を得ることなく、第三者に当該建物を賃貸することができる。

3　配偶者居住権の存続期間中にBが死亡した場合、Bの相続人CはBの有していた配偶者居住権を相続する。

4　Bが配偶者居住権に基づいて居住している建物が第三者Dに売却された場合、Bは、配偶者居住権の登記がなくてもDに対抗することができる。

【問　5】　次の記述のうち、民法の規定及び判例によれば、正しいものはどれか。

1　18歳の者は成年であるので、その時点で、携帯電話サービスの契約や不動産の賃貸借契約を1人で締結することができる。

2　養育費は、子供が未成熟であって経済的に自立することを期待することができない期間を対象として支払われるものであるから、子供が成年に達したときは、当然に養育費の支払義務が終了する。

3　営業を許された未成年者が、その営業に関するか否かにかかわらず、第三者から法定代理人の同意なく負担付贈与を受けた場合には、法定代理人は当該行為を取り消すことができない。

4　意思能力を有しないときに行った不動産の売買契約は、後見開始の審判を受けているか否かにかかわらず効力を有しない。

【問　6】　売買代金債権（以下この問において「債権」という。）の譲渡（令和３年７月１日に譲渡契約が行われたもの）に関する次の記述のうち、民法の規定によれば、誤っているものはどれか。

1　譲渡制限の意思表示がされた債権が譲渡された場合、当該債権譲渡の効力は妨げられないが、債務者は、その債権の全額に相当する金銭を供託することができる。

2　債権が譲渡された場合、その意思表示の時に債権が現に発生していないときは、譲受人は、その後に発生した債権を取得できない。

3　譲渡制限の意思表示がされた債権の譲受人が、その意思表示がされていたことを知っていたときは、債務者は、その債務の履行を拒むことができ、かつ、譲渡人に対する弁済その他の債務を消滅させる事由をもって譲受人に対抗することができる。

4　債権の譲渡は、譲渡人が債務者に通知し、又は債務者が承諾をしなければ、債務者その他の第三者に対抗することができず、その譲渡の通知又は承諾は、確定日付のある証書によってしなければ、債務者以外の第三者に対抗することができない。

【問　7】 Aを売主、Bを買主として、A所有の甲自動車を50万円で売却する契約（以下この問において「本件契約」という。）が令和3年7月1日に締結された場合に関する次の記述のうち、民法の規定によれば、誤っているものはどれか。

1　Bが甲自動車の引渡しを受けたが、甲自動車のエンジンに契約の内容に適合しない欠陥があることが判明した場合、BはAに対して、甲自動車の修理を請求することができる。

2　Bが甲自動車の引渡しを受けたが、甲自動車に契約の内容に適合しない修理不能な損傷があることが判明した場合、BはAに対して、売買代金の減額を請求することができる。

3　Bが引渡しを受けた甲自動車が故障を起こしたときは、修理が可能か否かにかかわらず、BはAに対して、修理を請求することなく、本件契約の解除をすることができる。

4　甲自動車について、第三者CがA所有ではなくC所有の自動車であると主張しており、Bが所有権を取得できないおそれがある場合、Aが相当の担保を供したときを除き、BはAに対して、売買代金の支払を拒絶することができる。

【問　8】 Aが1人で居住する甲建物の保存に瑕疵（かし）があったため、令和3年7月1日に甲建物の壁が崩れて通行人Bがケガをした場合（以下この問において「本件事故」という。）における次の記述のうち、民法の規定によれば、誤っているものはどれか。

1　Aが甲建物をCから賃借している場合、Aは甲建物の保存の瑕疵（かし）による損害の発生の防止に必要な注意をしなかったとしても、Bに対して不法行為責任を負わない。

2　Ａが甲建物を所有している場合、Ａは甲建物の保存の瑕疵（かし）による損害の発生の防止に必要な注意をしたとしても、Ｂに対して不法行為責任を負う。

3　本件事故について、ＡのＢに対する不法行為責任が成立する場合、ＢのＡに対する損害賠償請求権は、Ｂ又はＢの法定代理人が損害又は加害者を知らないときでも、本件事故の時から20年間行使しないときには時効により消滅する。

4　本件事故について、ＡのＢに対する不法行為責任が成立する場合、ＢのＡに対する損害賠償請求権は、Ｂ又はＢの法定代理人が損害及び加害者を知った時から５年間行使しないときには時効により消滅する。

【問　9】　Ａには死亡した夫Ｂとの間に子Ｃがおり、Ｄには離婚した前妻Ｅとの間に子Ｆ及び子Ｇがいる。Ｆの親権はＥが有し、Ｇの親権はＤが有している。ＡとＤが婚姻した後にＤが令和３年７月１日に死亡した場合における法定相続分として、民法の規定によれば、正しいものはどれか。

1　Ａが２分の１、Ｆが４分の１、Ｇが４分の１

2　Ａが２分の１、Ｃが６分の１、Ｆが６分の１、Ｇが６分の１

3　Ａが２分の１、Ｇが２分の１

4　Ａが２分の１、Ｃが４分の１、Ｇが４分の１

【問　10】 AとBとの間で、Aを売主、Bを買主とする、等価値の美術品甲又は乙のいずれか選択によって定められる美術品の売買契約（以下この問において「本件契約」という。）が令和３年７月１日に締結された場合に関する次の記述のうち、民法の規定によれば、正しいものはどれか。

1　本件契約において、給付の目的を甲にするか乙にするかについて、第三者Cを選択権者とする合意がなされた場合、Cが選択をすることができないときは、選択権はBに移転する。

2　本件契約において、給付の目的を甲にするか乙にするかについて、Aを選択権者とする合意がなされた後に、Aの失火により甲が全焼したときは、給付の目的物は乙となる。

3　本件契約において、給付の目的を甲にするか乙にするかについての選択権に関する特段の合意がない場合、Bが選択権者となる。

4　本件契約において、給付の目的を甲にするか乙にするかについて、第三者Dを選択権者とする合意がなされた場合、Dが選択権を行使するときは、AとBの両者に対して意思表示をしなければならない。

【問　11】 Aは、所有している甲土地につき、Bとの間で建物所有を目的とする賃貸借契約（以下この問において「借地契約」という。）を締結する予定であるが、期間が満了した時点で、確実に借地契約が終了するようにしたい。この場合に関する次の記述のうち、借地借家法の規定によれば、誤っているものはどれか。

1　事業の用に供する建物を所有する目的とし、期間を60年と定める場合には、契約の更新や建物の築造による存続期間の延長がない旨を書面で合意すれば、公正証書で合意しなくても、その旨を借地契約に定めることができる。

2　居住の用に供する建物を所有することを目的とする場合には、公正証書によって借地契約を締結するときであっても、期間を20年とし契約の更新や建物の築造による存続期間の延長がない旨を借地契約に定めることはできない。

3　居住の用に供する建物を所有することを目的とする場合には、借地契約を書面で行えば、借地権を消滅させるため、借地権の設定から20年が経過した日に甲土地上の建物の所有権を相当の対価でＢからＡに移転する旨の特約を有効に定めることができる。

4　借地契約がＢの臨時設備の設置その他一時使用のためになされることが明らかである場合には、期間を５年と定め、契約の更新や建物の築造による存続期間の延長がない旨を借地契約に定めることができる。

【問　12】　Ａを賃貸人、Ｂを賃借人とする甲建物の賃貸借契約（以下この問において「本件契約」という。）が令和３年７月１日に締結された場合に関する次の記述のうち、民法及び借地借家法の規定並びに判例によれば、正しいものはどれか。

1　本件契約について期間の定めをしなかった場合、ＡはＢに対して、いつでも解約の申入れをすることができ、本件契約は、解約の申入れの日から３月を経過することによって終了する。

2　甲建物がＢに引き渡された後、甲建物の所有権がＡからＣに移転した場合、本件契約の敷金は、他に特段の合意がない限り、ＢのＡに対する未払賃料債務に充当され、残額がＣに承継される。

3　甲建物が適法にＢからＤに転貸されている場合、ＡがＤに対して本件契約が期間満了によって終了する旨の通知をしたときは、建物の転貸借は、その通知がされた日から３月を経過することによって終了する。

4　本件契約が借地借家法第38条の定期建物賃貸借契約で、期間を5年、契約の更新がない旨を定めた場合、Aは、期間満了の1年前から6月前までの間に、Bに対し賃貸借が終了する旨の通知をしなければ、従前の契約と同一条件で契約を更新したものとみなされる。

【問　13】　建物の区分所有等に関する法律（以下この問において「法」という。）に関する次の記述のうち、誤っているものはどれか。

1　法又は規約により集会において決議をすべき場合において、区分所有者が1人でも反対するときは、集会を開催せずに書面によって決議をすることはできない。

2　形状又は効用の著しい変更を伴う共用部分の変更については、区分所有者及び議決権の各4分の3以上の多数による集会の決議で決するものであるが、規約でこの区分所有者の定数を過半数まで減ずることができる。

3　敷地利用権が数人で有する所有権その他の権利である場合には、規約に別段の定めがあるときを除いて、区分所有者は、その有する専有部分とその専有部分に係る敷地利用権とを分離して処分することができない。

4　各共有者の共用部分の持分は、規約に別段の定めがある場合を除いて、その有する専有部分の床面積の割合によるが、この床面積は壁その他の区画の中心線で囲まれた部分の水平投影面積である。

【問　14】 不動産の登記に関する次の記述のうち、不動産登記法の規定によれば、正しいものはどれか。

1　所有権の登記の抹消は、所有権の移転の登記がある場合においても、所有権の登記名義人が単独で申請することができる。

2　登記の申請をする者の委任による代理人の権限は、本人の死亡によって消滅する。

3　法人の合併による権利の移転の登記は、登記権利者が単独で申請することができる。

4　信託の登記は、受託者が単独で申請することができない。

【問　15】 都市計画法に関する次の記述のうち、誤っているものはどれか。

1　地区計画については、都市計画に、当該地区計画の目標を定めるよう努めるものとされている。

2　地区計画については、都市計画に、区域の面積を定めるよう努めるものとされている。

3　地区整備計画においては、市街化区域と市街化調整区域との区分の決定の有無を定めることができる。

4　地区整備計画においては、建築物の建蔽率の最高限度を定めることができる。

【問　16】 都市計画法に関する次の記述のうち、正しいものはどれか。ただし、許可を要する開発行為の面積については、条例による定めはないものとし、この問において「都道府県知事」とは、地方自治法に基づく指定都市、中核市及び施行時特例市にあってはその長をいうものとする。

1　市街化区域において、都市公園法に規定する公園施設である建築物の建築を目的とした5,000㎡の土地の区画形質の変更を行おうとする者は、あらかじめ、都道府県知事の許可を受けなければならない。

2　首都圏整備法に規定する既成市街地内にある市街化区域において、住宅の建築を目的とした800㎡の土地の区画形質の変更を行おうとする者は、あらかじめ、都道府県知事の許可を受けなければならない。

3　準都市計画区域において、商業施設の建築を目的とした2,000㎡の土地の区画形質の変更を行おうとする者は、あらかじめ、都道府県知事の許可を受けなければならない。

4　区域区分が定められていない都市計画区域において、土地区画整理事業の施行として行う8,000㎡の土地の区画形質の変更を行おうとする者は、あらかじめ、都道府県知事の許可を受けなければならない。

【問　17】 建築基準法に関する次の記述のうち、正しいものはどれか。

1　居室の内装の仕上げには、ホルムアルデヒドを発散させる建築材料を使用することが認められていない。

2　4階建ての共同住宅の敷地内には、避難階に設けた屋外への出口から道又は公園、広場その他の空地に通ずる幅員が2m以上の通路を設けなければならない。

3　防火地域又は準防火地域内にある建築物で、外壁が防火構造であるものについては、その外壁を隣地境界線に接して設けることができる。

4　建築主は、３階建ての木造の共同住宅を新築する場合において、特定行政庁が、安全上、防火上及び避難上支障がないと認めたときは、検査済証の交付を受ける前においても、仮に、当該共同住宅を使用することができる。

【問　18】　次の記述のうち、建築基準法の規定によれば、誤っているものはどれか。

1　都市計画により建蔽率の限度が10分の６と定められている近隣商業地域において、準防火地域内にある耐火建築物で、街区の角にある敷地又はこれに準ずる敷地で特定行政庁が指定するものの内にある建築物については、建蔽率の限度が10分の８となる。

2　市町村は、集落地区計画の区域において、用途地域における用途の制限を補完し、当該区域の特性にふさわしい土地利用の増進等の目的を達成するため必要と認める場合においては、国土交通大臣の承認を得て、当該区域における用途制限を緩和することができる。

3　居住環境向上用途誘導地区内においては、公益上必要な一定の建築物を除き、建築物の建蔽率は、居住環境向上用途誘導地区に関する都市計画において建築物の建蔽率の最高限度が定められたときは、当該最高限度以下でなければならない。

4　都市計画区域内のごみ焼却場の用途に供する建築物について、特定行政庁が建築基準法第51条に規定する都市計画審議会の議を経てその敷地の位置が都市計画上支障がないと認めて許可した場合においては、都市計画においてその敷地の位置が決定しているものでなくても、新築することができる。

【問　19】　盛土規制法（以下この問において「法」という。）に関する次の記述のうち、誤っているものはどれか。なお、この問において「都道府県知事」とは、地方自治法に基づく指定都市、中核市及び施行時特例市にあってはその長をいうものとする。

1　宅地造成等工事規制区域内において、宅地を造成するために切土をする土地の面積が 500 ㎡であって盛土を生じない場合、切土をした部分に生じる崖の高さが 1.5m であれば、都道府県知事の法第 12 条第 1 項本文の工事の許可は不要である。

2　都道府県知事は、法第 12 条第 1 項の工事の許可の申請があったときは、遅滞なく、許可又は不許可の処分を申請者に通知しなければならない。

3　都道府県知事は、一定の場合には都道府県（地方自治法に基づく指定都市、中核市又は施行時特例市の区域にあっては、それぞれ指定都市、中核市又は施行時特例市）の規則で、宅地造成等工事規制区域内において行われる宅地造成に関する工事の技術的基準を強化し、又は付加することができる。

4　都道府県知事は、宅地造成等工事規制区域内で、宅地造成又は特定盛土等に伴う災害で相当数の居住者等に危害を生ずるものの発生のおそれが大きい一団の造成宅地の区域であって一定の基準に該当するものを、造成宅地防災区域として指定することができる。

【問　20】　土地区画整理法に関する次の記述のうち、誤っているものはどれか。

1　換地計画において参加組合員に対して与えるべきものとして定められた宅地は、換地処分の公告があった日の翌日において、当該宅地の所有者となるべきものとして換地計画において定められた参加組合員が取得する。

2　換地計画において換地を定める場合においては、換地及び従前の宅地の位置、地積、土質、水利、利用状況、環境等が照応するように定めなければならない。

3　土地区画整理組合の設立の認可の公告があった日後、換地処分の公告がある日までは、施行地区内において、土地区画整理事業の施行の障害となるおそれがある土地の形質の変更を行おうとする者は、当該土地区画整理組合の許可を受けなければならない。

4　土地区画整理組合の組合員は、組合員の３分の１以上の連署をもって、その代表者から理由を記載した書面を土地区画整理組合に提出して、理事又は監事の解任を請求することができる。

【問　21】　農地に関する次の記述のうち、農地法（以下この問において「法」という。）の規定によれば、誤っているものはどれか。

1　遺産分割によって農地を取得する場合には、法第３条第１項の許可は不要であるが、農業委員会への届出が必要である。

2　法第３条第１項の許可を受けなければならない場合の売買については、その許可を受けずに農地の売買契約を締結しても、所有権移転の効力は生じない。

3　砂利採取法第16条の認可を受けて市街化調整区域内の農地を砂利採取のために一時的に借り受ける場合には、法第５条第１項の許可は不要である。

4　都道府県が市街化調整区域内の農地を取得して病院を建設する場合には、都道府県知事（法第４条第１項に規定する指定市町村の区域内にあってはその長）との協議が成立すれば、法第５条第１項の許可があったものとみなされる。

【問　22】 国土利用計画法第 23 条の届出（以下この問において「事後届出」という。）に関する次の記述のうち、正しいものはどれか。なお、この問において「都道府県知事」とは、地方自治法に基づく指定都市にあってはその長をいうものとする。

1　土地売買等の契約を締結した場合には、当事者のうち当該契約による権利取得者は、その契約を締結した日の翌日から起算して 3 週間以内に、事後届出を行わなければならない。

2　都道府県知事は、事後届出をした者に対し、その届出に係る土地に関する権利の移転若しくは設定後における土地の利用目的又は土地に関する権利の移転若しくは設定の対価の額について、当該土地を含む周辺の地域の適正かつ合理的な土地利用を図るために必要な助言をすることができる。

3　事後届出が必要な土地売買等の契約を締結したにもかかわらず、所定の期間内に当該届出をしなかった者は、都道府県知事からの勧告を受けるが、罰則の適用はない。

4　宅地建物取引業者 A が所有する準都市計画区域内の 20,000 ㎡の土地について、10,000 ㎡を B 市に、10,000 ㎡を宅地建物取引業者 C に売却する契約を締結した場合、B 市は事後届出を行う必要はないが、C は一定の場合を除き事後届出を行う必要がある。

【問　23】 所得税法に関する次の記述のうち、正しいものはどれか。

1　譲渡所得の特別控除額（50 万円）は、譲渡益のうち、まず、資産の取得の日以後 5 年以内にされた譲渡による所得で政令で定めるものに該当しないものに係る部分の金額から控除し、なお控除しきれない特別控除額がある場合には、それ以外の譲渡による所得に係る部分の金額から控除する。

2　譲渡所得の金額の計算上、資産の譲渡に係る総収入金額から控除する資産の取得費には、その資産の取得時に支出した購入代金や購入手数料の金額は含まれるが、その資産の取得後に支出した設備費及び改良費の額は含まれない。

3　建物の全部の所有を目的とする土地の賃借権の設定の対価として支払を受ける権利金の金額が、その土地の価額の10分の5に相当する金額を超えるときは、不動産所得として課税される。

4　居住者がその取得の日以後5年以内に固定資産を譲渡した場合には、譲渡益から譲渡所得の特別控除額（50万円）を控除した後の譲渡所得の金額の2分の1に相当する金額が課税標準とされる。

【問　24】　不動産取得税に関する次の記述のうち、正しいものはどれか。

1　平成28年に新築された既存住宅（床面積210㎡）を個人が自己の居住のために取得した場合、当該取得に係る不動産取得税の課税標準の算定については、当該住宅の価格から1,200万円が控除される。

2　家屋が新築された日から3年を経過して、なお、当該家屋について最初の使用又は譲渡が行われない場合においては、当該家屋が新築された日から3年を経過した日において家屋の取得がなされたものとみなし、当該家屋の所有者を取得者とみなして、これに対して不動産取得税を課する。

3　不動産取得税は、不動産の取得があった日の翌日から起算して2か月以内に当該不動産の所在する都道府県に申告納付しなければならない。

4　不動産取得税は、不動産を取得するという比較的担税力のある機会に相当の税負担を求める観点から創設されたものであるが、不動産取得税の税率は4%を超えることができない。

【問　25】　不動産の鑑定評価に関する次の記述のうち、不動産鑑定評価基準によれば、誤っているものはどれか。

1　不動産鑑定士の通常の調査の範囲では、対象不動産の価格への影響の程度を判断するための事実の確認が困難な特定の価格形成要因がある場合、鑑定評価書の利用者の利益を害するおそれがないと判断されるときに限り、当該価格形成要因について調査の範囲に係る条件を設定することができる。

2　対象不動産を価格時点において再調達することを想定した場合において必要とされる適正な原価の総額を再調達原価というが、建設資材、工法等の変遷により、対象不動産の再調達原価を求めることが困難な場合には、対象不動産と同等の有用性を持つものに置き換えて求めた原価を再調達原価とみなすものとする。

3　取引事例等に係る取引が特殊な事情を含み、これが当該取引事例等に係る価格等に影響を及ぼしている場合に、適切に補正することを時点修正という。

4　不動産の鑑定評価によって求める賃料は、一般的には正常賃料又は継続賃料であるが、鑑定評価の依頼目的に対応した条件により限定賃料を求めることができる場合がある。

【問　26】　宅地建物取引業者Aが、自ら売主として宅地建物取引業者ではない買主Bに対し建物の売却を行う場合における宅地建物取引業法第35条に規定する重要事項の説明に関する次の記述のうち、正しいものはどれか。

1　Aは、Bに対し、専任の宅地建物取引士をして説明をさせなければならない。

2　Ａは、Ｂに対し、代金以外に授受される金銭の額だけでなく、当該金銭の授受の目的についても説明しなければならない。

3　Ａは、Ｂに対し、建物の上に存する登記された権利の種類及び内容だけでなく、移転登記の申請の時期についても説明しなければならない。

4　Ａは、Ｂに対し、売買の対象となる建物の引渡しの時期について説明しなければならない。

【問　27】　宅地建物取引業の免許（以下この問において「免許」という。）に関する次の記述のうち、宅地建物取引業法の規定によれば、正しいものはどれか。

1　個人Ａが不正の手段により免許を受けた後、免許を取り消され、その取消しの日から５年を経過した場合、その間に免許を受けることができない事由に該当することがなかったとしても、Ａは再び免許を受けることはできない。

2　免許を受けようとする個人Ｂが破産手続開始の決定を受けた後に復権を得た場合においても、Ｂは免許を受けることができない。

3　免許を受けようとするＣ社の役員Ｄが刑法第211条（業務上過失致死傷等）の罪により地方裁判所で懲役１年の判決を言い渡された場合、当該判決に対してＤが高等裁判所に控訴し裁判が係属中であっても、Ｃ社は免許を受けることができない。

4　免許を受けようとするＥ社の役員に、宅地建物取引業法の規定に違反したことにより罰金の刑に処せられた者がいる場合、その刑の執行が終わって５年を経過しなければ、Ｅ社は免許を受けることができない。

【問　28】 宅地建物取引士の登録（以下この問において「登録」という。）に関する次の記述のうち、宅地建物取引業法の規定によれば、正しいものはどれか。

1　宅地建物取引士A（甲県知事登録）が、乙県に所在する宅地建物取引業者の事務所の業務に従事することとなったときは、Aは甲県知事を経由せずに、直接乙県知事に対して登録の移転を申請しなければならない。

2　甲県知事の登録を受けているが宅地建物取引士証の交付を受けていないBが、宅地建物取引士としてすべき事務を行った場合、情状のいかんを問わず、甲県知事はBの登録を消除しなければならない。

3　宅地建物取引士C（甲県知事登録）は、宅地建物取引業者D社を退職し、宅地建物取引業者E社に再就職したが、CはD社及びE社のいずれにおいても専任の宅地建物取引士ではないので、勤務先の変更の登録を申請しなくてもよい。

4　甲県で宅地建物取引士資格試験を受け、合格したFは、乙県に転勤することとなったとしても、登録は甲県知事に申請しなければならない。

【問　29】 次の記述のうち、宅地建物取引業法の規定によれば、正しいものはどれか。

1　宅地建物取引業者は、その事務所ごとに従業者の氏名、従業者証明書番号その他国土交通省令で定める事項を記載した従業者名簿を備えなければならず、当該名簿を最終の記載をした日から5年間保存しなければならない。

2　宅地建物取引業者は、一団の宅地の分譲を行う案内所において宅地の売買の契約の締結を行わない場合、その案内所には国土交通省令で定める標識を掲示しなくてもよい。

3　宅地建物取引業者が、一団の宅地の分譲を行う案内所において宅地の売買の契約の締結を行う場合、その案内所には国土交通大臣が定めた報酬の額を掲示しなければならない。

4　宅地建物取引業者は、事務所以外の継続的に業務を行うことができる施設を有する場所であっても、契約（予約を含む。）を締結せず、かつ、その申込みを受けない場合、当該場所に専任の宅地建物取引士を置く必要はない。

【問　30】　宅地建物取引業者がその業務に関して行う広告に関する次の記述のうち、宅地建物取引業法の規定によれば、正しいものはいくつあるか。

ア　宅地の販売広告において、宅地に対する将来の利用の制限について、著しく事実に相違する表示をしてはならない。

イ　建物の貸借の媒介において広告を行った場合には、依頼者の依頼の有無にかかわらず、報酬の限度額を超えて、当該広告の料金に相当する額を受領することができる。

ウ　複数の区画がある宅地の売買について、数回に分けて広告するときは、最初に行う広告に取引態様の別を明示すれば足り、それ以降は明示する必要はない。

エ　賃貸マンションの貸借に係る媒介の依頼を受け、媒介契約を締結した場合であっても、当該賃貸マンションが建築確認申請中であるときは広告をすることができない。

1　一つ　　**2**　二つ　　**3**　三つ　　**4**　四つ

【問　31】 宅地建物取引業保証協会（以下この問において「保証協会」という。）に関する次の記述のうち、宅地建物取引業法の規定によれば、誤っているものはどれか。

1　保証協会は、当該保証協会の社員である宅地建物取引業者が社員となる前に当該宅地建物取引業者と宅地建物取引業に関し取引をした者の有するその取引により生じた債権に関し弁済業務保証金の還付が行われることにより弁済業務の円滑な運営に支障を生ずるおそれがあると認めるときは、当該社員に対し、担保の提供を求めることができる。

2　保証協会の社員である宅地建物取引業者は、取引の相手方から宅地建物取引業に係る取引に関する苦情について解決の申出が当該保証協会になされ、その解決のために当該保証協会から資料の提出の求めがあったときは、正当な理由がある場合でなければ、これを拒んではならない。

3　保証協会の社員である宅地建物取引業者は、当該宅地建物取引業者と宅地建物取引業に関し取引をした者の有するその取引により生じた債権に関し弁済業務保証金の還付がなされたときは、その日から２週間以内に還付充当金を保証協会に納付しなければならない。

4　還付充当金の未納により保証協会の社員がその地位を失ったときは、保証協会は、直ちにその旨を当該社員であった宅地建物取引業者が免許を受けた国土交通大臣又は都道府県知事に報告しなければならない。

【問　32】 宅地建物取引業の免許（以下この問において「免許」という。）に関する次の記述のうち、宅地建物取引業法の規定によれば、正しいものはどれか。なお、いずれの場合も、その行為を業として営むものとする。

1　A社が、都市計画法に規定する用途地域外の土地であって、ソーラーパネルを設置するための土地の売買を媒介しようとする場合、免許は必要ない。

2　B社が、土地区画整理事業の換地処分により取得した換地を住宅用地として分譲しようとする場合、免許は必要ない。

3　農業協同組合Cが、組合員が所有する宅地の売却の代理をする場合、免許は必要ない。

4　D社が、地方公共団体が定住促進策としてその所有する土地について住宅を建築しようとする個人に売却する取引の媒介をしようとする場合、免許は必要ない。

【問　33】　宅地建物取引業法第35条に規定する重要事項の説明における水防法施行規則第11条第1号の規定により市町村（特別区を含む。以下この問において同じ。）の長が提供する図面（以下この問において「水害ハザードマップ」という。）に関する次の記述のうち、正しいものはどれか。なお、説明の相手方は宅地建物取引業者ではないものとする。

1　宅地建物取引業者は、市町村が、取引の対象となる宅地又は建物の位置を含む水害ハザードマップを作成せず、又は印刷物の配布若しくはホームページ等への掲載等をしていないことを確認できた場合は、重要事項説明書にその旨記載し、重要事項説明の際に提示すべき水害ハザードマップが存在しない旨を説明すればよい。

2　宅地建物取引業者は、市町村が取引の対象となる宅地又は建物の位置を含む「洪水」、「雨水出水（内水）」、「高潮」の水害ハザードマップを作成している場合、重要事項説明の際にいずれか１種類の水害ハザードマップを提示すればよい。

3　宅地建物取引業者は、市町村が取引の対象となる宅地又は建物の位置を含む水害ハザードマップを作成している場合、売買又は交換の媒介のときは重要事項説明の際に水害ハザードマップを提示しなければならないが、貸借の媒介のときはその必要はない。

4　宅地建物取引業者は、市町村が取引の対象となる宅地又は建物の位置を含む水害ハザードマップを作成している場合、重要事項説明書に水害ハザードマップを添付すれば足りる。

【問　34】　宅地建物取引業法の規定に基づく営業保証金に関する次の記述のうち、正しいものはどれか。

1　国土交通大臣から免許を受けた宅地建物取引業者が、営業保証金を主たる事務所のもよりの供託所に供託した場合、当該供託所から国土交通大臣にその旨が通知されるため、当該宅地建物取引業者は国土交通大臣にその旨を届け出る必要はない。

2　宅地建物取引業者と宅地建物取引業に関し取引をした者は、その取引により生じた債権に関し、当該宅地建物取引業者が供託した営業保証金について、その債権の弁済を受ける権利を有するが、取引をした者が宅地建物取引業者に該当する場合は、その権利を有しない。

3　営業保証金は、金銭による供託のほか、有価証券をもって供託することができるが、金銭と有価証券とを併用して供託することはできない。

4　有価証券を営業保証金に充てる場合における当該有価証券の価額は、国債証券の場合はその額面金額の 100 分の 90、地方債証券の場合はその額面金額の 100 分の 80 である。

【問　35】 宅地建物取引士の登録（以下この問において「登録」という。）及び宅地建物取引士証に関する次の記述のうち、正しいものはいくつあるか。

ア　宅地建物取引士（甲県知事登録）が事務禁止処分を受けた場合、宅地建物取引士証を甲県知事に速やかに提出しなければならず、速やかに提出しなかったときは10万円以下の過料に処せられることがある。

イ　宅地建物取引士（甲県知事登録）が宅地建物取引士としての事務禁止処分を受け、その禁止の期間中に本人の申請により登録が消除された場合は、その者が乙県で宅地建物取引士資格試験に合格したとしても、当該期間が満了していないときは、乙県知事の登録を受けることができない。

ウ　宅地建物取引士（甲県知事登録）が甲県から乙県に住所を変更したときは、乙県知事に対し、登録の移転の申請をすることができる。

エ　宅地建物取引士（甲県知事登録）が本籍を変更した場合、遅滞なく、甲県知事に変更の登録を申請しなければならない。

1　一つ

2　二つ

3　三つ

4　四つ

【問　36】　宅地建物取引業者が行う宅地建物取引業法第 35 条に規定する重要事項の説明に関する次の記述のうち、同法の規定に少なくとも説明しなければならない事項として掲げられていないものはどれか。

1　建物の貸借の媒介を行う場合における、「都市計画法第 29 条第 1 項の規定に基づく制限」

2　建物の貸借の媒介を行う場合における、「当該建物について、石綿の使用の有無の調査の結果が記録されているときは、その内容」

3　建物の貸借の媒介を行う場合における、「台所、浴室、便所その他の当該建物の設備の整備の状況」

4　宅地の貸借の媒介を行う場合における、「敷金その他いかなる名義をもって授受されるかを問わず、契約終了時において精算することとされている金銭の精算に関する事項」

【問　37】　宅地建物取引業法第 35 条の規定に基づく重要事項の説明及び同法第 37 条の規定により交付すべき書面（以下この問において「37 条書面」という。）に関する次の記述のうち、正しいものはどれか。

1　宅地建物取引業者は、媒介により区分所有建物の賃貸借契約を成立させた場合、専有部分の用途その他の利用の制限に関する規約においてペットの飼育が禁止されているときは、その旨を重要事項説明書に記載して説明し、37 条書面にも記載しなければならない。

2　宅地建物取引業者は、自ら売主となる土地付建物の売買契約において、宅地建物取引業者ではない買主から保全措置を講ずる必要のない金額の手付金を受領する場合、手付金の保全措置を講じないことを、重要事項説明書に記載して説明し、37 条書面にも記載しなければならない。

3　宅地建物取引業者は、媒介により建物の敷地に供せられる土地の売買契約を成立させた場合において、当該売買代金以外の金銭の授受に関する定めがあるときは、その額並びに当該金銭の授受の時期及び目的を37条書面に記載しなければならない。

4　宅地建物取引業者は、自ら売主となる土地付建物の売買契約及び自ら貸主となる土地付建物の賃貸借契約のいずれにおいても、37条書面を作成し、その取引の相手方に交付しなければならない。

【問　38】　宅地建物取引業者Aが、宅地建物取引業者BからB所有の建物の売却を依頼され、Bと一般媒介契約（以下この問において「本件契約」という。）を締結した場合に関する次の記述のうち、宅地建物取引業法の規定に違反しないものはいくつあるか。

ア　本件契約を締結する際に、Bから有効期間を６か月としたい旨の申出があったが、AとBが協議して、有効期間を３か月とした。

イ　当該物件に係る買受けの申込みはなかったが、AはBに対し本件契約に係る業務の処理状況の報告を口頭により14日に１回以上の頻度で行った。

ウ　Aは本件契約を締結した後、所定の事項を遅滞なく指定流通機構に登録したが、その登録を証する書面を、登録してから14日後にBに交付した。

エ　本件契約締結後、１年を経過しても当該物件を売却できなかったため、Bは売却をあきらめ、当該物件を賃貸することにした。そこでBはAと当該物件の貸借に係る一般媒介契約を締結したが、当該契約の有効期間を定めなかった。

1　一つ　　**2**　二つ　　**3**　三つ　　**4**　四つ

【問　39】 宅地建物取引業者Ａが、自ら売主として、宅地建物取引業者Ｂの媒介により、宅地建物取引業者ではないＣを買主とするマンションの売買契約を締結した場合における宅地建物取引業法第37条の2の規定に基づくいわゆるクーリング・オフについて告げるときに交付すべき書面（以下この問において「告知書面」という。）に関する次の記述のうち、正しいものはどれか。

1　告知書面には、クーリング・オフによる買受けの申込みの撤回又は売買契約の解除があったときは、Ａは、その買受けの申込みの撤回又は売買契約の解除に伴う損害賠償又は違約金の支払を請求することができないことを記載しなければならない。

2　告知書面には、クーリング・オフについて告げられた日から起算して8日を経過するまでの間は、Ｃが当該マンションの引渡しを受け又は代金の全部を支払った場合を除き、書面によりクーリング・オフによる買受けの申込みの撤回又は売買契約の解除を行うことができることを記載しなければならない。

3　告知書面には、Ｃがクーリング・オフによる売買契約の解除をするときは、その旨を記載した書面がＡに到達した時点で、その効力が発生することを記載しなければならない。

4　告知書面には、Ａ及びＢの商号又は名称及び住所並びに免許証番号を記載しなければならない。

【問　40】　次の記述のうち、宅地建物取引業法の規定によれば、正しいものはどれか。

1　宅地建物取引業者は、その業務に関する帳簿を備え、取引のあったつど、その年月日、その取引に係る宅地又は建物の所在及び面積その他国土交通省令で定める事項を記載しなければならないが、支店及び案内所には備え付ける必要はない。

2　成年である宅地建物取引業者は、宅地建物取引業の業務に関し行った行為について、行為能力の制限を理由に取り消すことができる。

3　宅地建物取引業者は、一団の宅地建物の分譲をする場合における当該宅地又は建物の所在する場所に国土交通省令で定める標識を掲示しなければならない。

4　宅地建物取引業者は、業務上取り扱ったことについて知り得た秘密に関し、税務署の職員から質問検査権の規定に基づき質問を受けたときであっても、回答してはならない。

【問　41】 宅地建物取引業者Aが行う業務に関する次の記述のうち、宅地建物取引業法の規定によれば、正しいものはいくつあるか。なお、この問において「37条書面」とは、同法第37条の規定により交付すべき書面をいうものとする。

ア　Aが自ら売主として建物を売却する場合、宅地建物取引業者Bに当該売却の媒介を依頼したときは、Bは宅地建物取引士をして37条書面に記名させなければならず、Aも宅地建物取引士をして37条書面に記名させなければならない。

イ　Aが自ら売主として建物を売却する場合、当該売買契約に際し、買主から支払われる手付金の額が売買代金の5%未満であるときは、当該手付金の額の記載があれば、授受の時期については37条書面に記載しなくてもよい。

ウ　Aが売主を代理して建物を売却する場合、買主が宅地建物取引業者であるときは、37条書面を交付しなくてもよい。

エ　Aが売主を代理して抵当権が設定されている建物を売却する場合、当該抵当権の内容について37条書面に記載しなければならない。

1　一つ

2　二つ

3　三つ

4　四つ

【問　42】 宅地建物取引業者Ａが、自ら売主として宅地建物取引業者ではないＢを買主とする土地付建物の売買契約（代金3,200万円）を締結する場合に関する次の記述のうち、民法及び宅地建物取引業法の規定によれば、正しいものはどれか。

1　割賦販売の契約を締結し、当該土地付建物を引き渡した場合、Ａは、Ｂから800万円の賦払金の支払を受けるまでに、当該土地付建物に係る所有権の移転登記をしなければならない。

2　当該土地付建物の工事の完了前に契約を締結した場合、Ａは、宅地建物取引業法第41条に定める手付金等の保全措置を講じなくても手付金100万円、中間金60万円を受領することができる。

3　当事者の債務の不履行を理由とする契約の解除に伴う損害賠償の予定額を400万円とし、かつ、違約金の額を240万円とする特約を定めた場合、当該特約は無効となる。

4　当事者の債務の不履行を理由とする契約の解除に伴う損害賠償の予定額を定めていない場合、債務の不履行による損害賠償の請求額は売買代金の額の10分の2を超えてはならない。

【問　43】 宅地建物取引業者の業務に関する次の記述のうち、宅地建物取引業法の規定に違反するものはいくつあるか。

ア　マンションの販売に際して、買主が手付として必要な額を持ち合わせていなかったため、手付を分割受領することにより、契約の締結を誘引した。

イ　宅地の売買に際して、相手方が「契約の締結をするかどうか明日まで考えさせてほしい」と申し出たのに対し、事実を歪（ゆが）めて「明日では契約締結できなくなるので、今日しか待てない」と告げた。

ウ　マンション販売の勧誘を電話で行った際に、勧誘に先立って電話口で宅地建物取引業者の商号又は名称を名乗らずに勧誘を行った。

エ　建物の貸借の媒介に際して、賃貸借契約の申込みをした者がその撤回を申し出たが、物件案内等に経費がかかったため、預り金を返還しなかった。

1　一つ

2　二つ

3　三つ

4　四つ

【問　44】　宅地建物取引業者A（消費税課税事業者）が受け取ることができる報酬額についての次の記述のうち、宅地建物取引業法の規定によれば、正しいものはどれか。

1　居住の用に供する建物（1か月の借賃20万円。消費税等相当額を含まない。）の貸借であって100万円の権利金の授受があるものの媒介をする場合、依頼者双方から受領する報酬の合計額は11万円を超えてはならない。

2　宅地（代金1,000万円。消費税等相当額を含まない。）の売買について、売主から代理の依頼を受け、買主から媒介の依頼を受け、売買契約を成立させて買主から303,000円の報酬を受領する場合、売主からは489,000円を上限として報酬を受領することができる。

3　宅地（代金300万円。消費税等相当額を含まない。）の売買の媒介について、通常の媒介と比較して現地調査等の費用が6万円（消費税等相当額を含まない。）多く要した場合、依頼者双方から合計で44万円を上限として報酬を受領することができる。

4　店舗兼住宅（1 か月の借賃 20 万円。消費税等相当額を含まない。）の貸借の媒介をする場合、依頼者の一方から受領する報酬は 11 万円を超えてはならない。

【問　45】　宅地建物取引業者Ａが、自ら売主として宅地建物取引業者ではない買主Ｂに新築住宅を販売する場合における次の記述のうち、特定住宅瑕疵担保責任の履行の確保等に関する法律の規定によれば、正しいものはどれか。

1　B が建設業者である場合、A は、B に引き渡した新築住宅について、住宅販売瑕疵（かし）担保保証金の供託又は住宅販売瑕疵（かし）担保責任保険契約の締結を行う義務を負わない。

2　A が住宅販売瑕疵（かし）担保責任保険契約を締結する場合、当該契約は、B が A から当該新築住宅の引渡しを受けた時から 2 年以上の期間にわたって有効なものでなければならない。

3　A が住宅販売瑕疵（かし）担保責任保険契約を締結した場合、A 及び B は、指定住宅紛争処理機関に特別住宅紛争処理の申請をすることにより、当該新築住宅の瑕疵（かし）に関する A と B との間の紛争について、あっせん、調停又は仲裁を受けることができる。

4　AB 間の新築住宅の売買契約において、当該新築住宅の構造耐力上主要な部分に瑕疵（かし）があっても A が瑕疵（かし）担保責任を負わない旨の特約があった場合、住宅販売瑕疵（かし）担保保証金の供託又は住宅販売瑕疵（かし）担保責任保険契約の締結を行う義務はない。

【問　46】　独立行政法人住宅金融支援機構（以下この問において「機構」という。）に関する次の記述のうち、誤っているものはどれか。

1　機構は、証券化支援事業（買取型）において、賃貸住宅の購入に必要な資金の貸付けに係る金融機関の貸付債権を譲受けの対象としている。

2　機構は、市街地の土地の合理的な利用に寄与する一定の建築物の建設に必要な資金の貸付けを業務として行っている。

3　機構は、証券化支援事業（買取型）において、省エネルギー性に優れた住宅を取得する場合について、貸付金の利率を一定期間引き下げる制度を設けている。

4　機構は、経済事情の変動に伴い、貸付けを受けた者の住宅ローンの元利金の支払が著しく困難になった場合に、償還期間の延長等の貸付条件の変更を行っている。

【問　47】　宅地建物取引業者が行う広告に関する次の記述のうち、不当景品類及び不当表示防止法（不動産の表示に関する公正競争規約を含む。）の規定によれば、正しいものはどれか。

1　住宅の居室の広さを畳数で表示する場合には、畳１枚当たりの広さにかかわらず、実際に当該居室に敷かれている畳の数を表示しなければならない。

2　団地（一団の宅地又は建物をいう。）と駅との間の距離は、取引する区画のうち最も近い区画（マンション及びアパートにあっては、駅から最も近い建物の出入口）を起点として算出した数値とともに、駅から最も遠い区画（マンション及びアパートにあっては、駅から最も遠い建物の出入口）を起点として算出した数値も表示しなければならない。

3　新築分譲マンションを完成予想図により表示する場合、完成予想図である旨を表示すれば、緑豊かな環境であることを訴求するために周囲に存在しない公園等を表示することができる。

4　新築分譲住宅の販売に当たって行う二重価格表示は、実際に過去において販売価格として公表していた価格を比較対照価格として用いて行うのであれば、値下げの日から１年以内の期間は表示することができる。

【問　48】　次の記述のうち、正しいものはどれか。

1　建築着工統計（令和３年１月公表）によれば、令和２年１月から令和２年12月までの新設住宅着工戸数は約81.5万戸となり、４年ぶりに増加に転じた。

2　令和３年版土地白書（令和３年６月公表）によれば、土地取引について、売買による所有権移転登記の件数でその動向を見ると、令和２年の全国の土地取引件数は約128万件となり、５年連続の増加となっている。

3　令和３年地価公示（令和３年３月公表）によれば、令和２年１月以降の１年間の地価の変動を見ると、全国平均の用途別では、住宅地及び商業地は下落に転じたが、工業地は５年連続の上昇となっている。

4　年次別法人企業統計調査（令和元年度。令和２年10月公表）によれば、令和元年度における不動産業の営業利益は約５兆円を超え、前年度を上回った。

【問　49】 土地に関する次の記述のうち、最も不適当なものはどれか。

1　森林は、木材資源としても重要で、水源涵養、洪水防止等の大きな役割を担っている。

2　活動度の高い火山の火山麓では、火山活動に伴う災害にも留意する必要がある。

3　林相は良好でも、破砕帯や崖錐等の上の杉の植林地は、豪雨に際して崩壊することがある。

4　崖錐や小河川の出口で堆積物の多い所等は、土石流の危険が少ない。

【問　50】 建物の構造に関する次の記述のうち、最も不適当なものはどれか。

1　鉄骨構造は、主要構造の構造形式にトラス、ラーメン、アーチ等が用いられ、高層建築の骨組に適している。

2　鉄骨構造の床は既製気泡コンクリート板、プレキャストコンクリート板等でつくられる。

3　鉄骨構造は、耐火被覆や鋼材の加工性の問題があり、現在は住宅、店舗等の建物には用いられていない。

4　鉄骨構造は、工場、体育館、倉庫等の単層で大空間の建物に利用されている。

宅地建物取引士資格試験

令和２年度
12 月試験問題

試験時間に合わせて解いてみよう！！

■**午後 1:00 ～ 3:00（制限時間 2 時間）**

■**合否判定基準：36 問以上正解**

（登録講習修了者は 45 問中 31 問以上正解）

■登録講習修了者は例年、問 46 ～問 50 の 5 問が免除され、試験時間は午後 1：10 ～ 3：00 までの 1 時間 50 分となります（ただし、午後 12：30 から注意事項が説明されるので、着席していること）。

◆ 試験結果データ ◆

受験者数	35,261 人
合格者数	4,610 人
合 格 率	13.1 %

p.271 の解答用紙をコピーしてお使いください。

答え合わせに便利な正解一覧は別冊 p.93

【問　1】 不法行為（令和２年４月１日以降に行われたもの）に関する次の記述のうち、民法の規定及び判例によれば、誤っているものはどれか。

1　建物の建築に携わる設計者や施工者は、建物としての基本的な安全性が欠ける建物を設計し又は建築した場合、設計契約や建築請負契約の当事者に対しても、また、契約関係にない当該建物の居住者に対しても損害賠償責任を負うことがある。

2　被用者が使用者の事業の執行について第三者に損害を与え、第三者に対してその損害を賠償した場合には、被用者は、損害の公平な分担という見地から相当と認められる額について、使用者に対して求償することができる。

3　責任能力がない認知症患者が線路内に立ち入り、列車に衝突して旅客鉄道事業者に損害を与えた場合、当該責任無能力者と同居する配偶者は、法定の監督義務者として損害賠償責任を負う。

4　人の生命又は身体を害する不法行為による損害賠償請求権は、被害者又はその法定代理人が損害及び加害者を知った時から５年間行使しない場合、時効によって消滅する。

【問　2】 ＡがＢに対して、Ａ所有の甲土地を売却する代理権を令和２年７月１日に授与した場合に関する次の記述のうち、民法の規定及び判例によれば、正しいものはどれか。

1　Ｂが自己又は第三者の利益を図る目的で、Ａの代理人として甲土地をＤに売却した場合、Ｄがその目的を知り、又は知ることができたときは、Ｂの代理行為は無権代理とみなされる。

2　ＢがＣの代理人も引き受け、ＡＣ双方の代理人として甲土地に係るＡＣ間の売買契約を締結した場合、Ａに損害が発生しなければ、Ｂの代理行為は無権代理とはみなされない。

3　ＡがＢに授与した代理権が消滅した後、ＢがＡの代理人と称して、甲土地をＥに売却した場合、ＡがＥに対して甲土地を引き渡す責任を負うことはない。

4　Ｂが、Ａから代理権を授与されていないＡ所有の乙土地の売却につき、Ａの代理人としてＦと売買契約を締結した場合、ＡがＦに対して追認の意思表示をすれば、Ｂの代理行為は追認の時からＡに対して効力を生ずる。

【問　3】　親族に関する次の記述のうち、民法の規定及び判例によれば、正しいものはどれか。

1　姻族関係は、離婚した場合及び夫婦の一方が死亡した場合、当然に終了する。

2　離婚に当たり、相手方に有責不法の行為がなければ、他の一方は、相手方に対して財産の分与を請求することができない。

3　未成年者に対して親権を行う者がないときは、家庭裁判所は、検察官の請求によって、親族の中から未成年後見人を選任する。

4　夫婦間で婚姻の届出前に別段の契約をしなかった場合、夫婦のいずれに属するか明らかでない財産は、その共有に属するものと推定される。

【問　4】　債務不履行に関する次の記述のうち、民法の規定及び判例によれば、誤っているものはどれか。なお、債務は令和２年４月１日以降に生じたものとする。

1　債務の履行について不確定期限があるときは、債務者は、その期限が到来したことを知らなくても、期限到来後に履行の請求を受けた時から遅滞の責任を負う。

2　債務の目的が特定物の引渡しである場合、債権者が目的物の引渡しを受けることを理由なく拒否したため、その後の履行の費用が増加したときは、その増加額について、債権者と債務者はそれぞれ半額ずつ負担しなければならない。

3　債務者がその債務について遅滞の責任を負っている間に、当事者双方の責めに帰することができない事由によってその債務の履行が不能となったときは、その履行不能は債務者の責めに帰すべき事由によるものとみなされる。

4　契約に基づく債務の履行が契約の成立時に不能であったとしても、その不能が債務者の責めに帰することができない事由によるものでない限り、債権者は、履行不能によって生じた損害について、債務不履行による損害の賠償を請求することができる。

【問　5】　時効に関する次の記述のうち、民法の規定及び判例によれば、誤っているものはどれか。なお、時効の対象となる債権の発生原因は、令和２年４月１日以降に生じたものとする。

1　消滅時効の援用権者である「当事者」とは、権利の消滅について正当な利益を有する者であり、債務者のほか、保証人、物上保証人、第三取得者も含まれる。

2　裁判上の請求をした場合、裁判が終了するまでの間は時効が完成しないが、当該請求を途中で取り下げて権利が確定することなく当該請求が終了した場合には、その終了した時から新たに時効の進行が始まる。

3　権利の承認があったときは、その時から新たに時効の進行が始まるが、権利の承認をするには、相手方の権利についての処分につき行為能力の制限を受けていないことを要しない。

4　夫婦の一方が他方に対して有する権利については、婚姻の解消の時から6箇月を経過するまでの間は、時効が完成しない。

【問　6】　ＡはＢにＡ所有の甲建物を令和２年７月１日に賃貸し、ＢはＡの承諾を得てＣに適法に甲建物を転貸し、Ｃが甲建物に居住している場合における次の記述のうち、民法の規定及び判例によれば、誤っているものはどれか。

1　Ａは、Ｂとの間の賃貸借契約を合意解除した場合、解除の当時Ｂの債務不履行による解除権を有していたとしても、合意解除したことをもってＣに対抗することはできない。

2　Ｃの用法違反によって甲建物に損害が生じた場合、ＡはＢに対して、甲建物の返還を受けた時から１年以内に損害賠償を請求しなければならない。

3　ＡがＤに甲建物を売却した場合、ＡＤ間で特段の合意をしない限り、賃貸人の地位はＤに移転する。

4　ＢがＡに約定の賃料を支払わない場合、Ｃは、Ｂの債務の範囲を限度として、Ａに対して転貸借に基づく債務を直接履行する義務を負い、Ｂに賃料を前払いしたことをもってＡに対抗することはできない。

【問　7】 Aを売主、Bを買主として、令和２年７月１日に甲土地の売買契約（以下この問において「本件契約」という。）が締結された場合における次の記述のうち、民法の規定によれば、正しいものはどれか。

1　甲土地の実際の面積が本件契約の売買代金の基礎とした面積より少なかった場合、Bはそのことを知った時から２年以内にその旨をAに通知しなければ、代金の減額を請求することができない。

2　AがBに甲土地の引渡しをすることができなかった場合、その不履行がAの責めに帰することができない事由によるものであるときを除き、BはAに対して、損害賠償の請求をすることができる。

3　Bが売買契約で定めた売買代金の支払期日までに代金を支払わなかった場合、売買契約に特段の定めがない限り、AはBに対して、年５%の割合による遅延損害金を請求することができる。

4　本件契約が、Aの重大な過失による錯誤に基づくものであり、その錯誤が重要なものであるときは、Aは本件契約の無効を主張することができる。

【問　8】 １億2,000万円の財産を有するAが死亡した場合の法定相続分についての次の記述のうち、民法の規定によれば、正しいものの組み合わせはどれか。

ア　Aの長男の子B及びC、Aの次男の子Dのみが相続人になる場合の法定相続分は、それぞれ4,000万円である。

イ　Aの長男の子B及びC、Aの次男の子Dのみが相続人になる場合の法定相続分は、B及びCがそれぞれ3,000万円、Dが6,000万円である。

ウ　Aの父方の祖父母E及びF、Aの母方の祖母Gのみが相続人になる場合の法定相続分は、それぞれ4,000万円である。

エ　Aの父方の祖父母E及びF、Aの母方の祖母Gのみが相続人になる場合の法定相続分は、E及びFがそれぞれ3,000万円、Gが6,000万円である。

1　ア、ウ

2　ア、エ

3　イ、ウ

4　イ、エ

【問　9】　地役権に関する次の記述のうち、民法の規定及び判例によれば、誤っているものはどれか。

1　地役権は、継続的に行使されるもの、又は外形上認識することができるものに限り、時効取得することができる。

2　地役権者は、設定行為で定めた目的に従い、承役地を要役地の便益に供する権利を有する。

3　設定行為又は設定後の契約により、承役地の所有者が自己の費用で地役権の行使のために工作物を設け、又はその修繕をする義務を負担したときは、承役地の所有者の特定承継人もその義務を負担する。

4　要役地の所有権とともに地役権を取得した者が、所有権の取得を承役地の所有者に対抗し得るときは、地役権の取得についても承役地の所有者に対抗することができる。

【問　10】 不動産の共有に関する次の記述のうち、民法の規定によれば、誤っているものはどれか。

1　共有物の各共有者の持分が不明な場合、持分は平等と推定される。

2　各共有者は、他の共有者の同意を得なければ、共有物に変更（その形状又は効用の著しい変更を伴わないものを除く。）を加えることができない。

3　共有物の保存行為については、各共有者が単独ですることができる。

4　共有者の一人が死亡して相続人がないときは、その持分は国庫に帰属する。

【問　11】 次の記述のうち、借地借家法の規定及び判例によれば、正しいものはどれか。

1　借地権者が借地権の登記をしておらず、当該土地上に所有権の登記がされている建物を所有しているときは、これをもって借地権を第三者に対抗することができるが、建物の表示の登記によっては対抗することができない。

2　借地権者が登記ある建物を火災で滅失したとしても、建物が滅失した日から２年以内に新たな建物を築造すれば、２年を経過した後においても、これをもって借地権を第三者に対抗することができる。

3　土地の賃借人が登記ある建物を所有している場合であっても、その賃借人から当該土地建物を賃借した転借人が対抗力を備えていなければ、当該転借人は転借権を第三者に対抗することができない。

4　借地権者が所有する数棟の建物が一筆の土地上にある場合は、そのうちの一棟について登記があれば、借地権の対抗力が当該土地全部に及ぶ。

【問　12】　賃貸人Ａと賃借人Ｂとの間で令和２年７月１日に締結した居住用建物の賃貸借契約に関する次の記述のうち、民法及び借地借家法の規定並びに判例によれば、誤っているものはどれか。

1　当該建物の修繕が必要である場合において、ＢがＡに修繕が必要である旨を通知したにもかかわらずＡが相当の期間内に必要な修繕をしないときは、Ｂは自ら修繕をすることができる。

2　ＢがＡに無断でＣに当該建物を転貸した場合であっても、Ａに対する背信行為と認めるに足りない特段の事情があるときは、Ａは賃貸借契約を解除することができない。

3　賃貸借契約に期間を定め、賃貸借契約を書面によって行った場合には、ＡがＢに対しあらかじめ契約の更新がない旨を説明していれば、賃貸借契約は期間満了により終了する。

4　Ｂが相続人なしに死亡した場合、Ｂと婚姻の届出をしていないが事実上夫婦と同様の関係にあった同居者Ｄは、Ｂが相続人なしに死亡したことを知った後１月以内にＡに反対の意思表示をしない限り、賃借人としてのＢの権利義務を承継する。

【問　13】 建物の区分所有等に関する法律に関する次の記述のうち、誤っているものはどれか。

1　規約の保管場所は、建物内の見やすい場所に掲示しなければならない。

2　管理者は、規約に特別の定めがあるときは、共用部分を所有することができる。

3　規約及び集会の決議は、区分所有者の特定承継人に対しては、その効力を生じない。

4　区分所有者は、規約に別段の定めがない限り集会の決議によって、管理者を解任することができる。

【問　14】 不動産の登記に関する次の記述のうち、不動産登記法の規定によれば、誤っているものはどれか。

1　表題部所有者が表示に関する登記の申請人となることができる場合において、当該表題部所有者について相続があったときは、その相続人は、当該表示に関する登記を申請することができる。

2　所有権の登記以外の権利に関する登記がある土地については、分筆の登記をすることができない。

3　区分建物が属する一棟の建物が新築された場合における当該区分建物についての表題登記の申請は、当該新築された一棟の建物についての表題登記の申請と併せてしなければならない。

4　登記の申請書の閲覧は、何人も、正当な理由があるときは、することができる。

【問　15】 都市計画法に関する次の記述のうち、正しいものはどれか。

1　市街化区域及び区域区分が定められていない都市計画区域については、少なくとも道路、病院及び下水道を定めるものとされている。

2　市街化調整区域内においては、都市計画に、市街地開発事業を定めることができないこととされている。

3　都市計画区域は、市町村が、市町村都市計画審議会の意見を聴くとともに、都道府県知事に協議し、その同意を得て指定する。

4　準都市計画区域については、都市計画に、高度地区を定めることができないこととされている。

【問　16】 都市計画法に関する次の記述のうち、正しいものはどれか。ただし、許可を要する開発行為の面積については、条例による定めはないものとし、この問において「都道府県知事」とは、地方自治法に基づく指定都市、中核市及び施行時特例市にあってはその長をいうものとする。

1　市街化調整区域において、非常災害のため必要な応急措置として8,000㎡の土地の区画形質の変更を行おうとする者は、あらかじめ、都道府県知事の許可を受けなければならない。

2　市街化区域において、社会教育法に規定する公民館の建築の用に供する目的で行われる1,500㎡の土地の区画形質の変更を行おうとする者は、都道府県知事の許可を受けなくてよい。

3　区域区分が定められていない都市計画区域において、店舗の建築の用に供する目的で行われる2,000㎡の土地の区画形質の変更を行おうとする者は、あらかじめ、都道府県知事の許可を受けなければならない。

4　市街化調整区域において、自己の居住の用に供する住宅の建築の用に供する目的で行われる100 ㎡の土地の区画形質の変更を行おうとする者は、都道府県知事の許可を受けなくてよい。

【問　17】　建築基準法に関する次の記述のうち、誤っているものはどれか。

1　建築物が防火地域及び準防火地域にわたる場合においては、その全部について、敷地の属する面積が大きい方の地域内の建築物に関する規定を適用する。

2　倉庫の用途に供する建築物で、その用途に供する3階以上の部分の床面積の合計が500 ㎡であるものは、耐火建築物としなければならない。

3　高さ25mの建築物には、周囲の状況によって安全上支障がない場合を除き、有効に避雷設備を設けなければならない。

4　高さ1m以下の階段の部分には、手すりを設けなくてもよい。

【問　18】　次の記述のうち、建築基準法（以下この問において「法」という。）の規定によれば、誤っているものはどれか。

1　建築物の壁又はこれに代わる柱は、地盤面下の部分又は特定行政庁が建築審査会の同意を得て許可した歩廊の柱その他これに類するものを除き、壁面線を越えて建築してはならない。

2　特別用途地区内においては、地方公共団体は、その地区の指定の目的のために必要と認める場合は、国土交通大臣の承認を得て、条例で、法第48条第1項から第13項までの規定による用途制限を緩和することができる。

3　都市計画により建蔽率の限度が10分の8と定められている準工業地域においては、防火地域内にある耐火建築物については、法第53条第1項から第5項までの規定に基づく建蔽率に関する制限は適用されない。

4　田園住居地域内の建築物に対しては、法第56条第1項第3号の規定（北側斜線制限）は適用されない。

【問　19】 盛土規制法に関する次の記述のうち、誤っているものはどれか。

1　宅地造成等工事規制区域は、宅地造成等に伴い災害が生ずるおそれが大きい市街地又は市街地になろうとする土地の区域であって、宅地造成等に関する工事につき規制を行う必要があるものについて、国土交通大臣が指定することができる。

2　宅地造成等工事規制区域内において宅地造成等に関する工事を行う場合、宅地造成等に伴う災害を防止するために行う高さが5mを超える擁壁の設置に係る工事については、政令で定める資格を有する者の設計によらなければならない。

3　都道府県（地方自治法に基づく指定都市又は中核市の区域にあっては、それぞれ指定都市又は中核市）は、基礎調査のために行う測量又は調査のため他人の占有する土地に立ち入ったことにより他人に損失を与えた場合においては、その損失を受けた者に対して、通常生ずべき損失を補償しなければならない。

4　盛土規制法第12条第1項本文の許可を受けた宅地造成等に関する工事が完了した場合、工事主は、都道府県知事（指定都市又は中核市の区域内の土地については、それぞれ指定都市又は中核市の長）の検査を申請しなければならない。

【問　20】　土地区画整理法に関する次の記述のうち、正しいものはどれか。

1　市町村が施行する土地区画整理事業の施行後の宅地の価額の総額が土地区画整理事業の施行前の宅地の価額の総額より減少した場合においては、その差額に相当する金額を、従前の宅地に存する建築物について賃借権を有する者に対して支払わなければならない。

2　施行者は、仮換地を指定した時に、清算金を徴収し、又は交付しなければならない。

3　換地計画において換地を定める場合においては、換地及び従前の宅地の位置、地積、土質、水利、利用状況、環境等が照応するように定めなければならない。

4　土地区画整理組合が施行する土地区画整理事業の換地計画においては、災害を防止し、及び衛生の向上を図るために宅地の地積の規模を適正にする特別な必要があると認められる場合は、その換地計画に係る区域内の地積が小である宅地について、過小宅地とならないように換地を定めることができる。

【問　21】　農地に関する次の記述のうち、農地法（以下この問において「法」という。）の規定によれば、正しいものはどれか。

1　山林を開墾し、農地として耕作している土地であっても、土地登記簿上の地目が山林であれば、法の適用を受ける農地に該当しない。

2　親から子に対して、所有するすべての農地を一括して贈与する場合には、法第３条第１項の許可を受ける必要はない。

3　耕作を目的として農業者が競売により農地を取得する場合であっても、法第３条第１項の許可を受ける必要がある。

4　市街化区域以外の区域に存する4haを超える農地を転用する場合には、農林水産大臣の許可を受ける必要がある。

【問　22】　国土利用計画法第23条の届出（以下この問において「事後届出」という。）に関する次の記述のうち、正しいものはどれか。なお、この問において「都道府県知事」とは、地方自治法に基づく指定都市にあってはその長をいうものとする。

1　都道府県知事は、事後届出に係る土地の利用目的及び対価の額について、届出をした宅地建物取引業者に対し勧告することができ、都道府県知事から勧告を受けた当該業者が勧告に従わなかった場合、その旨及びその勧告の内容を公表することができる。

2　事後届出が必要な土地売買等の契約により権利取得者となった者が事後届出を行わなかった場合、都道府県知事から当該届出を行うよう勧告されるが、罰則の適用はない。

3　国が所有する市街化区域内の一団の土地である1,500㎡の土地と500㎡の土地を個人Aが購入する契約を締結した場合、Aは事後届出を行う必要がある。

4　個人Bが所有する都市計画区域外の11,000㎡の土地について、個人CがBとの間で対価を支払って地上権設定契約を締結した場合、Cは事後届出を行う必要がある。

【問　23】 住宅用家屋の所有権の移転登記に係る登録免許税の税率の軽減措置に関する次の記述のうち、正しいものはどれか。

1　この税率の軽減措置の適用を受けるためには、やむを得ない事情がある場合を除き、その住宅用家屋の取得後 1 年以内に所有権の移転登記を受けなければならない。

2　この税率の軽減措置は、住宅用家屋を相続により取得した場合に受ける所有権の移転登記についても適用される。

3　この税率の軽減措置に係る登録免許税の課税標準となる不動産の価額は、売買契約書に記載されたその住宅用家屋の実際の取引価格である。

4　過去にこの税率の軽減措置の適用を受けたことがある者は、再度この措置の適用を受けることはできない。

【問　24】 固定資産税に関する次の記述のうち、正しいものはどれか。

1　固定資産税を既に全納した者が、年度の途中において土地の譲渡を行った場合には、その譲渡後の月数に応じて税額の還付を受けることができる。

2　固定資産税の税率は、1.7％を超えることができない。

3　固定資産税の納期は、4 月、7 月、12 月及び 2 月中において、当該市町村の条例で定めることとされているが、特別の事情がある場合においては、これと異なる納期を定めることができる。

4　200 ㎡以下の住宅用地に対して課する固定資産税の課税標準は、課税標準となるべき価格の 2 分の 1 の額とする特例措置が講じられている。

【問　25】 地価公示法に関する次の記述のうち、正しいものはどれか。

1　土地鑑定委員会は、その土地に地上権が存する場合であっても、標準地として選定することができる。

2　土地鑑定委員会は、標準地について、２人以上の不動産鑑定士の鑑定評価を求めるものとし、当該２人以上の不動産鑑定士は、土地鑑定委員会に対し、鑑定評価書を連名で提出しなければならない。

3　土地鑑定委員会は、標準地の正常な価格を判定したときは、標準地の単位面積当たりの価格のほか、当該標準地の価格の総額についても官報で公示しなければならない。

4　土地収用法その他の法律によって土地を収用することができる事業を行う者は、標準地として選定されている土地を取得する場合において、当該土地の取得価格を定めるときは、公示価格と同額としなければならない。

【問　26】 次の記述のうち、宅地建物取引業法の規定によれば、正しいものはどれか。

1　宅地建物取引業者は、建物の売買に際し、買主に対して売買代金の貸借のあっせんをすることにより、契約の締結を誘引してはならない。

2　宅地建物取引士は、自ら役員を務める宅地建物取引業者が宅地建物取引業に関し不正な行為をし、情状が特に重いことにより免許を取り消された場合、宅地建物取引士の登録を消除されることとなる。

3　宅地建物取引業者は、建築工事完了前の賃貸住宅について、借主として貸借の契約を締結してはならない。

4　宅地建物取引業者は、10区画以上の一団の宅地の分譲を行う案内所を設置し、当該案内所において売買の契約の締結をし、又は契約の申込みを受ける場合は、当該案内所にその業務に関する帳簿を備え付けなければならない。

【問　27】 宅地建物取引業者がその業務に関して行う広告に関する次の記述のうち、宅地建物取引業法の規定によれば、正しいものはどれか。

1　広告の表示が実際のものよりも著しく優良又は有利であると人を誤認させるようなものであっても、誤認による損害が実際に発生していなければ、監督処分の対象とならない。

2　宅地建物取引業者は、建築確認申請中の建物について、建築確認申請中である旨を表示すれば、自ら売主として当該建物を販売する旨の広告をすることができる。

3　宅地建物取引業者は、宅地の造成工事の完了前においては、当該造成工事に必要とされる許可等の処分があった後であれば、当該宅地の販売に関する広告をすることができる。

4　テレビやインターネットを利用して行う広告は、新聞の折込チラシや配布用のチラシと異なり、規制の対象とならない。

【問　28】 宅地建物取引業者Ａが、ＢからＢ所有の宅地の売却について媒介の依頼を受けた場合における次の記述のうち、宅地建物取引業法の規定によれば､正しいものはいくつあるか。なお､この問において「専任媒介契約」とは、専属専任媒介契約ではない専任媒介契約をいうものとする。

ア　ＡがＢとの間で専任媒介契約を締結した場合、Ｂの要望により当該宅地を指定流通機構に登録しない旨の特約をしているときを除き、Ａは、当該契約締結日から７日以内（Ａの休業日を含まない。）に、当該宅地の所在等を指定流通機構に登録しなければならない。

イ　ＡがＢとの間で専任媒介契約を締結した場合、ＡはＢに対して、当該契約に係る業務の処理状況を１週間に１回以上報告しなければならない。

ウ　ＡがＢとの間で一般媒介契約を締結し、当該契約において、Ｂが他の宅地建物取引業者に重ねて依頼するときは当該他の宅地建物取引業者を明示する義務がある旨を定める場合、Ａは、Ｂが明示していない他の宅地建物取引業者の媒介又は代理によって売買の契約を成立させたときの措置を宅地建物取引業法第34条の２第１項の規定に基づき交付すべき書面に記載しなければならない。

エ　ＡがＢとの間で一般媒介契約を締結した場合、ＡがＢに対し当該宅地の価額について意見を述べるときは、不動産鑑定士に評価を依頼して、その根拠を明らかにしなければならない。

1　一つ

2　二つ

3　三つ

4　四つ

【問　29】　次の記述のうち、宅地建物取引業法の規定によれば、正しいものはどれか。

1　宅地建物取引業者（甲県知事免許）が、乙県内に新たに事務所を設置して宅地建物取引業を営むため、国土交通大臣に免許換えの申請を行い、その免許を受けたときは、国土交通大臣から、免許換え前の免許（甲県知事）の有効期間が経過するまでの期間を有効期間とする免許証の交付を受けることとなる。

2　宅地建物取引士（甲県知事登録）が、乙県に所在する宅地建物取引業者の事務所の業務に従事することとなったため、乙県知事に登録の移転の申請とともに宅地建物取引士証の交付の申請をしたときは、乙県知事から、有効期間を５年とする宅地建物取引士証の交付を受けることとなる。

3　宅地建物取引士（甲県知事登録）が、乙県に所在する建物の売買に関する取引において宅地建物取引士として行う事務に関し不正な行為をし、乙県知事により事務禁止処分を受けたときは、宅地建物取引士証を甲県知事に提出しなければならない。

4　宅地建物取引業者（甲県知事免許）は、乙県内で一団の建物の分譲を行う案内所を設置し、当該案内所において建物の売買の契約を締結し、又は契約の申込みを受ける場合、国土交通大臣に免許換えの申請をしなければならない。

【問　30】　宅地建物取引業保証協会（以下この問において「保証協会」という。）に関する次の記述のうち、宅地建物取引業法の規定によれば、正しいものはどれか。

1　本店と３つの支店を有する宅地建物取引業者が保証協会に加入しようとする場合、当該保証協会に、110万円の弁済業務保証金分担金を納付しなければならない。

2　保証協会の社員又は社員であった者が、当該保証協会から、弁済業務保証金の還付額に相当する還付充当金を当該保証協会に納付すべき旨の通知を受けたときは、その通知を受けた日から２週間以内に、その通知された額の還付充当金を当該保証協会に納付しなければならない。

3　保証協会に加入している宅地建物取引業者は、保証を手厚くするため、更に別の保証協会に加入することができる。

4　保証協会の社員（甲県知事免許）と宅地建物取引業に関し取引をした者が、その取引により生じた債権に関し、当該保証協会が供託した弁済業務保証金について弁済を受ける権利を実行しようとするときは、弁済を受けることができる額について甲県知事の認証を受ける必要がある。

【問　31】　宅地建物取引業の免許に関する次の記述のうち、宅地建物取引業法の規定によれば、正しいものはどれか。

1　宅地建物取引業者が、免許を受けてから１年以内に事業を開始せず免許が取り消され、その後５年を経過していない場合は、免許を受けることができない。

2　免許を受けようとしている法人の政令で定める使用人が、破産手続開始の決定を受け、復権を得てから５年を経過していない場合、当該法人は免許を受けることができない。

3　免許権者は、免許に条件を付することができ、免許の更新に当たっても条件を付することができる。

4　宅地建物取引業者の役員の住所に変更があったときは、30日以内に免許権者に変更を届け出なければならない。

【問　32】　宅地建物取引業者が行う宅地建物取引業法第 35 条に規定する重要事項の説明に関する次の記述のうち、正しいものはいくつあるか。なお、説明の相手方は宅地建物取引業者ではないものとする。

ア　宅地の売買の媒介を行う場合、当該宅地が急傾斜地の崩壊による災害の防止に関する法律第 3 条第 1 項により指定された急傾斜地崩壊危険区域にあるときは、同法第 7 条第 1 項に基づく制限の概要を説明しなければならない。

イ　建物の貸借の媒介を行う場合、当該建物が土砂災害警戒区域等における土砂災害防止対策の推進に関する法律第 7 条第 1 項により指定された土砂災害警戒区域内にあるときは、その旨を説明しなければならない。

ウ　宅地の貸借の媒介を行う場合、文化財保護法第 46 条第 1 項及び第 5 項の規定による重要文化財の譲渡に関する制限について、その概要を説明する必要はない。

エ　宅地の売買の媒介を行う場合、当該宅地が津波防災地域づくりに関する法律第 21 条第 1 項により指定された津波防護施設区域内にあるときは、同法第 23 条第 1 項に基づく制限の概要を説明しなければならない。

1　一つ

2　二つ

3　三つ

4　四つ

【問　33】 宅地建物取引業法に規定する営業保証金に関する次の記述のうち、正しいものはどれか。

1 宅地建物取引業者は、事業の開始後、新たに従たる事務所を設置したときは、その従たる事務所の最寄りの供託所に政令で定める額の営業保証金を供託し、その旨を免許権者に届け出なければならない。

2 宅地建物取引業者は、主たる事務所を移転したためその最寄りの供託所が変更した場合、国債証券をもって営業保証金を供託しているときは、遅滞なく、従前の主たる事務所の最寄りの供託所に対し、営業保証金の保管替えを請求しなければならない。

3 宅地建物取引業者は、免許の有効期間満了に伴い営業保証金を取り戻す場合は、還付請求権者に対する公告をすることなく、営業保証金を取り戻すことができる。

4 免許権者は、宅地建物取引業者が宅地建物取引業の免許を受けた日から３月以内に営業保証金を供託した旨の届出をしないときは、その届出をすべき旨の催告をしなければならず、その催告が到達した日から１月以内に届出がないときは、当該宅地建物取引業者の免許を取り消すことができる。

【問　34】 宅地建物取引業者（消費税課税事業者）が受けることができる報酬に関する次の記述のうち、宅地建物取引業法の規定によれば、誤っているものはどれか。

1 宅地建物取引業者が受けることのできる報酬は、依頼者が承諾していたとしても、国土交通大臣の定める報酬額の上限を超えてはならない。

2 宅地建物取引業者は、その業務に関し、相手方に不当に高額の報酬を要求した場合、たとえ受領していなくても宅地建物取引業法違反となる。

3 宅地建物取引業者が、事業用建物の貸借（権利金の授受はないものとする。）の媒介に関する報酬について、依頼者の双方から受けることのできる報酬の合計額は、借賃（消費税等相当額を含まない。）1 か月分の 1.1 倍に相当する金額が上限であり、貸主と借主の負担の割合については特段の規制はない。

4 宅地建物取引業者は、依頼者の依頼によらない広告の料金に相当する額を報酬額に合算する場合は、代理又は媒介に係る報酬の限度額を超える額の報酬を依頼者から受けることができる。

【問　35】　宅地建物取引業者Ａが行う媒介業務に関する次の記述のうち、宅地建物取引業法の規定によれば、正しいものはいくつあるか。なお、この問において「37条書面」とは、同法第37条の規定により交付すべき書面をいうものとする。

ア　Ａが建物の売買契約を成立させた場合においては、37条書面を買主に交付するに当たり、37条書面に記名した宅地建物取引士ではないＡの従業者が当該書面を交付することができる。

イ　Ａが建物の賃貸借契約を成立させた場合においては、契約の当事者が宅地建物取引業者であっても、37条書面には、引渡しの時期及び賃借権設定登記の申請の時期を記載しなければならない。

ウ　Ａが建物の売買契約を成立させた場合において、天災その他不可抗力による損害の負担に関する定めがあるときは、重要事項説明書にその旨記載していたとしても、その内容を37条書面に記載しなければならない。

エ　Ａが事業用宅地の定期賃貸借契約を公正証書によって成立させた場合においては、公正証書とは別に37条書面を作成し交付するに当たり、契約の当事者が宅地建物取引業者であっても、宅地建物取引士をして37条書面に記名させなければならない。

1　一つ

2　二つ

3　三つ

4　四つ

【問　36】　宅地建物取引業者の守秘義務に関する次の記述のうち、宅地建物取引業法（以下この問において「法」という。）の規定によれば、正しいものはどれか。

1　宅地建物取引業者は、依頼者本人の承諾があった場合でも、秘密を他に漏らしてはならない。

2　宅地建物取引業者が、宅地建物取引業を営まなくなった後は、その業務上取り扱ったことについて知り得た秘密を他に漏らしても、法に違反しない。

3　宅地建物取引業者は、裁判の証人として、その取り扱った宅地建物取引に関して証言を求められた場合、秘密に係る事項を証言することができる。

4　宅地建物取引業者は、調査の結果判明した法第 35 条第 1 項各号に掲げる事項であっても、売主が秘密にすることを希望した場合は、買主に対して説明しなくてもよい。

【問　37】　宅地建物取引業法第 37 条の規定により交付すべき書面（以下この問において「37 条書面」という。）に関する次の記述のうち、同法の規定によれば、正しいものはどれか。

1　既存の建物の構造耐力上主要な部分等の状況について当事者の双方が確認した事項がない場合、確認した事項がない旨を 37 条書面に記載しなければならない。

2　代金又は交換差金についての金銭の貸借のあっせんに関する定めがない場合、定めがない旨を 37 条書面に記載しなければならない。

3　損害賠償額の予定又は違約金に関する定めがない場合、定めがない旨を 37 条書面に記載しなければならない。

4　宅地又は建物に係る租税その他の公課の負担に関する定めがない場合、定めがない旨を37条書面に記載しなければならない。

【問　38】　宅地建物取引士に関する次の記述のうち、宅地建物取引業法及び民法の規定によれば、正しいものはいくつあるか。

ア　宅地建物取引業者は、事務所に置く唯一の専任の宅地建物取引士が退任した場合、その日から30日以内に新たな専任の宅地建物取引士を設置し、その設置の日から２週間以内に、専任の宅地建物取引士の変更があった旨を免許権者に届け出なければならない。

イ　未成年者も、法定代理人の同意があれば、宅地建物取引業者の事務所に置かれる専任の宅地建物取引士となることができる。

ウ　宅地建物取引士は、重要事項説明書を交付するに当たり、相手方が宅地建物取引業者である場合、相手方から宅地建物取引士証の提示を求められない限り、宅地建物取引士証を提示する必要はない。

エ　成年被後見人又は被保佐人は、宅地建物取引士として都道府県知事の登録を受けることができない。

1　一つ

2　二つ

3　三つ

4　なし

【問　39】 宅地建物取引業者Aが、自ら売主として宅地建物取引業者ではない買主Bとの間で締結した宅地の売買契約について、Bが宅地建物取引業法第37条の2の規定に基づき、いわゆるクーリング・オフによる契約の解除をする場合における次の記述のうち、誤っているものはどれか。

1　Bは、Aの仮設テント張りの案内所で買受けの申込みをし、2日後、Aの事務所で契約を締結した上で代金全額を支払った。その5日後、Bが、宅地の引渡しを受ける前に当該契約について解除の書面を送付した場合、Aは代金全額が支払われていることを理由に契約の解除を拒むことができる。

2　Bは、自らの希望により自宅近くの喫茶店において買受けの申込みをし、売買契約を締結した。当該契約に係るクーリング・オフについては、その3日後にAから書面で告げられた場合、Bは、当該契約の締結日から10日後であっても契約の解除をすることができる。

3　Bは、Aの仮設テント張りの案内所で買受けの申込みをし、Aの事務所でクーリング・オフについて書面で告げられ、その日に契約を締結した。この書面の中で、クーリング・オフによる契約の解除ができる期間を14日間としていた場合、Bは、当該契約の締結日から10日後であっても契約の解除をすることができる。

4　Bは、売買契約締結後に速やかに建物建築工事請負契約を締結したいと考え、自ら指定した宅地建物取引業者であるハウスメーカー（Aから当該宅地の売却について代理又は媒介の依頼は受けていない。）の事務所で買受けの申込み及び売買契約の締結をし、その際、クーリング・オフについて書面で告げられた。その6日後、Bが当該契約について解除の書面を送付した場合、Aは契約の解除を拒むことができない。

【問　40】　宅地建物取引業法（以下この問において「法」という。）に規定する業務に関する禁止事項についての次の記述のうち、正しいものはどれか。

1　宅地建物取引業者が、マンション販売の勧誘をするに際し、相手方から購入を希望しない旨の返事があった後に、当該勧誘を継続することは法に違反しない。

2　宅地建物取引業者は、契約の相手方に対して資金不足を理由に手付の貸付けを行ったが、契約締結後償還された場合は法に違反しない。

3　宅地建物取引業者は、契約の締結の勧誘をするに際し、理由の如何を問わず、相手方に対して当該契約を締結するかどうかを判断するために必要な時間を与えることを拒んではならない。

4　宅地建物取引業者は、勧誘の相手方が金銭的に不安であることを述べたため、売買代金の額を引き下げて、契約の締結を勧誘したとしても、法に違反しない。

【問　41】　宅地建物取引業法第 49 条に規定する帳簿に関する次の記述のうち、正しいものはどれか。

1　宅地建物取引業者は、本店と複数の支店がある場合、支店には帳簿を備え付けず、本店に支店の分もまとめて備え付けておけばよい。

2　宅地建物取引業者は、宅地建物取引業に関し取引のあったつど、その年月日、その取引に係る宅地又は建物の所在及び面積その他国土交通省令で定める事項を帳簿に記載しなければならない。

3　宅地建物取引業者は、帳簿を各事業年度の末日をもって閉鎖するものとし、閉鎖後 5 年間当該帳簿を保存しなければならないが、自ら売主となり、又は売買の媒介をする新築住宅に係るものにあっては 10 年間保存しなければならない。

4　宅地建物取引業者は、帳簿の記載事項を、事務所のパソコンのハードディスクに記録し、必要に応じ当該事務所においてパソコンやプリンターを用いて明確に紙面に表示する場合でも、当該記録をもって帳簿への記載に代えることができない。

【問　42】　宅地建物取引業法第 35 条に規定する重要事項の説明に関する次の記述のうち、誤っているものはどれか。なお、説明の相手方は宅地建物取引業者ではないものとする。

1　地域における歴史的風致の維持及び向上に関する法律第 12 条第 1 項により指定された歴史的風致形成建造物である建物の売買の媒介を行う場合、その増築をするときは市町村長への届出が必要である旨を説明しなくてもよい。

2　既存の建物の売買の媒介を行う場合、当該建物の建築確認済証がなくなっているときは、その旨を説明すればよい。

3　区分所有建物の売買の媒介を行う場合、一棟の建物の維持修繕の実施状況が記録されているときは、その内容を説明しなければならない。

4　建物の貸借の媒介を行う場合、台所、浴室、便所その他の当該建物の設備の整備の状況について、説明しなければならない。

【問　43】　宅地建物取引業法に規定する宅地建物取引士及びその登録（以下この問において「登録」という。）に関する次の記述のうち、正しいものはどれか。

1　登録を受けている者が精神の機能の障害により宅地建物取引士の事務を適正に行うに当たって必要な認知、判断及び意思疎通を適切に行うことができない者となった場合、本人がその旨を登録をしている都道府県知事に届け出ることはできない。

2　甲県知事の登録を受けている宅地建物取引士が乙県知事に登録の移転の申請を行うとともに宅地建物取引士証の交付の申請を行う場合、交付の申請前６月以内に行われる乙県知事が指定した講習を受講しなければならない。

3　宅地建物取引士が、事務禁止処分を受け、宅地建物取引士証をその交付を受けた都道府県知事に速やかに提出しなかったときは、50万円以下の罰金に処せられることがある。

4　宅地建物取引士が、刑法第222条（脅迫）の罪により、罰金の刑に処せられ、登録が消除された場合、刑の執行を終わり又は執行を受けることがなくなった日から５年を経過するまでは、新たな登録を受けることができない。

【問　44】　宅地建物取引業法に関する次の記述のうち、正しいものはいくつあるか。

ア　宅地には、現に建物の敷地に供されている土地に限らず、将来的に建物の敷地に供する目的で取引の対象とされる土地も含まれる。

イ　農地は、都市計画法に規定する用途地域内に存するものであっても、宅地には該当しない。

ウ　建物の敷地に供せられる土地であれば、都市計画法に規定する用途地域外に存するものであっても、宅地に該当する。

エ　道路、公園、河川等の公共施設の用に供せられている土地は、都市計画法に規定する用途地域内に存するものであれば宅地に該当する。

1　一つ

2　二つ

3　三つ

4　四つ

【問　45】　宅地建物取引業者Ａが自ら売主として、宅地建物取引業者ではない買主Ｂに新築住宅を販売する場合における次の記述のうち、特定住宅瑕疵担保責任の履行の確保等に関する法律によれば、正しいものはどれか。

1　Ａが、住宅販売瑕疵担保保証金を供託する場合、当該住宅の床面積が100㎡以下であるときは、新築住宅の合計戸数の算定に当たって、２戸をもって１戸と数えることになる。

2　Ａは、住宅瑕疵担保責任保険法人と住宅販売瑕疵担保責任保険契約の締結をした場合、Ｂが住宅の引渡しを受けた時から10年以内に当該住宅を転売したときは、当該住宅瑕疵担保責任保険法人にその旨を申し出て、当該保険契約の解除をしなければならない。

3　Ａは、住宅販売瑕疵担保責任保険契約の締結をした場合、当該住宅を引き渡した時から10年間、当該住宅の構造耐力上主要な部分、雨水の浸入を防止する部分、給水設備又はガス設備の隠れた瑕疵によって生じた損害について保険金の支払を受けることができる。

4　住宅販売瑕疵担保責任保険契約は、新築住宅を引き渡したＡが住宅瑕疵担保責任保険法人と締結する必要があり、Ｂが保険料を支払うものではない。

【問　46】　独立行政法人住宅金融支援機構（以下この問において「機構」という。）に関する次の記述のうち、誤っているものはどれか。

1　機構は、地震に対する安全性の向上を主たる目的とする住宅の改良に必要な資金の貸付けを業務として行っている。

2　証券化支援事業（買取型）における民間金融機関の住宅ローン金利は、金融機関によって異なる場合がある。

3　機構は、高齢者が自ら居住する住宅に対して行うバリアフリー工事に係る貸付けについて、貸付金の償還を高齢者の死亡時に一括して行うという制度を設けている。

4　証券化支援業務（買取型）において、機構による譲受けの対象となる住宅の購入に必要な資金の貸付けに係る金融機関の貸付債権には、当該住宅の購入に付随する改良に必要な資金は含まれない。

【問　47】　宅地建物取引業者が行う広告に関する次の記述のうち、不当景品類及び不当表示防止法（不動産の表示に関する公正競争規約を含む。）の規定によれば、正しいものはどれか。

1　建築基準法第 42 条第 2 項の規定により道路とみなされる部分（セットバックを要する部分）を含む土地については、セットバックを要する旨及びその面積を必ず表示しなければならない。

2　取引態様については、「売主」、「貸主」、「代理」又は「媒介」「（仲介）」の別を表示しなければならず、これらの用語以外の「直販」、「委託」等の用語による表示は、取引態様の表示とは認められない。

3　インターネット上に掲載している賃貸物件について、掲載した後に契約済みとなり実際には取引できなくなっていたとしても、当該物件について消費者からの問合せがなく、故意に掲載を継続していたものでなければ、不当表示に問われることはない。

4　新築分譲住宅を販売するに当たり、販売価格が確定していないため直ちに取引することができない場合、その取引開始時期をあらかじめ告知する予告広告を行うことはできない。

【問　48】　次の記述のうち、正しいものはどれか。

1　建築着工統計（令和２年１月公表）によれば、平成31年１月から令和元年12月までの新設住宅着工戸数は約90.5万戸となり、３年ぶりに増加に転じた。

2　令和２年版国土交通白書（令和２年６月公表）によれば、平成31年３月末における宅地建物取引業者数は12万4,000を超えている。

3　令和２年版土地白書（令和２年６月公表）によれば、平成30年の住宅地、工業用地等の宅地は約196万haあるが、前年に比べて大きく減少した。

4　平成30年度法人企業統計調査（令和元年９月公表）によれば、不動産業について、平成30年度の売上高営業利益率及び売上高経常利益率は、いずれも10%以下となっている。

【問　49】 土地に関する次の記述のうち、最も不適当なものはどれか。

1　山地は、地形がかなり急峻で、大部分が森林となっている。

2　低地は、一般に洪水や地震などに対して弱く、防災的見地からは住宅地として好ましくない。

3　埋立地は、一般に海面に対して数 m の比高を持ち、干拓地に比べ自然災害に対して危険度が高い。

4　台地は、一般に地盤が安定しており、低地に比べ自然災害に対して安全度が高い。

【問　50】 建築物の構造に関する次の記述のうち、最も不適当なものはどれか。

1　基礎は、硬質の支持地盤に設置するとともに、上部構造とも堅固に緊結する必要がある。

2　木造建物を耐震、耐風的な構造にするためには、できるだけ建物の形態を単純にすることが適切である。

3　鉄骨造は、不燃構造であり、靭(じん)性が大きいことから、鋼材の防錆(せい)処理を行う必要はない。

4　近年、コンクリートと鉄筋の強度が向上しており、鉄筋コンクリート造の超高層共同住宅建物もみられる。

宅地建物取引士資格試験

令和2年度
10月試験問題

試験時間に合わせて解いてみよう！！

■午後 1:00 ～ 3:00（制限時間 2 時間）

■合否判定基準：38 問以上正解

（登録講習修了者は 45 問中 33 問以上正解）

■登録講習修了者は例年、問 46 ～問 50 の 5 問が免除され、試験時間は午後 1 ：10 ～ 3 ：00 までの 1 時間 50 分となります（ただし、午後 12：30 から注意事項が説明されるので、着席していること）。

◆ 試験結果データ ◆

受験者数	168,989 人
合格者数	29,728 人
合 格 率	17.6 %

p.271 の解答用紙をコピーしてお使いください。

答え合わせに便利な正解一覧は別冊 p.113

【問　1】 Aが購入した甲土地が他の土地に囲まれて公道に通じない土地であった場合に関する次の記述のうち、民法の規定及び判例によれば、正しいものはどれか。

1　甲土地が共有物の分割によって公道に通じない土地となっていた場合には、Aは公道に至るために他の分割者の所有地を、償金を支払うことなく通行することができる。

2　Aは公道に至るため甲土地を囲んでいる土地を通行する権利を有するところ、Aが自動車を所有していても、自動車による通行権が認められることはない。

3　Aが、甲土地を囲んでいる土地の一部である乙土地を公道に出るための通路にする目的で賃借した後、甲土地をBに売却した場合には、乙土地の賃借権は甲土地の所有権に従たるものとして甲土地の所有権とともにBに移転する。

4　Cが甲土地を囲む土地の所有権を時効により取得した場合には、AはCが時効取得した土地を公道に至るために通行することができなくなる。

【問　2】 令和２年７月１日に下記ケース①及びケース②の保証契約を締結した場合に関する次の１から４までの記述のうち、民法の規定によれば、正しいものはどれか。

（ケース①） 個人Ａが金融機関Ｂから事業資金として1,000万円を借り入れ、ＣがＢとの間で当該債務に係る保証契約を締結した場合

（ケース②） 個人Ａが建物所有者Ｄと居住目的の建物賃貸借契約を締結し、ＥがＤとの間で当該賃貸借契約に基づくＡの一切の債務に係る保証契約を締結した場合

1　ケース①の保証契約は、口頭による合意でも有効であるが、ケース②の保証契約は、書面でしなければ効力を生じない。

2　ケース①の保証契約は、Ｃが個人でも法人でも極度額を定める必要はないが、ケース②の保証契約は、Ｅが個人でも法人でも極度額を定めなければ効力を生じない。

3　ケース①及びケース②の保証契約がいずれも連帯保証契約である場合、ＢがＣに債務の履行を請求したときはＣは催告の抗弁を主張することができるが、ＤがＥに債務の履行を請求したときはＥは催告の抗弁を主張することができない。

4　保証人が保証契約締結の日前１箇月以内に公正証書で保証債務を履行する意思を表示していない場合、ケース①のＣがＡの事業に関与しない個人であるときはケース①の保証契約は効力を生じないが、ケース②の保証契約は有効である。

【問　3】 次の1から4までの契約に関する記述のうち、民法の規定及び下記判決文によれば、誤っているものはどれか。なお、これらの契約は令和2年4月1日以降に締結されたものとする。

（判決文）

法律が債務の不履行による契約の解除を認める趣意は、契約の要素をなす債務の履行がないために、該契約をなした目的を達することができない場合を救済するためであり、当事者が契約をなした主たる目的の達成に必須的でない附随的義務の履行を怠ったに過ぎないような場合には、特段の事情の存しない限り、相手方は当該契約を解除することができないものと解するのが相当である。

1　土地の売買契約において、売主が負担した当該土地の税金相当額を買主が償還する付随的義務が定められ、買主が売買代金を支払っただけで税金相当額を償還しなかった場合、特段の事情がない限り、売主は当該売買契約の解除をすることができない。

2　債務者が債務を履行しない場合であっても、債務不履行について債務者の責めに帰すべき事由がないときは付随的義務の不履行となり、特段の事情がない限り、債権者は契約の解除をすることができない。

3　債務不履行に対して債権者が相当の期間を定めて履行を催告してその期間内に履行がなされない場合であっても、催告期間が経過した時における債務不履行がその契約及び取引上の社会通念に照らして軽微であるときは、債権者は契約の解除をすることができない。

4　債務者が債務を履行しない場合であって、債務者がその債務の全部の履行を拒絶する意思を明確に表示したときは、債権者は、相当の期間を定めてその履行を催告することなく、直ちに契約の解除をすることができる。

【問　4】 建物の賃貸借契約が期間満了により終了した場合における次の記述のうち、民法の規定によれば、正しいものはどれか。なお、賃貸借契約は、令和２年７月１日付けで締結され、原状回復義務について特段の合意はないものとする。

1　賃借人は、賃借物を受け取った後にこれに生じた損傷がある場合、通常の使用及び収益によって生じた損耗も含めてその損傷を原状に復する義務を負う。

2　賃借人は、賃借物を受け取った後にこれに生じた損傷がある場合、賃借人の帰責事由の有無にかかわらず、その損傷を原状に復する義務を負う。

3　賃借人から敷金の返還請求を受けた賃貸人は、賃貸物の返還を受けるまでは、これを拒むことができる。

4　賃借人は、未払賃料債務がある場合、賃貸人に対し、敷金をその債務の弁済に充てるよう請求することができる。

【問　5】 AとBとの間で令和２年７月１日に締結された委任契約において、委任者Aが受任者Bに対して報酬を支払うこととされていた場合に関する次の記述のうち、民法の規定によれば、正しいものはどれか。

1　Aの責めに帰すべき事由によって履行の途中で委任が終了した場合、Bは報酬全額をAに対して請求することができるが、自己の債務を免れたことによって得た利益をAに償還しなければならない。

2　Bは、契約の本旨に従い、自己の財産に対するのと同一の注意をもって委任事務を処理しなければならない。

3　Bの責めに帰すべき事由によって履行の途中で委任が終了した場合、BはAに対して報酬を請求することができない。

4　Bが死亡した場合、Bの相続人は、急迫の事情の有無にかかわらず、受任者の地位を承継して委任事務を処理しなければならない。

【問　6】 AとBとの間で令和２年７月１日に締結された売買契約に関する次の記述のうち、民法の規定によれば、売買契約締結後、AがBに対し、錯誤による取消しができるものはどれか。

1　Aは、自己所有の自動車を100万円で売却するつもりであったが、重大な過失によりBに対し「10万円で売却する」と言ってしまい、Bが過失なく「Aは本当に10万円で売るつもりだ」と信じて購入を申し込み、AB間に売買契約が成立した場合

2　Aは、自己所有の時価100万円の壺(つぼ)を10万円程度であると思い込み、Bに対し「手元にお金がないので、10万円で売却したい」と言ったところ、BはAの言葉を信じ「それなら10万円で購入する」と言って、AB間に売買契約が成立した場合

3　Ａは、自己所有の時価100万円の名匠の絵画を贋作だと思い込み、Ｂに対し「贋作であるので、10万円で売却する」と言ったところ、Ｂも同様に贋作だと思い込み「贋作なら10万円で購入する」と言って、ＡＢ間に売買契約が成立した場合

4　Ａは、自己所有の腕時計を100万円で外国人Ｂに売却する際、当日の正しい為替レート（１ドル100円）を重大な過失により１ドル125円で計算して「8,000ドルで売却する」と言ってしまい、Ａの錯誤について過失なく知らなかったＢが「8,000ドルなら買いたい」と言って、ＡＢ間に売買契約が成立した場合

【問　7】　保証に関する次の記述のうち、民法の規定及び判例によれば、誤っているものはどれか。なお、保証契約は令和２年４月１日以降に締結されたものとする。

1　特定物売買における売主の保証人は、特に反対の意思表示がない限り、売主の債務不履行により契約が解除された場合には、原状回復義務である既払代金の返還義務についても保証する責任がある。

2　主たる債務の目的が保証契約の締結後に加重されたときは、保証人の負担も加重され、主たる債務者が時効の利益を放棄すれば、その効力は連帯保証人に及ぶ。

3　委託を受けた保証人が主たる債務の弁済期前に債務の弁済をしたが、主たる債務者が当該保証人からの求償に対して、当該弁済日以前に相殺の原因を有していたことを主張するときは、保証人は、債権者に対し、その相殺によって消滅すべきであった債務の履行を請求することができる。

4　委託を受けた保証人は、履行の請求を受けた場合だけでなく、履行の請求を受けずに自発的に債務の消滅行為をする場合であっても、あらかじめ主たる債務者に通知をしなければ、同人に対する求償が制限されることがある。

【問　8】 相続（令和２年７月１日に相続の開始があったもの）に関する次の記述のうち、民法の規定によれば、誤っているものはどれか。

1　相続回復の請求権は、相続人又はその法定代理人が相続権を侵害された事実を知った時から５年間行使しないときは、時効によって消滅する。

2　被相続人の子が相続開始以前に死亡したときは、その者の子がこれを代襲して相続人となるが、さらに代襲者も死亡していたときは、代襲者の子が相続人となることはない。

3　被相続人に相続人となる子及びその代襲相続人がおらず、被相続人の直系尊属が相続人となる場合には、被相続人の兄弟姉妹が相続人となることはない。

4　被相続人の兄弟姉妹が相続人となるべき場合であっても、相続開始以前に兄弟姉妹及びその子がいずれも死亡していたときは、その者の子（兄弟姉妹の孫）が相続人となることはない。

【問　9】 Ａがその所有する甲建物について、Ｂとの間で、①Ａを売主、Ｂを買主とする売買契約を締結した場合と、②Ａを贈与者、Ｂを受贈者とする負担付贈与契約を締結した場合に関する次の記述のうち、民法の規定及び判例によれば、正しいものはどれか。なお、これらの契約は、令和２年７月１日に締結され、担保責任に関する特約はないものとする。

1　①の契約において、Ｂが手付を交付し、履行期の到来後に代金支払の準備をしてＡに履行の催告をした場合、Ａは、手付の倍額を現実に提供して契約の解除をすることができる。

2　②の契約が書面によらずになされた場合、Ａは、甲建物の引渡し及び所有権移転登記の両方が終わるまでは、書面によらないことを理由に契約の解除をすることができる。

3　②の契約については、Ａは、その負担の限度において、売主と同じく担保責任を負う。

4　①の契約については、Ｂの債務不履行を理由としてＡに解除権が発生する場合があるが、②の契約については、Ｂの負担の不履行を理由としてＡに解除権が発生することはない。

【問　10】　Ａが甲土地を所有している場合の時効に関する次の記述のうち、民法の規定及び判例によれば、誤っているものはどれか。

1　Ｂが甲土地を所有の意思をもって平穏かつ公然に１７年間占有した後、ＣがＢを相続し甲土地を所有の意思をもって平穏かつ公然に３年間占有した場合、Ｃは甲土地の所有権を時効取得することができる。

2　Ｄが、所有者と称するＥから、Ｅが無権利者であることについて善意無過失で甲土地を買い受け、所有の意思をもって平穏かつ公然に３年間占有した後、甲土地がＡの所有であることに気付いた場合、そのままさらに７年間甲土地の占有を継続したとしても、Ｄは、甲土地の所有権を時効取得することはできない。

3　Ｄが、所有者と称するＥから、Ｅが無権利者であることについて善意無過失で甲土地を買い受け、所有の意思をもって平穏かつ公然に３年間占有した後、甲土地がＡの所有であることを知っているＦに売却し、Ｆが所有の意思をもって平穏かつ公然に甲土地を７年間占有した場合、Ｆは甲土地の所有権を時効取得することができる。

4　Ａが甲土地を使用しないで２０年以上放置していたとしても、Ａの有する甲土地の所有権が消滅時効にかかることはない。

【問　11】　A所有の甲土地につき、令和２年７月１日にＢとの間で居住の用に供する建物の所有を目的として存続期間 30 年の約定で賃貸借契約（以下この問において「本件契約」という。）が締結された場合に関する次の記述のうち、民法及び借地借家法の規定並びに判例によれば、正しいものはどれか。

1　Ｂは、借地権の登記をしていなくても、甲土地の引渡しを受けていれば、甲土地を令和２年７月２日に購入したＣに対して借地権を主張することができる。

2　本件契約で「一定期間は借賃の額の増減を行わない」旨を定めた場合には、甲土地の借賃が近傍類似の土地の借賃と比較して不相当となったときであっても、当該期間中は、ＡもＢも借賃の増減を請求することができない。

3　本件契約で「Ｂの債務不履行により賃貸借契約が解除された場合には、ＢはＡに対して建物買取請求権を行使することができない」旨を定めても、この合意は無効となる。

4　ＡとＢとが期間満了に当たり本件契約を最初に更新する場合、更新後の存続期間を 15 年と定めても、20 年となる。

【問　12】　ＡとＢとの間でＡ所有の甲建物をＢに対して、居住の用を目的として、期間２年、賃料月額 10 万円で賃貸する旨の賃貸借契約（以下この問において「本件契約」という。）を締結し、Ｂが甲建物の引渡しを受けた場合に関する次の記述のうち、民法及び借地借家法の規定並びに判例によれば、誤っているものはどれか。

1　ＡがＣに甲建物を売却した場合、Ｂは、それまでに契約期間中の賃料全額をＡに前払いしていたことを、Ｃに対抗することができる。

2　本件契約が借地借家法第 38 条の定期建物賃貸借契約であって、賃料改定に関する特約がない場合、経済事情の変動により賃料が不相当となったときは、ＡはＢに対し、賃料増額請求をすることができる。

3　本件契約が借地借家法第 38 条の定期建物賃貸借契約である場合、Ａは、転勤、療養、親族の介護その他のやむを得ない事情があれば、Ｂに対し、解約を申し入れ、申入れの日から１月を経過することによって、本件契約を終了させることができる。

4　本件契約が借地借家法第 38 条の定期建物賃貸借契約であって、造作買取請求に関する特約がない場合、期間満了で本件契約が終了するときに、Ｂは、Ａの同意を得て甲建物に付加した造作について買取請求をすることができる。

【問　13】　建物の区分所有等に関する法律に関する次の記述のうち、正しいものはどれか。

1　共用部分の変更（その形状又は効用の著しい変更を伴わないものを除く。）は、区分所有者及び議決権の各４分の３以上の多数による集会の決議で決するが、この区分所有者の定数は、規約で２分の１以上の多数まで減ずることができる。

2　共用部分の管理に係る費用については、規約に別段の定めがない限り、共有者で等分する。

3　共用部分の保存行為をするには、規約に別段の定めがない限り、集会の決議で決する必要があり、各共有者ですることはできない。

4　一部共用部分は、これを共用すべき区分所有者の共有に属するが、規約で別段の定めをすることにより、区分所有者全員の共有に属するとすることもできる。

【問　14】　不動産の登記に関する次の記述のうち、不動産登記法の規定によれば、正しいものはどれか。

1　敷地権付き区分建物の表題部所有者から所有権を取得した者は、当該敷地権の登記名義人の承諾を得なければ、当該区分建物に係る所有権の保存の登記を申請することができない。

2　所有権に関する仮登記に基づく本登記は、登記上の利害関係を有する第三者がある場合であっても、その承諾を得ることなく、申請することができる。

3　債権者Ａが債務者Ｂに代位して所有権の登記名義人ＣからＢへの所有権の移転の登記を申請した場合において、当該登記を完了したときは、登記官は、Ａに対し、当該登記に係る登記識別情報を通知しなければならない。

4　配偶者居住権は、登記することができる権利に含まれない。

【問　15】　都市計画法に関する次の記述のうち、正しいものはどれか。

1　地区計画については、都市計画に、地区施設及び地区整備計画を定めるよう努めるものとされている。

2　都市計画事業の認可の告示があった後に当該認可に係る事業地内の土地建物等を有償で譲り渡そうとする者は、施行者の許可を受けなければならない。

3　第二種住居地域は、中高層住宅に係る良好な住居の環境を保護するため定める地域とされている。

4　市街化調整区域における地区計画は、市街化区域における市街化の状況等を勘案して、地区計画の区域の周辺における市街化を促進することがない等当該都市計画区域における計画的な市街化を図る上で支障がないように定めることとされている。

【問　16】　都市計画法に関する次の記述のうち、誤っているものはどれか。なお、この問において「都道府県知事」とは、地方自治法に基づく指定都市、中核市及び施行時特例市にあってはその長をいうものとする。

1　開発許可を申請しようとする者は、あらかじめ、開発行為又は開発行為に関する工事により設置される公共施設を管理することとなる者と協議しなければならない。

2　都市計画事業の施行として行う建築物の新築であっても、市街化調整区域のうち開発許可を受けた開発区域以外の区域内においては、都道府県知事の許可を受けなければ、建築物の新築をすることができない。

3　開発許可を受けた開発行為により公共施設が設置されたときは、その公共施設は、工事完了の公告の日の翌日において、原則としてその公共施設の存する市町村の管理に属するものとされている。

4　開発許可を受けた者から当該開発区域内の土地の所有権を取得した者は、都道府県知事の承認を受けて、当該開発許可を受けた者が有していた当該開発許可に基づく地位を承継することができる。

【問　17】　建築基準法に関する次の記述のうち、正しいものはどれか。

1　階数が2で延べ面積が200㎡の鉄骨造の共同住宅の大規模の修繕をしようとする場合、建築主は、当該工事に着手する前に、確認済証の交付を受けなければならない。

2　居室の天井の高さは、一室で天井の高さの異なる部分がある場合、室の床面から天井の最も低い部分までの高さを2.1m以上としなければならない。

3　延べ面積が1,000㎡を超える準耐火建築物は、防火上有効な構造の防火壁又は防火床によって有効に区画し、かつ、各区画の床面積の合計をそれぞれ1,000㎡以内としなければならない。

4　高さ30mの建築物には、非常用の昇降機を設けなければならない。

【問　18】　建築基準法に関する次の記述のうち、正しいものはどれか。

1　公衆便所及び巡査派出所については、特定行政庁の許可を得ないで、道路に突き出して建築することができる。

2　近隣商業地域内において、客席の部分の床面積の合計が200㎡以上の映画館は建築することができない。

3　建築物の容積率の算定の基礎となる延べ面積には、老人ホームの共用の廊下又は階段の用に供する部分の床面積は、算入しないものとされている。

4　日影による中高層の建築物の高さの制限に係る日影時間の測定は、夏至日の真太陽時の午前8時から午後4時までの間について行われる。

【問　19】 盛土規制法に関する次の記述のうち、誤っているものはどれか。なお、この問において「都道府県知事」とは、地方自治法に基づく指定都市、中核市及び施行時特例市にあってはその長をいうものとする。

1　土地の占有者は、都道府県知事又はその命じた者若しくは委任した者が、基礎調査のために当該土地に立ち入って測量又は調査を行う場合、正当な理由がない限り、立入りを拒み、又は妨げてはならない。

2　宅地を宅地以外の土地にするために行う土地の形質の変更は、宅地造成に該当しない。

3　宅地造成等工事規制区域内において、公共施設用地を宅地に転用する者は、宅地造成等に関する工事を行わない場合でも、都道府県知事の許可を受けなければならない。

4　宅地造成等に関する工事の許可を受けた者が、工事施行者を変更する場合には、遅滞なくその旨を都道府県知事に届け出ればよく、改めて許可を受ける必要はない。

【問　20】　土地区画整理組合（以下この問において「組合」という。）に関する次の記述のうち、土地区画整理法の規定によれば、正しいものはどれか。

1　組合の設立認可を申請しようとする者は、施行地区となるべき区域内の宅地について借地権を有するすべての者の３分の２以上の同意を得なければならないが、未登記の借地権を有する者の同意を得る必要はない。

2　組合の総会の会議は、定款に特別な定めがある場合を除くほか、組合員の半数以上が出席しなければ開くことができない。

3　組合が賦課金を徴収する場合、賦課金の額は、組合員が施行地区内に有する宅地又は借地の地積等にかかわらず一律に定めなければならない。

4　組合の施行する土地区画整理事業に参加することを希望する者のうち、当該土地区画整理事業に参加するのに必要な資力及び信用を有する者であって定款で定められたものは、参加組合員として組合員となる。

【問　21】　農地に関する次の記述のうち、農地法（以下この問において「法」という。）の規定によれば、正しいものはどれか。

1　法第３条第１項の許可が必要な農地の売買については、この許可を受けずに売買契約を締結しても所有権移転の効力は生じない。

2　市街化区域内の自己の農地を駐車場に転用する場合には、農地転用した後に農業委員会に届け出ればよい。

3　相続により農地を取得することとなった場合には、法第３条第１項の許可を受ける必要がある。

4　農地に抵当権を設定する場合には、法第３条第１項の許可を受ける必要がある。

【問　22】　国土利用計画法第 23 条の届出（以下この問において「事後届出」という。）に関する次の記述のうち、正しいものはどれか。

1　Ａが所有する市街化区域内の 1,500 ㎡の土地をＢが購入した場合には、Ｂは事後届出を行う必要はないが、Ｃが所有する市街化調整区域内の 6,000 ㎡の土地についてＤと売買に係る予約契約を締結した場合には、Ｄは事後届出を行う必要がある。

2　Ｅが所有する市街化区域内の 2,000 ㎡の土地をＦが購入した場合、Ｆは当該土地の所有権移転登記を完了した日から起算して２週間以内に事後届出を行う必要がある。

3　Ｇが所有する都市計画区域外の 15,000 ㎡の土地をＨに贈与した場合、Ｈは事後届出を行う必要がある。

4　Ｉが所有する都市計画区域外の 10,000 ㎡の土地とＪが所有する市街化調整区域内の 10,000 ㎡の土地を交換した場合、Ｉ及びＪは事後届出を行う必要はない。

【問　23】 印紙税に関する次の記述のうち、正しいものはどれか。

1 「建物の電気工事に係る請負代金は 1,100 万円（うち消費税額及び地方消費税額 100 万円）とする」旨を記載した工事請負契約書について、印紙税の課税標準となる当該契約書の記載金額は 1,100 万円である。

2 「Aの所有する土地（価額 5,000 万円）とBの所有する土地（価額 4,000 万円）とを交換する」旨の土地交換契約書を作成した場合、印紙税の課税標準となる当該契約書の記載金額は 4,000 万円である。

3 国を売主、株式会社Cを買主とする土地の売買契約において、共同で売買契約書を２通作成し、国とC社がそれぞれ１通ずつ保存することとした場合、C社が保存する契約書には印紙税は課されない。

4 「契約期間は 10 年間、賃料は月額 10 万円、権利金の額は 100 万円とする」旨が記載された土地の賃貸借契約書は、記載金額 1,300 万円の土地の賃借権の設定に関する契約書として印紙税が課される。

【問　24】 不動産取得税に関する次の記述のうち、正しいものはどれか。

1 令和２年４月に個人が取得した住宅及び住宅用地に係る不動産取得税の税率は３％であるが、住宅用以外の土地に係る不動産取得税の税率は４％である。

2 一定の面積に満たない土地の取得に対しては、狭小な不動産の取得者に対する税負担の排除の観点から、不動産取得税を課することができない。

3 不動産取得税は、不動産の取得に対して課される税であるので、家屋を改築したことにより、当該家屋の価格が増加したとしても、不動産取得税は課されない。

4　共有物の分割による不動産の取得については、当該不動産の取得者の分割前の当該共有物に係る持分の割合を超えない部分の取得であれば、不動産取得税は課されない。

【問　25】　不動産の鑑定評価に関する次の記述のうち、不動産鑑定評価基準によれば、誤っているものはどれか。

1　不動産の価格は、その不動産の効用が最高度に発揮される可能性に最も富む使用を前提として把握される価格を標準として形成されるが、不動産についての現実の使用方法は当該不動産が十分な効用を発揮していない場合があることに留意すべきである。

2　対象建築物に関する工事が完了していない場合でも、当該工事の完了を前提として鑑定評価を行うことがある。

3　特殊価格とは、一般的に市場性を有しない不動産について、その利用現況等を前提とした不動産の経済価値を適正に表示する価格をいい、例としては、文化財の指定を受けた建造物について、その保存等に主眼をおいた鑑定評価を行う場合において求められる価格があげられる。

4　原価法は、対象不動産が建物及びその敷地である場合において、再調達原価の把握及び減価修正を適切に行うことができるときに有効な手法であるが、対象不動産が土地のみである場合には、この手法を適用することはできない。

【問　26】　宅地建物取引業の免許（以下この問において「免許」という。）に関する次の記述のうち、宅地建物取引業法の規定によれば、正しいものはどれか。

1　宅地建物取引業者Ａ社（甲県知事免許）が宅地建物取引業者ではないＢ社との合併により消滅した場合には、Ｂ社は、Ａ社が消滅した日から30日以内にＡ社を合併した旨を甲県知事に届け出れば、Ａ社が受けていた免許を承継することができる。

2　信託業法第３条の免許を受けた信託会社が宅地建物取引業を営もうとする場合には、国土交通大臣の免許を受けなければならない。

3　個人Ｃが、転売目的で競売により取得した宅地を多数の区画に分割し、宅地建物取引業者Ｄに販売代理を依頼して、不特定多数の者に分譲する事業を行おうとする場合には、免許を受けなければならない。

4　宅地建物取引業者Ｅ（乙県知事免許）は、乙県内に２以上の事務所を設置してその事業を営もうとする場合には、国土交通大臣に免許換えの申請をしなければならない。

【問　27】 宅地建物取引業者がその業務に関して行う広告に関する次の記述のうち、宅地建物取引業法の規定によれば、正しいものはいくつあるか。

ア　建物の売却について代理を依頼されて広告を行う場合、取引態様として、代理であることを明示しなければならないが、その後、当該物件の購入の注文を受けたときは、広告を行った時点と取引態様に変更がない場合を除き、遅滞なく、その注文者に対し取引態様を明らかにしなければならない。

イ　広告をするに当たり、実際のものよりも著しく優良又は有利であると人を誤認させるような表示をしてはならないが、誤認させる方法には限定がなく、宅地又は建物に係る現在又は将来の利用の制限の一部を表示しないことにより誤認させることも禁止されている。

ウ　複数の区画がある宅地の売買について、数回に分けて広告をする場合は、広告の都度取引態様の別を明示しなければならない。

エ　宅地の造成又は建物の建築に関する工事の完了前においては、当該工事に必要な都市計画法に基づく開発許可、建築基準法に基づく建築確認その他法令に基づく許可等の申請をした後でなければ、当該工事に係る宅地又は建物の売買その他の業務に関する広告をしてはならない。

1　一つ

2　二つ

3　三つ

4　四つ

【問　28】　宅地建物取引士に関する次の記述のうち、宅地建物取引業法の規定によれば、正しいものはどれか。

1　宅地建物取引士資格試験に合格した者は、合格した日から 10 年以内に登録の申請をしなければ、その合格は無効となる。

2　宅地建物取引士証の有効期間の更新の申請は、有効期間満了の 90 日前から 30 日前までにする必要がある。

3　宅地建物取引士は、重要事項の説明をするときは説明の相手方からの請求の有無にかかわらず宅地建物取引士証を提示しなければならず、また、取引の関係者から請求があったときにも宅地建物取引士証を提示しなければならない。

4　甲県知事の登録を受けている宅地建物取引士が、乙県知事に登録の移転を申請するときは、乙県知事が指定する講習を受講しなければならない。

【問　29】　宅地建物取引業者Ａが、ＢからＢ所有の住宅の売却の媒介を依頼された場合における次の記述のうち、宅地建物取引業法（以下この問において「法」という。）の規定によれば、正しいものはいくつあるか。

ア　Ａは、Ｂとの間で専任媒介契約を締結し、所定の事項を指定流通機構に登録したときは、その登録を証する書面を遅滞なくＢに引き渡さなければならない。

イ　Ａは、Ｂとの間で媒介契約を締結したときは、当該契約が国土交通大臣が定める標準媒介契約約款に基づくものであるか否かの別を、法第 34 条の２第１項の規定に基づき交付すべき書面に記載しなければならない。

ウ　Ａは、Ｂとの間で専任媒介契約を締結するときは、Ｂの要望に基づく場合を除き、当該契約の有効期間について、有効期間満了時に自動的に更新する旨の特約をすることはできない。

エ　Ａは、Ｂとの間で専属専任媒介契約を締結したときは、Ｂに対し、当該契約に係る業務の処理状況を１週間に１回以上報告しなければならない。

1　一つ

2　二つ

3　三つ

4　四つ

【問　30】 宅地建物取引業者Ａ及び宅地建物取引業者Ｂ（ともに消費税課税事業者）が受領する報酬に関する次の記述のうち、宅地建物取引業法の規定によれば、正しいものはどれか。なお、借賃には消費税等相当額を含まないものとする。

1　Ａは売主から代理の依頼を、Ｂは買主から媒介の依頼を、それぞれ受けて、代金 5,000 万円の宅地の売買契約を成立させた場合、Ａは売主から 343 万 2,000 円、Ｂは買主から 171 万 6,000 円、合計で 514 万 8,000 円の報酬を受けることができる。

2　Ａが単独で行う居住用建物の貸借の媒介に関して、Ａが依頼者の一方から受けることができる報酬の上限額は、当該媒介の依頼者から報酬請求時までに承諾を得ている場合には、借賃の 1.1 か月分である。

3　Ａが単独で貸主と借主の双方から店舗用建物の貸借の媒介の依頼を受け、１か月の借賃 25 万円、権利金 330 万円（権利設定の対価として支払われるもので、返還されないものをいい、消費税等相当額を含む。）の賃貸借契約を成立させた場合、Ａが依頼者の一方から受けることができる報酬の上限額は、30 万 8,000 円である。

4　Ａが単独で行う事務所用建物の貸借の媒介に関し、Ａが受ける報酬の合計額が借賃の 1.1 か月分以内であれば、Ａは依頼者の双方からどのような割合で報酬を受けてもよく、また、依頼者の一方のみから報酬を受けることもできる。

【問　31】　宅地建物取引業者が行う宅地建物取引業法第 35 条に規定する重要事項の説明に関する次の記述のうち、正しいものはどれか。なお、説明の相手方は宅地建物取引業者ではないものとする。

1　建物の売買の媒介だけでなく建物の貸借の媒介を行う場合においても、損害賠償額の予定又は違約金に関する事項について、説明しなければならない。

2　建物の売買の媒介を行う場合、当該建物について、石綿の使用の有無の調査の結果が記録されているか照会を行ったにもかかわらず、その存在の有無が分からないときは、宅地建物取引業者自らが石綿の使用の有無の調査を実施し、その結果を説明しなければならない。

3　建物の売買の媒介を行う場合、当該建物が既存の住宅であるときは、建物状況調査を実施しているかどうかを説明しなければならないが、実施している場合その結果の概要を説明する必要はない。

4　区分所有建物の売買の媒介を行う場合、建物の区分所有等に関する法律第２条第３項に規定する専有部分の用途その他の利用の制限に関する規約の定めがあるときは、その内容を説明しなければならないが、区分所有建物の貸借の媒介を行う場合は、説明しなくてよい。

【問　32】　宅地建物取引業者Ａが、自ら売主として、宅地建物取引業者ではないＢとの間で建物の売買契約を締結する場合における次の記述のうち、宅地建物取引業法（以下この問において「法」という。）の規定によれば、正しいものはどれか。

1　ＡＢ間の建物の売買契約において、Ｂが当該契約の履行に着手した後においては、Ａは、契約の締結に際してＢから受領した手付金の倍額をＢに現実に提供したとしても、契約を解除することはできない。

2　ＡＢ間の建物の売買契約における「法第37条の２の規定に基づくクーリング・オフによる契約の解除の際に、当該契約の締結に際しＡがＢから受領した手付金は返還しない」旨の特約は有効である。

3　ＡＢ間の建物の割賦販売の契約において、Ｂからの賦払金が当初設定していた支払期日までに支払われなかった場合、Ａは直ちに賦払金の支払の遅滞を理由として当該契約を解除することができる。

4　ＡＢ間で工事の完了前に当該工事に係る建物（代金5,000万円）の売買契約を締結する場合、Ａは、法第41条に定める手付金等の保全措置を講じた後でなければ、Ｂから200万円の手付金を受領してはならない。

【問　33】　宅地建物取引業者Ａが宅地建物取引業法第37条の規定により交付すべき書面（以下この問において「37条書面」という。）に関する次の記述のうち、正しいものはどれか。

1　Ａが媒介により建物の貸借の契約を成立させたときは、37条書面に借賃の額並びにその支払いの時期及び方法を記載しなければならず、また、当該書面を契約の各当事者に交付しなければならない。

2　Ａが媒介により宅地の貸借の契約を成立させた場合において、当該宅地の引渡しの時期について重要事項説明書に記載して説明を行ったときは、その内容を37条書面に記載する必要はない。

3　Ａが自ら売主として宅地建物取引業者である買主と建物の売買契約を締結した場合、37条書面に宅地建物取引士をして記名させる必要はない。

4　Ａが自ら売主として宅地の売買契約を締結した場合、代金についての金銭の貸借のあっせんに関する定めがある場合における当該あっせんに係る金銭の貸借が成立しないときの措置については、37条書面に記載する必要はない。

【問　34】　宅地建物取引士の登録（以下この問において「登録」という。）及び宅地建物取引士証に関する次の記述のうち、宅地建物取引業法の規定によれば、正しいものはどれか。

1　甲県で宅地建物取引士資格試験に合格した後１年以上登録の申請をしていなかった者が宅地建物取引業者（乙県知事免許）に勤務することとなったときは、乙県知事あてに登録の申請をしなければならない。

2　登録を受けている者は、住所に変更があっても、登録を受けている都道府県知事に変更の登録を申請する必要はない。

3　宅地建物取引士は、従事先として登録している宅地建物取引業者の事務所の所在地に変更があったときは、登録を受けている都道府県知事に変更の登録を申請しなければならない。

4　丙県知事の登録を受けている宅地建物取引士が、丁県知事への登録の移転の申請とともに宅地建物取引士証の交付の申請をした場合は、丁県知事から、移転前の宅地建物取引士証の有効期間が経過するまでの期間を有効期間とする新たな宅地建物取引士証が交付される。

【問　35】　宅地建物取引業者Ａ（甲県知事免許）の営業保証金に関する次の記述のうち、宅地建物取引業法の規定によれば、正しいものはどれか。

1　Ａから建設工事を請け負った建設業者は、Ａに対する請負代金債権について、営業継続中のＡが供託している営業保証金から弁済を受ける権利を有する。

2　Ａが甲県内に新たに支店を設置したときは、本店の最寄りの供託所に政令で定める額の営業保証金を供託すれば、当該支店での事業を開始することができる。

3　Ａは、営業保証金の還付により、営業保証金の額が政令で定める額に不足することとなったときは、甲県知事から不足額を供託すべき旨の通知書の送付を受けた日から２週間以内にその不足額を供託しなければならない。

4　Ａが甲県内に本店及び２つの支店を設置して宅地建物取引業を営もうとする場合、供託すべき営業保証金の合計額は 1,200 万円である。

【問　36】　宅地建物取引業保証協会（以下この問において「保証協会」という。）に関する次の記述のうち、宅地建物取引業法の規定によれば、正しいものはどれか。

1　保証協会の社員との宅地建物取引業に関する取引により生じた債権を有する者は、当該社員が納付した弁済業務保証金分担金の額に相当する額の範囲内で弁済を受ける権利を有する。

2　保証協会の社員と宅地建物取引業に関し取引をした者が、その取引により生じた債権に関し、弁済業務保証金について弁済を受ける権利を実行するときは、当該保証協会の認証を受けるとともに、当該保証協会に対し還付請求をしなければならない。

3　保証協会は、弁済業務保証金の還付があったときは、当該還付に係る社員又は社員であった者に対し、当該還付額に相当する額の還付充当金をその主たる事務所の最寄りの供託所に供託すべきことを通知しなければならない。

4　保証協会は、弁済業務保証金の還付があったときは、当該還付額に相当する額の弁済業務保証金を供託しなければならない。

【問　37】　宅地建物取引業者Ａが、自ら売主として宅地の売買契約を締結した場合に関する次の記述のうち、宅地建物取引業法の規定によれば、正しいものはいくつあるか。なお、この問において「37 条書面」とは、同法第 37 条の規定に基づき交付すべき書面をいうものとする。

ア　Ａは、専任の宅地建物取引士をして、37 条書面の内容を当該契約の買主に説明させなければならない。

イ　Ａは、供託所等に関する事項を 37 条書面に記載しなければならない。

ウ　Ａは、買主が宅地建物取引業者であっても、37 条書面を遅滞なく交付しなければならない。

エ　Ａは、買主が宅地建物取引業者であるときは、当該宅地の引渡しの時期及び移転登記の申請の時期を 37 条書面に記載しなくてもよい。

1　一つ

2　二つ

3　三つ

4　なし

【問　38】 宅地建物取引業者Aが、BからB所有の甲住宅の売却に係る媒介の依頼を受けて締結する一般媒介契約に関する次の記述のうち、宅地建物取引業法（以下この問において「法」という。）の規定によれば、正しいものはどれか。

1　Aは、法第34条の2第1項の規定に基づき交付すべき書面に、宅地建物取引士をして記名押印させなければならない。

2　Aは、甲住宅の価額について意見を述べる場合、Bに対してその根拠を口頭ではなく書面で明示しなければならない。

3　Aは、当該媒介契約を締結した場合、指定流通機構に甲住宅の所在等を登録しなければならない。

4　Aは、媒介契約の有効期間及び解除に関する事項を、法第34条の2第1項の規定に基づき交付すべき書面に記載しなければならない。

【問　39】 次の記述のうち、宅地建物取引業法の規定によれば、正しいものはどれか。

1　宅地建物取引業者は、従業者名簿の閲覧の請求があったときは、取引の関係者か否かを問わず、請求した者の閲覧に供しなければならない。

2　宅地建物取引業者は、その業務に従事させる者に従業者証明書を携帯させなければならず、その者が宅地建物取引士であり、宅地建物取引士証を携帯していても、従業者証明書を携帯させなければならない。

3　宅地建物取引業者は、その事務所ごとに従業者名簿を備えなければならないが、退職した従業者に関する事項は、個人情報保護の観点から従業者名簿から消去しなければならない。

4　宅地建物取引業者は、その業務に従事させる者に従業者証明書を携帯させなければならないが、その者が非常勤の役員や単に一時的に事務の補助をする者である場合には携帯させなくてもよい。

【問　40】　宅地建物取引業者Ａが、自ら売主として、宅地建物取引業者ではないＢとの間で宅地の売買契約を締結した場合における、宅地建物取引業法第37条の２の規定に基づくいわゆるクーリング・オフに関する次の記述のうち、Ｂがクーリング・オフにより契約の解除を行うことができるものはいくつあるか。

ア　Ｂが喫茶店で当該宅地の買受けの申込みをした場合において、Ｂが、Ａからクーリング・オフについて書面で告げられた日の翌日から起算して８日目にクーリング・オフによる契約の解除の書面を発送し、10日目にＡに到達したとき。

イ　Ｂが喫茶店で当該宅地の買受けの申込みをした場合において、クーリング・オフによる契約の解除ができる期間内に、Ａが契約の履行に着手したとき。

ウ　Ｂが喫茶店で当該宅地の買受けの申込みをした場合において、ＡとＢとの間でクーリング・オフによる契約の解除をしない旨の合意をしたとき。

エ　Ａの事務所ではないがＡが継続的に業務を行うことができる施設があり宅地建物取引業法第31条の３第１項の規定により専任の宅地建物取引士が置かれている場所で、Ｂが買受けの申込みをし、２日後に喫茶店で売買契約を締結したとき。

1　一つ

2　二つ

3　三つ

4　四つ

【問　41】　宅地建物取引業者が行う宅地建物取引業法第 35 条に規定する重要事項の説明に関する次の記述のうち、正しいものはどれか。

1　重要事項説明書には、代表者の記名があれば宅地建物取引士の記名は必要がない。

2　重要事項説明書に記名する宅地建物取引士は専任の宅地建物取引士でなければならないが、実際に重要事項の説明を行う者は専任の宅地建物取引士でなくてもよい。

3　宅地建物取引士証を亡失した宅地建物取引士は、その再交付を申請していても、宅地建物取引士証の再交付を受けるまでは重要事項の説明を行うことができない。

4　重要事項の説明は、宅地建物取引業者の事務所において行われなければならない。

【問　42】　宅地建物取引業者Aが、自ら売主として締結する売買契約に関する次の記述のうち、宅地建物取引業法（以下この問において「法」という。）及び民法の規定によれば、誤っているものはどれか。

1　Aが宅地建物取引業者ではないBとの間で締結する宅地の売買契約において、当該宅地の種類又は品質に関して契約の内容に適合しない場合におけるその不適合を担保すべき責任を負う期間をBがその不適合を知った時から２年とする特約を定めた場合、この特約は有効である。

2　Ａが宅地建物取引業者ではないＣとの間で建築工事の完了前に締結する建物（代金5,000万円）の売買契約においては、Ａは、手付金200万円を受領した後、法第41条に定める手付金等の保全措置を講じなければ、当該建物の引渡し前に中間金300万円を受領することができない。

3　Ａが宅地建物取引業者Ｄとの間で造成工事の完了後に締結する宅地（代金3,000万円）の売買契約においては、Ａは、法第41条の２に定める手付金等の保全措置を講じないで、当該宅地の引渡し前に手付金800万円を受領することができる。

4　Ａが宅地建物取引業者ではないＥとの間で締結する建物の売買契約において、Ａは当該建物の種類又は品質に関して契約の内容に適合しない場合におけるその不適合を担保すべき責任を一切負わないとする特約を定めた場合、この特約は無効となり、Ａが当該責任を負う期間は当該建物の引渡日から２年となる。

【問　43】　宅地建物取引業の免許（以下この問において「免許」という。）に関する次の記述のうち、宅地建物取引業法の規定によれば、正しいものはどれか。

1　免許を受けようとするＡ社の取締役が刑法第204条（傷害）の罪により懲役１年執行猶予２年の刑に処せられた場合、刑の執行猶予の言渡しを取り消されることなく猶予期間を満了し、その日から５年を経過しなければ、Ａ社は免許を受けることができない。

2　宅地建物取引業者である個人Ｂが死亡した場合、その相続人Ｃは、Ｂが締結した契約に基づく取引を結了する目的の範囲内において宅地建物取引業者とみなされ、Ｂが売主として締結していた売買契約の目的物を買主に引き渡すことができる。

3 宅地建物取引業者Ｄ社について破産手続開始の決定があった場合、Ｄ社を代表する役員は廃業を届け出なければならない。また、廃業が届け出られた日にかかわらず、破産手続開始の決定の日をもって免許の効力が失われる。

4 免許を受けようとするＥ社の取締役について、破産手続開始の決定があった場合、復権を得た日から５年を経過しなければ、Ｅ社は免許を受けることができない。

【問 44】 宅地建物取引業者が行う宅地建物取引業法第 35 条に規定する重要事項の説明に関する次の記述のうち、誤っているものはどれか。なお、特に断りのない限り、説明の相手方は宅地建物取引業者ではないものとする。

1 昭和 55 年に新築の工事に着手し完成した建物の売買の媒介を行う場合、当該建物が地方公共団体による耐震診断を受けたものであるときは、その内容を説明しなければならない。

2 貸借の媒介を行う場合、敷金その他いかなる名義をもって授受されるかを問わず、契約終了時において精算することとされている金銭の精算に関する事項を説明しなければならない。

3 自らを委託者とする宅地又は建物に係る信託の受益権の売主となる場合、取引の相手方が宅地建物取引業者であっても、重要事項説明書を交付して説明をしなければならない。

4 区分所有建物の売買の媒介を行う場合、一棟の建物の計画的な維持修繕のための費用の積立てを行う旨の規約の定めがあるときは、その内容を説明しなければならないが、既に積み立てられている額について説明する必要はない。

【問　45】　宅地建物取引業者Ａ（甲県知事免許）が、自ら売主として宅地建物取引業者ではない買主Ｂに新築住宅を販売する場合における次の記述のうち、特定住宅瑕疵担保責任の履行の確保等に関する法律の規定によれば、正しいものはどれか。

1　Ａが媒介を依頼した宅地建物取引業者又はＢが住宅販売瑕疵担保責任保険契約の締結をしていれば、Ａは住宅販売瑕疵担保保証金の供託又は住宅販売瑕疵担保責任保険契約の締結を行う必要はない。

2　Ａが住宅販売瑕疵担保保証金の供託をし、その額が、基準日において、販売新築住宅の合計戸数を基礎として算定する基準額を超えることとなった場合、甲県知事の承認を受けた上で、その超過額を取り戻すことができる。

3　新築住宅をＢに引き渡したＡは、基準日ごとに基準日から 50 日以内に、当該基準日に係る住宅販売瑕疵担保保証金の供託及び住宅販売瑕疵担保責任保険契約の締結の状況について、甲県知事に届け出なければならない。

4　Ｂが宅地建物取引業者である場合であっても、Ａは、Ｂに引き渡した新築住宅について、住宅販売瑕疵担保保証金の供託又は住宅販売瑕疵担保責任保険契約の締結を行う義務を負う。

【問　46】　独立行政法人住宅金融支援機構（以下この問において「機構」という。）に関する次の記述のうち、誤っているものはどれか。

1　機構は、証券化支援事業（買取型）において、金融機関から買い取った住宅ローン債権を担保としてＭＢＳ（資産担保証券）を発行している。

2　機構は、災害により住宅が滅失した場合におけるその住宅に代わるべき住宅の建設又は購入に係る貸付金については、元金据置期間を設けることができない。

3　機構は、証券化支援事業（買取型）において、賃貸住宅の建設又は購入に必要な資金の貸付けに係る金融機関の貸付債権については譲受けの対象としていない。

4　機構は、貸付けを受けた者とあらかじめ契約を締結して、その者が死亡した場合に支払われる生命保険の保険金を当該貸付けに係る債務の弁済に充当する団体信用生命保険を業務として行っている。

【問　47】　宅地建物取引業者が行う広告に関する次の記述のうち、不当景品類及び不当表示防止法（不動産の表示に関する公正競争規約を含む。）の規定によれば、正しいものはどれか。

1　路地状部分（敷地延長部分）のみで道路に接する土地であって、その路地状部分の面積が当該土地面積のおおむね30%以上を占める場合には、路地状部分を含む旨及び路地状部分の割合又は面積を明示しなければならない。

2　新築住宅を販売するに当たり、当該物件から最寄駅まで実際に歩いたときの所要時間が15分であれば、物件から最寄駅までの道路距離にかかわらず、広告中に「最寄駅まで徒歩15分」と表示することができる。

3　新築分譲住宅を販売するに当たり、予告広告である旨及び契約又は予約の申込みには応じられない旨を明瞭に表示すれば、当該物件が建築確認を受けていなくても広告表示をすることができる。

4　新築分譲マンションを販売するに当たり、住戸により管理費の額が異なる場合であって、すべての住戸の管理費を示すことが広告スペースの関係で困難なときは、全住戸の管理費の平均額を表示すればよい。

【問　48】　次の記述のうち、正しいものはどれか。

1　令和２年地価公示（令和２年３月公表）によれば、平成31年１月以降の１年間の地価変動は、全国平均では、住宅地については下落であったが、商業地については上昇であった。

2　令和２年版土地白書（令和２年６月公表）によれば、土地取引について、売買による所有権の移転登記の件数でその動向をみると、令和元年の全国の土地取引件数は約131万件となり、前年に比べて大きく増加した。

3　建築着工統計（令和２年１月公表）によれば、平成31年１月から令和元年12月までの持家及び分譲住宅の新設住宅着工戸数は前年に比べて増加したが、貸家の新設住宅着工戸数は減少した。

4　平成30年度法人企業統計調査（令和元年９月公表）によれば、不動産業の売上高経常利益率は、平成26年度から平成30年度までの５年間は、いずれも５％以下となっている。

【問　49】　土地に関する次の記述のうち、最も不適当なものはどれか。

1　都市の中小河川の氾濫の原因の一つは、急速な都市化、宅地化に伴い、降雨時に雨水が短時間に大量に流れ込むようになったことである。

2　中小河川に係る防災の観点から、宅地選定に当たっては、その地点だけでなく、周辺の地形と防災施設に十分注意することが必要である。

3　地盤の液状化については、宅地の地盤条件について調べるとともに、過去の地形についても古地図などで確認することが必要である。

4　地形や地質的な条件については、宅地に適しているか調査する必要があるが、周辺住民の意見は聴かなくてよい。

【問　50】　建築物の構造に関する次の記述のうち、最も不適当なものはどれか。

1　建物の構成は、大きく基礎構造と上部構造からなっており、基礎構造は地業と基礎盤から構成されている。

2　基礎の種類には、基礎の底面が建物を支持する地盤に直接接する直接基礎と、建物を支持する地盤が深い場合に使用する杭基礎（杭地業）がある。

3　直接基礎の種類には、形状により、柱の下に設ける独立基礎、壁体等の下に設けるべた基礎、建物の底部全体に設ける布基礎（連続基礎）等がある。

4　上部構造は、重力、風力、地震力等の荷重に耐える役目を負う主要構造と、屋根、壁、床等の仕上げ部分等から構成されている。

宅地建物取引士資格試験

令和元年度　問題

試験時間に合わせて解いてみよう!!

■午後 1:00 ～ 3:00（制限時間 2 時間）

■合否判定基準：35 問以上正解
（登録講習修了者は 45 問中 30 問以上正解）

■登録講習修了者は例年、問 46 ～問 50 の 5 問が免除され、試験時間は午後 1 ：10 ～ 3 ：00 までの 1 時間 50 分となります（ただし、午後 12：30 から注意事項が説明されるので、着席していること）。

◆ 試験結果データ ◆

受験者数	220,797 人
合格者数	37,481 人
合 格 率	17.0 %

p.271 の解答用紙をコピーしてお使いください。
答え合わせに便利な正解一覧は別冊 p.135

【問　1】 Aは、Aが所有している甲土地をBに売却した。この場合に関する次の記述のうち、民法の規定及び判例によれば、誤っているものはどれか。

1　甲土地を何らの権原なく不法占有しているCがいる場合、BがCに対して甲土地の所有権を主張して明渡請求をするには、甲土地の所有権移転登記を備えなければならない。

2　Bが甲土地の所有権移転登記を備えていない場合には、Aから建物所有目的で甲土地を賃借して甲土地上にD名義の登記ある建物を有するDに対して、Bは自らが甲土地の所有者であることを主張することができない。

3　Bが甲土地の所有権移転登記を備えないまま甲土地をEに売却した場合、Eは、甲土地の所有権移転登記なくして、Aに対して甲土地の所有権を主張することができる。

4　Bが甲土地の所有権移転登記を備えた後に甲土地につき取得時効が完成したFは、甲土地の所有権移転登記を備えていなくても、Bに対して甲土地の所有権を主張することができる。

【問　2】 AがBに甲土地を売却し、Bが所有権移転登記を備えた場合に関する次の記述のうち、民法の規定及び判例によれば、誤っているものはどれか。

1　AがBとの売買契約をBの詐欺を理由に取り消した後、CがBから甲土地を買い受けて所有権移転登記を備えた場合、AC間の関係は対抗問題となり、Aは、いわゆる背信的悪意者ではないCに対して、登記なくして甲土地の返還を請求することができない。

2　AがBとの売買契約をBの詐欺を理由に取り消す前に、Bの詐欺について悪意のCが、Bから甲土地を買い受けて所有権移転登記を備えていた場合、AはCに対して、甲土地の返還を請求することができる。

3　AがBへの甲土地売却について錯誤を理由として取り消す場合、Aに重大な過失がなく、CがAの錯誤につき過失によって知らなかったときには、Aは、Bから甲土地を買い受けたCに対して、錯誤による当該意思表示の取消しを主張して、甲土地の返還を請求することができる。

4　AがBへの甲土地売却について錯誤を理由として取り消す場合、Aに重大な過失があり、かつ、BがAに錯誤があることについて善意無過失であり、BがAと同一の錯誤に陥っていなかったとしても、AはBに対して、錯誤による当該意思表示の取消しを主張して、甲土地の返還を請求することができる。

【問　3】　事業者ではないAが所有し居住している建物につきAB間で売買契約を締結するに当たり、Aは建物引渡しから3か月に限り担保責任を負う旨の特約を付けたが、売買契約締結時点において当該建物の構造耐力上主要な部分に契約に適合しないもの（以下「契約不適合」という。）が存在しており、Aはそのことを知っていたがBに告げず、Bはそのことを知らなかった。この場合に関する次の記述のうち、民法の規定によれば、正しいものはどれか。

1　Bが当該契約不適合の存在を建物引渡しから1年が経過した時に知ったとしても、BはAに対して担保責任を追及することができる。

2　建物の構造耐力上主要な部分の契約不適合については、契約の目的を達成できない場合に限りBは契約不適合を理由に売買契約を解除することができる。

3　Bが契約不適合を理由にAに対して損害賠償請求をすることができるのは、契約不適合を理由に売買契約を解除することができない場合に限られる。

4　AB間の売買をBと媒介契約を締結した宅地建物取引業者Cが媒介していた場合には、BはCに対して担保責任を追及することができる。

【問　4】　不法行為に関する次の記述のうち、民法の規定及び判例によれば、正しいものはどれか。

1　放火によって家屋が滅失し、火災保険契約の被保険者である家屋所有者が当該保険契約に基づく保険金請求権を取得した場合、当該家屋所有者は、加害者に対する損害賠償請求金額からこの保険金額を、いわゆる損益相殺として控除しなければならない。

2　被害者は、不法行為によって損害を受けると同時に、同一の原因によって損害と同質性のある利益を既に受けた場合でも、その額を加害者の賠償すべき損害額から控除されることはない。

3　第三者が債務者を教唆して、その債務の全部又は一部の履行を不能にさせたとしても、当該第三者が当該債務の債権者に対して、不法行為責任を負うことはない。

4　名誉を違法に侵害された者は、損害賠償又は名誉回復のための処分を求めることができるほか、人格権としての名誉権に基づき、加害者に対し侵害行為の差止めを求めることができる。

【問　5】 次の１から４までの記述のうち、民法の規定及び判例並びに下記判決文によれば、誤っているものはどれか。

（判決文）

本人が無権代理行為の追認を拒絶した場合には、その後に無権代理人が本人を相続したとしても、無権代理行為が有効になるものではないと解するのが相当である。けだし、無権代理人がした行為は、本人がその追認をしなければ本人に対してその効力を生ぜず（民法 113 条 1 項）、本人が追認を拒絶すれば無権代理行為の効力が本人に及ばないことが確定し、追認拒絶の後は本人であっても追認によって無権代理行為を有効とすることができず、右追認拒絶の後に無権代理人が本人を相続したとしても、右追認拒絶の効果に何ら影響を及ぼすものではないからである。

1　本人が無権代理行為の追認を拒絶した場合、その後は本人であっても無権代理行為を追認して有効な行為とすることはできない。

2　本人が追認拒絶をした後に無権代理人が本人を相続した場合と、本人が追認拒絶をする前に無権代理人が本人を相続した場合とで、法律効果は同じである。

3　無権代理行為の追認は、別段の意思表示がないときは、契約の時にさかのぼってその効力を生ずる。ただし、第三者の権利を害することはできない。

4　本人が無権代理人を相続した場合、当該無権代理行為は、その相続により当然には有効とならない。

【問　6】 遺産分割に関する次の記述のうち、民法の規定及び判例によれば、正しいものはどれか。

1　被相続人は、遺言によって遺産分割を禁止することはできず、共同相続人は、遺産分割協議によって遺産の全部又は一部の分割をすることができる。

2　共同相続人は、既に成立している遺産分割協議につき、その全部又は一部を全員の合意により解除した上、改めて遺産分割協議を成立させることができる。

3　遺産に属する預貯金債権は、相続開始と同時に当然に相続分に応じて分割され、共同相続人は、その持分に応じて、単独で預貯金債権に関する権利を行使することができる。

4　遺産の分割は、共同相続人の遺産分割協議が成立した時から効力を生ずるが、第三者の権利を害することはできない。

【問　7】 Aを売主、Bを買主として甲建物の売買契約が締結された場合におけるBのAに対する代金債務（以下「本件代金債務」という。）に関する次の記述のうち、民法の規定及び判例によれば、誤っているものはどれか。

1　Bが、本件代金債務につき受領権限のないCに対して弁済した場合、Cに受領権限がないことを知らないことにつきBに過失があれば、Cが受領した代金をAに引き渡したとしても、Bの弁済は有効にならない。

2　Bが、Aの代理人と称するDに対して本件代金債務を弁済した場合、Dに受領権限がないことにつきBが善意かつ無過失であれば、Bの弁済は有効となる。

3　Bが、Aの相続人と称するEに対して本件代金債務を弁済した場合、Eに受領権限がないことにつきBが善意かつ無過失であれば、Bの弁済は有効となる。

4　Bは、本件代金債務の履行期が過ぎた場合であっても、特段の事情がない限り、甲建物の引渡しに係る履行の提供を受けていないことを理由として、Aに対して代金の支払を拒むことができる。

【問　8】　Aを注文者、Bを請負人とする請負契約（以下「本件契約」という。）が締結された場合における次の記述のうち、民法の規定及び判例によれば、誤っているものはどれか。

1　本件契約の目的物たる建物に重大な契約内容の不適合があるためこれを建て替えざるを得ない場合には、AはBに対して当該建物の建替えに要する費用相当額の損害賠償を請求することができる。

2　本件契約が、事務所の用に供するコンクリート造の建物の建築を目的とする場合、Bの契約不適合責任の存続期間を20年と定めることができる。

3　本件契約の目的が建物の増築である場合、Aの失火により当該建物が焼失し増築できなくなったときは、Bは本件契約に基づく未履行部分の仕事完成債務を免れる。

4　Bが仕事を完成しない間は、AはいつでもBに対して損害を賠償して本件契約を解除することができる。

【問　9】　A が B に対して金銭の支払を求めて訴えを提起した場合の時効の完成猶予及び更新に関する次の記述のうち、民法の規定及び判例によれば、誤っているものはどれか。

1　訴えの提起後に当該訴えが取り下げられた場合には、特段の事情がない限り、時効は直ちには完成しない。

2　訴えの提起後に当該訴えの却下の判決が確定した場合には、時効は直ちには完成しない。

3　訴えの提起後に請求棄却の判決が確定した場合には、時効は直ちには完成しない。

4　訴えの提起後に裁判上の和解が成立した場合には、その時から時効は新たにその進行を開始するのではない。

【問　10】　債務者 A が所有する甲土地には、債権者 B が一番抵当権（債権額 2,000 万円）、債権者 C が二番抵当権（債権額 2,400 万円）、債権者 D が三番抵当権（債権額 3,000 万円）をそれぞれ有しているが、B は D の利益のために抵当権の順位を譲渡した。甲土地の競売に基づく売却代金が 6,000 万円であった場合、B の受ける配当額として、民法の規定によれば、正しいものはどれか。

1　600 万円

2　1,000 万円

3　1,440 万円

4　1,600 万円

【問　11】 甲土地につき、期間を 50 年と定めて賃貸借契約を締結しようとする場合（以下「ケース①」という。）と、期間を 15 年と定めて賃貸借契約を締結しようとする場合（以下「ケース②」という。）に関する次の記述のうち、民法及び借地借家法の規定によれば、正しいものはどれか。

1　賃貸借契約が建物を所有する目的ではなく、資材置場とする目的である場合、ケース①は期間の定めのない契約になり、ケース②では期間は 15 年となる。

2　賃貸借契約が建物の所有を目的とする場合、公正証書で契約を締結しなければ、ケース①の期間は 30 年となり、ケース②の期間は 15 年となる。

3　賃貸借契約が居住の用に供する建物の所有を目的とする場合、ケース①では契約の更新がないことを書面で定めればその特約は有効であるが、ケース②では契約の更新がないことを書面で定めても無効であり、期間は 30 年となる。

4　賃貸借契約が専ら工場の用に供する建物の所有を目的とする場合、ケース①では契約の更新がないことを公正証書で定めた場合に限りその特約は有効であるが、ケース②では契約の更新がないことを公正証書で定めても無効である。

【問　12】 AがBに対し、A所有の甲建物を3年間賃貸する旨の契約をした場合における次の記述のうち、民法及び借地借家法の規定によれば、正しいものはどれか（借地借家法第39条に定める取壊し予定の建物の賃貸借及び同法第40条に定める一時使用目的の建物の賃貸借は考慮しないものとする。）。

1　AB間の賃貸借契約について、契約の更新がない旨を定めるには、公正証書による等書面によって契約すれば足りる。

2　甲建物が居住の用に供する建物である場合には、契約の更新がない旨を定めることはできない。

3　AがBに対して、期間満了の3月前までに更新しない旨の通知をしなければ、従前の契約と同一の条件で契約を更新したものとみなされるが、その期間は定めがないものとなる。

4　Bが適法に甲建物をCに転貸していた場合、Aは、Bとの賃貸借契約が解約の申入れによって終了するときは、特段の事情がない限り、Cにその旨の通知をしなければ、賃貸借契約の終了をCに対抗することができない。

【問　13】 建物の区分所有等に関する法律（以下この問において「法」という。）に関する次の記述のうち、正しいものはどれか。

1　専有部分が数人の共有に属するときは、共有者は、集会においてそれぞれ議決権を行使することができる。

2　区分所有者の承諾を得て専有部分を占有する者は、会議の目的たる事項につき利害関係を有する場合には、集会に出席して議決権を行使することができる。

3　集会においては、規約に別段の定めがある場合及び別段の決議をした場合を除いて、管理者又は集会を招集した区分所有者の１人が議長となる。

4　集会の議事は、法又は規約に別段の定めがない限り、区分所有者及び議決権の各４分の３以上の多数で決する。

【問　14】　不動産の登記に関する次の記述のうち、不動産登記法の規定によれば、誤っているものはどれか。

1　登記の申請に係る不動産の所在地が当該申請を受けた登記所の管轄に属しないときは、登記官は、理由を付した決定で、当該申請を却下しなければならない。

2　所有権の登記名義人が相互に異なる土地の合筆の登記は、することができない。

3　登記官は、一筆の土地の一部が別の地目となったときであっても、職権で当該土地の分筆の登記をすることはできない。

4　登記の申請をする者の委任による代理人の権限は、本人の死亡によっては、消滅しない。

【問　15】 **都市計画法に関する次の記述のうち、誤っているものはどれか。**

1　高度地区は、用途地域内において市街地の環境を維持し、又は土地利用の増進を図るため、建築物の高さの最高限度又は最低限度を定める地区とされている。

2　特定街区については、都市計画に、建築物の容積率並びに建築物の高さの最高限度及び壁面の位置の制限を定めるものとされている。

3　準住居地域は、道路の沿道としての地域の特性にふさわしい業務の利便の増進を図りつつ、これと調和した住居の環境を保護するため定める地域とされている。

4　特別用途地区は、用途地域が定められていない土地の区域（市街化調整区域を除く。）内において、その良好な環境の形成又は保持のため当該地域の特性に応じて合理的な土地利用が行われるよう、制限すべき特定の建築物等の用途の概要を定める地区とされている。

【問　16】 **都市計画法に関する次の記述のうち、正しいものはどれか。ただし、許可を要する開発行為の面積については、条例による定めはないものとし、この問において「都道府県知事」とは、地方自治法に基づく指定都市、中核市及び施行時特例市にあってはその長をいうものとする。**

1　準都市計画区域において、店舗の建築を目的とした 4,000 ㎡の土地の区画形質の変更を行おうとする者は、あらかじめ、都道府県知事の許可を受けなければならない。

2　市街化区域において、農業を営む者の居住の用に供する建築物の建築を目的とした 1,500 ㎡の土地の区画形質の変更を行おうとする者は、都道府県知事の許可を受けなくてよい。

3　市街化調整区域において、野球場の建設を目的とした 8,000 ㎡の土地の区画形質の変更を行おうとする者は、あらかじめ、都道府県知事の許可を受けなければならない。

4　市街化調整区域において、医療法に規定する病院の建築を目的とした 1,000 ㎡の土地の区画形質の変更を行おうとする者は、都道府県知事の許可を受けなくてよい。

【問　17】　建築基準法に関する次の記述のうち、誤っているものはどれか。

1　特定行政庁は、緊急の必要がある場合においては、建築基準法の規定に違反した建築物の所有者等に対して、仮に、当該建築物の使用禁止又は使用制限の命令をすることができる。

2　地方公共団体は、条例で、津波、高潮、出水等による危険の著しい区域を災害危険区域として指定することができ、当該区域内における住居の用に供する建築物の建築の禁止その他建築物の建築に関する制限で災害防止上必要なものは当該条例で定めることとされている。

3　防火地域内にある看板で建築物の屋上に設けるものは、その主要な部分を不燃材料で造り、又はおおわなければならない。

4　共同住宅の住戸には、非常用の照明装置を設けなければならない。

【問　18】　建築基準法に関する次の記述のうち、正しいものはどれか。

1　第一種低層住居専用地域内においては、延べ面積の合計が60㎡であって、居住の用に供する延べ面積が40㎡、クリーニング取次店の用に供する延べ面積が20㎡である兼用住宅は、建築してはならない。

2　工業地域内においては、幼保連携型認定こども園を建築することができる。

3　都市計画において定められた建蔽率の限度が10分の8とされている地域外で、かつ、防火地域内にある準耐火建築物の建蔽率については、都市計画において定められた建蔽率の数値に10分の1を加えた数値が限度となる。

4　地方公共団体は、その敷地が袋路状道路にのみ接する一戸建ての住宅について、条例で、その敷地が接しなければならない道路の幅員に関して必要な制限を付加することができる。

【問　19】　盛土規制法に関する次の記述のうち、正しいものはどれか。なお、この問において「都道府県知事」とは、地方自治法に基づく指定都市、中核市及び施行時特例市にあってはその長をいうものとする。

1　宅地造成等工事規制区域外において行われる宅地造成等に関する工事については、工事主は、工事に着手する日の14日前までに都道府県知事に届け出なければならない。

2　宅地造成等工事規制区域内において行われる宅地造成等に関する工事の許可を受けた者は、主務省令で定める軽微な変更を除き、当該許可に係る工事の計画の変更をしようとするときは、遅滞なくその旨を都道府県知事に届け出なければならない。

3　宅地造成等工事規制区域の指定の際に、当該宅地造成等工事規制区域内において宅地造成等工事を行っている者は、当該工事について都道府県知事の許可を受ける必要はない。

4　都道府県知事は、宅地造成等に伴い災害が生ずるおそれが大きい市街地若しくは市街地となろうとする土地の区域又は集落の区域であって、宅地造成等に関する工事について規制を行う必要があるものを、造成宅地防災区域として指定することができる。

【問　20】　土地区画整理法に関する次の記述のうち、誤っているものはどれか。

1　仮換地の指定があった日後、土地区画整理事業の施行による施行地区内の土地及び建物の変動に係る登記がされるまでの間は、登記の申請人が確定日付のある書類によりその指定前に登記原因が生じたことを証明した場合を除き、施行地区内の土地及び建物に関しては他の登記をすることができない。

2　施行者が個人施行者、土地区画整理組合、区画整理会社、市町村、独立行政法人都市再生機構又は地方住宅供給公社であるときは、その換地計画について都道府県知事の認可を受けなければならない。

3　個人施行者以外の施行者は、換地計画を定めようとする場合においては、その換地計画を２週間公衆の縦覧に供しなければならない。

4　換地処分の公告があった場合においては、換地計画において定められた換地は、その公告があった日の翌日から従前の宅地とみなされ、換地計画において換地を定めなかった従前の宅地について存する権利は、その公告があった日が終了した時において消滅する。

【問　21】 農地に関する次の記述のうち、農地法（以下この問において「法」という。）の規定によれば、正しいものはどれか。

1　耕作目的で原野を農地に転用しようとする場合、法第４条第１項の許可は不要である。

2　金融機関からの資金借入れのために農地に抵当権を設定する場合、法第３条第１項の許可が必要である。

3　市街化区域内の農地を自家用駐車場に転用する場合、法第４条第１項の許可が必要である。

4　砂利採取法による認可を受けた採取計画に従って砂利採取のために農地を一時的に貸し付ける場合、法第５条第１項の許可は不要である。

【問　22】 国土利用計画法第 23 条の届出（以下この問において「事後届出」という。）に関する次の記述のうち、正しいものはどれか。

1　宅地建物取引業者Ａが、自己の所有する市街化区域内の 2,000 ㎡の土地を、個人Ｂ、個人Ｃに 1,000 ㎡ずつに分割して売却した場合、Ｂ、Ｃは事後届出を行わなければならない。

2　個人Ｄが所有する市街化区域内の 3,000 ㎡の土地を、個人Ｅが相続により取得した場合、Ｅは事後届出を行わなければならない。

3　宅地建物取引業者Ｆが所有する市街化調整区域内の 6,000 ㎡の一団の土地を、宅地建物取引業者Ｇが一定の計画に従って、3,000 ㎡ずつに分割して購入した場合、Ｇは事後届出を行わなければならない。

4　甲市が所有する市街化調整区域内の 12,000 ㎡の土地を、宅地建物取引業者Ｈが購入した場合、Ｈは事後届出を行わなければならない。

【問　23】 個人が令和元年（平成 31 年）中に平成 31 年 1 月 1 日において所有期間が 10 年を超える居住用財産を譲渡した場合のその譲渡に係る譲渡所得の課税に関する次の記述のうち、誤っているものはどれか。

1　その譲渡について収用交換等の場合の譲渡所得等の 5,000 万円特別控除の適用を受ける場合であっても、その特別控除後の譲渡益について、居住用財産を譲渡した場合の軽減税率の特例の適用を受けることができる。

2　居住用財産を譲渡した場合の軽減税率の特例は、その個人が平成 29 年において既にその特例の適用を受けている場合であっても、令和元年（平成 31 年）中の譲渡による譲渡益について適用を受けることができる。

3　居住用財産の譲渡所得の 3,000 万円特別控除は、その個人がその個人と生計を一にしていない孫に譲渡した場合には、適用を受けることができない。

4　その譲渡について収用等に伴い代替資産を取得した場合の課税の特例の適用を受ける場合には、その譲渡があったものとされる部分の譲渡益について、居住用財産を譲渡した場合の軽減税率の特例の適用を受けることができない。

【問　24】　固定資産税に関する次の記述のうち、地方税法の規定によれば、正しいものはどれか。

1　居住用超高層建築物（いわゆるタワーマンション）に対して課する固定資産税は、当該居住用超高層建築物に係る固定資産税額を、各専有部分の取引価格の当該居住用超高層建築物の全ての専有部分の取引価格の合計額に対する割合により按分した額を、各専有部分の所有者に対して課する。

2　住宅用地のうち、小規模住宅用地に対して課する固定資産税の課税標準は、当該小規模住宅用地に係る固定資産税の課税標準となるべき価格の３分の１の額とされている。

3　固定資産税の納期は、他の税目の納期と重複しないようにとの配慮から、４月、７月、12 月、２月と定められており、市町村はこれと異なる納期を定めることはできない。

4　固定資産税は、固定資産の所有者に対して課されるが、質権又は 100 年より永い存続期間の定めのある地上権が設定されている土地については、所有者ではなくその質権者又は地上権者が固定資産税の納税義務者となる。

【問　25】　地価公示法に関する次の記述のうち、正しいものはどれか。

1　都市及びその周辺の地域等において、土地の取引を行う者は、取引の対象土地から最も近傍の標準地について公示された価格を指標として取引を行うよう努めなければならない。

2　標準地は、都市計画区域外や国土利用計画法の規定により指定された規制区域内からは選定されない。

3 標準地の正常な価格とは、土地について、自由な取引が行われるとした場合におけるその取引（一定の場合を除く。）において通常成立すると認められる価格をいい、当該土地に関して地上権が存する場合は、この権利が存しないものとして通常成立すると認められる価格となる。

4 土地鑑定委員会は、自然的及び社会的条件からみて類似の利用価値を有すると認められる地域において、土地の利用状況、環境等が特に良好と認められる一団の土地について標準地を選定する。

【問　26】 宅地建物取引業法に関する次の記述のうち、正しいものはどれか。

1 宅地建物取引業者は、自己の名義をもって、他人に、宅地建物取引業を営む旨の表示をさせてはならないが、宅地建物取引業を営む目的をもってする広告をさせることはできる。

2 宅地建物取引業とは、宅地又は建物の売買等をする行為で業として行うものをいうが、建物の一部の売買の代理を業として行う行為は、宅地建物取引業に当たらない。

3 宅地建物取引業の免許を受けていない者が営む宅地建物取引業の取引に、宅地建物取引業者が代理又は媒介として関与していれば、当該取引は無免許事業に当たらない。

4 宅地建物取引業者の従業者が、当該宅地建物取引業者とは別に自己のために免許なく宅地建物取引業を営むことは、無免許事業に当たる。

【問　27】 宅地建物取引業法に関する次の記述のうち、正しいものはいくつあるか。なお、取引の相手方は宅地建物取引業者ではないものとする。

ア　宅地建物取引業者は、自己の所有に属しない宅地又は建物についての自ら売主となる売買契約を締結してはならないが、当該売買契約の予約を行うことはできる。

イ　宅地建物取引業者は、自ら売主となる宅地又は建物の売買契約において、その目的物の種類又は品質に関する契約不適合を担保すべき責任に関し、取引の相手方が同意した場合に限り、損害賠償の請求期間を当該宅地又は建物の引渡しの日から１年とする特約を有効に定めることができる。

ウ　宅地建物取引業者は、いかなる理由があっても、その業務上取り扱ったことについて知り得た秘密を他に漏らしてはならない。

エ　宅地建物取引業者は、宅地建物取引業に係る契約の締結の勧誘をするに際し、その相手方に対し、利益を生ずることが確実であると誤解させるべき断定的判断を提供する行為をしてはならない。

1　一つ

2　二つ

3　三つ

4　なし

【問　28】　宅地建物取引業者が建物の貸借の媒介を行う場合における宅地建物取引業法第35条に規定する重要事項の説明に関する次の記述のうち、正しいものはどれか。なお、説明の相手方は宅地建物取引業者ではないものとする。

1　当該建物が住宅の品質確保の促進等に関する法律第5条第1項に規定する住宅性能評価を受けた新築住宅であるときは、その旨を説明しなければならない。

2　当該建物が既存の建物であるときは、既存住宅に係る住宅の品質確保の促進等に関する法律第6条第3項に規定する建設住宅性能評価書の保存の状況について説明しなければならない。

3　当該建物が既存の建物である場合、石綿使用の有無の調査結果の記録がないときは、石綿使用の有無の調査を自ら実施し、その結果について説明しなければならない。

4　当該建物が建物の区分所有等に関する法律第2条第1項に規定する区分所有権の目的であるものであって、同条第3項に規定する専有部分の用途その他の利用の制限に関する規約の定めがあるときは、その内容を説明しなければならない。

【問　29】 宅地建物取引業法（以下この問において「法」という。）の規定に基づく監督処分及び罰則に関する次の記述のうち、正しいものはいくつあるか。

ア　宅地建物取引業者A(国土交通大臣免許)が甲県内における業務に関し、法第37条に規定する書面を交付していなかったことを理由に、甲県知事がAに対して業務停止処分をしようとするときは、あらかじめ、内閣総理大臣に協議しなければならない。

イ　乙県知事は、宅地建物取引業者B（乙県知事免許）に対して指示処分をしようとするときは、聴聞を行わなければならず、聴聞の期日における審理は、公開により行わなければならない。

ウ　丙県知事は、宅地建物取引業者C（丙県知事免許）が免許を受けてから1年以内に事業を開始しないときは、免許を取り消さなければならない。

エ　宅地建物取引業者D（丁県知事免許）は、法第72条第1項の規定に基づき、丁県知事から業務について必要な報告を求められたが、これを怠った。この場合、Dは50万円以下の罰金に処せられることがある。

1　一つ

2　二つ

3　三つ

4　四つ

【問　30】 宅地建物取引業者が行う広告に関する次の記述のうち、宅地建物取引業法の規定に違反するものはいくつあるか。

ア　建築基準法第６条第１項に基づき必要とされる確認を受ける前において、建築工事着手前の賃貸住宅の貸主から当該住宅の貸借の媒介を依頼され、取引態様を媒介と明示して募集広告を行った。

イ　一団の宅地の売買について、数回に分けて広告する際に、最初に行った広告以外には取引態様の別を明示しなかった。

ウ　建物の貸借の媒介において、依頼者の依頼によらない通常の広告を行い、国土交通大臣の定める報酬限度額の媒介報酬のほか、当該広告の料金に相当する額を受領した。

エ　建築工事着手前の分譲住宅の販売において、建築基準法第６条第１項に基づき必要とされる確認を受ける前に、取引態様を売主と明示して当該住宅の広告を行った。

1　一つ

2　二つ

3　三つ

4　四つ

【問　31】 宅地建物取引業者Ａが、ＢからＢ所有の既存のマンションの売却に係る媒介を依頼され、Ｂと専任媒介契約（専属専任媒介契約ではないものとする。）を締結した。この場合における次の記述のうち、宅地建物取引業法の規定によれば、正しいものはいくつあるか。

ア　Ａは、専任媒介契約の締結の日から７日以内に所定の事項を指定流通機構に登録しなければならないが、その期間の計算については、休業日数を算入しなければならない。

イ　ＡがＢとの間で有効期間を６月とする専任媒介契約を締結した場合、その媒介契約は無効となる。

ウ　Ｂが宅地建物取引業者である場合、Ａは、当該専任媒介契約に係る業務の処理状況の報告をする必要はない。

エ　ＡがＢに対して建物状況調査を実施する者のあっせんを行う場合、建物状況調査を実施する者は建築士法第２条第１項に規定する建築士であって国土交通大臣が定める講習を修了した者でなければならない。

1　一つ

2　二つ

3　三つ

4　四つ

【問　32】　宅地建物取引業者Ａ（消費税課税事業者）が受け取ることのできる報酬額に関する次の記述のうち、宅地建物取引業法の規定によれば、誤っているものはどれか。なお、この問において報酬額に含まれる消費税等相当額は税率10％で計算するものとする。

1　宅地（代金200万円。消費税等相当額を含まない。）の売買の代理について、通常の売買の代理と比較して現地調査等の費用が8万円（消費税等相当額を含まない。）多く要した場合、売主Bと合意していた場合には、AはBから308,000円を上限として報酬を受領することができる。

2　事務所（1か月の借賃110万円。消費税等相当額を含む。）の貸借の媒介について、Aは依頼者の双方から合計で110万円を上限として報酬を受領することができる。

3　既存住宅の売買の媒介について、Aが売主Cに対して建物状況調査を実施する者をあっせんした場合、AはCから報酬とは別にあっせんに係る料金を受領することはできない。

4　宅地（代金200万円。消費税等相当額を含まない。）の売買の媒介について、通常の売買の媒介と比較して現地調査等の費用を多く要しない場合でも、売主Dと合意していた場合には、AはDから198,000円を報酬として受領することができる。

【問　33】　宅地建物取引業保証協会（以下この問において「保証協会」という。）に関する次の記述のうち、宅地建物取引業法の規定によれば、正しいものはどれか。

1　宅地建物取引業者で保証協会に加入した者は、その加入の日から２週間以内に、弁済業務保証金分担金を保証協会に納付しなければならない。

2　保証協会の社員となった宅地建物取引業者が、保証協会に加入する前に供託していた営業保証金を取り戻すときは、還付請求権者に対する公告をしなければならない。

3　保証協会の社員は、新たに事務所を設置したにもかかわらずその日から２週間以内に弁済業務保証金分担金を納付しなかったときは、保証協会の社員の地位を失う。

4　還付充当金の未納により保証協会の社員の地位を失った宅地建物取引業者は、その地位を失った日から２週間以内に弁済業務保証金を供託すれば、その地位を回復する。

【問　34】　宅地建物取引業法（以下この問において「法」という。）第37条の規定により交付すべき書面（以下この問において「37条書面」という。）に関する次の記述のうち、法の規定によれば、正しいものはどれか。

1　宅地建物取引業者が自ら売主として建物の売買を行う場合、当事者の債務の不履行を理由とする契約の解除に伴う損害賠償の額として売買代金の額の10分の２を超えない額を予定するときは、37条書面にその内容を記載しなくてよい。

2　宅地建物取引業者が既存住宅の売買の媒介を行う場合、37 条書面に当該建物の構造耐力上主要な部分等の状況について当事者の双方が確認した事項を記載しなければならない。

3　宅地建物取引業者は、その媒介により売買契約を成立させた場合、当該宅地又は建物に係る租税その他の公課の負担に関する定めについて、37 条書面にその内容を記載する必要はない。

4　宅地建物取引業者は、その媒介により契約を成立させ、37 条書面を作成したときは、法第 35 条に規定する書面に記名した宅地建物取引士をして、37 条書面に記名させなければならない。

【問　35】　宅地建物取引業者 A が行う業務に関する次の記述のうち、宅地建物取引業法の規定に違反しないものはどれか。

1　A は、宅地建物取引業者ではない B が所有する宅地について、B との間で確定測量図の交付を停止条件とする売買契約を締結した。その後、停止条件が成就する前に、A は自ら売主として、宅地建物取引業者ではない C との間で当該宅地の売買契約を締結した。

2　A は、その主たる事務所に従事する唯一の専任の宅地建物取引士 D が令和元年 5 月 15 日に退職したため、同年 6 月 10 日に新たな専任の宅地建物取引士 E を置いた。

3　A は、宅地建物取引業者 F から宅地の売買に関する注文を受けた際、F に対して取引態様の別を明示しなかった。

4　A は、宅地の貸借の媒介に際し、当該宅地が都市計画法第 29 条の許可の申請中であることを知りつつ、賃貸借契約を成立させた。

【問　36】　宅地建物取引業者Aが宅地建物取引業法（以下この問において「法」という。）第37条の規定により交付すべき書面（以下この問において「37条書面」という。）に関する次の記述のうち、法の規定によれば、正しいものはいくつあるか。

ア　Aは、その媒介により建築工事完了前の建物の売買契約を成立させ、当該建物を特定するために必要な表示について37条書面で交付する際、法第35条の規定に基づく重要事項の説明において使用した図書の交付により行った。

イ　Aが自ら貸主として宅地の定期賃貸借契約を締結した場合において、借賃の支払方法についての定めがあるときは、Aは、その内容を37条書面に記載しなければならず、借主が宅地建物取引業者であっても、当該書面を交付しなければならない。

ウ　土地付建物の売主Aは、買主が金融機関から住宅ローンの承認を得られなかったときは契約を無条件で解除できるという取決めをしたが、自ら住宅ローンのあっせんをする予定がなかったので、37条書面にその取決めの内容を記載しなかった。

エ　Aがその媒介により契約を成立させた場合において、契約の解除に関する定めがあるときは、当該契約が売買、貸借のいずれに係るものであるかを問わず、37条書面にその内容を記載しなければならない。

1　一つ

2　二つ

3　三つ

4　四つ

【問　37】 宅地建物取引業者Aが、自ら売主として、宅地建物取引業者ではないBとの間で締結する建築工事完了前のマンション（代金3,000万円）の売買契約に関する次の記述のうち、宅地建物取引業法（以下この問において「法」という。）の規定によれば、正しいものはどれか。

1　Aが手付金として200万円を受領しようとする場合、Aは、Bに対して書面で法第41条に定める手付金等の保全措置を講じないことを告げれば、当該手付金について保全措置を講じる必要はない。

2　Aが手付金を受領している場合、Bが契約の履行に着手する前であっても、Aは、契約を解除することについて正当な理由がなければ、手付金の倍額を現実に提供して契約を解除することができない。

3　Aが150万円を手付金として受領し、さらに建築工事完了前に中間金として50万円を受領しようとする場合、Aは、手付金と中間金の合計額200万円について法第41条に定める手付金等の保全措置を講じれば、当該中間金を受領することができる。

4　Aが150万円を手付金として受領し、さらに建築工事完了前に中間金として500万円を受領しようとする場合、Aは、手付金と中間金の合計額650万円について法第41条に定める手付金等の保全措置を講じたとしても、当該中間金を受領することができない。

【問　38】 宅地建物取引業者Ａが、自ら売主として、宅地建物取引業者ではないＢとの間で宅地の売買契約を締結した場合における、宅地建物取引業法第37条の2の規定に基づくいわゆるクーリング・オフに関する次の記述のうち、誤っているものはいくつあるか。

ア　Ｂがクーリング・オフにより売買契約を解除した場合、当該契約の解除に伴う違約金について定めがあるときは、Ａは、Ｂに対して違約金の支払を請求することができる。

イ　Ａは、Ｂの指定した喫茶店で買受けの申込みを受けたが、その際クーリング・オフについて何も告げず、その3日後に、クーリング・オフについて書面で告げたうえで売買契約を締結した。この契約において、クーリング・オフにより契約を解除できる期間について買受けの申込みをした日から起算して10日間とする旨の特約を定めた場合、当該特約は無効となる。

ウ　Ａが媒介を依頼した宅地建物取引業者Ｃの事務所でＢが買受けの申込みをし、売買契約を締結した場合、Ａからクーリング・オフについて何も告げられていなければ、当該契約を締結した日から起算して8日経過していてもクーリング・オフにより契約を解除することができる。

1　一つ

2　二つ

3　三つ

4　なし

【問　39】宅地建物取引業者が行う宅地建物取引業法第 35 条に規定する重要事項の説明に関する次の記述のうち、正しいものはどれか。なお、説明の相手方は宅地建物取引業者ではないものとする。

1　既存住宅の貸借の媒介を行う場合、建物の建築及び維持保全の状況に関する書類の保存状況について説明しなければならない。

2　宅地の売買の媒介を行う場合、登記された抵当権について、引渡しまでに抹消される場合は説明しなくてよい。

3　宅地の貸借の媒介を行う場合、借地権の存続期間を 50 年とする賃貸借契約において、契約終了時における当該宅地の上の建物の取壊しに関する事項を定めようとするときは、その内容を説明しなければならない。

4　建物の売買又は貸借の媒介を行う場合、当該建物が津波防災地域づくりに関する法律第 53 条第 1 項により指定された津波災害警戒区域内にあるときは、その旨を、売買の場合は説明しなければならないが、貸借の場合は説明しなくてよい。

【問　40】次の記述のうち、宅地建物取引業法の規定によれば、誤っているものはどれか。

1　宅地建物取引業者の従業者は、取引の関係者の請求があったときは、従業者証明書を提示しなければならないが、宅地建物取引士は、重要事項の説明をするときは、請求がなくても説明の相手方に対し、宅地建物取引士証を提示しなければならない。

2　宅地建物取引業者は、その業務に関する帳簿を、各取引の終了後 5 年間、当該宅地建物取引業者が自ら売主となる新築住宅に係るものにあっては 10 年間、保存しなければならない。

3　宅地建物取引業者が、一団の宅地建物の分譲を案内所を設置して行う場合、その案内所が一時的かつ移動が容易な施設であるときは、当該案内所には、クーリング・オフ制度の適用がある旨等所定の事項を表示した標識を掲げなければならない。

4　宅地建物取引業者が、一団の宅地建物の分譲を案内所を設置して行う場合、その案内所が契約を締結し、又は契約の申込みを受ける場所であるときは、当該案内所には、専任の宅地建物取引士を置かなければならない。

【問　41】　宅地建物取引業者が行う宅地建物取引業法第 35 条に規定する重要事項の説明（以下この問において「重要事項説明」という。）に関する次の記述のうち、正しいものはどれか。なお、説明の相手方は宅地建物取引業者ではないものとする。

1　建物管理が管理会社に委託されている建物の貸借の媒介をする宅地建物取引業者は、当該建物が区分所有建物であるか否かにかかわらず、その管理会社の商号及びその主たる事務所の所在地について、借主に説明しなければならない。

2　宅地建物取引業者である売主は、他の宅地建物取引業者に媒介を依頼して宅地の売買契約を締結する場合、重要事項説明の義務を負わない。

3　建物の貸借の媒介において、建築基準法に規定する建蔽率及び容積率に関する制限があるときは、その概要を説明しなければならない。

4　重要事項説明では、代金、交換差金又は借賃の額を説明しなければならないが、それ以外に授受される金銭の額については説明しなくてよい。

【問　42】 宅地建物取引業法第 2 条第 1 号に規定する宅地に関する次の記述のうち、誤っているものはどれか。

1　建物の敷地に供せられる土地は、都市計画法に規定する用途地域の内外を問わず宅地であるが、道路、公園、河川等の公共施設の用に供せられている土地は、用途地域内であれば宅地とされる。

2　宅地とは、現に建物の敷地に供せられている土地に限らず、広く建物の敷地に供する目的で取引の対象とされた土地をいうものであり、その地目、現況の如何を問わない。

3　都市計画法に規定する市街化調整区域内において、建物の敷地に供せられる土地は宅地である。

4　都市計画法に規定する準工業地域内において、建築資材置場の用に供せられている土地は宅地である。

【問　43】 宅地建物取引業の免許（以下この問において「免許」という。）に関する次の記述のうち、宅地建物取引業法の規定によれば、正しいものはどれか。

1　免許を受けようとする法人の非常勤役員が、刑法第 246 条（詐欺）の罪により懲役 1 年の刑に処せられ、その刑の執行が終わった日から 5 年を経過していなくても、当該法人は免許を受けることができる。

2　免許を受けようとする法人の政令で定める使用人が、刑法第 252 条（横領）の罪により懲役 1 年執行猶予 2 年の刑に処せられ、その刑の執行猶予期間を満了している場合、その満了の日から 5 年を経過していなくても、当該法人は免許を受けることができる。

3　免許を受けようとする法人の事務所に置く専任の宅地建物取引士が、刑法第 261 条（器物損壊等）の罪により罰金の刑に処せられ、その刑の執行が終わった日から 5 年を経過していない場合、当該法人は免許を受けることができない。

4　免許を受けようとする法人の代表取締役が、刑法第 231 条（侮辱）の罪により拘留の刑に処せられ、その刑の執行が終わった日から 5 年を経過していない場合、当該法人は免許を受けることができない。

【問　44】　宅地建物取引業法に規定する宅地建物取引士資格登録（以下この問において「登録」という。）に関する次の記述のうち、正しいものはどれか。

1　業務停止の処分に違反したとして宅地建物取引業の免許の取消しを受けた法人の政令で定める使用人であった者は、当該免許取消しの日から 5 年を経過しなければ、登録を受けることができない。

2　宅地建物取引業者 A（甲県知事免許）に勤務する宅地建物取引士（甲県知事登録）が、宅地建物取引業者 B（乙県知事免許）に勤務先を変更した場合は、乙県知事に対して、遅滞なく勤務先の変更の登録を申請しなければならない。

3　甲県知事登録を受けている者が、甲県から乙県に住所を変更した場合は、宅地建物取引士証の交付を受けていなくても、甲県知事に対して、遅滞なく住所の変更の登録を申請しなければならない。

4　宅地建物取引士資格試験に合格した者は、宅地建物取引に関する実務の経験を有しない場合でも、合格した日から 1 年以内に登録を受けようとするときは、登録実務講習を受講する必要はない。

【問　45】 特定住宅瑕疵担保責任の履行の確保等に関する法律に基づく住宅販売瑕疵担保保証金の供託又は住宅販売瑕疵担保責任保険契約の締結に関する次の記述のうち、誤っているものはどれか。

1　宅地建物取引業者は、自ら売主として新築住宅を販売する場合だけでなく、新築住宅の売買の媒介をする場合においても、住宅販売瑕疵担保保証金の供託又は住宅販売瑕疵担保責任保険契約の締結を行う義務を負う。

2　自ら売主として新築住宅を販売する宅地建物取引業者は、住宅販売瑕疵担保保証金の供託をしている場合、当該住宅の売買契約を締結するまでに、当該住宅の宅地建物取引業者ではない買主に対し、供託所の所在地等について、それらの事項を記載した書面を交付して説明しなければならない。

3　自ら売主として新築住宅を宅地建物取引業者ではない買主に引き渡した宅地建物取引業者は、基準日ごとに基準日から３週間以内に、当該基準日に係る住宅販売瑕疵担保保証金の供託及び住宅販売瑕疵担保責任保険契約の締結の状況について、宅地建物取引業の免許を受けた国土交通大臣又は都道府県知事に届け出なければならない。

4　住宅販売瑕疵担保責任保険契約を締結している宅地建物取引業者は、当該保険に係る新築住宅に、構造耐力上主要な部分又は雨水の浸入を防止する部分の隠れた瑕疵（構造耐力又は雨水の浸入に影響のないものを除く。）がある場合に、特定住宅販売瑕疵担保責任の履行によって生じた損害について保険金を請求することができる。

【問　46】 独立行政法人住宅金融支援機構（以下この問において「機構」という。）に関する次の記述のうち、誤っているものはどれか。

1　機構は、証券化支援事業（買取型）において、中古住宅を購入するための貸付債権を買取りの対象としていない。

2　機構は、証券化支援事業（買取型）において、バリアフリー性、省エネルギー性、耐震性又は耐久性・可変性に優れた住宅を取得する場合に、貸付金の利率を一定期間引き下げる制度を実施している。

3　機構は、マンション管理組合や区分所有者に対するマンション共用部分の改良に必要な資金の貸付けを業務として行っている。

4　機構は、災害により住宅が滅失した場合において、それに代わるべき建築物の建設又は購入に必要な資金の貸付けを業務として行っている。

【問　47】 宅地建物取引業者が行う広告に関する次の記述のうち、不当景品類及び不当表示防止法（不動産の表示に関する公正競争規約を含む。）の規定によれば、正しいものはどれか。

1　土地を販売するに当たり、購入者に対し、購入後一定期間内に当該土地に建物を建築することを条件としていても、建物建築の発注先を購入者が自由に選定できることとなっていれば、当該土地の広告に「建築条件付土地」と表示する必要はない。

2　新聞折込チラシにおいて新築賃貸マンションの賃料を表示するに当たり、すべての住戸の賃料を表示することがスペース上困難な場合は、標準的な1住戸1か月当たりの賃料を表示すれば、不当表示に問われることはない。

3　改装済みの中古住宅については、改装済みである旨を必ず表示しなければならない。

4　分譲住宅について、住宅の購入者から買い取って再度販売する場合、当該住宅が建築工事完了後1年未満で居住の用に供されたことがないものであるときは、広告に「新築」と表示しても、不当表示に問われることはない。

【問　48】　次の記述のうち、正しいものはどれか。

1　平成29年度法人企業統計年報（平成30年9月公表）によれば、平成29年度における全産業の経常利益は前年度に比べ11.4%増加となったが、不動産業の経常利益は13.8%減少した。

2　平成31年地価公示（平成31年3月公表）によれば、平成30年1月以降の1年間の地価変動率は、全国平均では住宅地、商業地、工業地のいずれについても上昇となった。

3　令和元年版国土交通白書（令和元年7月公表）によれば、平成30年3月末における宅地建物取引業者数は約20万に達している。

4　建築着工統計（平成31年1月公表）によれば、平成30年の貸家の新設着工戸数は約39.6万戸となっており、7年連続の増加となった。

【問　49】 土地に関する次の記述のうち、最も不適当なものはどれか。

1　台地、段丘は、農地として利用され、また都市的な土地利用も多く、地盤も安定している。

2　台地を刻む谷や台地上の池沼を埋め立てた所では、地盤の液状化が発生し得る。

3　台地、段丘は、水はけも良く、宅地として積極的に利用されているが、自然災害に対して安全度の低い所である。

4　旧河道や低湿地、海浜の埋立地では、地震による地盤の液状化対策が必要である。

【問　50】 建築物の構造に関する次の記述のうち、最も不適当なものはどれか。

1　地震に対する建物の安全確保においては、耐震、制震、免震という考え方がある。

2　制震は制振ダンパーなどの制振装置を設置し、地震等の周期に建物が共振することで起きる大きな揺れを制御する技術である。

3　免震はゴムなどの免震装置を設置し、上部構造の揺れを減らす技術である。

4　耐震は、建物の強度や粘り強さで地震に耐える技術であるが、既存不適格建築物の地震に対する補強には利用されていない。

解答用紙

注意事項

・正解は、各問題とも一つだけです。二つ以上の解答をしたもの及び判読が困難なものは、正解としません。
・制限時間は 120 分です。
※登録講習修了者は、問 46 ～問 50 の5問が免除され、制限時間は 110 分となります（例年）。

答え合わせに便利な正解一覧は、別冊の各年度解説の最初に掲載しています。

正解　／50 問（45 問※）

問	1	① ② ③ ④
問	2	① ② ③ ④
問	3	① ② ③ ④
問	4	① ② ③ ④
問	5	① ② ③ ④
問	6	① ② ③ ④
問	7	① ② ③ ④
問	8	① ② ③ ④
問	9	① ② ③ ④
問	10	① ② ③ ④
問	11	① ② ③ ④
問	12	① ② ③ ④
問	13	① ② ③ ④
問	14	① ② ③ ④
問	15	① ② ③ ④
問	16	① ② ③ ④
問	17	① ② ③ ④
問	18	① ② ③ ④
問	19	① ② ③ ④
問	20	① ② ③ ④
問	21	① ② ③ ④
問	22	① ② ③ ④
問	23	① ② ③ ④
問	24	① ② ③ ④
問	25	① ② ③ ④
問	26	① ② ③ ④
問	27	① ② ③ ④
問	28	① ② ③ ④
問	29	① ② ③ ④
問	30	① ② ③ ④
問	31	① ② ③ ④
問	32	① ② ③ ④
問	33	① ② ③ ④
問	34	① ② ③ ④
問	35	① ② ③ ④
問	36	① ② ③ ④
問	37	① ② ③ ④
問	38	① ② ③ ④
問	39	① ② ③ ④
問	40	① ② ③ ④
問	41	① ② ③ ④
問	42	① ② ③ ④
問	43	① ② ③ ④
問	44	① ② ③ ④
問	45	① ② ③ ④
問	46	① ② ③ ④
問	47	① ② ③ ④
問	48	① ② ③ ④
問	49	① ② ③ ④
問	50	① ② ③ ④

この解答用紙はコピーしてお使いください。

本書の正誤情報や、本書編集時点から 2024 年 4 月 1 日（2024 年度試験の出題法令基準日〈予定〉）までに施行される法改正情報等は、下記のアドレスでご確認ください。

http://www.s-henshu.info/tkkm2403/

上記掲載以外の箇所で正誤についてお気づきの場合は、**書名・発行日・質問事項（該当ページ・行数・問題番号**などと**誤りだと思う理由）・氏名・連絡先**を明記のうえ、お問い合わせください。

・web からのお問い合せ：上記アドレス内【正誤情報】へ
・郵便または FAX でのお問い合せ：下記住所または FAX 番号へ

※電話でのお問い合わせはお受けできません。

［宛先］ コンデックス情報研究所
『詳解　宅建士過去 7 回問題集　’24 年版』係
住　　所：〒 359-0042　所沢市並木 3-1-9
FAX 番号：04-2995-4362（10:00 ～ 17:00　土日祝日を除く）

※本書の正誤以外に関するご質問にはお答えいたしかねます。また、受験指導などは行っておりません。
※ご質問の受付期限は、2024 年 10 月の試験日の 10 日前必着といたします。
※回答日時の指定はできません。また、ご質問の内容によっては回答まで 10 日前後お時間をいただく場合があります。
あらかじめご了承ください。

監修：串田誠一（くしだ　せいいち）

弁護士。元法政大学大学院教授。法政大学法学部卒。司法試験、公認会計士試験、大手ゼネコンでの宅建士試験指導を長年担当。司法試験合格後、宅建士指導のために宅建士試験にも合格。

編著：コンデックス情報研究所

1990 年 6 月設立。 法律 ・ 福祉 ・ 技術 ・ 教育分野において、 書籍の企画 ・ 執筆 ・ 編集、 大学および通信教育機関との共同教材開発を行っている研究者 ・ 実務家 ・ 編集者のグループ。

詳解 宅建士 過去7回問題集 ’24年版

2024年 4 月20日発行

監　修　串田誠一（くしだせいいち）
編　著　コンデックス情報研究所（じょうほうけんきゅうしょ）
発行者　深見公子
発行所　成美堂出版
〒162-8445　東京都新宿区新小川町1-7
電話(03)5206-8151 FAX(03)5206-8159
印　刷　大盛印刷株式会社

ISBN978-4-415-23823-4
落丁·乱丁などの不良本はお取り替えします
定価はカバーに表示してあります

詳解 '24年版
宅建士
過去7回問題集

別冊

正解・解説編

矢印の方向に引くと
正解・解説編が取り外せます。

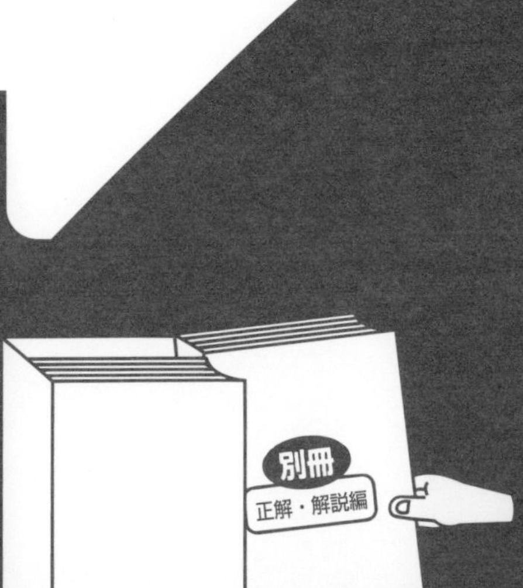

成美堂出版

正解・解説編

目　次

■法改正に関して

宅建士試験の問題は、毎年４月１日（基準日）現在で施行されている法令等によって作成されます。本書は、原則として、令和６年３月１日現在で施行されている現行法令に基づいて編集しています。ただし、令和６年４月１日までに施行されることが判明しているものはできるだけ反映するようにしました。

本書編集時点から令和６年４月１日（令和６年度試験の出題法令基準日〈予定〉）までに施行される法改正や本書に関する最新情報などは、下記のアドレスで確認することができます。

http://www.s-henshu.info/tkkm2403/

随時更新中!

略　　語

この正解・解説では、法令等の名称について、以下の略称を用いています。同じ法律の施行令、施行規則等については、それぞれ令、則等と表示しています。

不登法	不動産登記法
区分所有法	建物の区分所有等に関する法律
都計法	都市計画法
建基法	建築基準法
国土法	国土利用計画法
盛土法	宅地造成及び特定盛土等規制法
区画法	土地区画整理法
宅建業法	宅地建物取引業法
履行確保法	特定住宅瑕疵担保責任の履行の確保等に関する法律
品確法	住宅の品質確保の促進等に関する法律
宅建業	宅地建物取引業
宅建業者	宅地建物取引業者
宅建業者名簿	宅地建物取引業者名簿
宅建士	宅地建物取引士
宅建士証	宅地建物取引士証
宅建士登録簿	宅地建物取引士資格登録簿
免許	宅地建物取引業の免許
保証金則	宅地建物取引業者営業保証金規則
保証協会	宅地建物取引業保証協会
報酬告示	宅地建物取引業者が宅地又は建物の売買等に関して受けることができる報酬の額
景表法	不当景品類及び不当表示防止法
公正規約	不動産の表示に関する公正競争規約
景品類公正規約	不動産業における景品類の提供の制限に関する公正競争規約
鑑定評価基準	不動産鑑定評価基準
租特法	租税特別措置法
機構法	独立行政法人住宅金融支援機構法

令和５年度
正解・解説

正解一覧表

問	番号	解答
問	1	**1** 2 3 4
問	2	**1** 2 3 4
問	3	1 **2** 3 4
問	4	1 2 3 **4**
問	5	1 2 3 **4**
問	6	1 2 **3** 4
問	7	1 2 **3** 4
問	8	1 2 **3** 4
問	9	1 **2** 3 4
問	10	1 2 **3** 4
問	11	1 2 3 **4**
問	12	1 2 **3** 4
問	13	1 **2** 3 4
問	14	1 **2** 3 4
問	15	1 2 3 **4**
問	16	**1** 2 3 4
問	17	1 2 **3** 4
問	18	**1** 2 3 4
問	19	**1** 2 3 4
問	20	1 2 3 **4**
問	21	1 **2** 3 4
問	22	**1** 2 3 4
問	23	**1** 2 3 4
問	24	1 2 3 **4**
問	25	1 2 3 **4**
問	26	1 2 **3** 4
問	27	1 2 3 **4**
問	28	1 2 **3** 4
問	29	1 **2** 3 4
問	30	**1** 2 3 4
問	31	1 2 3 **4**
問	32	1 2 3 **4**
問	33	**1** 2 3 4
問	34	1 2 **3** 4
問	35	1 2 3 **4**
問	36	1 2 **3** 4
問	37	1 2 **3** 4
問	38	1 **2** 3 4
問	39	1 **2** 3 4
問	40	1 2 3 **4**
問	41	1 **2** 3 4
問	42	1 2 **3** 4
問	43	1 2 3 **4**
問	44	**1** 2 3 4
問	45	1 2 3 **4**
問	46	1 **2** 3 4
問	47	1 **2** 3 4
問	48	**1** 2 3 4
問	49	1 **2** 3 4
問	50	1 2 **3** 4

【問 1】 正解 1

本問で提示された判決文は、最判平17・9・8である。

1 × 2行目以下に、「この間（相続開始から遺産分割までの間）に……生ずる金銭債権たる賃料債権は、……各共同相続人がその相続分に応じて分割単独債権として確定的に取得するものと解するのが相当である。」としている。したがって、遺産である不動産が遺産分割によって複数の相続人のうちの一人に帰属することとなった場合でも、遺産である不動産から、相続開始から遺産分割までの間に生じた賃料債権は、**各共同相続人がその相続分に応じて分割単独債権として確定的に取得する**のであって、当該不動産が帰属することになった相続人が相続開始時にさかのぼって取得するわけではない。

2 ○ 相続人が数人あるときは、相続財産は、その共有に属し（民法898条1項）、**各共同相続人は、その相続分に応じて被相続人の権利義務を承継する**（同法899条）。

3 ○ 遺産分割の効力は、**相続開始の時にさかのぼって生じる**。ただし、第三者の権利を害することはできない（同法909条）。

4 ○ 遺産である不動産から**遺産分割後に生じた賃料債権**は、遺産である不動産が遺産分割によって複数の相続人のうちの一人に帰属することとなった場合には、法定果実として、遺産分割によって**当該不動産が帰属した相続人**が取得する。

【問 2】 正解 1

1 ○ 土地の所有者は、境界標の調査又は境界に関する測量等の一定の目的のために必要な範囲内で隣地を使用することができる（民法209条1項2号）。ただし、**住家については、その家の居住者の承諾がなければ、当該住家に立ち入ることはできない**（同条項ただし書）。

2 × 土地の所有者は、隣地の竹木の枝が境界線を越える場合、その竹木の所有者にその枝を切除させることができる（同法233条1項）。しかし、その枝を切除するよう**催告したにもかかわらず相当の期間内に切除しなかったとき**には、自らその枝を切り取ることが**できる**（同条3項1号）。

3 × 相隣者の一人は、**他方の相隣者の承諾を得なくても**、相隣者間で共有する障壁の高さを増すことができる（同法231条1項）。

4 × 他の土地に囲まれて公道に通じない土地の所有者は、公道に出るためにその土地を囲んでいる他の土地を通行することができる（同法210条1項）。もっとも、その場合は、通行の場所が、**通行権者のために必要**であり、かつ、**他の土地のために損害が最も少ないもの**を選ばなければならず（同法211条1項）、自由に選んで通行できるわけではない。

【問 3】 正解 2

1 ○ 増築部分が既存建物と別個**独立性を有さずその構成部分となっている場合**は、増築部分は**既存建物の所有者に帰属する**（最判昭38・5・31）。したがって、AがBに請負代金を支払っていなくても、Aは増築部分の所有権を**取得する**。

2 × 請負人が仕事が終了した時に仕事の目的物が品質に関して契約不適合がある場合、**注文者がその不適合を知った時から1年以内**にその旨を請負人に通知しなければ、契約不適合を理由とした修補などの履行の追完の請求をすることができない（民法637条1項）。本肢では、「工事が終了した日」から1年以内としている点で誤っている。

3　○　請負人が仕事が終了した時に仕事の目的物が品質に関して契約不適合がある場合、注文者がその不適合を知った時から1年以内にその旨を請負人に通知しなければ、契約不適合を理由として、修補などの履行の追完の請求をすることができない（同条項）。ただし、仕事が終了した時において、**請負人が契約不適合を知っていたときは、期間制限はない**（同条2項）。したがって、Bが不適合があることを知りながらそのことをAに告げずに工事を終了した場合、Aが工事終了日から3年後に契約不適合を知った場合でも、AはBに対して、**消滅時効が完成するまで**は契約不適合を理由とした**修補を請求することができる**。なお、債権は、債権者が行使できることを知った時から5年間行使しないとき、又は権利を行使できる時から10年間行使しないときには消滅時効が完成する（同法166条）。

4　○　注文者は、**注文者の供した材料**の性質によって契約不適合が生じた場合、修補などの**履行の追完の請求をすることができない**（同法636条）。ただし、請負人がその材料が不適当であることを知りながら告げなかったときは履行の追完の請求をすることができる（同条ただし書）。本肢は、Bが材料が不適当であることを知らなかったので、AはBに対して、Aが提供した材料によって生じた契約不適合を理由とした修補を請求することはできない。

【問　4】　　**正解　4**

ア　相殺できる

相殺は、双方の債務が弁済期にあるときにできる（民法505条1項）。本肢では、自働債権である甲債権は**弁済期の定めのない債権**なので、**請求があればいつでも**弁済期が到来する（同法412条3項）。また、受働債権である乙債権も**期限の利益を放棄する旨の意思表示**をしているので、弁済期が到来している。よって、双方の債務が弁済期になっているので、相殺することができる。

イ　相殺できる

本肢では、自働債権である甲債権は**弁済期が到来している**。また、**弁済期の定めのない債権**は、**請求があればいつでも**弁済期が到来するので、受働債権である乙債権は弁済期が到来している。よって、双方の債務が弁済期になっているので、相殺することができる。

ウ　相殺できる

弁済期の定めのない債権は、**請求があればいつでも**弁済期が到来するので、自働債権である甲債権は**弁済期が到来している**。また、受働債権である乙債権も**弁済期が到来している**。よって、双方の債務が弁済期になっているので、相殺することができる。

エ　相殺できない

受働債権の弁済期が到来していない場合は、期限の利益の放棄として相殺することができるが、**自働債権の弁済期が到来していない場合**は、相手方の期限の利益を侵害するので**相殺することができない**。本肢では、自働債権である甲債権の**弁済期が到来していない**ので、相殺することができない。

以上より、相殺できないものは**エ**であり、正解は**4**となる。

【問　5】　正解　4

1　×　不在者が管理人を置かなかったときは、家庭裁判所は、**利害関係人又は検察官の請求により**、その財産の管理について必要な処分を命ずることができる（民法25条1項）。したがって、不在者の生死が7年間明らかでない場合に限られるわけではない。なお、不在者の生死が7年間明らかでないときは、**失踪の宣告**をすることができる（同法30条1項）。

2　×　不在者が管理人を置いた場合において、その不在者の生死が明らかでないときは、家庭裁判所は、**利害関係人又は検察官の請求により**、管理人を改任することができる（同法26条）。

3　×　家庭裁判所により選任された管理人は、不在者を被告とする訴訟において控訴、上告をするのに、**家庭裁判所の許可は必要ない**（最判昭47・9・1）。

4　○　管理人は、別段の定めがない限り、**家庭裁判所の許可を得れば、これを超える行為をすることができる**（民法28条）。したがって、管理人は、保存行為として不在者の自宅を修理することができるほか、**家庭裁判所の許可**を得れば、これを売却することができる。

【問　6】　正解　3

ア　○　第三者がした登記の後に取得時効が完成した場合は、**第三者に対して登記なくして時効取得を対抗することができる**(最判昭41・11・22)。したがって、AがCに対して甲土地を売却し、Cが所有権移転登記を備えた後にBの取得時効が完成した場合には、Bは登記を備えていなくても、甲土地の所有権の時効取得をCに対抗することが**できる**。

イ　○　取得時効が完成した後に登記をせずに、その後に登記をした第三者に対して登記なくして時効取得を対抗することはできない（最判昭33・8・28）。もっとも、第三者の登記後に改めて**時効取得に必要な期間占有を継続した場合**には、当該第三者に対して登記なくして時効取得を対抗することが**できる**（最判昭36・7・20）。したがって、Bの取得時効が完成した後に、AがDに対して甲土地を売却しDが所有権移転登記を備え、Bが、Dの登記の日から所有の意思をもって平穏にかつ公然と時効取得に必要な期間占有を継続した場合、所有権移転登記を備えていなくても、甲土地の所有権の時効取得をDに対抗することが**できる**。

ウ　○　不動産の取得時効完成後、第三者が元の所有者から抵当権の設定を受け、抵当権設定登記をした場合、占有者は、**引き続き時効取得に必要な期間占有を継続したとき**は、特段の事情がない限り、再度、時効取得し、その結果、抵当権は**消滅する**（最判平24・3・16）。したがって、Bの取得時効完成後、Bへの所有権移転登記がなされないままEが甲土地にAから抵当権の設定を受けて抵当権設定登記をした場合において、Bがその後引き続き所有の意思をもって平穏にかつ公然と時効取得に必要な期間占有を継続した場合、特段の事情がない限り、**再度の時効取得**により、Bは甲土地の所有権を**取得し**、Eの抵当権は**消滅する**。

以上より、正しいものは**ア**と**イ**と**ウ**の3つであり、正解は**3**となる。

【問　7】　正解　3

1　×　遺産分割協議において、Bの配偶者居住権の**存続期間が定められなかった場合**、配偶者居住権の存続期間は**配偶者の終身の間**となる（民法1030条）。したがって、存続期間が20年となるわけではない。

2　×　配偶者は、居住建物の**所有者の承諾を得なければ**、第三者に居住建物の使用若しくは収益をさせることができない(同法1032条3項)。したがって、Bは、Cの承諾を得ずに甲建物を第三者Dに賃貸することは**できない**。

3　○　**居住建物の所有者**は、配偶者居住権を取得した配偶者に対し、配偶者居住権の設定の登記を備えさせる**義務を負う**(同法1031条1項)。したがって、Cには、Bに対し、配偶者居住権の設定の登記を備えさせる**義務がある**。

4　×　居住建物の通常の必要費を負担するのは、**配偶者**である（同法1034条1項)。したがって、Cではなく**B**が、甲建物の通常の必要費を負担しなければならない。

【問　8】　　**正解　3**

1　×　未成年者が法定代理人の同意を得ずに行った行為については、取り消すことができる（民法5条2項)。もっとも、**未成年者が法定代理人の同意を得ずに取り消した場合**は、法定代理人であっても、当該取消しの意思表示を**取り消すことができない**。この場合は、取り消さなくても未成年者の保護に欠けないからである。したがって、AがBの同意を得ずに制限行為能力を理由として本件売買契約を取り消した場合、Bは、Aの当該取消しの意思表示を取り消すことが**できない**。

2　×　未成年者が法定代理人の同意を得ずに行った行為は、取り消すことができる（同条項)。**相手方の善意悪意は関係ない**。したがって、Aが未成年者であることにつきCが善意無過失であった場合でも、Bは、Aの制限行為能力を理由として、本件売買契約を取り消すことが**できる**。

3　○　追認は、取消しの原因となっていた状況が消滅し、かつ、**取消権を有することを知った後**にしなければ、その効力を生じない（同法124条1項)。そして、取り消すことができる行為について**追認したとき**は、以後、取り消すことは**できない**（同法122条)。したがって、本件売買契約につき、取消しがなされないままAが成年に達した場合、本件売買契約についてBが反対していたとしても、自らが取消権を有すると知ったAは、本件売買契約を**追認することができ**、追認後は本件売買契約を取り消すことは**できなくなる**。

4　×　追認をすることができる時以後に、取り消すことができる行為によって取得した権利の全部又は一部の譲渡があったときは、**追認をしたものとみなされる**（同法125条5号､法定追認)。本肢では、Aが甲建物をDに売却した場合でも、**成年に達する前**であり、追認をすることができる時に至っていない。したがって、法定追認に該当せず、Aは制限行為能力を理由として、本件売買契約を取り消すことが**できる**。

【問　9】　　**正解　2**

1　○　賃貸人が修繕が必要であることを知ったにもかかわらず、**賃貸人が相当の期間内に必要な修繕をしないとき**は、賃借人は、その修繕をすることが**できる**（民法607条の2第1号)。したがって、甲建物の修繕が必要であることを、Aが知ったにもかかわらず、Aが相当の期間内に必要な修繕をしないときは、Bは甲建物の修繕をすることが**できる**。

2 ×　賃借人が賃貸人に修繕が必要である旨を通知したにもかかわらず、賃貸人が**相当の期間内に必要な修繕をしないとき**は、賃借人は、その修繕をすることができる（同法 607 条の 2 第 1 号）。したがって、B が A に修繕が必要である旨を通知しても、A が必要な修繕を**直ちに**しなければならないわけではない。

3 ○　賃貸人は、賃貸物の使用及び収益に必要な修繕をする義務を負う（同法 606 条 1 項）。ただし、**賃借人の責めに帰すべき事由**によってその修繕が必要となったときは、賃貸人に修繕をする**義務はない**（同条項ただし書）。したがって、B の責めに帰すべき事由によって甲建物の修繕が必要となった場合は、A は甲建物を修繕する**義務を負わない**。

4 ○　賃借物の修繕が必要である場合において、**急迫の事情があるとき**は、賃借人は、その修繕をすることが**できる**（同法 607 条の 2 第 2 号）。したがって、急迫の事情があるときは、B は甲建物の修繕をすることが**できる**。

【問　10】　**正解　3**

抵当権の順位の放棄（民法 376 条 1 項）がなされると、放棄した先順位の抵当権者（本肢の B）の優先弁済額と放棄を受けた後順位の抵当権者（本肢の D）の優先弁済額の合計から、B と D がそれぞれの被担保債権額に応じて按分して配当を受けることになる。したがって、B と D の優先弁済額の合計 1,200 万円から、B は 1,200 万円 × 1,000/（1,000 ＋ 2,000）＝ **400 万円**、D は 1,200 万円 × 2,000/（1,000 ＋ 2,000）＝ **800 万円**の配当を受ける。

以上より、B の受ける配当額は **400 万円**であり、正解は **3** となる。

【問　11】　**正解　4**

1 ×　地代が、経済事情の変動などによって不相当となったときは、契約の条件にかかわらず、当事者は、将来に向かって地代の額の増減を請求することができる（借地借家法 11 条 1 項）。その場合でも、一定の期間地代を増額しない旨の特約があれば、その特約は有効だが（同条項ただし書）、**地代を減額しない旨の特約は無効**である。したがって、本件契約に、当初の 10 年間は地代を減額しない旨の特約を定めた場合でも、B は A に対して地代の減額請求をすることが**できる**。

2 ×　事業用定期借地権は、居住の用に供するものを除いた専ら事業の用に供する建物の所有を目的とし、かつ、**存続期間が 50 年未満**として設定しなければならないので（同法 23 条 1 項）、賃貸アパート事業用で、しかも存続期間が 50 年である本件契約は事業用定期借地権には**当たらない**。本件契約は、期間が 50 年で、契約の更新や建物の築造による存続期間の延長がない旨を定めているので、**一般定期借地権**に当たる。この場合、その特約は**公正証書による等書面**によってしなければならないが（同法 22 条 1 項）、書面であればよく、必ずしも公正証書でなければならない**わけではない**。

3 ×　建物買取請求権は強行規定としてこれを排除することはできない（同法 13 条、16 条）。もっとも、**借地権者の債務不履行**により契約が終了したときは、建物買取請求権を行使することが**できない**（最判昭 35・2・9）。この場合にまで借地権者を保護する必要はないからである。したがって、本件契約が終了したときは、**その終了事由のいかんにかかわらず**、BはAに対して建物買取請求ができる**わけではない**。

4 ○ 借地権の存続期間が満了する場合において建物があり、借地権者が契約の更新を請求したときは、従前の契約と同一の条件で契約を更新したものとみなされるが、借地権設定者が**遅滞なく異議を述べれば**更新したものと**みなされない**（借地借家法5条1項）。ただし、その異議は、**正当な事由**があると認められる必要がある（同法6条）。したがって、期間満了する場合において甲土地上に建物があり、Bが契約の更新を請求したとしても、Aが遅滞なく異議を述べ、その異議に**更新を拒絶する正当な事由があると認められる場合**は、契約は**更新されない**。

【問 12】 **正解 3**

1 × **期間を1年未満**とする建物の賃貸借は、**期間の定めがない**建物の賃貸借とみなされる（借地借家法29条1項）。したがって、期間を1年とするものとみなされるわけではない。

2 × 建物の賃料が不相当となったなどの事情があるときは、契約の条件にかかわらず、当事者は、将来に向かって建物の賃料の額の増減を請求することができる（同法32条1項）。その場合でも、一定の期間建物の賃料を増額しない旨の特約は有効だが（同条項ただし書）、**建物の賃料を減額しない旨の特約は無効**である。したがって、現行賃料が不相当になったなどの事情が生じた場合は、一定の期間は建物の賃料を減額しない旨の特約は**無効**である。

3 ○ 本肢のように賃借人が建物の引渡しを受けているなど、借地借家法による賃貸借の対抗要件（同法31条）を備えた場合において、その不動産が譲渡されたときは、その不動産の賃貸人たる地位は、その譲受人に移転する（民法605条の2第1項）。ただし、不動産の譲渡人及び譲受人が、**賃貸人たる地位を譲渡人に留保する**旨及びその不動産を**譲受人が譲渡人に賃貸する**旨の合意をしたときは、賃貸人たる地位は、譲受人に**移転しない**（同条2項）。

4 × **賃料増額請求の時期に特段の制限はない**。したがって、現行賃料が定められた時から一定の期間が経過していなければ、賃料増額請求が認められない**わけではない**（最判平3・11・29）。

【問 13】 **正解 2**

1 ○ 集会においては、あらかじめ通知した事項についてのみ、決議をすることができる（区分所有法37条1項）。ただし、集会の決議につき特別の定数が定められている事項を除いて、**規約で別段の定めをすれば**、あらかじめ通知した事項以外についても決議することが**できる**（同条2項）。

2 × 集会は、区分所有者**全員**の同意があるときは、招集の手続を経ないで開くことができる（同法36条）。「区分所有者の4分の3以上の同意があるとき」ではない。

3 ○ 保存行為は、規約で別段の定めがある場合を除いて、**各共有者がすることができる**（同法18条1項、2項）。したがって、保存行為は、規約に別段の定めがある場合を除いて、集会の決議を**必要としない**。

4 ○ 一部共用部分に関する事項で区分所有者全員の利害に関係しないものについての区分所有者全員の規約は、当該一部共用部分を共用すべき区分所有者の**4分の1を超える者**が反対したときは、することができない（同法31条2項）。したがって、当該一部共用部分を共用すべき区分所有者が8人である場合、**4分の1を超える**3人が反対したときは**変更することができない**。

【問　14】　正解　2

1　○　建物が滅失したときは、表題部所有者又は所有権の登記名義人は、その滅失の日から1か月以内に、当該建物の滅失の登記を申請しなければならない（不登法57条）。

2　×　何人も、**正当な理由があるとき**は、登記官に対し、手数料を納付して、登記簿の申請書などの附属書類の閲覧を請求することができる（同法121条3項）。**理由の有無にかかわらず**、登記官に対し、登記簿の附属書類である申請書を閲覧することができる**わけではない**。

3　○　共有物分割禁止の定めに係る権利の変更の登記の申請は、共有者全員有利不利ともいえないので、当該権利の共有者である**すべての登記名義人が共同して**しなければならない（同法65条）。

4　○　区分建物の所有権の保存の登記は、表題部所有者だけでなく、表題部所有者から**所有権を取得した者**も、申請することが**できる**（同法74条2項）。

【問　15】　正解　4

1　×　市街化調整区域とは、市街化を**抑制すべき区域**のことである（都計法7条3項）。本肢は、**準都市計画区域**の説明である（同法5条の2第1項）。

2　×　高度利用地区とは、用途地域内の市街地における土地の合理的かつ健全な高度利用と都市機能の更新とを図るため、**建築物の容積率の最高限度及び最低限度、建築物の建蔽率の最高限度、建築物の建築面積の最低限度**並びに**壁面の位置の制限**を定める地区のことである（同法9条19号）。建築物の高さの最低限度を定める地区は、**高度地区**である（同条18号）。

3　×　特定用途制限地域とは、用途地域が**定められていない**土地の区域（市街化調整区域を除く。）内において、その良好な環境の形成又は保持のため当該地域の特性に応じて合理的な土地利用が行われるよう、制限すべき特定の建築物等の用途の概要を定める地域のことである（同条15号）。したがって、特定用途制限地域は、用途地域が定められている土地の区域内には**定められない**。

4　○　地区計画は、用途地域が**定められている**土地の区域のほか、一定の場合には、用途地域が**定められていない**土地の区域にも定めることができる（同法12条の5第1項）。

【問　16】　正解　1

1　○　開発許可を申請しようとする者は、あらかじめ、開発行為に関係がある**公共施設の管理者**と協議し、その同意を得なければならない（都計法32条1項）。

2　×　開発許可を受けた者は、当該許可を受ける際に申請書に記載した事項を変更しようとする場合においては、都道府県知事の**許可**を受けなければならないが、当該変更が国土交通省令で定める軽微な変更に当たるときは、**許可を受ける必要がない**（同法35条の2第1項）。

3　×　**都道府県知事**は、当該開発行為に関する工事が完了し、検査済証を交付したときは、遅滞なく、当該工事が完了した旨を公告しなければならない（同法36条3項）。したがって、**都道府県知事**が公告をするのであって、開発許可を受けた者が公告をするわけではない。

4 × 市街化調整区域のうち開発許可を受けた開発区域以外の区域内においては、**都道府県知事の許可**を受けなければ、建築物の新築などをすることができない（同法43条1項）。ただし、例外として、非常災害のために必要な応急措置として行う建築物の新築など一定の場合は都道府県知事の許可は必要ない（同条項）。本肢の場合、自己の居住用の住宅を新築しようとする場合は上記の例外に当たらないので、開発行為を伴わない場合であっても、**都道府県知事の許可**を受けなければならない。

【問 17】 **正解 3**

1 ○ 地方公共団体は、条例で、津波、高潮、出水等による危険の著しい区域を**災害危険区域**として指定し、当該区域内における住居の用に供する建築物の建築を禁止することができる（建基法39条1項、2項）。

2 ○ 3階建て以上の建築物の避難階以外の階を、床面積の合計が**1,500m²を超える**物品販売業の店舗の売場とする場合には、当該階から避難階又は地上に通ずる**2以上の直通階段**を設けなければならない（同法令121条1項2号）。

3 × 建築物が防火地域及び準防火地域にわたる場合においては、その全部について**防火地域内**の建築物に関する規定を適用する（同法65条2項）。準防火地域内の建築物に関する規定を適用するわけではない。

4 ○ 石綿その他の物質の建築材料からの飛散又は発散による衛生上の支障がないよう、石綿等をあらかじめ添加した建築材料は、石綿等を飛散又は発散させるおそれがないものとして国土交通大臣が定めたもの又は国土交通大臣の認定を受けたものを除き、**使用してはならない**（同法28条の2第2号）。

【問 18】 **正解 1**

1 ○ 建基法第53条第1項及び第2項の建蔽率制限に係る規定の適用については、準防火地域内にある準耐火建築物であり、かつ、街区の角にある敷地又はこれに準ずる敷地で特定行政庁が指定するものの内にある建築物にあっては同条第1項各号に定める数値に**10分の2を加えたもの**をもって当該各号に定める数値とする（同法53条3項）。

2 × 建築物又は敷地を造成するための擁壁は、道路内に、又は道路に突き出して建築し、又は築造してはならないが、**地盤面下に設ける建築物**は建築**することができる**（同法44条1項1号）。

3 × 地方公共団体は、**一戸建ての住宅を除いて**、その敷地が袋路状道路にのみ接する建築物であって、延べ面積が150m²を超えるものについては、条例で、その敷地が接しなければならない道路の幅員、その敷地が道路に接する部分の長さその他その敷地又は建築物と道路との関係に関して必要な制限を付加することができる（同法43条3項5号）。

4 × 対象区域外にある**高さが10mを超える建築物**で、冬至日において、対象区域内の土地に日影を生じさせるものは、当該対象区域内にある建築物とみなして、建基法第56条の2第1項の規定による日影規制が**適用される**（同条4項）。したがって、対象区域外にある建築物であれば一律に日影規制が適用されないわけではない。

【問　19】　　正解　1

1　×　都道府県知事は、基本方針に基づき、かつ、基礎調査の結果を踏まえ、必要があると認めるときは、**宅地造成等工事規制区域外**で、宅地造成又は特定盛土等に伴う災害で相当数の居住者等に危害を生ずるものの発生のおそれが大きい一団の造成宅地の区域であって一定の基準に該当するものを、**造成宅地防災区域**として指定することができる（盛土法45条1項）。宅地造成等工事規制区域内ではない。

2　○　都道府県知事は、その地方の気候、風土又は地勢の特殊性により、盛土規制法の規定のみによっては宅地造成等に伴う崖崩れ又は土砂の流出の防止の目的を達し難いと認める場合においては、都道府県の規則で、**宅地造成等工事規制区域内**において行われる宅地造成等に関する工事の技術的基準を強化し、又は付加することができる（同法令20条2項）。

3　○　都道府県知事は、**宅地造成等工事規制区域内**の土地について、宅地造成等に伴う災害の防止のため必要があると認める場合においては、その土地の所有者に対し、擁壁等の設置等の措置をとることを勧告することができる（同法22条2項）。

4　○　**宅地造成等工事規制区域内**の土地において、雨水その他の地表水又は地下水を排除するための排水施設の除却工事を行おうとする場合は、一定の場合を除き、その工事に着手する日の14日前までに、**都道府県知事への届出**が必要となる（同法21条3項、同法令26条1項）。

【問　20】　　正解　4

1　○　換地計画において定められた清算金は、換地処分の公告があった日の**翌日**において確定する（区画法104条8項）。

2　○　現に施行されている土地区画整理事業の施行地区となっている区域については、**その施行者の同意**を得なければ、その施行者以外の者は、土地区画整理事業を施行することができない（同法128条1項）。

3　○　施行者は、換地処分の公告があった場合において、施行地区内の土地及び建物について土地区画整理事業の施行により変動があったときは、**遅滞なく**、その変動に係る**登記**を申請し、又は嘱託しなければならない（同法107条2項）。

4　×　土地区画整理組合は、仮換地を指定しようとする場合においては、あらかじめ、その指定について、**総会**若しくは**その部会**又は**総代会**の同意を得なければならない(同法98条3項)。「土地区画整理審議会の同意」としている点が誤りである。

【問　21】　　正解　2

1　○　相続は、被相続人の財産に属した一切の権利義務を当然に承継するので、相続により農地を取得する場合は、農地法第3条第1項の許可を**要しない**。また、相続人に対する特定遺贈により農地を取得する場合も許可を**要しない**（同法則15条5号）。一方で、**相続人に該当しない者**が特定遺贈により農地を取得する場合は、農地法の許可を受ける**必要がある**。

2 ×　自己の所有する面積 **2 アール未満**の農地を農作物の育成又は養畜の事業のための農業用施設に転用する場合は、農地法第 4 条第 1 項の許可を受ける必要はない（同法則 29 条 1 号）。したがって、4 アールの農地を農作物の育成又は養畜の事業のための農業用施設に転用する場合は、同法第 4 条第 1 項の許可を受ける**必要がある**。

3 ○　農地法第 3 条第 1 項又は第 5 条第 1 項の許可が必要な農地の売買について、これらの**許可を受けずに**売買契約を締結しても、その所有権の移転の効力は**生じない**（同法 3 条 6 項、5 条 3 項）。

4 ○　社会福祉事業を行うことを目的として設立された法人（社会福祉法人）が、農地をその目的に係る業務の運営に必要な施設の用に供すると認められる場合、農地所有適格法人でなくても、**農業委員会の許可を得て**、農地の所有権を**取得することができる**（同法令 2 条 1 項 1 号ハ）。

【問　22】　　**正解　1**

1 ○　都市計画区域外の **10,000m² 以上**の土地について、土地売買等の契約を締結した場合、事後届出が必要だが（国土法 23 条 2 項 1 号ハ）、当事者の一方又は双方が**国**、**地方公共団体**である場合は事後届出は**不要**である（同条項 3 号）。本肢は、一団の土地として、6,000m² と 5,000m² の合計 11,000m² だが、当事者の一方が国なので、事後届出は**不要**である。

2 ×　市街化区域を除く都市計画区域内で **5,000m² 以上**の土地の取引は事後届出が必要だが（同法 23 条 2 項 1 号ロ）、**相続により取得した場合**は、対価を得ているわけではないので、事後届出は**必要ない**。したがって、B は事後届出を行う**必要がない**。

3 ×　市街化区域内で **2,000m² 以上**の土地の取引は事後届出が必要である（同条項同号イ）。そして、事後届出は、契約により**土地に関する権利の移転又は設定を受けることとなる者**（権利取得者）がしなければならない（同条 1 項）。したがって、D が事後届出を行わなければならない。

4 ×　重要土地等調査法とは、安全保障の観点から防衛関係施設等の重要施設や国境離島等の機能を阻害する土地等の利用を防止することを目的とした法律で、令和 4 年 9 月 20 日に施行された。この法律によれば、特別注視区域内にある面積 **200m² 以上**の土地に関する所有権又はその取得を目的とする権利の移転又は設定をする契約を締結する場合には、当事者は、一定の事項を、あらかじめ、内閣総理大臣に届け出なければならないとされている（同法 13 条 1 項）。したがって、100m² の規模の土地の場合には、内閣総理大臣に届け出る**必要はない**。

【問　23】　　**正解　1**

1 ○　契約当事者間において、同一の内容の文書を **2 通以上**作成した場合において、それぞれの文書が**課税事項を証明する目的**で作成されたものであるときは、それぞれの文書が課税文書に該当する（印紙税法通達 19 条 1 項）。また、契約当事者以外の者であっても**不動産売買契約における仲介人に交付する契約書**は課税文書に該当する（同通達 20 条）。したがって、A、B 及び仲介人 C がそれぞれ 1 通ずつ保存する場合、当該契約書 3 通には印紙税が**課される**。

2　×　土地の譲渡契約書である第1号文書と建築請負契約書である第2号文書とに該当する文書は、第1号文書となる。ただし、当該文書に契約金額の記載があり、かつ、当該契約金額を第1号及び第2号文書にそれぞれ区分して記載した場合は、**契約金額の大きいほうの文書**として扱われる（印紙税法通則3（ロ））。本肢では、一の契約書に土地の譲渡契約と建物の建築請負契約をそれぞれ区分して記載されているので、印紙税の課税標準となる当該契約書の記載金額は、契約金額の大きい請負契約の金額である**6,000万円**となる。

3　×　贈与契約においては、譲渡の対価たる金額はないため、**契約金額はないもの**として取り扱われる（印紙税法通達23条（1）ホ）。したがって、本肢では、契約書の記載金額は**ないもの**として取り扱われる。

4　×　契約金額等の変更の事実を証すべき文書について、当該文書に係る契約についての変更前の契約金額等の記載のある文書が作成されていることが明らかであり、かつ、変更の事実を証すべき文書により変更金額が記載されている場合には、**当該変更金額が変更前の契約金額等を減少させるもの**であるときは、当該文書の**記載金額の記載はないもの**とされる（印紙税法通則4（ニ））。したがって、本肢では、変更契約書の記載金額は**ないもの**として扱われる。

【問　24】　　**正解**　4

1　×　不動産取得税の徴収については、**普通徴収**の方法によらなければならない（地方税法73条の17第1項）。

2　×　不動産取得税は、不動産の取引に注目し、不動産を取得した際に課される**普通税**である。

3　×　不動産取得税は、不動産の取得に対し、当該不動産所在の**都道府県**において、当該不動産の取得者に課される（同法73条の2第1項、1条2項）。不動産所在の市町村及び特別区において、当該不動産の取得者に課されるわけではない。

4　○　不動産取得税は、市町村及び特別区に対して、課することが**できない**（同法73条の3第1項）。

【問　25】　　**正解**　4

1　×　原価法は、価格時点における対象不動産の**再調達原価**を求め、この**再調達原価**について減価修正を行って対象不動産の**試算価格**を求める手法のことである（鑑定評価基準第7章第1節）。「収益価格」、「比準価格」としている点で誤りである。

2　×　原価法は、対象不動産が建物又は建物及びその敷地である場合において、再調達原価の把握及び減価修正を適切に行うことができるときに有効であり、対象不動産が土地のみである場合においても、**再調達原価を適切に求めることができるとき**はこの手法を適用することが**できる**（同基準同章第1節）。

3　×　取引事例比較法における取引事例が、特殊事情のある事例である場合でも、その**具体的な状況**が判明しており、**補正**できるものであれば採用することが**できる**（同基準同章第1節）。

4　○　取引事例比較法は、近隣地域若しくは同一需給圏内の類似地域等において対象不動産と**類似の不動産**の取引が行われている場合又は同一需給圏内の**代替競争不動産**の取引が行われている場合に**有効**である（同基準同章第1

節）。

【問　26】　**正解　3**

ア　○　宅建業者が自ら売主として締結する売買契約において、当該契約の相手方から宅建業法施行令第3条の4第1項に規定する**承諾**を得なければ、37条書面の電磁的方法による提供をすることが**できない**（宅建業法37条4項1号）。

イ　×　宅建業者が媒介業者として関与する売買契約について、宅建業法施行令第3条の4第1項に規定する承諾を取得するための通知の中に宅建士を明示していても、37条書面の電磁的方法による提供において提供に係る宅建士を明示する**必要がある**（同法則16条の4の12第2項4号）。

ウ　○　宅建業者が自ら売主として締結する売買契約において、37条書面の電磁的方法による提供を行う場合、当該提供されたファイルへの記録を取引の相手方が**出力**することにより書面を作成できるものでなければならない（同法則16条の4の12第2項1号）。

エ　○　宅建業者が媒介業者として関与する建物賃貸借契約について、37条書面の電磁的方法による提供を行う場合、当該提供するファイルに記録された記載事項について、**改変**が行われていないかどうかを確認することができる措置を講じなければならない（同法則16条の4の12第2項2号）。

以上より、正しいものは**ア**と**ウ**と**エ**の3つであり、正解は**3**となる。

【問　27】　**正解　4**

1　○　建物状況調査とは、建物の**構造耐力上主要な部分**又は雨水の浸入を防止する部分として国土交通省令で定めるものの状況の調査であって、経年変化その他の建物に生じる事象に関する知識及び能力を有する者として国土交通省令で定める者が実施するものをいう（宅建業法34条の2第1項4号）。

2　○　宅建業者が建物状況調査を実施する者のあっせんを行う場合、建物状況調査を実施する者は建築士法第2条第1項に規定する**建築士**であって国土交通大臣が定める**講習**を修了した者でなければならない（同法則15条の8第1項）。

3　○　建物状況調査を実施する者のあっせんは、**媒介業務の一環**なので、宅建業者が依頼者に対し建物状況調査を実施する者のあっせんを行った場合、報酬とは別にあっせんに係る料金を受領することは**できない**（宅建業法の解釈・運用の考え方）。

4　×　既存住宅の場合、宅建業法第37条の規定により交付すべき書面に建物の構造耐力上主要な部分等の状況について当事者の双方が確認した事項を記載しなければならないのは、宅地・建物の**売買・交換**の場合であって、宅地・建物の貸借の場合は記載する必要がない(宅建業法37条2項1号)。したがって、貸借の媒介を行う宅建業者は、37条書面に建物の構造耐力上主要な部分等の状況について当事者の双方が確認した事項を記載する**必要はない**。

【問　28】　**正解　3**

ア　違反する

宅建業者又はその従業者は、相手方等が当該勧誘を引き続き受けることを希望しない旨の意思を表示したにもかかわらず、当該勧誘を**継続してはならない**（宅建業法47条の2第3項、同法則16条の11第1号ニ）。したがって、

Aが、別の従業員Dに同じ目的で訪問勧誘を行わせても、**当該勧誘を継続した**ことは宅建業法に**違反する**。

イ　違反する

宅建業者又はその従業者は、契約の目的物である宅地又は建物の将来の環境又は交通その他の利便について**誤解させるべき断定的判断**を提供してはならない（同法47条の2第3項、同法則16条の11第1号イ）。したがって、従業員Eが、**不実のことと認識しながら**「今後5年以内にこの一帯は再開発されるので、急いで売却した方がよい。」と説明したことは宅建業法に**違反する**。

ウ　違反する

宅建業者又はその従業者は、**迷惑を覚えさせるような時間**に電話し、深夜の勧誘その他の**私生活又は業務の平穏を害するような方法**によりその者を困惑させてはならない（同法47条の2第3項、同法則16条の11第1号ホ、ヘ）。したがって、従業員Gが、23時頃にHの自宅に電話をかけ、勧誘を行い、Hの私生活の平穏を害し、Hを困惑させたことは宅建業法に**違反する**。

エ　違反しない

宅建業者は、宅建業法第37条の規定に基づく書面を作成したときは、宅建士をして、当該書面に**記名**させなければならないが、**押印**させる必要はない（同法37条3項）。したがって、Aの宅建士に、37条書面に記名のみさせ、押印させることを省略しても宅建業法には**違反しない**。

以上より、違反するものは**ア**と**イ**と**ウ**の3つであり、正解は**3**となる。

【問　29】　　　　　正解　2

1　×　宅建業を行う支店の代表者のように政令で定める使用人が、**禁錮以上**の刑に処せられ、その刑の執行を終わり、又は執行を受けることがなくなった日から**5年**を経過しない場合、宅建業者自身の免許が取り消される（宅建業法5条1項5号、12号、同法令2条の2）。したがって、A社の使用人であって、A社の宅建業を行う支店の代表者であるものが、道路交通法の規定に違反したことにより禁錮より刑が重い**懲役の刑**（刑法9条参照）に処せられた場合、A社の免許は**取り消される**。

2　○　宅建業者の役員が、**禁錮以上**の刑に処せられ、その刑の執行を終わり、又は執行を受けることがなくなった日から**5年**を経過しない場合、宅建業者自身の免許が取り消される（宅建業法5条1項5号、12号）。したがって、B社の役員である取締役が、所得税法の規定に違反したことにより禁錮より刑が軽い**罰金の刑**（刑法9条参照）に処せられたとしても、B社の免許は**取り消されることはない**。

3　×　宅建業法に関する罪を犯したことにより、**罰金**の刑に処せられ、その刑の執行を終わり、又は執行を受けることがなくなった日から**5年**を経過しない宅建業者は、免許が取り消される（宅建業法5条1項6号）。したがって、宅建業者Cが、宅建業法の規定に違反したことにより**罰金の刑**に処せられた場合、Cの免許は**取り消される**。

4　×　宅建業者の役員が、刑法222条（脅迫）に関する罪を犯したことにより、**罰金の刑**に処せられ、その刑の執行を終わり、又は執行を受けることがなくなった日から**5年**を経過しない場合、宅建業者自身の免許が**取り消される**（宅建業法5条1項6号、12号）。役員は非常勤であっても同様である。

【問　30】　　**正解　1**

ア　×　知事免許を受けた宅建業者が免許を受けた日から**3か月以内**に都道府県知事に営業保証金を供託した旨の届出を行わないときは、都道府県知事はその届出をすべき旨の催告をしなければならず（宅建業法25条6項）、当該催告が到達した日から**1か月以内**に宅建業者が届出を行わないときは、その免許を取り消すことができる（同条7項）。「免許を受けた日から6か月以内」ではない。

イ　○　知事免許を受けた宅建業者は、営業保証金を供託したときは、その供託物受入れの記載のある供託書の写しを添付して、その旨を都道府県知事に届け出なければならず（同法25条4項）、**届出をした後**でなければ、その事業を**開始することができない**（同条5項）。

ウ　×　知事免許を受けた宅建業者は、営業保証金が還付され、都道府県知事から営業保証金が政令で定める額に不足が生じた旨の通知を受け、その不足額を供託したときは、**2週間以内**に都道府県知事にその旨を届け出なければならない（同法28条2項）。「30日以内」ではない。

エ　×　免許失効に伴い営業保証金を取り戻す際、供託した営業保証金につき還付を受ける権利を有する者に対し、**6か月を下らない一定期間内**に申し出るべき旨を公告し、その期間内にその申出がなかった場合でなければ、取り戻すことができない(同法30条2項)。「3か月を下らない一定期間内」ではない。

以上より、正しいものは**イ**の1つであり、正解は**1**となる。

【問　31】　　**正解　4**

1　×　宅建業者は、宅地又は建物の売買、交換又は貸借に関する注文を受けたときは、遅滞なく、その注文をした者に対し、取引態様の別を明らかにしなければならない（宅建業法34条2項）。**注文者が事前に取引態様の別を明示した広告を見てから注文してきた場合**においても、取引態様の別を明らかにする**必要がある**。

2　×　広告をするときは、取引態様の別を明らかにする旨の規定はあるが（同条1項）、既存の住宅に関する広告に際し、法第34条の2第1項第4号に規定する**建物状況調査を実施しているかどうか**を明示しなければならないとする**規定はない**。

3　×　宅建業者は、**建築工事完了前**においては、原則、建物の売買その他の業務に関する**広告をすることができない**（同法33条）。したがって、貸借の媒介に関する広告であっても**することができない**。なお、宅建業者は、建築工事完了前においては、原則、建物の売買、交換の契約を締結、又は媒介、代理をしてはならないが、貸借の契約はすることができる（同法36条）。

4　○　販売する宅地又は建物の広告に関し、**著しく事実に相違する表示をした場合**（同法32条）、監督処分の対象となるだけでなく(同法65条2項2号)、**6か月以下の懲役**若しくは**100万円以下の罰金**に処せられ、又はこれを併科されることもある（同法81条1号）。

【問　32】　　**正解　4**

1　○　宅建業者が、新たに宅建業を営む支店を設置した場合、宅建業者名簿の登録事項のうち、事務所の名称及び所在地（宅建業法8条2項5号）について変更しなければならず、30日以内に、その旨を**その免許権者**に届け出なければならない（同法9条）。したがって、**甲県知事免許**を受けたAが、新たに宅建業を営む支店を甲県内に設置した場合、Aはその日から**30日以内**にその旨を**甲県知事**に届け出なければならない。

2 ○　宅建業者が合併により消滅した場合、その法人を代表する役員であった者は、その日から**30日以内**に、その旨を**その免許権者**に届け出なければならない（同法11条1項2号）。したがって、**乙県知事免許**を受けたBが、宅建業者ではないCとの合併により消滅した場合、Bを代表する役員であった者は、その日から**30日以内**にその旨を**乙県知事**に届け出なければならない。

3 ○　宅建業者は、本店における専任の宅建士が変更となった場合、宅建業者名簿の登録事項のうち、**事務所ごとに置かれる専任の宅建士の氏名**（同法8条2項6号）について変更しなければならず、**30日以内**に、その旨を**その免許権者**に届け出なければならない（同法9条）。したがって、**丙県知事免許**を受けた宅建業者Dが、本店における専任の宅建士Eの退職に伴い、新たに専任の宅建士Fを本店に置いた場合、Dはその日から**30日以内**にその旨を**丙県知事**に届け出なければならない。

4 ×　宅建業者は、あらかじめ、展示会など契約等を行う案内所等について**所在地、業務内容、業務を行う期間及び専任の宅建士の氏名**を業務を開始する日の**10日前**までに免許権者及びその所在地を管轄する都道府県知事に届け出なければならない（同法50条2項、同法則19条3項）。したがって、「業務を開始する日の5日前まで」ではない。

【問　33】　**正解　1**

1 ○　宅建業者は、宅建業者でない者に対して、宅地の交換契約をするにあたって、**その者が取得しようとしている宅地に関する重要事項の説明をさせなければならない**（宅建業法35条1項、6項）。したがって、甲宅地と乙宅地の交換契約を締結するに当たって、Bに対して、**Bが取得しようとする甲宅地**に関する重要事項の説明を行う義務はあるが、**Bが喪失する乙宅地**に関する重要事項の説明を行う義務はない。

2 ×　宅地の売買における宅地の引渡しの時期は、重要事項説明における**説明事項ではない**（同法35条1項参照）。なお、宅地の引渡しの時期は、37条書面における**記載事項**になる（同法37条1項4号）。

3 ×　支払金又は預り金の保全措置（同法則16条の4）を講ずるかどうかは、重要事項説明書に記載する必要がある（同法35条1項11号）。もっとも、支払金又は預り金とは、宅建業者の相手方等から宅建業者がその取引の対象となる宅地又は建物に関し受領する金銭をいうが、宅建業者が**登記以後に受領するものは除かれている**（同法則16条の3第3号）。したがって、宅建業者である売主が買主から受領しようとする金銭のうち、買主への**所有権移転の登記以後に受領するもの**に対して、支払金又は預り金の保全措置を講ずるかどうかについて、重要事項説明書に記載する**必要はない**。

4 ×　宅建業者は、宅建業者の相手方等の承諾を得て、重要事項説明書を電磁的方法により提供させることができる（同法35条8項）。なお、承諾は、宅建業者が、あらかじめ、相手方等に対し電磁的方法による提供に用いる電磁的方法の種類及び内容を示した上で、**書面等**で得る必要がある（同法令3条の3第1項）。したがって、重要事項説明を受ける者から電磁的方法でよいと**口頭で依頼があった場合**でも、改めて電磁的方法で提供することについて承諾を得る**必要がある**。

【問　34】　　正解　3

ア　違反する

宅建業者が居住の用に供する建物の賃貸借の媒介に関して依頼者の一方から受けることのできる報酬の額は、当該依頼者の承諾を得ている場合を除き、借賃（消費税等相当額を含まない。）の**1か月分の半分**に相当する金額以内でなければならない（報酬告示4）。また、課税事業者である宅建業者は、報酬額に**消費税額を上乗せすることができる**。したがって、本件契約が建物を住居として貸借する契約である場合に、CはDから承諾を得ていないので、**66,000円**以内の報酬を受領することしかできない。

イ　違反しない

宅建業者は、自身が判断して行った広告の料金に相当する額を報酬とは別に受領することができないが、依頼者の依頼によって行う**特別な広告**の料金に相当する額については、報酬とは別に**受領することができる**（同告示9）。したがって、Bから事前に特別な広告の依頼があったAは、依頼に基づく大手新聞掲載広告料金に相当する額をBから**受領することができる**。

ウ　違反する

契約書の作成費を必要な経費として、報酬のほかに依頼者から**受領することはできない**（同告示9）。したがって、Cは、賃貸借契約書の作成費を、Dから限度額まで受領した媒介報酬の他に請求して**受領することは**できない。

エ　違反する

貸主、借主双方がそれぞれ宅建業者に依頼した場合、各宅建業者が建物の貸借の媒介に関して依頼者の双方から受けることのできる**報酬の額の合計額**は、借賃（消費税等相当額を含まない。）の**1か月分**に相当する金額以内でなければならない（同告示4、宅建業法の解釈・運用の考え方46条1項関係）。また、課税事業者である宅建業者は、報酬額に**消費税額を上乗せすることができる**。したがって、本件契約では、報酬として、AとCがB、Dから受領できる報酬の合計額は132,000円が限度となるので、AはBから132,000円を、CはDから132,000円を**それぞれ受領できるわけではない**。

以上より、違反するのは**ア**と**ウ**と**エ**の3つであり、正解は**3**となる。

【問　35】　　正解　4

1　×　**事務所等以外の場所**において、買受けの申込みをした者は、クーリング・オフをすることができる（宅建業法37条の2第1項）。そして、仮設テント張りの案内所は、**事務所等以外の場所**に当たる（宅建業法の解釈・運用の考え方37条の2第1項関係）。ただし、宅建業者は、クーリング・オフについて**書面を交付**して告げなければならないので（同法則16条の6）、以後の取引に係る書類に関してBから電磁的方法で提供をすることについての承諾を得た場合であっても、Aは、クーリング・オフについて**電磁的方法**で告げることはできない。

2　×　買受けの申込みをした者が、クーリング・オフについて告げられた日から起算して**8日を経過したとき**は、申込みの撤回をすることができない（同法37条の2第1項1号）。したがって、Bは、クーリング・オフについて告げられた日から8日以内に申込みの撤回を申し出れば、申込みの撤回を行うことができる。ただし、申込みの撤回は、**書面**によって行わなければならないので、**電磁的方法**により申込みの撤回を申し出たBは、申込みの撤回を行うことが**できない**。

3 × **事務所等以外の場所**において、買受けの申込みをした者は、クーリング・オフをすることができる（同条1項）。したがって、Aが、Aの**事務所**でBから買受けの申込みを受けた場合、Bは、当該申込みの撤回を申し出たとしても、申込みの撤回を行うことが**できない**。また、上記の通り、電磁的方法により申込みの撤回を申し出た場合も、申込みの撤回を行うことが**できない**。

4 ○ **事務所等以外の場所**において、買受けの申込みをした者は、クーリング・オフをすることができる（同条項）。**事務所等**には、宅建業者が他の宅建業者に対し、売却の媒介を依頼した場合において、**媒介の依頼を受けた他の宅建業者の事務所等を含む**（同法則16条の5第1号ハ）。したがって、Aが、売却の媒介を依頼している宅建業者Cの事務所でBから買受けの申込みを受けた場合には、Bは、当該申込みの撤回を申し出ても、申込みの撤回を行うことが**できない**。

【問 36】 **正解 3**

ア 違反する

宅建業者は、相手方が契約の申込みの撤回を行うに際し、**既に受領した預り金を返還することを拒むことはできない**（宅建業法47条の2第3項、同法則16条の11第2号）。契約が成立していない以上、預り金は**すべて**返還しなければならないので、Aはかかった諸費用も**差し引くことなく**預り金を返還しなければならない。

イ 違反する

宅建業者は、その業務に関して、相手方に対し、**手付について貸付けその他信用の供与をすることにより契約の締結を誘引してはならない**（同法47条3号）。信用の供与には、手付の**分割払い**も含まれる（宅建業法の解釈・運用の考え方47条3号関係）。したがって、Aが、手付金の**分割払い**を買主に提案してはならない。

ウ 違反しない

宅建業者は、その事務所ごとに、その業務に関する帳簿を備え、宅建業に関し取引のあったつど、その年月日、その取引に係る宅地又は建物の所在及び面積その他必要な事項を記載し、**一定の期間保存**しなければならない（同法49条、同法則18条3項）。また、**電子媒体に記録され、必要に応じて紙面にその内容が表示できるとき**は、電子媒体をもって帳簿への記載に代えることができる（同法則18条3項）。したがって、**必要に応じて紙面にその内容を表示できる状態**であれば、電子媒体により帳簿の保存を行うことができる。

エ 違反する

宅建業者は、契約の締結の勧誘に先立って、**契約の締結について勧誘をする目的である旨を告げずに、勧誘を行ってはならない**（同法47条の2第3項、同法則16条の11第1号ハ）。したがって、Aはアンケート調査を装ってその目的がマンションの売買の勧誘であることを告げずにマンションの売買の勧誘をしてはならない。

以上より、違反するものは**ア**と**イ**と**エ**の3つであり、正解は**3**となる。

【問　37】　正解　3

1　×　宅建業者は、**従業者に業務を従事させるには、その従業者であることを証する証明書を携帯させなければならない**（宅建業法48条1項）。従業者には、非常勤の役員も**含む**（宅建業法の解釈・運用の考え方48条1項関係）。

2　×　宅建業者は、その事務所ごとに、従業者名簿を備えなければならず（同法48条3項）、**取引の関係者から請求があったときは、従業者名簿をその者の閲覧に供しなければならない**（同条4項）。したがって、取引の関係者から閲覧の請求があった場合、秘密を守る義務を理由に、閲覧を拒むことができない。

3　○　従業者は、取引の関係者の請求があったときは、**従業者であることを証する証明書を提示しなければならない**（同条2項）。したがって、当該請求をした者が、宅建業者であっても、従業者であることを証する証明書を提示する**必要がある**。

4　×　宅建業者は、従業者名簿を最終の記載をした日から**10年間**保存しなければならない（同法則17条の2第4項）。「5年間」ではない。

【問　38】　正解　2

ア　○　宅建業とは、**自ら宅地・建物の売買**、**交換**をする行為又は**売買**、**交換**、**貸借の代理**、**媒介**をする行為で業（不特定かつ複数人に対し、反復継続して取引を行うことをいう。）として行うものをいう（宅建業法2条2号）。すなわち、**自ら賃貸**する行為は、宅建業に該当しない。

イ　×　宅建士とは、宅建士資格試験に合格し、都道府県知事の登録を受け、かつ、**宅建士証の交付**を受けた者をいう（同条4号）。

ウ　×　宅建業は、**自ら宅地・建物の売買**、**交換**をする行為又は**売買**、**交換**、**貸借の代理**、**媒介**をする行為で業として行うものをいうので（同条2号）、建設業者Bが、建築請負工事の受注を目的とする場合であっても、業として宅地の売買の媒介を行う行為は、宅建業に**該当する**。

エ　○　宅建士は、宅地又は建物の取引に係る事務に必要な**知識及び能力の維持向上**に努めなければならない（同法15条の3）。

以上より、正しいものは**ア**と**エ**の2つであり、正解は**2**となる。

【問　39】　正解　2

1　×　宅建業者は、**手付金等の保全措置を講じた後でなければ、買主から手付金等を受領してはならない**（宅建業法41条1項）。したがって、手付金を**受領した後に、速やかに**手付金の保全措置を講じるのではない。

2　○　手付金等の保全措置を保証保険契約を締結することにより講ずる場合、保険期間は、**少なくとも保証保険契約が成立した時から宅建業者が受領した手付金等に係る宅地の引渡しまで**の期間でなければならない（同条3項2号）。したがって、保険期間は保証保険契約が成立した時から宅建業者が受領した手付金に係る宅地の**引渡し**までの期間とすることができる。

3　×　手付金等の保全措置を保証保険契約を締結することにより講ずる場合、

保険事業者との間において保証保険契約を締結するだけではなく、**保険証券を買主に交付する必要がある**（同条1項2号）。

4 × 手付金等の保全措置を保証委託契約を締結することにより講ずる場合、保証委託契約に基づいて銀行等が手付金の返還債務を連帯して保証することを約する書面を買主に交付する必要があるが（同条項1号）、**買主の承諾を得れば、書面の交付に代えて、電磁的方法により講じることができる**（同条5項1号）。したがって、保証委託契約に基づいて銀行等が手付金の返還債務を連帯して保証することを約する書面のBへの交付に代えて、電磁的方法により講ずるためには、Bの**承諾を得る**必要がある。

【問 40】 **正解 4**

1 × 媒介契約を締結した宅建業者は、当該媒介契約の目的物である宅地又は建物の売買の申込みがあったときは、遅滞なく、その旨を依頼者に報告しなければならない（宅建業法34条の2第8項）。**依頼者の希望条件を満たさない申込みの場合であっても、その都度報告する必要がある**（宅建業法の解釈・運用の考え方34条の2関係）。したがって、Bの希望条件を満たさない申込みだとAが判断した場合であっても報告する**必要がある**。

2 × 中古住宅である場合、法第34条の2第1項の規定に基づく書面には、**建物状況調査を実施する者のあっせんの有無について記載しなければならない**（宅建業法の解釈・運用の考え方34条の2関係）。したがって、「書面の交付後、速やかに」ではなく、**書面の交付までに**、Bに対し、建物状況調査を実施する者のあっせんの有無について確認することになる。

3 × 宅建業者は、専任媒介契約を締結した場合、法で規定されている事項を、締結の日から**休業日数を除いた7日以内**に、指定流通機構に登録する義務がある（宅建業法34条の2第5項、同法則15条の10）。

4 ○ 専任媒介契約の場合、**依頼者が他の宅建業者の媒介又は代理によって売買又は交換の契約を成立させたときの措置**を法第34条の2第1項の規定に基づく書面に**記載しなければならない**（同条1項8号、同法則15条の9第1号）。

【問 41】 **正解 2**

1 × 都道府県知事は、**その登録を受けている宅建士**及び**当該都道府県の区域内でその事務を行う宅建士**に対して、宅建士の事務の適正な遂行を確保するため必要があると認めるときは、その事務について必要な報告を求めることができる（宅建業法72条3項）。したがって、甲県知事は、甲県知事登録の宅建士だけではなく、**甲県区域内で事務を行う宅建士**に対しても、その事務について必要な報告を求めることができる。

2 ○　宅建士が、宅建業者に自己が専任の宅建士として従事している事務所以外の事務所の専任の宅建士である旨の表示をすることを許し、当該宅建業者がその旨の表示をしたときは、当該宅建士に対し、その登録をしている都道府県の知事は、必要な指示をすることができる(同法68条1項1号)。また、都道府県知事は、**当該都道府県の区域内において、他の都道府県知事の登録を受けている宅建士**が、自己が従事している事務所以外の事務所の専任の宅建士である旨の表示をすることを許し、当該宅建業者がその旨の表示をした場合、**その宅建士に対し、必要な指示をすることができる**(同条3項)。したがって、乙県知事も、Bに対し、必要な指示をすることができる。

3 ×　宅建士が不正の手段により宅建士証の交付を受けた場合においては、その登録をしている都道府県知事は、当該登録を**消除しなければならない**（同法68条の2第1項3号)。したがって、**情状が特に重くなくても**、当該宅建士の登録を**消除しなければならない**。

4 ×　都道府県知事は、**宅建業者に対して業務の停止処分や免許の取消処分をしたとき**は、その旨を公告しなければならないが（同法70条1項)、宅建士に対して登録消除処分を行ったときは、公告しなければならない旨の**規定はない**。

【問　42】　　**正解　3**

ア ×　宅建士は、重要事項説明をするときは、相手方に対し、宅建士証を**提示しなければならない**（宅建業法35条4項)。相手方から請求されるまでもなく、宅建士証を相手方に提示する**必要がある**。

イ ×　売主又は買主が宅建業者ではない場合でも、**買主**に対して、重要事項説明書を交付し、説明を行う必要があるが（同条1項)、**売主**に対して行う必要はない。

ウ ○　宅建業者は、買主が宅建業者である場合、**重要事項説明書を交付**しなければならないが、**説明を省略することはできる**（同条6項)。

エ ×　代金並びにその支払の時期及び方法は重要事項説明の**説明事項とはなっていない**（同条1項参照)。これらの事項は、**37条書面の記載事項**である(同法37条1項3号)。

以上より、誤っているものは**ア**と**イ**と**エ**の3つであり、正解は**3**となる。

【問　43】　　**正解　4**

1 ×　取引の相手方が宅建業者であっても、**37条書面を交付する必要がある。**また、移転登記の申請の時期は37条書面の**記載事項となる**（宅建業法37条1項5号)。

2 ×　宅建業者は、媒介により契約が成立したときは当該契約の各当事者に、**遅滞なく**、37条書面を交付しなければならない（同条1項)。したがって、**売買契約成立前**に、各当事者に交付しなければならないわけではない。

3 ×　宅建業者は、37条書面を作成したときは、**宅建士をして、当該書面に記名させなければならない**が（同条3項)、宅建士であればよく、**専任の宅建士**に限っているわけではない。

4 ○　天災その他不可抗力による損害の負担に関する定めがあるときは、その内容が37条書面の**記載事項となる**(同条1項10号)。

【問　44】　　　　　　　**正解　1**

1　○　保証協会の社員は、自らが取り扱った宅建業に係る取引の相手方から**当該取引に関する苦情について解決の申出**が保証協会にあり、保証協会から**関係する資料の提出**を求められたときは、正当な理由がある場合でなければ、これを**拒んではならない**（宅建業法64条の5第1項、2項、3項）。

2　×　保証協会は、**社員が社員の地位を失ったとき**は、弁済業務保証金の還付請求権者に対し、6か月を下らない一定期間内に認証を受けるため申し出るべき旨を公告しなければならない（同法64条の11第4項）。しかし、社員がその一部の事務所を廃止したことに伴って弁済業務保証金分担金を当該社員に返還しようとするときは、公告を行う**必要がない**。

3　×　保証協会は、宅建業者の相手方から、社員である宅建業者の取り扱った宅建業に係る取引に関する**損害の還付請求を受けたときは、弁済を受けることができる額について認証**を行わなければならない(同法64条の8第2項)。したがって、還付請求を受けたときは、**直ちに**弁済業務保証金から返還するわけではない。

4　×　保証協会は、任意的業務として、手付金等保管事業を行うことができる(同法64条の3第2項2号)。保証協会は、手付金等保管事業について国土交通大臣の承認を受けた場合、宅地の造成又は建築に関する工事の**完了後**における**買主からの手付金等の受領**について、当該保管事業の対象とすることができる(同法41条の2第1項1号)。したがって、宅地の造成又は建築に関する工事の**完了前**における買主からの手付金等の受領について、当該事業の対象とすることはできない。

【問　45】　　　　　　　**正解　4**

1　×　**住宅販売瑕疵担保保証金の供託又は住宅販売瑕疵担保責任保険契約の締結を行う義務**を負う宅建業者には、信託会社又は金融機関の信託業務の兼営等に関する法律第1条第1項の認可を受けた金融機関も**含まれる**（履行確保法2条4項）。

2　×　宅建業者は、住宅販売瑕疵担保保証金の供託をする場合、当該新築住宅の売買契約を締結するまでに、自ら売主となる新築住宅の買主に対し、**供託所の所在地等について、書面を交付して説明しなければならない**（同法15条1項）。もっとも、買主の承諾を得れば、書面の交付に代えて、電磁的方法により提供する**ことができる**（同条2項、10条2項）。

3　×　宅建業者は、住宅販売瑕疵担保保証金の供託をする場合、**宅建業者の主たる事務所**の最寄りの供託所へ住宅販売瑕疵担保保証金の供託をしなければならない（同法11条6項）。「住宅の最寄りの供託所」ではない。

4　○　**特定住宅瑕疵担保責任**として、売主は、**買主に引き渡した時から10年**間、住宅の構造耐力上主要な部分の瑕疵について担保の責任を負い、**これに反する特約で買主に不利なものは無効**となる（品確法95条1項、2項）。瑕疵担保責任を負わない旨の特約があった場合においても、当該特約は買主に不利なものとして**無効**となる。したがって、特定住宅瑕疵担保責任の履行を確保するために、Aは住宅販売瑕疵担保保証金の供託又は住宅販売瑕疵担保責任保険契約の締結を行う**義務を負う**。

【問　46】　正解　2

1　○　機構は、**子どもを育成する家庭若しくは高齢者の家庭（単身の世帯を含む。）**に適した良好な居住性能及び居住環境を有する賃貸住宅の建設に必要な資金の貸付けを業務として**行っている**（機構法13条1項8号）。

2　×　機構は、証券化支援事業（買取型）において、**自ら居住する住宅又は自ら居住する住宅以外の親族の居住の用に供する住宅**を建設し、又は購入する者に対する貸付けに係るものを買取りの対象としている（業務方法書3条1号）。住宅は、新築住宅に限られないので、**新築住宅に対する貸付債権のみ**を買取りの対象としているわけではない。

3　○　機構は、証券化支援事業（買取型）において、ZEH（ネット・ゼロ・エネルギーハウス）及び省エネルギー性、耐震性、バリアフリー性、耐久性・可変性に優れた住宅を取得する場合に、貸付金の利率を**一定期間引き下げる優良住宅取得支援制度（フラット35S）**を実施している。

4　○　機構は、**マンションの共用部分の改良に必要な資金の貸付け**を業務として行っている（機構法13条1項7号）。

【問　47】　正解　2

1　×　物件が実在するものであっても、実際には**取引する意思がない**のであれば、当該物件を広告に掲載することは不当表示に**問われる**（公正規約21条3号）。

2　○　**直線距離で50m以内**に所在する街道があれば、物件名として、当該街道の名称を用いることが**できる**（同規約19条1項4号）。

3　×　スーパーマーケット等の商業施設は、現に利用できるものを物件からの**道路距離又は**徒歩所要時間を明示して表示しなければならないので（同規約9条31号）、自転車による所要時間を明示すれば、徒歩による所要時間を明示する必要がなくなる**わけではない**。

4　×　一棟リノベーションマンションとは、共同住宅等の1棟の建物全体を改装又は改修し、マンションとして住戸ごとに取引するものであって、当該工事完了前のもの、若しくは当該工事完了後1年未満のものでかつ、当該工事完了後居住の用に供されていないものをいう（同規約3条11号）。一棟リノベーションマンションについて、一般消費者に対し、**初めて購入の申込みの勧誘を行う場合**は、「新発売」との表示を行うことが**できる**（同規約18条1項2号）。

【問　48】　正解　1

1　×　令和3年度宅地建物取引業法の施行状況調査（令和4年9月公表）によれば、宅建業者の全事業者数は8年連続で増加しているが、令和4年3月末における宅建業者の**全事業者数は12万8,597業者**である。したがって、14万業者を**超えてはいない**。

2　○　令和5年地価公示（令和5年3月公表）によれば、令和4年1月以降の1年間の地価について、地方圏平均では、全用途平均、住宅地、商業地のいずれも**2年連続で上昇**し、上昇率が拡大した。工業地は**6年連続で上昇**し、上昇率が拡大した。

3　○　建築着工統計調査報告（令和4年計。令和5年1月公表）によれば、令和4年の民間非居住建築物の着工床面積は、前年と比較すると、工場（27.4%増）及び倉庫（1.3%増）は**増加**したが、事務所（27.4％減）及び店舗（2.7％減）が**減少**したため、全体で**減少**となった。

4　○　年次別法人企業統計調査（令和3年度。令和4年9月公表）によれば、令和3年度における不動産業の売上高営業利益率は11.1％と**2年連続で前年度と比べ上昇**し、売上高経常利益率も12.5％と**2年連続で前年度と比べ上昇**した。なお、令和4年度の売上高営業利益率は10.1％に下降し、売上高経常利益率は12.8％に上昇している。

【問　49】　　　　　　　　　　**正解　2**

1　○　後背湿地は、自然堤防の背後で形成され、洪水によってあふれた水が自然堤防によって遮られたためにたまった湿地である。砂が緩く堆積していて、地下水位も浅いため、地震時に**液状化被害が生じやすい**地盤である。

2　×　谷底低地は、河川の浸食などにより堆積された低地で、軟弱層が厚く堆積している所では、地震動が**増幅**されて、震動が**大きく**なる。

3　○　1923年の関東地震の際には、東京の**谷底低地**で多くの水道管や建物が被害を受けた。**谷底低地**には軟らかい泥層や腐植層などが分布することが多く、地震の際に揺れを大きく増幅させたり、不同沈下を引き起こしやすい。

4　○　大都市の近郊の丘陵地では、丘を削り谷部に盛土し造成宅地が造られているが、盛土造成に際しては、大雨による崖崩れ等が起きないように、**地下水位を下げる**ため排水施設を設け、締め固める等の必要がある。

【問　50】　　　　　　　　　　**正解　3**

1　○　鉄筋コンクリート構造は、地震や風の力を受けても、躯体の変形は比較的**小さく**、耐久性、耐火性、耐震性に**富んでいる**。

2　○　鉄筋コンクリート構造は、躯体の断面が**大きく**、材料の質量が**大きい**ので、鉄骨造などに比べると、建物の自重が**大きく**なる。

3　×　鉄筋には、断面が円形の棒鋼である丸鋼と表面に突起をつけた棒鋼である異形棒鋼がある。鉄筋コンクリート構造では、鉄筋とコンクリートを一体化するのに、**コンクリートとの定着性がよい異形棒鋼**の方が優れている。

4　○　鉄筋コンクリート構造は、コンクリートの強度が大切なので、コンクリートが固まって**所定の強度が得られるまでに日数がかかり**、現場での施工も**多い**ので、工事期間が**長く**なる。

令和４年度
正解・解説

正解一覧表

問	番号	選択肢	問	番号	選択肢
問	1	① ② ❸ ④	問	26	① ❷ ③ ④
問	2	① ② ❸ ④	問	27	❶ ② ③ ④
問	3	① ② ③ ❹	問	28	❶ ② ③ ④
問	4	❶ ② ③ ④	問	29	① ② ❸ ④
問	5	① ❷ ③ ④	問	30	① ② ❸ ④
問	6	① ② ❸ ④	問	31	❶ ② ③ ④
問	7	① ② ③ ❹	問	32	❶ ② ③ ④
問	8	① ② ❸ ④	問	33	① ❷ ③ ④
問	9	❶ ② ③ ④	問	34	① ② ③ ❹
問	10	① ❷ ③ ④	問	35	① ② ③ ❹
問	11	① ② ❸ ④	問	36	❶ ② ③ ④
問	12	❶ ② ③ ④	問	37	① ❷ ③ ④
問	13	❶ ② ③ ④	問	38	① ② ③ ❹
問	14	① ❷ ③ ④	問	39	① ② ③ ❹
問	15	① ② ❸ ④	問	40	① ❷ ③ ④
問	16	① ❷ ③ ④	問	41	① ❷ ③ ④
問	17	① ② ❸ ④	問	42	① ❷ ③ ④
問	18	① ② ❸ ④	問	43	① ❷ ③ ④
問	19	① ② ③ ❹	問	44	① ② ③ ❹
問	20	❶ ② ③ ④	問	45	① ② ❸ ④
問	21	① ② ③ ❹	問	46	❶ ② ③ ④
問	22	① ② ❸ ④	問	47	① ② ③ ❹
問	23	① ② ❸ ④	問	48※	① ② ③ ④
問	24	① ❷ ③ ④	問	49	① ❷ ③ ④
問	25	① ❷ ③ ④	問	50	① ② ③ ❹

※設問の不備により、正解なしとなります。

【問1】　　　　　　　　　　正解　3

本問で提示された判決文は、最判平8・10・29である。

1　×　第1譲受人の登記が未了の間に第2譲受人が登記を完了しても、第2譲受人が**背信的悪意者**であれば、第2譲受人は第1譲受人に対して所有権取得を**対抗することが**できない（最判昭43・8・2）。よって、本肢では、Cは、自らが**背信的悪意者に該当するときであれば**、当該不動産の所有権取得をもってBに対抗することが**できない**。

2　×　第1譲受人の登記が未了の間に第2譲受人が登記を完了した場合、第2譲受人が**背信的悪意者でなければ**、原則通り、第1譲受人は第2譲受人に対して所有権取得を対抗することができない（民法177条）。よって、本肢では、**登記が未了**であるBは、当該不動産の所有権取得をもってCに対抗することが**できない**。

3　○　判決文の3行目以下に、「たとい丙が背信的悪意者に当たるとしても、**丁は、乙に対する関係で**丁自身が背信的悪意者と評価されるのでない限り、当該不動産の所有権取得をもって乙に対抗することができるものと解するのが相当である。」としていることから、**DもBに対する関係で背信的悪意者に該当すれば**、Dは当該不動産の所有権取得をもってBに対抗することが**できない**。

4　×　背信的悪意者ではない単なる**悪意者**であれば、不動産に対する登記の欠缺を主張する正当の利益を**有する**ので（最判昭32・9・19参照）、Cが悪意にすぎない場合は、Cは当該不動産の**所有権取得**をもってBに対抗することが**できる**。

【問2】　　　　　　　　　　正解　3

1　○　相続の開始**前**における遺留分の放棄は、**家庭裁判所の許可**を受けたときに限り、その効力が**生じる**（民法1049条1項）。

2　○　相続人は、自己のために**相続の開始があったことを知った時から3か月**以内に、相続について、単純もしくは限定の承認又は放棄をしなければならない（同法915条1項本文）。このため、被相続人の**生前**に家庭裁判所へ相続放棄の申述を行うことは**できない**。

3　×　相続の放棄と異なり、**遺留分の放棄**によって相続する権利は**失われない**。

4　○　相続人が被相続人の**兄弟姉妹**である場合には遺留分が**ない**（同法1042条1項）。

【問3】　　　　　　　　　　正解　4

1　×　後見人が、被後見人に代わって営業もしくは民法13条1項各号に掲げる行為をする場合、**後見監督人があるとき**は、その同意を得なければならないが（同法864条本文）、**取消しの場合はその同意を得る必要が**ない。

2　×　**相続の放棄**は単独行為だが、成年後見人が成年被後見人に代わってこれを行ったときは、**利益相反行為に**なる（最判昭53・2・24参照）。

3　×　家庭裁判所は、被保佐人のために特定の法律行為について**保佐人に代理権を付与する旨の審判**をすることが**できる**（同法876条の4第1項）。

4　○　令和4年4月1日からは、**成年年齢が18歳**となったため（同法4条）、18歳の者は未成年者を理由とする後見人の**欠格事由に該当**しない（同法847条1号）。

【問4】　**正解　1**

1　○　抵当不動産について所有権を買い受けた第三者が、**抵当権者の請求に応じて**その抵当権者にその**代価を弁済したとき**は、抵当権は、その第三者のために**消滅する**（民法378条）。よって、Aから甲土地を買い受けたDが、Cの請求に応じてその代価を弁済したときは、本件抵当権はDのために**消滅する**。

2　×　**抵当権者に対抗することができない**賃貸借により**建物**を競売手続の開始前から使用する者は、その建物の競売における買受人の買受けの時から6か月を経過するまでは、その建物を買受人に引き渡すことを**要しない**（同法395条1項1号）。本肢のように**土地**である場合は該当**しない**。

3　×　抵当権の設定後に抵当地に建物が築造されたときは、**抵当権者は、土地とともにその建物を競売することができる**のであり（同法389条1項）、建物の競売を申し立てなければならないわけではない。

4　×　Bは、本件抵当権で担保される債務の**主たる債務者**であり、主たる債務者は、抵当権消滅請求をすることが**できない**（同法380条）。

【問5】　**正解　2**

1　×　**日、週、月又は年**によって期間を定めたときは、その期間が午前零時から始まるときを除いて、**期間の初日は、算入しない**。このことを**初日不算入**という（民法140条）。よって、令和4年10月17日午前10時に、引渡日を契約締結日から1年後とする不動産の売買契約を締結した場合、初日不算入により、起算点は令和4年**10月18日**となる。また、週、月又は年の初めから期間を起算しないときは、その期間は、最後の週、月又は年においてその**起算日に応当する日の前日**に満了する（同法143条2項）。よって、起算日に応当する日の前日である令和5年**10月17日**が引渡日となる。

本肢の状況

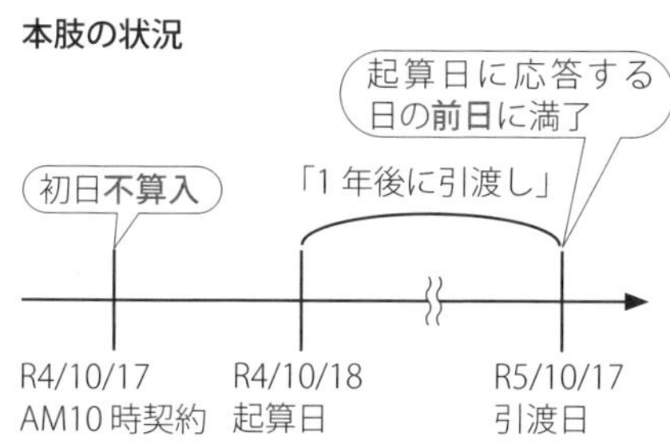

2　○　本肢では、初日不算入により、起算点は令和4年**9月1日**であり、月の初めから期間を計算するので、その末日の終了である令和4年**9月30日**の**終了**をもって弁済期限となる（同法143条1項、141条参照）。

3　×　**期間の末日が日曜日**、国民の祝日に関する法律に規定する休日その他の**休日**に当たるときは、その日に取引をしない慣習がある場合に限り、期間は、その**翌日に満了**するのであり（同法142条）、その前日に満了するわけではない。

4　×　本肢では、初日不算入により、起算点は令和4年**5月31日**となる。そしてその起算日に応当する日は令和4年6月31日になるが、この日は存在しないので、その**月の末日**である令和4年**6月30日**に満了する（同法143条2項）。よって、令和4年**6月30日**の終了をもって支払期限となる。

【問6】　**正解　3**

1　×　賃貸借の場合、**書面、口頭による契約にかかわらず**、また目的物の引渡し前であっても、一定の要件が備わっていなければ、解除することが**できない**（民法541条、542条参照）。よって、①は誤りとなる。使用貸借の場合、貸主は、**書面による使用貸借を除いて、**借主が借用物を受け取るまで、契約の解除をすることが**できる**（同法593条の2）。よって、引き渡す前でも、**書面で契約を締結している場合は、解除することが**できないので、②は誤りとなる。

2 × 賃貸借の場合、**賃貸人の承諾**を得なければ、賃借物を転貸することが**できない**（同法612条1項）。よって、①は正しい。また、使用貸借の場合、**貸主の承諾**を得なければ、第三者に借用物の使用又は収益をさせることが**できない**（同法594条2項）。よって、②は誤りとなる。

3 ○ 賃貸借の場合、当事者が賃貸借の期間を定めた場合であっても、その一方又は双方がその期間内に**解約をする権利を留保したとき**は、各当事者は、いつでも解約の申入れをすることが**できる**（同法618条）。また、使用貸借の場合、期間内に解除をする権利を留保していなくても、借主は、**いつでも**契約の解除をすることが**できる**（同法598条3項）。よって、①②いずれも正しい。

4 × **賃貸借、使用貸借**いずれも、契約の本旨に反する使用又は収益によって生じた損害の賠償は、貸主が**返還を受けた時から1年以内**に請求しなければならない（同法600条1項、622条）。よって、②は正しいが、①は誤りとなる。

【問7】 **正解 4**

失踪宣告を取り消された場合でも、失踪の宣告後その取消し前に**善意**でした行為の効力に影響を**及ぼさない**（民法32条1項）。この「善意でした行為」には、契約の当時**当事者双方とも善意**であることが必要である（大判昭13・2・7）。よって、（ア）**Bが善意でCが善意**である場合のみ、失踪の宣告による取消しがあった場合でもAに対抗することが**できる**。

以上より、正しいものは**ア**の**1**つのみであり、**4**が正解となる。

【問8】 **正解 3**

1 × ①地上権において、地主は、地上権者の土地使用を認容する消極的な義務を負うにすぎないので、特約がない限り、地上権者に対し**修繕する義務を負わない**。一方、②賃借権は、賃貸人が、**賃借人が土地使用できるようにする積極的な義務を負う**ので、特約がなくても、賃借人に対し**修繕する義務を負う**（民法606条1項）。よって、②のみ正しい。

2 × ①物権である地上権は、**地主の承諾なく**第三者に使用収益させることが**できる**ので、第三者が地主に無断で地上権を譲り受け、土地を使用することが**できる**。一方、②賃借権は、**賃貸人の承諾を得なければ**、賃借権を譲り渡すことが**できない**ので（同法612条1項）、第三者が賃貸人に**無断で賃借権を譲り受け、土地を使用しているとき**は、賃貸人は第三者に対して、土地の明渡しを請求することが**できる**。よって、②のみ正しい。

3 ○ ①地上権は、**抵当権の目的とすることができる**ので（同法369条2項）、抵当権を設定することができるが、②賃借権は、**抵当権の目的とならない**ので、抵当権を設定することが**できない**。よって、①②いずれも正しい。

4　×　不法占拠者が土地利用を妨害している場合、①物権である**地上権に基づく妨害排除請求権**を行使して妨害の排除を求めることができる。また、②**対抗要件を備えた不動産の賃借人**も妨害排除請求権を行使することが**できる**（同法605条の4第1号）。よって、①のみ正しい。

【問9】　**正解　1**

ア　○　委任は、各当事者が**いつでもその解除をすることができる**（民法651条1項）。よって、委任によって代理権を授与された者は、**報酬を受ける約束をしている場合であっても**、いつでも委任契約を解除して代理権を消滅させて、代理人を**辞することができる**。

イ　×　親権者は、やむを得ない事由があるときは、**家庭裁判所の許可**を得て、親権を**辞することができる**（同法837条1項）。法務局に届出を行うわけではない。

ウ　×　後見人は、正当な事由があるときは、**家庭裁判所の許可**を得て、その任務を**辞することができる**（同法844条）。後見監督人の許可を得るわけではない。

エ　×　遺言執行者は、正当な事由があるときは、**家庭裁判所の許可**を得て、その任務を**辞することができる**（同法1019条2項）。相続人の許可を得るわけではない。

以上より、正しいものは**ア**の**1**つのみであり、正解は**1**となる。

【問10】　**正解　2**

1　×　占有権は、**代理人によって取得することができる**ので（民法181条）、Bが甲土地をDに賃貸し、引き渡しても、Bは甲土地の占有を失わない。よって、甲土地の所有権を**時効取得することができる**。

2　○　占有者が**占有回収の訴えを提起して占有を回復したとき**は、現実に占有をしなかった間も占有を失わず**占有を継続したものと擬制される**ので（同法203条ただし書、最判昭44・12・2）、Eに対して占有回収の訴えを提起して占有を回復した場合には、Eに占有を奪われていた期間も時効期間に**算入される**。

3　×　取得時効の要件である「**所有の意思**」（同法162条1項）は、**占有取得の原因である事実によって外形的、客観的に決まる**ものであって（最判昭45・6・18）、主観的に決まるもの**ではない**。よって、AC間の売買及びCに対する登記の移転を知った時点で所有の意思が認められなくなるものではない。

4　×　時効取得者は、**時効完成前の第三者**に対し、**登記がなくても**、時効で所有権を取得したことを主張することが**できる**（最判昭41・11・22）。よってBが甲土地の所有権を時効取得した場合、Bは登記を備えなくても、時効完成時において所有者であったCに、その所有権を**対抗することができる**。

【問11】　**正解　3**

1　×　借地権の存続期間が満了する前に**建物の滅失**があった場合において、借地権者が残存期間を超えて存続すべき建物を築造したときは、その建物を築造するにつき**借地権設定者の承諾がある場合に限り**、借地権は、承諾があった日又は建物が築造された日のいずれか早い日から**20年間**存続する（借地借家法7条1項）。よって、建物を築造することにつき借地権設定者の承諾がない場合は、**借地権の期間の延長の効果**

令和4年

は生じない。

2　×　転借地権が設定されている場合において、転借地上の**建物が滅失しても、転借地権は消滅しない**（同法7条3項参照）。よって、転借地権者（転借人）は建物を再築することができる。

3　○　借地上の建物が滅失し、借地権設定者の承諾を得て借地権者が新たに建物を築造する場合、残存期間を超えて存続する建物を築造しない旨の**特約を借地権者と結んだとしても、**この特約は**借地権者に不利**なものであり、**無効となる**（同法9条）。

4　×　**建物買取請求権**を行使した場合、買取代金の支払があるまでは建物の**引渡しを拒むことができる**が、これに基づく敷地の占有については、**不当利得として賃料相当額を支払う必要がある**（最判昭35・9・20）。

【問12】　　正解　1

1　×　定期建物賃貸借の場合、建物の賃貸人は、あらかじめ、建物の賃借人に対し、契約の更新がなく、期間の満了により当該建物の賃貸借は終了することについて、その旨を記載した**書面を交付して説明しなければならない**（借地借家法38条3項）。そして、当該書面は、**契約書とは別個独立の書面**でなければならない（最判平24・9・13）。

2　○　定期建物賃貸借契約であるか否かにかかわらず、建物賃貸借は、登記がなくても、**建物の引渡し**があれば、**その後その建物について物権を取得した者に対し、その効力を生ずる**ので（同法31条）、Aは、甲建物の引渡しを受けてから1年後に甲建物をBから購入したCに対して、**賃借人であることを主張**できる。

3　○　**床面積が200㎡未満で居住の用に供する**定期建物賃貸借において、転勤、療養、親族の介護その他の**やむを得ない事情により、建物の賃借人が建物を自己の生活の本拠として使用することが困難となったとき**は、建物の賃借人は、建物の賃貸借の**解約の申入れをすることができる**（同法38条7項）。甲建物は、床面積100㎡で居住を目的としていることから、**中途解約を禁止する特約があっても、**やむを得ない事情によって自己の生活の本拠として使用することが困難になったときは、Aは本件契約の**解約の申入れをすることができる。**

4　○　賃借人が賃貸人に対して敷金を差し入れている場合、賃貸借が終了し、かつ、**賃貸物の返還を受けるまで**は、賃借人に対して敷金を**返還する必要がない**ので（民法622条の2第1項1号）、Bは甲建物の返還を受けるまでは、Aに対して敷金を返還する必要はない。

【問13】　　正解　1

1　×　**管理者**は、**規約により**、その職務に関し、区分所有者のために、**原告又は被告となったとき**は、遅滞なく、その旨を各区分所有者に**通知しなければならない**（区分所有法26条5項）。

2　○　管理者がないときは、**区分所有者の5分の1以上で議決権の5分の1以上**を有するものは、集会を招集することができる（同法34条5項本文）。ただし、この定数は、**規約で減ずる**ことができる（同条項ただし書）。

3　○　集会において、管理者の**選任**を行う場合、規約に別段の定めがない限り、**区分所有者及び議決権の各過半数**で決まる（同法25条1項、39条1項）。

4　○　管理組合は、**区分所有者及び議決権の各4分の3以上**の多数による集会の決議で法人となる旨並びにその名称及び事務所を定め、かつ、その**主たる事務所の所在地**において**登記**をすることによって法人となる（同法47条1項）。

【問14】　　正解　2

1　○　所有権の移転の登記のように**権利に関する登記**を申請する場合には、申請人は、法令に別段の定めがある場合を除き、その申請情報と併せて**登記原因を証する情報を**提供**しなければならない**（不登法61条）。

2　×　所有権の移転の登記のように、共同申請をする場合には、登記識別情報が通知されなかった場合など、登記識別情報を提供することができないことにつき正当な理由がある場合を除き、**登記義務者の登記識別情報を**提供**しなければならない**（同法22条）。また、当該申請を登記の申請の代理を業とすることができる代理人によってするときでも、**正当な理由があるとみなされることはない**。

3　○　登記をすることによって申請人自らが登記名義人となる場合において、当該登記を完了したときは、当該登記に係る登記識別情報が通知されるが、登記権利者が**登記識別情報の通知を希望しない旨の申出**をしたときは、当該登記に係る**登記識別情報は通知**されない（同法21条ただし書）。

4　○　登記が完了した際に交付される登記完了証を**送付の方法**により交付することを求めるときは、**その旨及び送付先の住所を申請情報の内容**としなければならない（同法則182条2項）。

【問15】　　正解　3

1　○　**市街化区域**については、都市計画に、**少なくとも用途地域を定める**ものとされている（都計法13条1項7号）。

2　○　**準都市計画区域**については、都市計画に、**特別用途地区**を定めることができる（同法8条2項、1項2号）。

3　×　**高度地区**については、都市計画に、建築物の高さの最高限度又は最低限度を定めるものとされている（同法8条3項2号ト）。建築物の容積率の最高限度又は最低限度を定めるものではない。

4　○　**工業地域**は、**主として**工業の利便を増進するため定める地域とされている（同法9条12項）。

【問16】　　正解　2

1　×　**市街地再開発事業の施行として行う開発行為**については、**都道府県知事の許可を受ける必要がない**（都計法29条1項6号）。

2　○　**公益上必要な建築物**のうち開発区域及びその周辺の地域における適正かつ合理的な土地利用及び環境の保全を図る上で支障がないものとして政令で定める建築物の建築の用に供する目的で行う開発行為については、**都道府県知事の許可を受ける必要がない**（同法29条1項3号）。博物館法に規定する**博物館**もこれに含まれる（同法令21条17号）。

3　×　**自己の**居住**の用に供する住宅の建築の用に供する目的で行う開発行為**以外の開発行為にあっては、開発区域内に土砂災害警戒区域等における土砂災害防止対策の推進に関する法律に規定する**土砂災害特別警戒区域内の土地を含んではならない**（同法33条1項8号）。土砂災害警戒区域ではない。

4　×　市街化調整区域に係る開発行為

は、当該開発行為について、都道府県知事が開発審査会の議を経て、**開発区域の周辺における市街化を促進するおそれが**なく、かつ、市街化区域内において行うことが困難又は著しく不適当と認める開発行為に該当すると認める場合でなければ、**都道府県知事は、開発許可をしてはならない**（同法34条14号）。当該開発行為が開発区域の周辺における市街化を促進するおそれがあるかどうかにかかわらず、開発許可をすることができるわけではない。

【問17】 **正解 3**

1 × 建築基準法等の**改正により現に存する建築物が適合しなくなった場合**においては、建築基準法等は適用しないこととされている（建基法3条2項）。よって、現に存する建築物が適合しなくなった場合に**違反建築物となるわけ**ではない。

2 × 木造の建築物など延べ面積が500㎡を超える建築物について、**大規模な修繕**をしようとする場合でも、建築確認を受ける必要が**ある**（同法6条1項参照）。

3 ○ 地方公共団体は、**条例**で、建築物の敷地、構造又は建築設備に関して**安全上、防火上又は衛生上必要な制限を附加することが**できる（同法40条参照）。

4 × 地方公共団体が、条例で、津波、高潮、出水等による危険の著しい区域を**災害危険区域**として指定した場合には、当該**条例**で、災害危険区域内における住居の用に供する建築物の建築の禁止その他建築物の建築に関する制限で災害防止上**必要なものを定める**のであり（同法39条2項）、災害危険区域内における住居の用に供する建築物の建築が一律に禁止されるわけではない。

【問18】 **正解 3**

1 × **第一種低層住居専用地域**内においては、**神社、寺院、教会**を建築することが**できる**（建基法48条1項、別表第2（い））。

2 × その敷地内に一定の空地を有し、かつ、その敷地面積が一定規模以上である建築物で、特定行政庁が交通上、安全上、防火上及び衛生上支障がなく、かつ、その建蔽率、容積率及び各部分の高さについて総合的な配慮がなされていることにより市街地の環境の整備改善に資すると認めて許可したものの容積率**又は各部分の高さは、その許可の範囲内において、関係規定による限度を超えるものとすることが**できる（同法59条の2第1項）。**建蔽率は関係規定による限度を超えるものとすることができない**。

3 ○ 建築基準法第3章の規定が適用されるに至った際、現に建築物が立ち並んでいる幅員1.8m未満の道で、あらかじめ、建築審査会の同意を得て特定行政庁**の指定したもの**は、同章の**道路とみなされる**（同法42条6項、2項）。

4 × **第一種低層住居専用地域、第二種低層住居専用地域**又は**田園住居地域**内においては、建築物の高さは、**10m又は12m**のうち当該地域に関する都市計画において定められた建築物の高さの限度を超えてはならない（同法55条1項）。この制限に**第一種住居地域**は該当しない。

【問19】 **正解 4**

1 ○ 宅地造成等工事規制区域内の宅地において、雨水その他の地表水又は地下水を排除するための**排水施設の除**

却工事を行おうとする場合は、一定の場合を除き、**都道府県知事に届け出なければならない**（盛土法21条3項、同法令26条1項）。

2　○　宅地造成等工事規制区域内において、宅地以外の土地を宅地にするために行う**切土**であって、**高さ2mを超える崖を生ずる**こととなるものに関する工事については、工事主は、都市計画法29条1項又は2項の許可を受けたときを除き、**工事に着手する前に、都道府県知事の許可**を受けなければならない（同法12条1項、15条2項、2条2号、同法令3条2号）。

3　○　宅地造成等工事規制区域内の土地の所有者は、宅地造成等に伴う災害が生じないよう、その土地を**常時安全な状態に維持するように努めなければならない**（同法22条1項）。過去に宅地造成に関する工事が行われ、**現在は工事主とは異なる者がその工事が行われた土地を所有している場合でも同様に**努力義務を負う。

4　×　都道府県知事は、基本方針に基づき、かつ、基礎調査の結果を踏まえ、この法律の目的を達成するために必要があると認めるときは、宅地造成又は特定盛土等に伴う災害で相当数の居住者等に危害を生ずるものの発生のおそれが大きい一団の造成宅地の区域であって**政令で定める基準**に該当するものを、造成宅地防災区域として指定することができる（同法45条1項）。政令で定める基準には、**盛土の高さが5m未満であっても**、盛土をした土地の面積が**3,000㎡以上であれば、一定の要件で該当するものもある**（同法令35条1項参照）。よって、盛土の高さが5m未満の場合でも、造成宅地防災区域として指定することがある。

【問20】　**正解　1**

1　×　土地区画整理組合の設立の認可の公告があった日以後、換地処分の公告がある日までは、施行地区内において、**土地区画整理事業の施行の障害となるおそれがある建築物の新築**を行おうとする者は、**都道府県知事の許可を受けなければならない**（区画法76条1項）。土地区画整理組合の許可ではない。

2　○　換地処分は、換地計画に係る区域の全部について土地区画整理事業の工事が完了した後において行わなければならないが、**定款に別段の定めがある場合**には、換地計画に係る区域の全部について**工事が完了する以前**においても換地処分をすることが**できる**（同法103条2項）。

3　○　仮換地を指定したことにより、使用し、又は収益することができる者のなくなった**従前の宅地**については、**当該宅地を使用し、又は収益することができる者のなくなった時から換地処分の公告がある日までは、施行者が当該宅地を管理するもの**とされている（同法100条の2）。

4　○　清算金に関する権利義務は、換地処分の公告によって**換地についての所有権が確定するとともに、施行者と換地処分時点の換地所有者との間に確定的に発生する**ものであり、換地処分後に行われた当該換地の**所有権の移転に伴い当然に移転する性質を有するものではない**とされている（最判昭48・12・21）。

【問21】　**正解　4**

1　×　農地の**賃貸借**は、その登記がなくても、**農地の引渡しがあったとき**は、これをもってその後その農地について**所有権を取得した第三者に対抗するこ**

とができる（農地法16条）。よって、本肢は使用貸借を含めている点で**誤っている**。

2 × **農地所有適格法人以外の法人**が農地について権利を取得しようとする場合には**許可を受けることができない**（同法3条2項2号）。もっとも、**賃借権**が設定される場合は許可を受けることが**できる**（同条3項）。よって、耕作目的で農地を借り入れることは**できる**。

3 × 農地法4条1項、5条1項の違反について**原状回復等の措置**に係る命令の対象となる者（違反転用者等）には、当該規定に**違反した者**又はその**一般承継人**のほか、当該違反に係る土地について**工事を請け負った者も含まれる**（同法51条1項3号）。

4 ○ 農地法の適用については、**土地の面積は、登記簿の地積**によるが、登記簿の地積が著しく事実と相違する場合及び登記簿の地積がない場合には、**実測に基づき**、農業委員会が認定したところによる（同法56条）。

【問22】　　　正解　3

1 × **都市計画区域外の10,000㎡以上の土地**について、土地売買等の契約を締結した場合、**事後届出が必要**となるが、当事者の一方又は双方が**国、地方公共団体**である場合は事後届出は**不要**である（国土法23条2項3号）。本肢は、当事者の一方がA市なので、事後届出は**不要**となる。

2 × 事後届出において、土地売買等の契約に係る土地の**土地に関する権利の移転又は設定の対価の額は届出事項となる**（同法23条1項6号）。

3 ○ **市街化区域を除く都市計画区域内で5,000㎡以上の一団の土地**を取引する場合は**事後届出が必要**となる（同法23条2項1号ロ）。本肢では、Eが、3,500㎡と2,500㎡の土地を購入しているので、合計6,000㎡として判断しなければならず、**事後届出が必要**となる。なお、一団の土地に当たるかどうかは**権利取得者で判断する**ので、売主がC・Dと異なる場合でも判断に影響しない。

4 × 都道府県知事は、土地利用審査会の意見を聴いて、事後届出をした者に対し、当該事後届出に係る土地の利用目的について**必要な変更をすべきことを勧告することができ**（同法24条1項）、勧告を受けた者がその勧告に従わないときは、その旨及びその勧告の内容を**公表することができる**（同法26条）。よって、土地売買等の契約を**取り消すことはできない**。

【問23】　　　正解　3

1 × 印紙税法に規定する「契約書」とは、**名称のいかんを問わず**、契約の成立等を証すべき文書をいい（印紙税法基本通達12条）、**後日、正式文書を作成することとなる場合**において、一時的に作成する仮文書であっても、**当該文書が課税事項を証明する目的で作成するものであるときは**、課税文書に**当たる**（同法基本通達58条）。よって、本契約書を後日作成することを文書上で明らかにしていても、覚書には**印紙税が課される**。

2 × **一の契約書に2以上の記載金額**があり、かつ、これらの金額が**同一の区分に該当する文書により証されるべき事項に係るもの**である場合には、これらの金額の**合計額**が記載金額となる（同法基本通達24条）。よって、甲土地と乙建物のいずれの譲渡契約も第1号の1文書に当たるので、合計額9,000

万円が記載金額となる。

3 ○ **契約期間の**変更を内容とする**土地**の賃貸借契約書は**課税文書に当たる**（同法基本通達別表第２）。

4 × 駐車場としての設備のある土地の特定の区画に駐車させる旨の賃貸借契約書を作成した場合、駐車場という施設の賃貸借契約書であり、**土地の賃借権契約書ではないので、課税文書とならない。**

【問 24】 **正解 2**

1 × 固定資産税の徴収については、**普通徴収の方法**によらなければならない（地方税法 364 条１項）。

2 ○ 市町村長は、毎年**4月1日から、4月20日又は当該年度の最初の納期限の日のいずれか遅い日以後の日**までの間、土地価格等縦覧帳簿及び家屋価格等縦覧帳簿を**納税者の縦覧に供さなければならない**（同法 416 条１項）。

3 × 地方税法において、固定資産税の賦課期日は、**当該年度の初日の属する年の１月１日**とされている（同法 359 条）。そして、この期日は、条例で定めることとはされていない。

4 × 固定資産税は、**固定資産の**所有者に課されるが、**質権又は 100 年より永い存続期間の定めのある地上権の目的である土地**については、その**質権者**又は**地上権者**に課される（同法 343 条１項）。よって、固定資産が賃借されている場合でも、賃借権者に対して課されるわけではない。

【問 25】 **正解 2**

1 ○ 土地鑑定委員会は、標準地の単位面積当たりの正常な価格を判定したときは、**標準地の単位面積当たりの価格**のほか、当該**標準地の**地積**及び**形状についても官報で公示しなければならない（地価公示法６条）。

2 × **正常な価格**とは、土地について、自由な取引が行われるとした場合におけるその取引（一定の場合を除く）において通常**成立する**と認められる価格をいい、**当該土地に建物がある場合には、当該建物が存しないものとして通常成立すると認められる価格**をいう（同法２条２項）。よって、当該建物が存するものとして通常成立すると認められる価格をいうのではない。

3 ○ 公示区域内の土地について鑑定評価を行う場合において、当該土地の正常な価格を求めるときは**公示価格を規準としなければならない**（同法８条）。その場合、公示価格を規準とするとは、対象土地の価格を求めるに際して、当該対象土地とこれに類似する利用価値を有すると認められる１又は２以上の標準地との位置、地積、環境等の土地の客観的価値に作用する諸要因についての比較を行い、その結果に基づき、当該**標準地の公示価格と当該対象土地の価格との間に均衡を保たせること**をいう（同法 11 条）。

4 ○ **公示区域**とは、都市計画法４条２項に規定する都市計画区域その他の土地取引が相当程度見込まれるものとして国土交通省令で定める区域のうち、国土利用計画法 12 条１項の規定により指定された**規制区域を除いた区域をいう**（同法２条１項）。

【問 26】 **正解 2**

1 × 事務所とは、本店又は支店のほか、**継続的に業務を行うことができる施設を有する場所**で、宅建業に係る**契約を締結する権限を有する使用人を置く**ものである（宅建業法令１条の２）。

令和４年

この場合、**商業登記簿に登載されているかどうか**は**問われない**。

2 ○ **宅建業を営まない支店**は、事務所には該当**しない**（同法3条1項、宅建業法の解釈・運用の考え方）。

3 × 宅建業者は、主たる事務所について、**標識**及び国土交通大臣が定めた**報酬の額**を掲げ、**従業者名簿**及び**帳簿**を備え付ける義務を負うものの（同法50条1項、46条4項、48条3項、49条）、**免許証を掲げる義務は負わない**。

4 × 宅建業者は、その事務所ごとに一定数の**成年者である専任の宅建士**を置かなければならないが（同法31条の3第1項）、既存の事務所がこれを満たさなかった場合は、**2週間以内**に必要な措置を執らなければならないのであって（同条3項）、30日以内に必要な措置を執らなければならないのではない。

【問27】 **正解 1**

1 ○ 宅建業者が依頼者の特別の依頼により行う遠隔地における**現地調査に要する実費の費用**等依頼者の特別の依頼により支出を要する特別の費用相当額について、その負担について**事前に依頼者の承諾**があれば、媒介報酬とは別に**受領することができる**（宅建業法46条1項、宅建業法の解釈・運用の考え方）。

2 × 宅建業者が、建物の貸借の媒介に関して受け取ることのできる報酬の限度額は、使用貸借に係るものである場合は、当該建物の**通常の借賃**をもとに定まる（報酬告示第4）。しかし、その算定に当たっては、**必要に応じて不動産鑑定業者の鑑定評価を求める**こととされているのであって（宅建業法46条1項、宅建業法の解釈・運用の考え方）、不動産鑑定業者の鑑定評価を求めなければならないわけではない。

3 × **居住用建物の貸借**の媒介の場合、依頼者の一方から受け取ることができる報酬額は、**借賃の1か月分の0.55倍**であり、**依頼者の承諾を得れば**、依頼者の一方から**借賃の1か月分の1.1倍を限度に**受け取ることができる（報酬告示第4）。依頼者の承諾を得ても、依頼者の双方から借賃の1か月分の1.1倍に相当する金額を超えて受け取ることはできない。

4 × 消費税抜きで400万円以下の金額の宅地又は建物の売買の媒介であって、**通常の売買の媒介と比較して現地調査等の費用を要するもの**については、宅建業者が依頼者から受けることのできる報酬の額（当該媒介に係る消費税等相当額を含む）は、**媒介報酬と当該現地調査等に要する費用に相当する額を合計した金額**以内となる。ただし、当該依頼者から受ける報酬の額は**18万円の1.1倍**に相当する金額を超えてはならない（同告示第7）。本肢では、土地代金80万円（土地代金には消費税がかからない）を除いた建物代金が消費税抜きで200万円であることから、売買代金が**280**万円となるので、消費税抜きで400万円以下となる。そして、報酬額は速算法により280万円×**4**％＋2万円の**13万2,000円**となる。ただし、受け取れる報酬の額は18万円のため、現地調査等に要する費用は**4万8,000**円までしか受け取れない。したがって、18万円の1.1倍である**19万8,000**円が受領できる報酬の限度額になる。

【問28】 **正解 1**

1 ○ 重要事項説明書は、宅建業者が、宅地又は建物の**買主**や**借主**に対して、交付して説明するものであり（宅建業法35条1項）、宅建業者自身が買主である場合は、重要事項説明書を作成しなくても**宅建業法違反と**ならない。

2 × 宅建業者は、説明義務の前提として**調査義務を負っている**ため、重要事項説明書を作成する際、調査不足のために重要事項説明書に記載された内容が事実と異なるものとなった場合は、**意図的に事実と異なる内容を記載したものではなくても、宅建業法違反と**なる。

3 × 重要事項説明書は、宅建業者が、宅地又は建物の**買主**や**借主**に対して、**交付して説明する**ものであり（同法35条1項）、**売主に対して、重要事項説明書を交付して説明させる義務は**ない。

4 × 宅建業者は、宅建士をして**重要事項説明書を**交付して**説明をさせなければならない**のであって（同法35条1項）、宅建士が重要事項説明書を作成することまでは要求されていない。

【問 29】 正解 3

1 ○ 宅建士が禁錮以上の刑に処せられた場合、刑に処せられた日から**30日以内**に、その旨を宅建士の**登録を受けた都道府県知事**に届け出なければならない（宅建業法21条2号、18条1項6号）。

2 ○ 宅建士は、業務に関して事務禁止の処分を受けたときは、速やかに、宅建士証をその**交付を受けた都道府県知事に提出**しなければならず（同法22条の2第7項、68条2項、4項）、これに違反すれば**10万円以下の過料**に処せられる（同法86条）。

3 × 宅建士証を更新する場合、登録をしている**都道府県知事が指定する講習を受講**しなければならないのであって（同法22条の2第2項）、国土交通大臣が指定する講習ではない。なお、宅建士証の有効期間は**5年**となる（同条3項）。

4 ○ 宅建士は、宅建士の信用又は品位を害するような行為をしてはならない（同法15条の2）。これには、職務として行われるものに限らず、**職務に必ずしも直接関係しない行為や私的な行為も含まれる**（宅建業法の解釈・運用の考え方）。

【問 30】 正解 3

ア × 宅建業法35条2項の規定による割賦販売とは、代金の全部又は一部について、目的物の引渡し後**1年以上の期間にわたり**、かつ、**2回以上**に分割して受領することを条件として販売することをいう（宅建業法35条2項）。

イ ○ 犯罪による収益の移転防止に関する法律において、宅建業のうち、**宅地もしくは建物の売買契約の締結又はその代理もしくは媒介**が特定取引として**規定されている**（犯罪による収益の移転防止に関する法律4条、別表）。

ウ ○ 宅建業者は、その従業者に対し、その業務を適正に実施させるため、必要な教育を行うよう**努めるよう規定されている**（宅建業法31条の2）。

エ ○ 宅建業者の**使用人その他の**従業者は、正当な理由がある場合でなければ、宅建業の業務を補助したことについて**知り得た秘密を他に漏らすことは禁止されている**（同法75条の3）。

以上より、正しいものは**イ**と**ウ**と**エ**の3つであり、正解は**3**となる。

【問 31】 正解 1

1 ○ **宅地建物の価額について意見を**

述べるために行った価額の査定に要した費用は、依頼者に請求することができない（宅建業法34条の2、宅建業法の解釈・運用の考え方）。

2　×　媒介契約の種類に関係なく、法34条の2第1項の規定に基づく書面に、**売買すべき価額を記載する必要がある**(同法34条の2第1項2号)。よって、一般媒介契約の場合でも、**売買すべき価額を記載する必要がある**。

3　×　専任媒介契約の有効期間は、依頼者の申出により、更新することができるが、更新の時から**3か月を超えることはできない**（同法34条の2第4項)。

4　×　宅建業者は、**媒介契約を締結したとき**は、法34条の2第1項の規定に基づく書面を**依頼者に交付しなければならない**（同法34条の2)。よって、依頼者であるCに対しても交付しなければならない。

【問32】　　正解　1

1　×　宅建業者は、37条書面を作成したときは、**宅建士をして、当該書面に記名**させなければならない（宅建業法37条3項)。複数の宅建業者が関与すれば、**すべての宅建士に記名**させる必要がある。

2　○　宅建士は、取引の関係者から**請求があったときは、宅建士証を提示しなければならない**（同法22条の4)。37条書面の交付の場合の宅建士証の提示は、重要事項説明とは異なり、請求があったときに提示すれば足りる。

3　○　手付金の保全措置を講ずる場合、保全措置の概要を、**重要事項説明書**に記載し説明する必要は**ある**が（同法35条1項10号)、**37条書面**には記載する必要はない。

4　○　建物の品質に関して契約の内容に適合しない場合におけるその不適合を担保すべき責任について特約を定めたときは、**37条書面**にその内容を記載しなければならない（同法37条1項11号)。

【問33】　　正解　2

ア　×　宅建士試験は未成年者でも受験することができるが、宅建士の登録については、**宅建業に係る営業に関し成年者と同一の行為能力を有する未成年者は登録できる**ので（宅建業法18条1項1号参照)、成年に達するまでいかなる場合にも受けることができないわけではない。

イ　×　登録を受けている宅建士は、**当該登録をしている都道府県知事の管轄する都道府県以外**の都道府県に所在する宅建業者の事務所の業務に従事する場合に、**登録を移転することができる**(同法19条の2本文)。登録の移転は任意であり、宅建士の登録を乙県に移転しなければならないわけではない。

ウ　○　事務の禁止の処分を受け、その禁止の期間が満了していないときは、登録を移転することができない（同法19条の2ただし書)。

エ　○　登録の移転の申請とともに宅建士証の交付の申請があったときは、移転後の都道府県知事は、**移転前の宅建士証の有効期間が経過するまでの期間**を有効期間とする宅建士証を交付しなければならない（同法22条の2第5項)。

以上より、正しいものは**ウ**と**エ**の2つであり、正解は**2**となる。

【問34】　　正解　4

1　○　当該建物が**既存の建物であると**

きは、**建物状況調査を過去1年以内に実施しているかどうか**、及びこれを実施している場合におけるその**結果の概要**を説明しなければならない（宅建業法35条1項6号の2イ、同法則16条の2の2）。

2　○　当該建物が盛土規制法の規定により指定された**造成宅地防災区域内にあるときは、その旨を**説明しなければならない（同法35条1項14号、同法則16条の4の3第1号）。

3　○　当該建物について、**石綿の使用の有無の調査の結果が記録されているときは、その内容**を説明しなければならない（同法35条1項14号、同法則16条の4の3第4号）。

4　×　当該建物（昭和56年5月31日以前に新築の工事に着手したもの）が指定確認検査機関、建築士、登録住宅性能評価機関又は地方公共団体による**耐震診断を受けたものであるときは、その内容**を説明しなければならない（同法35条1項14号、同法則16条の4の3第5号）。**耐震診断を受けたものである旨を説明するだけでは足りない。**

【問35】　　正解　4

1　×　宅建業者の従業者は、取引の関係者の請求があったときは、**従業者証明書を提示**しなければならない（宅建業法48条2項）。この証明書に代えて**従業者名簿又は宅建士証を提示することはできない。**

2　×　宅建業者の**相手方が宅建業者である場合**は、重要事項説明書を交付しなければならないが、説明することまでは要求されない（同法35条6項）。

3　×　宅建業者は、**契約が成立するまでの間に**、宅建士をして、**重要事項説明書を交付して説明をさせなければならない**（同法35条1項）。よって、賃貸借契約が成立したときに、重要事項説明書を交付し説明するわけではない。

4　○　37条書面は、宅建業者の相手方が**宅建業者であるか否かにかかわらず、交付しなければならない**（同法37条1項柱書、78条2項）。

【問36】　　正解　1

1　○　建物の**売買の媒介**を行う場合、当該建物が既存の住宅であるときは当該建物の**検査済証の保存の状況**について説明しなければならず、当該検査済証が**存在しない場合はその旨**を説明しなければならない（宅建業法35条1項6号の2ロ、同法則16条の2の3第2号、宅建業法の解釈・運用の考え方）。

2　×　**売買代金の額並びにその支払の時期及び方法**は、重要事項説明の項目に**含まれて**いない。**売買代金の額並びにその支払の時期及び方法**は、**37条書面**の記載項目となっている（同法37条1項3号）。

3　×　水防法施行規則11条1号の規定により宅地又は建物が所在する市町村の長が提供する図面に当該宅地又は建物の位置が表示されているときは、当該図面における当該**宅地又は建物の所在地**について説明しなければならない（同法則16条の4の3第3号の2）。よって、**図面が存在していることを説明するだけでは足りない。**

4　×　**建物の引渡しの時期**は、重要事項説明の項目に**含まれて**いない。**売買代金の額並びにその支払の時期及び方法や建物の引渡しの時期**は、**37条書面**の記載項目となっている（同法37条1項3号、4号）。

【問 37】　　正解　2

ア　○　建物が**未完成**の間、建築基準法第6条第1項の**確認を受けた**後でなければ、建物の売買その他の業務に関する広告をすることは**できない**（宅建業法33条）。そして、当初の確認を受けた後、変更の確認の申請書を提出している期間においても、**変更の確認を受ける予定である旨を**表示し、かつ、**当初の確認の内容も当該広告にあわせて**表示すれば、変更の確認の内容を広告しても**差し支えない**（宅建業法の解釈・運用の考え方）。

イ　×　宅建業者は、その業務に関して広告をするときは、著しく事実に相違する表示をし、又は**実際のものよりも著しく優良であり、もしくは有利であると人を誤認させるような表示をしてはならない**（同法32条）。これはインターネットで行った場合も**含まれる**（宅建業法の解釈・運用の考え方）。また、当該広告について**問合せや申込みがなかったときであっても**、誇大広告等の禁止の規定に**違反**する。

ウ　○　宅建業者は、広告をするときは、**取引態様の別を明示しなければならない**（同法34条1項）。また、注文を受けたときも取引態様の別を明らかにしなければならないので（同条2項）、一団の宅地の販売について、**数回に分けて**広告をするときは、**そのたびごとに広告へ取引態様の別を明示**しなければならず、当該広告を見た者から売買に関する**注文を受けたとき**も、改めて取引態様の別を**明示**しなければならない。

以上より、正しいものは**ア**と**ウ**の2つであり、正解は**2**となる。

【問 38】　　正解　4

1　×　宅建業者が自ら売主となる宅地、建物の売買契約について、喫茶店のような**事務所等以外の場所**において、当該宅地、建物の買受けの申込みをした者は、クーリング・オフによる解除を行うことができる（宅建業法37条の2第1項）。もっとも、申込者が、当該**宅地・建物の引渡しを受け、かつ、その代金の全部を支払ったとき**は、クーリング・オフによる解除をすることが**できない**（同条項2号）。本肢では、宅地の引渡しを受けただけなので、クーリング・オフによる解除を行うことが**できる**。

2　×　クーリング・オフは、**宅建業者相互間の取引については、適用されない**（同法78条2項）。

3　×　**事務所等において、当該宅地、建物の買受けの申込みをした者**は、クーリング・オフによる解除を行うことが**できない**（同法37条の2第1項）。そして、買主である相手方が**自宅又は勤務先**において売買契約に関する説明を受ける旨を**申し出た場合**は、その相手方の**自宅又は勤務先が事務所等に当たる**（同法則16条の5第2号）。本肢では、**売主業者の申出**により、買受けの申込みをした者の勤務先で売買契約を行っているので、事務所等に**当たらず**、**クーリング・オフによる当該解除を行うことができる**。

4　○　クーリング・オフによる解除が行われた場合、宅建業者は、申込者に対し、**速やかに、売買契約の締結に際し受領した手付金その他の金銭を返還**しなければならない（同法37条の2第3項）。

【問 39】　　正解　4

1　×　保証協会は、認証に係る事務を処理する場合には、**認証申出書の受理の順序に従って**しなければならない（宅建業法則26条の7第1項)。よって、認証申出書に記載された取引が成立した時期の順序に従ってしなければならないのではない。

2 × 保証協会は、当該保証協会の社員から弁済業務保証金分担金の納付を受けたときは、その**納付を受けた額に相当する額の弁済業務保証金を法務大臣及び国土交通大臣の定める供託所**に供託しなければならない(同法64条の7第1項、2項)。

3 × 保証協会の社員が弁済業務保証金分担金を納付した後に、新たに事務所を設置したときは、その日から**2週間以内に主たる事務所につき60万円、その他の事務所につき事務所ごとに30万円**の割合による金額の合計額を弁済業務保証金分担金として当該保証協会に納付しなければならない(同法64条の9第2項、同法令7条)。よって、金銭で納付しなければならず、**国債証券をもって充てることができない**。

4 ○ 保証協会の社員と宅建業に関し取引をした者(社員と**その者が社員となる前に宅建業に関し取引をした者を含み、宅建業者に該当する者を除く**)は、その取引により生じた債権に関し、当該保証協会が供託した弁済業務保証金について、**弁済を受ける権利を有する**(同法64条の8第1項)。

【問40】　　　　正解　2

ア　違反する

重要事項の説明にテレビ会議等のITを活用するに当たっては、(1)宅建士及び説明を受けようとする者が、**図面等の書類及び説明の内容**について十分に理解できる程度に**映像を視認**でき、かつ、双方が発する**音声を十分に聞き取ることができる**とともに、**双方向でやりとりできる**環境において実施していること。(2)宅建士により記名された**重要事項説明書及び添付書類**を、説明を受けようとする者に**あらかじめ交付**(電磁的方法による提供を含む。)していること。(3)説明を受けようとする者が、重要事項説明書及び添付書類を**確認しながら説明を受けることができる**状態にあること並びに**映像及び音声の状況**について、宅建士が重要事項の説明を開始する前に**確認していること**。(4)宅建士が、**宅建士証を提示**し、説明を受けようとする者が、当該宅建士証を**画面上で視認できたことを確認**していることが必要となる(宅建業法35条1項、宅建業法の解釈・運用の考え方)。本肢は、映像を見ることができない点で(1)を満たしていないので、**宅建業法に違反する**。

イ　違反する

建物貸借の媒介を行う宅建業者は、宅建士をして、重要事項説明書を交付して説明をさせなければならない(同法35条1項)。また、自ら貸主である宅建業者には、重要事項説明をする義務はない。よって、**貸主の代表者に説明させることはできず、媒介を行う宅建業者**が、宅建士をして**説明**させなければならない。

ウ　違反しない

重要事項説明に当たっては、宅建士が重要事項説明書に記名し、これを交付して説明しなければならない(同法35条1項、5項)。**取引物件の担当者である宅建士と異なる宅建士が記名し、説明することも可能**である。

エ　違反しない

選択肢アで述べたように、重要事項の説明にITを活用するに当たっては、(1)から(4)の要件を満たさなければばならない。本肢は**いずれも要件を満たす**ので、**宅建業法に違反しない。**

以上より、違反しないものは**ウ**と**エ**の**2**つであり、正解は**2**となる。

【問41】 正解 2

ア × 免許を取り消されたときでも、宅建業者であった者は営業保証金を**取り戻すことができる**（宅建業法30条1項）。この場合、刑の執行を終わった日から5年間を経過するまでもなく取り戻すことができる。

イ ○ 営業保証金の還付により、営業保証金が政令で定める額に不足することとなったため、**国土交通大臣又は都道府県知事から**不足額を供託すべき旨の通知書の送付を受けた宅建業者は、その**送付を受けた日から2週間以内**にその不足額を供託しなければならない（同法28条1項、保証金則5条）。

ウ ○ 保証協会の社員は、自らが取り扱った宅建業に係る取引の相手方から当該取引に関する苦情について解決の申出が保証協会にあり、**保証協会から関係する資料の提出を求められたとき**は、正当な理由がある場合でなければ、これを**拒んではならない**（同法64条の5第3項、2項）。

エ × 保証協会の社員と宅建業に関し取引をした者は、その取引により生じた債権に関し、**当該社員が社員でないとしたならばその者が供託すべき**営業保証金**の額に相当する額の範囲内**において、保証協会が供託した弁済業務保証金について、弁済を受ける権利を有する（同法64条の8第1項）。当該社員が納付した弁済業務保証金の額に相当する額の範囲内において弁済を受ける権利を有するわけではない。

以上より、誤っているものは**ア**と**エ**の**2**つであり、正解は**2**となる。

【問42】 正解 2

1 × 専属専任媒介契約の場合、依頼者に対し、当該媒介契約に係る業務の処理状況を**1週間に1回以上**報告しなければならない（宅建業法34条の2第9項）。

2 ○ 宅建業者は、宅地の価額又はその評価額について意見を述べるときは、その**根拠を明らかにしなければならない**が（同法34条の2第2項）、根拠の明示は、口頭でも書面を用いても**どちらでもよい**（宅建業法の解釈・運用の考え方）。

3 × 専属専任媒介契約の有効期間は、**3か月**である（同法34条の2第3項）。そしてこの期間は、依頼者の申出があっても、**3か月を超えることはできない**（同条4項）。

4 × 指定流通機構に登録をした宅建業者は、**登録を証する書面を遅滞なく依頼者に引き渡さ**なければならない（同法34条の2第6項）。依頼者から引渡しの依頼がなくても**引き渡さ**なければならない。

【問43】 正解 2

1 ○ 宅建業者が、自ら売主となる宅地又は建物の売買契約の締結に際して手付を受領したときは、その手付が**いかなる性質のものであっても**、売主が契約の履行に着手する間は、買主はその手付を放棄して、**契約の解除をすることが**できる（宅建業法39条2項）。

2 × 宅建業者は、自ら売主となる宅地又は建物の売買契約において、その目的物が種類又は品質に関して契約の内容に適合しない場合におけるその不適合を担保すべき責任に関し、**引渡し**

の日から2年以上となる特約をする場合を除き、民法の規定より**買主に不利となる特約**をしてはならない（同法40条1項）。本肢は、「引渡しの日から1年間に限り」担保責任を負うとしているので、知った時から1年以内にその旨を売主に通知すればよいとする民法566条の規定より買主に**不利**であり、引渡しの日から2年以上となる特約でもないため、このような特約を設けることは**できない**。

3　○　宅建業者が自ら売主となる宅地の売買契約において、損害賠償の額を予定し、又は違約金を定めるときは、この**合計額が代金の額の10分の2を超える**ことが**できない**（宅建業法38条1項）。よって、2,500万円の10分の2を超えない500万円と設定することができる。

4　○　宅建業者が自ら売主として建物の割賦販売を行った場合、建物を**買主に引き渡し**、かつ、**代金の額の10分の3を超える額の金銭の支払を受けた**後は、担保の目的で当該建物を**譲り受けてはならない**（同法43条2項）。

【問44】　正解　4

1　**違反しない**

宅建業者は、宅地の売買に関し、自ら当事者として契約を締結したときは、その**相手方に37条書面を交付**しなければならない（宅建業法37条1項）。相手方に加え、相手方の代理人に交付しても**宅建業法に違反**しない。

2　**違反しない**

宅建業者が37条書面を作成したときは、宅建士が当該書面に**記名**しなければならないが（同法37条3項）、宅建士が交付することまでは要求されておらず、**宅建業法に違反**しない。なお、重要事項説明書と異なり、説明する必要もない。

3　**違反しない**

借賃以外の金銭の授受に関する定めがあるときは、**その額並びに当該金銭の授受の時期及び目的**が37条書面に記載されていなければならない（同法37条2項3号）。よって、**宅建業法に違反**しない。

4　**違反する**

宅建業者が自ら売主として宅建業者の媒介により、宅建業者と宅地の売買契約を締結した場合、**買主、媒介者、売主それぞれ相手方に37条書面を交付しなければならず**（同法37条1項）、交付せずにそれぞれ保管することは法の規定に**違反**する。

【問45】　正解　3

1　×　**買主が宅建業者である場合**、住宅販売瑕疵担保保証金の供託又は住宅販売瑕疵担保責任保険契約の締結を行う**義務を負わない**（履行確保法2条7項2号ロ）。

2　×　住宅販売瑕疵担保責任保険契約は、当該新築住宅の**引渡しを受けた時から10年以上有効**でなければならない（同法2条7項4号）。買主の承諾があっても、保険契約に係る保険期間を5年間に短縮することはできない。

3　○　宅建業者は、毎年、**基準日から3週間を経過する日までの間**において、当該基準日前10年間に自ら売主となる売買契約に基づき買主に引き渡した新築住宅について、**住宅販売瑕疵担保保証金の供託**をしていなければならない（同法11条1項）。

4　×　宅建業者が住宅販売瑕疵担保保証金の供託をし、その額が、基準日において、販売新築住宅の合計戸数を基

令和4年

礎として算定する基準額を超えることとなった場合、**国土交通大臣又は都道府県知事の承認**を受けなければ、その超過額を**取り戻すことができ**ない（同法16条、9条1項、2項）。

【問46】　　　　　　**正解　1**

1　×　機構は、住宅の建設又は購入に必要な資金の貸付けに係る金融機関の貸付債権の譲受けを業務として行っているが（機構法13条1項1号）、これには、住宅の建設に**付随する土地又は借地権の取得に必要な資金も**含まれる（同法令5条1項1号）。

2　○　機構は、団体信用生命保険業務において、貸付けを受けた者が死亡した場合のみならず、**重度障害となった場合においても**、支払われる生命保険の保険金を当該貸付けに係る債務の弁済に**充当することができる**（同法13条1項11号）。

3　○　機構が譲り受ける貸付債権の償還方法には、**元金均等**又は**元利均等**の方法がある（同法13条1項1号、業務方法書3条6号）。

4　○　機構は、**証券化支援事業（買取型）**において、MBS（資産担保証券）を発行することにより、債券市場（投資家）から資金を**調達している**（同法13条1項1号、19条1項）。

【問47】　　　　　　**正解　4**

1　×　徒歩による所要時間は、道路距離80mにつき1分間を要するものとして算出した数値を表示し、**1分未満の端数が生じたときは、1分として算出**しなければならない（公正規約則9条(9)）。端数を切り捨てるわけではない。

2　×　インターネット上に掲載した賃貸物件の広告について、掲載直前に契約済みとなっていた場合、物件は存在するが、**実際には取引の対象となり得ない**物件に関する表示をしているので、**おとり広告に当たる**（同規約21条（2））。よって、消費者からの問合せに対して、既に契約済みであり取引できない旨を説明しても、**不当表示に問われる**。

3　×　マンションの管理費については、1戸当たりの月額を表示しなければならないが、住戸により管理費の額が異なる場合において、その全ての住宅の管理費を示すことが困難であるときは、**最低額及び最高額**のみで表示することができる（同規約則9条(41)）。よって、**最低額の表示も必要となる**。

4　○　建築条件付土地の取引については、当該**取引の対象が土地である旨**並びに当該**条件の内容**及び当該**条件が成就しなかったときの措置の内容**を明示して**表示しなければならない**（同規約則7条（1））。

【問48】　　　　　　**正解　正解なし**

問48の選択肢4の記述中、「第1四半期から第4四半期まで連続で対前期比増となった。」とあるが、令和4年9月30日国土交通省発表のデータ改訂に伴い、第2四半期の対前期比は同年8月31日発表の「＋0.7%」から「▲（マイナス）0.0%」に改訂されており、問48は正解肢のない問題となっていることが判明した。このため、問48についてはすべての解答を正解として取り扱うことが試験団体から発表された。

1　×　建築着工統計調査報告（令和3年計。令和4年1月公表）によれば、持家は前年比9.4％増、貸家は前年比4.8％増、分譲住宅は前年比1.5％増で、

持家、貸家及び分譲住宅すべて前年比で増加している。

2　×　令和４年地価公示（令和４年３月公表）によれば、令和３年１月以降の１年間の**住宅地の地価**は、三大都市圏平均では0.5%上昇、それ以外の地方圏平均でも0.5%上昇し、**いずれも上昇**した。

3　×　令和４年版土地白書（令和４年６月公表）によれば、令和３年の**全国の土地取引件数は約133万件**となり、ほぼ**横ばい**で推移している。

4　×　国土交通省の公表する不動産価格指数のうち、全国の商業用不動産総合の季節調整値は、2021年（令和３年）においては第２四半期の対前期比が「**▲（マイナス）0.0%**」となっている。

【問49】　　**正解　2**

1　○　**台地の上の浅い谷**は、水はけが悪く、豪雨時には一時的に浸水することがあり、注意を**要する**。

2　×　**低地**は、一般に**洪水に対して弱く、地盤が軟弱**なので、地震に対しても弱い。よって、防災的見地から住宅地としては**好ましくない**。

3　○　**埋立地**は、平均海面に対し**比高**があり、護岸が強固であれば、住宅地としても利用が**可能**である。

4　○　国土交通省が運営する**ハザードマップポータルサイト**では、洪水、土砂災害、高潮、津波の**リスク情報**などを地図や写真に重ねて**表示することが**できる。

【問50】　　**正解　4**

1　○　**木構造**は、主要構造を木質系材料で構成するものであり、在来軸組構法での主要構造は、一般に**軸組**、**小屋組**、**床組**からなる。

2　○　在来軸組構法の**軸組**は、通常、水平材である**土台**、**桁**、**胴差**と、垂直材の**柱**及び**耐力壁**からなる。

3　○　**小屋組**は、屋根の骨組であり、小屋梁、小屋束、母屋、垂木等の部材を組み合わせた**和小屋**と、陸梁、束、方杖等の部材で形成する**トラス構造の洋小屋**がある。

4　×　軸組に仕上げを施した壁には、**真壁**（しんかべ）と**大壁**（おおかべ）があり、真壁のみで構成するのは和風構造で、大壁のみで構成するのは洋風構造である。また、これらを**併用する場合も**ある。

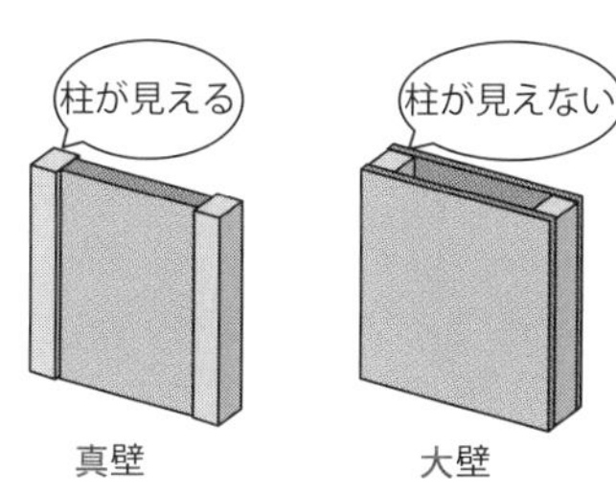

MEMO

令和３年度 12月試験 正解・解説

正解一覧表

問				
問 1	1	2	3	**4**
問 2	1	2	**3**	4
問 3	1	**2**	3	4
問 4	1	2	3	**4**
問 5	1	2	**3**	4
問 6	**1**	2	3	4
問 7	1	2	3	**4**
問 8	1	**2**	3	4
問 9	1	2	**3**	4
問 10	**1**	2	3	4
問 11	1	2	**3**	4
問 12	1	**2**	3	4
問 13	1	**2**	3	4
問 14	1	**2**	3	4
問 15	1	2	3	**4**
問 16	1	2	**3**	4
問 17	1	2	**3**	4
問 18	1	**2**	3	4
問 19	**1**	2	3	4
問 20	**1**	2	3	4
問 21	1	2	3	**4**
問 22	**1**	2	3	4
問 23	1	**2**	3	4
問 24	**1**	2	3	4
問 25	1	**2**	3	4
問 26	1	2	**3**	4
問 27	1	2	3	**4**
問 28	**1**	2	3	4
問 29	1	2	**3**	4
問 30	1	2	**3**	4
問 31	1	**2**	3	4
問 32	**1**	2	3	4
問 33	1	**2**	3	4
問 34	**1**	2	3	4
問 35	1	2	3	**4**
問 36	1	2	3	**4**
問 37	1	**2**	3	4
問 38	1	2	**3**	4
問 39	1	2	**3**	4
問 40	1	**2**	3	4
問 41	**1**	2	3	4
問 42	1	2	**3**	4
問 43	**1**	2	3	4
問 44※	1	**2**	**3**	4
問 45	1	2	3	**4**
問 46	**1**	2	3	4
問 47	1	2	3	**4**
問 48	1	2	3	**4**
問 49	1	**2**	3	4
問 50	1	2	3	**4**

※設問の不備により、正解肢が複数存在します。

【問　1】　正解　4

本問で提示された判決文は、最判昭40・12・7である。

1　×　判決文は、1行目以下で、私力の行使は、「法律に定める手続によつたのでは、権利に対する違法な侵害に対抗して現状を維持することが不可能又は著しく困難であると認められる**緊急やむを得ない特別の事情が存する場合においてのみ**」、その必要の限度を超えない範囲内で、例外的に許されるとしている。つまり、**事情のいかんにかかわらず許されるわけではない**。

2　×　建物賃貸借契約終了後に当該建物内に家財などの残置物がある場合では、「**緊急やむを得ない特別の事情**が存する場合」には当たらない。したがって、法律に定める手続によるべきであり、賃貸人が裁判によることなく、残置物を建物内から撤去することは、私力の行使の限界を超えていて、することが**できない**。

3　×　建物賃貸借契約の賃借人が賃料を1年分以上滞納した場合では、「**緊急やむを得ない特別の事情**が存する場合」には当たらない。したがって、法律に定める手続によるべきであり、賃貸人が裁判によることなく、賃借人の同意なく当該建物の鍵とシリンダーを交換して建物内に入れないようにすることは、私力の行使の限界を超えていて、することができない。

4　○　判決文は、1行目以下で、私力の行使は、「**法律に定める手続によつたのでは**、権利に対する違法な侵害に対抗して現状を維持することが不可能又は著しく困難であると認められる緊急やむを得ない特別の事情が存する場合においてのみ、その必要の限度を超えない範囲内で、例外的に許される」としている。つまり、裁判を行っていては権利に対する違法な侵害に対抗して現状を維持することが不可能又は著しく困難であると認められる**緊急やむを得ない特別の事情**が存する場合には、その必要の**限度を超えない範囲内で**例外的に私力の行使が**許される**ことを意味している。

【問　2】　正解　3

1　○　土地の所有者は、隣地の所有者と**共同の費用**で、境界標を設けることができる（民法223条）。

2　○　境界線上に設けた境界標、囲障、**障壁**、溝及び堀は、相隣者の**共有に属する**ものと**推定される**（同法229条）。

3　×　**高地の所有者**は、その**高地が浸水した場合**にこれを乾かすため、又は自家用若しくは農工業用の余水を排出するため、公の水流又は下水道に至るまで、**低地に水を通過させる**ことができる（同法220条前段）。

4　○　土地の所有者は、**直接に雨水を隣地に注ぐ構造の屋根**その他の工作物を**設けてはならない**（同法218条）。よって、土地の所有者が直接に雨水を隣地に注ぐ構造の屋根を設けた場合、隣地所有者は、所有権に基づく妨害排除又は予防の請求をすることができる。

【問　3】　正解　2

1　**できる**

成年後見人は、成年被後見人に代わって、その居住の用に供する**建物又はその敷地**について、売却、賃貸、賃貸借の解除又は抵当権の設定等をするには、**家庭裁判所の許可を得なければならない**（民法859条の3）。よって、**建物又はその敷地**に当たらない**乗用車**を第三者へ売却する場合は、**家庭裁判所の許**

可が必要ない。

2　できない

成年後見人は、成年被後見人に代わって、その居住の用に供する建物又はその敷地について、売却、賃貸、賃貸借の解除又は**抵当権の設定**等をするには、**家庭裁判所の許可を得なければならない**（同法 859 条の 3）。

3　できる

成年後見人は、成年被後見人に代わって、その**居住の用に供する**建物又はその敷地について、売却、賃貸、賃貸借の解除又は抵当権の設定等をするには、**家庭裁判所の許可を得なければならない**（同法 859 条の 3）。よって、居住の用に供する建物に当たらない**オフィスビル**に抵当権を設定する場合は、**家庭裁判所の許可が**必要ない。

4　できる

成年後見人は、成年被後見人に代わって、その**居住の用に供する**建物又はその敷地について、売却、賃貸、賃貸借の解除又は抵当権の設定等をするには、**家庭裁判所の許可を得なければならない**（同法 859 条の 3）。よって、居住の用に供する建物に当たらない**倉庫**についての第三者との賃貸借契約を解除する場合は、**家庭裁判所の許可が**必要ない。

【問　4】　　正解　4

1　×　買主が売主に**手付を交付したときは**、相手方が**契約の履行に着手した場合を除き**、買主はその**手付を放棄**し、売主はその**倍額を現実に提供して、契約の解除をすることができる**（民法 557 条 1 項）。よって、売主が、自らが目的物を引き渡すまではいつでも解除することができるとする点で誤りである。

2　×　判例では、**期間の定めのない買戻特約**について、**後に買戻期間を定めてもよい**とされているので（大判明 31・11・30）、買戻しについての期間の合意をしなければ、買戻しの特約自体が無効となるわけではない。

3　×　B が購入した目的物は第三者 C の所有物であり、**他人の権利の売買**に当たる。この場合、売主はその権利を取得して買主に移転する義務を負う（民法 561 条）。売主が、売却した権利について自己に属しないことを知らなかったとしても、**売買契約を解除することはできない**。

4　○　売主が種類又は品質に関して契約の内容に適合しない目的物を買主に引き渡した場合において、買主がその不適合を知った時から 1 年以内にその旨を売主に通知しないときは、買主は、担保責任を追及できない（同法 566 条本文）。ただし、**売主が引渡しの時にその不適合を知り**、又は重大な過失によって知らなかったときは、この限りではなく（同条ただし書）、消滅時効にかかっていない限り、B は A の担保責任を**追及することができる**。

【問　5】　　正解　3

1　×　代理人が自己又は**第三者の利益を図る目的で**代理権の範囲内の行為をした場合において、相手方がその目的を**知り**、又は知ることができたときは、その行為は、**代理権を有しない者がした行為とみなされる**（民法 107 条）。そして、代理権を有しない者が他人の代理人としてした契約は、本人がその追認をしなければ、**本人に対してその効力を生じない**（同法 113 条 1 項）。

2　×　第三者に対して**他人に代理権を与えた旨を表示した者**は、その代理権

令和3年12月

の範囲内においてその他人が第三者との間でした行為について、第三者が、その他人が代理権を与えられていないことを**知り**、又は過失によって知らなかったときを除き、**その責任を負う**（同法109条）。よって、CがAに代理権がないことを知っているので、Bは責任を**負わない**。

3　○　本肢は、AがBから何ら代理権を与えられていないので、**無権代理**である。また、AがBの代理人と詐称していることにつきBには帰責性が認められないので、表見代理も成立しない。よって、本人がその追認をしなければ、**本人に対してその効力を生じない**（同法113条1項）。

4　×　他人に代理権を与えた者は、代理権の消滅後にその代理権の範囲内においてその他人が第三者との間でした行為について、**第三者が過失によってその事実を知らなかったときを除き、**代理権の消滅の事実を知らなかった**第三者に対してその責任を負う**（同法112条1項）。よって、相手方Cが過失によって代理権消滅の事実を知らなかった場合、Bは責任を**負わない**。

【問　6】　　　　　　　　　正解　1

1　×　本肢では、AからDへと所有権が転々と譲渡されており、AとDとは**当事者の関係**なので、Dは対抗関係にある第三者には**該当しない**。

2　○　不動産に関する物権変動は、登記をしなければ、第三者に対抗することができない(民法177条)。もっとも、借地権は、その登記がなくても、土地の上に借地権者が**登記されている建物**を所有するときは、これをもって第三者に**対抗することができる**（借地借家法10条1項）。したがって、借地上に登記ある建物を所有する者は、当該土地の所有権を新たに取得した者と対抗関係にある第三者に**該当する**。

3　○　**第三者のなした登記後に時効が完成**して不動産の所有権を取得した場合、その第三者に対して、**登記がなくても**、時効取得を**対抗することができる**（最判昭41・11・22）。

4　○　共同相続財産につき、**共同相続人の1人から移転登記を受けた第三者**に対して、他の共同相続人は自己の持分を**登記がなくても、対抗することができる**（最判昭38・2・22）。

【問　7】　　　　　　　　　正解　4

1　○　自筆証書によって遺言をするには、遺言者が、その全文、日付及び氏名を自書し、これに印を押さなければならない（民法968条1項）。なお、これに添付する**相続財産の目録**については、遺言者が、その目録の**毎葉（自書によらない記載がその両面にある場合にあっては、その両面）に署名押印**すれば、**自書する必要がない**（同条2項）。

2　○　**公正証書遺言**には、**証人2人以上の立会い**が必要である（同法969条1号）。また、**未成年者や推定相続人**は遺言の証人となる**ことができない**（同法974条1号、2号）。

3　○　**船舶が遭難**した場合、当該船舶中に在って死亡の危急に迫った者は、**証人2人以上の立会い**をもって**口頭で**遺言をすることができる（同法979条1項）。

4　×　遺贈義務者は、受遺者に対し、相当の期間を定めて**遺贈の承認**又は放棄をすべき旨の**催告**をした場合、受遺者がその期間内に遺贈義務者に対してその意思を表示しないときは、**遺贈を承認したものとみなされる**（同法987

条）。遺贈を放棄したものとみなされるわけではない。

【問 8】 正解 2

1 × **申込者が申込みの通知を発した後に死亡**した場合、その相手方が承諾の通知を発するまでにその事実が生じたことを**知ったとき**は、その申込みは、**その効力を有しない**（民法526条）。

2 ○ **申込者が申込みの通知を発した後に死亡**した場合、**申込者がその事実が生じたとすればその申込みは効力を有しない旨の意思を表示していたとき**は、その申込みは、**その効力を有しない**（同法526条）。よって、BがAの死亡を知らなくとも効力を失う。

3 × **承諾の期間を定めないでした申込み**は、**申込者が撤回をする権利を留保したときを除き**、申込者が承諾の通知を受けるのに**相当な期間を経過するまで**は、撤回することができない（同法525条1項）。

4 × 意思表示は、その通知が相手方に**到達した時からその効力を生じる**（同法97条1項）。よって、承諾の意思表示を発信した時点で売買契約が成立するわけではない。

【問 9】 正解 3

1 ○ ①当事者の一方がその解除権を行使したときは、各当事者は、その相手方を**原状に復させる義務を負う**（民法545条1項）。よって、Bは目的物を使用収益した利益をAに償還する義務を負う。一方、②賃貸借の解除をした場合には、その解除は、**将来に向かってのみ**その効力を生じる（同法620条）。よって、Aは解除までの期間の賃料をBに返還する必要はない。

2 ○ ①売買によって、所有権はBに移転するので、Bは自由に甲建物を賃貸することができる。一方、②賃借人は、**賃貸人の承諾**を得なければ、賃借物を転貸することができないので（同法612条1項）、BはAの承諾を得なければ甲建物をCに転貸することは**できない**。

3 × ①不動産に関する物権変動は、登記をしなければ第三者に対抗することができない（同法177条）。もっとも、**不法占拠者は第三者に当たらない**ので、①の場合、登記を備えていなくてもDに**対抗することができる**。また、②は正しい記述である。

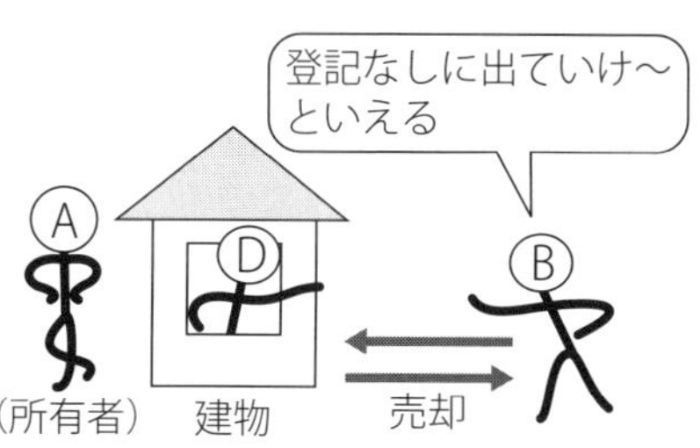

4 ○ ①目的物を引き渡す前に、**当事者双方の責めに帰することができない事由**によって債務を履行することができなくなったときは、債権者は、**反対給付の履行を拒むことができる**ので（同法536条1項）、甲建物がEの放火で全焼した場合、BはAに対する売買代金の支払を拒むことができる。一方、②賃借物の**全部が滅失**その他の事由により使用及び収益をすることができなくなった場合には、**賃貸借は終了**するので（同法616条の2）、BとAとの間の賃貸借契約は終了する。

【問 10】 正解 1

1 ○ **賃料債権は、抵当権の物上代位**（民法372条、304条）**の対象となる**ので（最判平元・10・27）、Bは抵当権に基づき、AがCに対して有している賃料債権を差し押さえることができる。

2 × **建物の賃貸借**は、その登記がなくても、**建物の引渡し**があれば、その後その建物について物権を取得した者に対し、**対抗できる**（借地借家法31条）。よって、抵当権設定登記より前に賃貸借契約に基づき甲建物の引渡しを受けていたCの賃借権は甲建物の競売による買受人に対抗することができる。賃貸借契約の期間の定めの有無は問わない。

3 × 本肢は、抵当権設定登記後に賃貸借契約を締結しているので、AC間の賃貸借契約は抵当権者に対抗できない。この場合、建物の使用又は収益をする者が買受人に対して引渡しが猶予される期間は、その建物の競売における**買受人の買受けの時から6か月を経過するまで**である（民法395条1項）。

4 × 本肢は、**抵当権設定登記より前に**賃貸借契約に基づき**建物の引渡し**を受けているので、建物の賃借権は建物の競売による買受人に**対抗できる**。よって、Cは、甲建物の競売による買受人に対し、甲建物を引き渡す必要がない。

【問　11】　　　　　　　　正解　3

1 × 当事者が借地契約を更新する場合、その期間は、10年（借地権設定後最初の更新は20年）となるが、**これより長い期間を定めたときは、その期間**となる（借地借家法4条）。よって、借地契約を更新する際、その期間を更新の日から**30年以下に定めることができる**。

2 × 借地権の存続期間が満了する場合、借地権者が契約の更新を請求したときは、建物が存在する限り、従前の契約と同一の条件で契約を更新したものとみなされるが、**借地権設定者が遅滞なく異議を述べたとき**は、この限りでない（同法5条1項）。つまり、借地権者が契約の更新を請求したとき、建物が存在しても、借地権設定者は異議を述べることができる。

3 ○ 2筆以上の土地の借地権者が、そのうち1筆の土地上にのみ登記ある建物を所有しているにすぎない場合、**登記ある建物がない他の土地には、対抗力が及ばない**（最判昭40・6・29）。

4 × 借地権設定者は、弁済期の到来した**最後の2年分の地代等**について、借地権者がその土地において所有する建物の上に先取特権を有する（借地借家法12条1項）。弁済期の到来した最後の3年分ではない。

【問　12】　　　　　　　　正解　2

1 × 建物の賃貸借について**期間の定めがあり、相手方に対して更新をしない旨の通知**又は条件を変更しなければ更新をしない旨の通知を**しなかったために更新がされた場合、更新後の期間は定めがないもの**となる（借地借家法26条1項）。

2 ○ **期間の定めがない場合、建物の賃貸人**が賃貸借の解約の申入れをしたときは、建物の賃貸借は、**解約の申入れの日から6か月を経過**することによって終了する（同法27条1項）。建物の賃貸人からの解約の申入れには**正当事由**が必要となる（同法28条）。

3 × 賃貸借が賃借人の**債務不履行**を理由とする解除により終了した場合、賃貸人の承諾のある転貸借は、原則として、賃貸人が転借人に対して**目的物の返還を請求した時**に、転貸人の転借人に対する債務の履行不能により終了する（最判平9・2・25）。よって、**債務不履行によって解除**されて終了するときは6か月の経過を**要しない**（民法613条3項）。

4　×　造作買取請求権に関する借地借家法33条の規定は任意規定なので（同法37条参照）、**造作買取請求権を排除する特約は、有効に定めることができる**。

【問　13】　　正解　2

1　○　区分所有者の承諾を得て専有部分を占有する者は、会議の目的たる事項につき**利害関係を有する場合**には、**集会に出席して**議決権を行使することはできないが、**意見を述べることはできる**（区分所有法44条1項）。

2　×　**最初に建物の専有部分の全部を所有する者**は、**公正証書**により、規約**共用部分の定め**を設定することができるのであり（同法32条、4条2項）、廊下又は階段室等の法定共用部分（同法4条1項）を設定することはできない。

3　○　共用部分は、区分所有者全員の共有に属するが（同法11条1項本文）、**規約に特別の定め**があるときは、管理者を共用部分の所有者と定めることもできる（同法27条1項）。

4　○　**管理組合法人**には、**理事を置かなければならず**（同法49条1項）、理事が数人ある場合において、規約に別段の定めがないときは、管理組合法人の事務は、理事の**過半数**で決する（同条2項）。

【問　14】　　正解　2

1　○　表題登記がない土地の所有権を取得した者は、その**所有権の取得の日から1か月以内に、表題登記を申請しなければならない**（不登法36条）。

2　×　**共用部分である旨の登記**がある**建物の合併の登記**は、することができない（同法56条1号）。

3　○　登記官は、**表示に関する登記**について申請があった場合において、必要があると認めるときは、当該不動産の表示に関する事項を**調査することができる**（同法29条1項、18条）。

4　○　区分建物である建物を新築した場合において、その所有者について**相続その他の一般承継があったとき**は、相続人その他の一般承継人も、**被承継人を表題部所有者とする**当該建物についての表題登記を**申請することができる**（同法47条2項）。

【問　15】　　正解　4

1　×　**近隣商業地域**は、**近隣**の住宅地の住民に対する**日用品の供給**を行うことを主たる内容とする商業その他の業務の利便を増進するために定める地域である（都計法9条9項）。

2　×　**準工業地域**は、主として**環境の悪化をもたらすおそれのない工業の利便を増進**するため定める地域である（同法9条11項）。

3　×　**特定用途制限地域**は、**用途地域が定められていない土地の区域内**において、その良好な環境の形成又は保持のため、当該地域の特性に応じて合理的な土地利用が行われるよう、制限すべき特定の建築物等の用途の概要を定める地域である（同法9条15項）。よって、用途地域である**第一種低層住居専用地域では、特定用途制限地域を定めることができない**。

4　○　**高層住居誘導地区**は、住居と住居以外の用途とを適正に配分し、利便性の高い高層住宅の建設を誘導するため、**第一種住居地域**、第二種住居地域、準住居地域、近隣商業地域又は準工業地域に定める地区である（同法9条17項）。

【問　16】　　　　**正解　3**

1　○　開発許可を受けようとする者は、**開発行為に関する工事の請負人又は請負契約によらないで自らその工事を施行する者**（工事施行者）を記載した**申請書を都道府県知事に提出**しなければならない（都計法30条1項4号）。

2　○　開発許可を受けた者は、国土交通省令で定める**軽微な変更**をしたときは、遅滞なく、その旨を**都道府県知事に届け出なければならない**（同法35条の2第3項）。

3　×　開発許可を受けた者は、開発行為に関する工事を**廃止したとき**は、遅滞なく、国土交通省令で定めるところにより、その旨を**都道府県知事に届け出なければならない**（同法38条）。廃止をしようとするときではなく、また都道府県知事の許可でもない。

4　○　開発行為に**同意していない**土地の所有者は、当該開発行為に関する**工事完了の公告前**に、当該開発許可を受けた開発区域内において、その権利の行使として自己の土地に建築物を**建築することができる**（同法37条2号）。

【問　17】　　　　**正解　3**

1　○　建築物の避難階以外の階が**劇場**等の用途に供する階でその階に**客席**等を有する場合には、その階から**避難階又は地上に通ずる2以上の直通階段**を設けなければならない（建基法令121条1項1号）。

2　○　建築物の用途を変更して、200㎡を超える特殊建築物にする場合は建築確認が必要となるが、映画館から演芸場に用途の変更をする場合は、**類似の用途に変更する場合**にあたり、**建築確認は不要**となる（同法87条1項、同法令137条の18第1号）。

3　×　居室には、**換気のための窓その他の開口部**を設け、その換気に有効な部分の面積は、**その居室の床面積に対して、20分の1以上**としなければならない（同法28条2項）。10分の1以上ではない。

4　○　延べ面積が500㎡を超える百貨店には、**排煙設備**を設けなければならないが（同法令126条の2第1項柱書本文、同法別表第1（4））、**階段の部分は排煙設備を設ける必要はない**（同法令126条の2第1項3号）。

【問　18】　　　　**正解　2**

1　×　建基法第68条の9第1項の規定に基づく条例の制定の際、現に建築物が立ち並んでいる**幅員4メートル未満の道**では、特定行政庁の指定したものが、建基法上の道路とみなされる（同法42条2項）。

2　○　都市計画により、容積率の限度が**10分の40を超える準工業地域内**において、建築物の高さは、**前面道路の反対側の境界線からの水平距離が35m以下の範囲内においては**、当該部分から前面道路の反対側の境界線までの水平距離に、**1.5を乗じて得た値以下**でなければならない（同法56条1項1号、別表第3．3）。

3　×　**第一種住居地域内**においては、畜舎で、その用途に供する部分の**床面積の合計が3,000㎡を超えるもの**は建築してはならない（同法48条5項、別表第2（ほ））。本肢は床面積が3,000㎡を超えているので、建築できない。

4　×　建築物の敷地が、建基法53条1項の規定に基づく建築物の建蔽率に関する制限を受ける地域又は区域の2以上にわたる場合、当該建築物の建蔽率は、**当該各地域又は区域内の建築物の建蔽率の限度にその敷地の当該地域又は区域内にある各部分の面積の**敷地面積に対する割合**を乗じて得たものの合計以下**でなければならない（同法53条2項）。

【問　19】　　　　**正解　1**

1　×　宅地造成等工事規制区域「内」において行われる宅地造成等に関する工事については、工事主は、工事に着手する前に都道府県知事の**許可**を受けなければならない（盛土法12条1項）。したがって、本肢のように宅地造成等工事規制区域「外」ではなく、しかも「届出」ではない。

2　○　都道府県知事は、宅地造成等工事規制区域内の土地の**所有者、管理者又は占有者に対して、**当該土地又は当該土地において行われている**工事の状況について報告を求めることが**できる（同法25条）。

3　○　宅地造成等工事規制区域内において宅地造成等に関する工事を行う場合、宅地造成等に伴う災害を防止するために行う高さが**5m**を超える擁壁の設置に係る工事については、**政令で定める資格を有する者の設計によらなければならない**（同法13条2項、同法令21条1号）。

4　○　都道府県知事は、**偽りその他不正な手段により**宅地造成等工事規制区域内において行われる宅地造成等に関する**工事の許可を受けた**者又はその許可に付した条件に違反した者に対して、**その許可を取り消すことが**できる（同法20条1項）。

【問　20】　　　　**正解　1**

1　×　組合が施行する土地区画整理事業に係る施行地区内の宅地について所有権又は**借地権を有する者**は、すべて**その組合の組合員となる**（区画法25条1項）。

2　○　区画法において、「公共施設」とは、**道路、公園、広場、河川その他政令で定める**公共の用**に供する施設**をいう（同法2条5項）。

3　○　**施行者**は、**換地処分の公告があった場合**、直ちに、その旨を換地計画に係る区域を管轄する**登記所に通知しなければならない**（同法107条1項）。

4　○　都道府県又は市町村が施行する**土地区画整理事業ごと**に、都道府県又は**市町村**に、**土地区画整理審議会が置かれる**（同法56条1項）。そして、当該審議会は、換地計画、仮換地の指定及び減価補償金の交付に関する事項について**区画法に定める権限を行使する**（同条3項）。

【問　21】　　　　**正解　4**

1　×　**抵当権の設定**の場合は、農地の所有者や使用者に変更をきたさないため、権利の移転には該当せず、**農地法3条1項の許可**は**不要となる**。

2　×　農地の**賃貸借**の当事者は、**都道府県知事の**許可を受けなければ、賃貸借の解除をし、**解約の申入れ**をし、合意による解約をし、又は賃貸借の更新をしない旨の通知をしてはならない（農地法18条1項本文）。

3　×　農地法の「農地」に当たるか否かは、土地登記簿上の地目によって判断するのではなく、**現況が農地であるか否か**で判断される（同法2条1項）。

4　○　市街化区域内の農地を転用する場合、あらかじめ農業委員会への届出を行えば、**農地法4条1項の許可は不要となる**（同法4条1項7号）。

【問　22】　　　　　　　　　　　正解　1

1　○　都市計画区域外の10,000㎡以上の土地について、所有権、**地上権等**の移転又は設定をする契約を締結した場合、一定の場合を除き**事後届出が必要となる**（国土法23条2項1号ハ）。

2　×　国土法28条に基づく遊休土地に係る通知を受けた者は、その通知があった日から起算して**6週間以内**に、その通知に係る遊休土地の利用又は処分に関する計画を、当該土地が所在する市町村の長を経由して、都道府県知事に届け出なければならない（同法29条1項）。

3　×　市街化区域以外の都市計画区域内で一団の土地5,000㎡以上の取引は事後届出が必要である（同法23条2項1号ロ）。本肢では、Dが一定の計画に従って、2,000㎡と3,000㎡の土地を順次購入しているので、合計5,000㎡の一団の土地として判断される。よって、事後届出が必要となる。

4　×　都道府県知事は、事後届出があった場合、土地の利用目的に係る必要な勧告を行うことができ、その勧告を受けた者がその勧告に従わないときは、その旨及びその勧告の内容を**公表することができる**（同法26条）。公表「しなければならない」わけではない。

【問　23】　　　　　　　　　　　正解　2

1　×　この税率の軽減措置の適用対象となる住宅用家屋は、床面積が**50㎡以上**で、その住宅用家屋を取得した個人の居住の用に供されるものに限られる（租特法73条、同法令42条1項1号）。

2　○　この税率の軽減措置の適用対象となる住宅用家屋は、**売買又は競落により取得したものに限られる**（同法73条、同法令42条3項）。

3　×　この税率の軽減措置の適用対象は、住宅用**家屋**について所有権移転登記をする際の軽減税率である（同法73条）。**土地は対象とならない**。

4　×　この税率の軽減措置の適用を受けるためには、登記の申請書に、一定の要件を満たす住宅用家屋であることの**市区町村長の証明書を添付しなければならない**（同法則25条の2第1項）。都道府県知事の証明書ではない。

【問　24】　　　　　　　　　　　正解　1

1　○　**市町村長**は、登録された価格等に重大な錯誤があることを発見した場合、直ちに決定された価格等を修正して、これを**固定資産課税台帳に登録しなければならない**（地方税法417条1項前段）。

2　×　固定資産税の納税者は、その納付すべき当該年度の固定資産税に係る固定資産について、固定資産課税台帳に登録された価格について不服がある場合、公示の日から**納税通知書の交付を受けた日後3か月を経過するまでの間**において、文書をもって、固定資産評価審査委員会に審査の申出をすることができる（同法432条1項）。

3　×　固定資産税の納税者は、その年の**1月1日時点**での**登記簿又は土地補充課税台帳若しくは家屋補充課税台帳に登記又は登録されている所有者**である(同法343条1項、2項、359条)。よって、年度の途中において家屋の売買が行われた場合、売主と買主は、当該年度の固定資産税を、固定資産課税台帳に所有者として登録されている日数で按分して納付しなければならないわけではない。

4　×　**住宅用地**のうち**小規模住宅用地**に対して課する固定資産税の**課税標準**は、当該小規模住宅用地に係る固定資産税の課税標準となるべき価格の**6分の1の額**となる（同法349条の3の2第2項）。

【問　25】　　　　　　　　　　**正解　2**

1　○　地価公示法の目的は、都市及びその周辺の地域等において、**標準地を選定し**、その**正常な価格を公示**することにより、一般の土地の取引価格に対して指標を与え、及び公共の利益となる事業の用に供する土地に対する適正な補償金の額の算定等に資し、もって**適正な地価の形成に寄与**することである（同法1条）。

2　×　**不動産鑑定士**は、公示区域内の土地について鑑定評価を行う場合、当該土地の正常な価格を求めるときは、**公示価格を規準**としなければならない（同法8条）。

3　○　不動産鑑定士は、土地鑑定委員会の求めに応じて標準地の鑑定評価を行うに当たっては、**近傍類地の取引価格から算定される推定の価格、近傍類地の地代等から算定される推定の価格**及び**同等の効用を有する土地の造成に要する推定の費用の額**を勘案しなければならない（同法4条）。

4　○　関係市町村の長は、土地鑑定委員会が公示した事項のうち、**当該市町村が属する都道府県に存する標準地に係る部分を記載した書面**等を、**当該市町村の事務所において一般の閲覧に**供しなければならない（同法7条1項、2項）。

【問　26】　　　　　　　　　　**正解　3**

1　×　宅建業者は、その媒介により建物の売買の契約を成立させた場合、当該**建物の引渡しの時期及び移転登記の申請の時期**のいずれも37条書面に記載し、当該契約の各当事者に交付しなければならない（宅建業法37条1項4号、5号）。

2　×　宅建業者は、その媒介により建物の**売買又は交換**の契約を成立させた場合、当該建物が既存の建物であるときは、**建物の構造耐力上主要な部分等の状況について当事者の双方が確認した事項**を37条書面に記載し、当該契約の各当事者に交付しなければならない（同法37条1項2号の2）。しかし、**貸借の場合は記載が不要である。**

3　○　宅建業者は、その媒介により建物の貸借の契約を成立させた場合、**借賃以外の金銭の授受に関する定めがあるとき**は、その**額**や当該金銭の**授受の時期**だけでなく、当該金銭の授受の**目的**についても37条書面に記載し、当該契約の各当事者に交付しなければならない（同法37条2項3号）。

4　×　宅建業者は、37条書面を作成したときは、宅建士をして、当該書面に**記名**させなければならず（同法37条3項）、その場合において、その内容を説**明させる必要はない。**

【問　27】　　　　　　　　　　**正解　4**

1　×　宅建業者が自ら売主となる建物の売買契約において、当事者の債務の不履行を理由とする契約の解除に伴う**損害賠償の額を予定**し、又は違約金を定めるときは、これらを合算した額が代金の額の**10分の2を超える**こととなる定めをすることはできない（宅建業法38条1項）。これに反する特約は、

令和3年12月

10分の2を超える部分について、**無効**となる（同条2項）。よって、特約全体が無効になるわけではない。

2 × 宅建業者は、**建築工事完了前**の建物の売買で自ら売主となるものに関しては、手付金等の保全措置を講じた後でなければ、買主から手付金等を受領することはできない（同法41条1項柱書本文）。そして、その場合の保全措置には、**銀行等金融機関が連帯保証する旨の保証委託契約**（同条項1号）と**保険事業者による保証保険契約**（同条項2号）があるが、国土交通大臣が指定する指定保管機関との手付金等寄託契約は**ない**。

3 × 宅建業者は、自ら売主となる建物の売買契約の締結に際して、**代金の額の10分の2を超える**額の手付を受領することができない（同法39条1項）。**あらかじめ買主の書面による承諾があっても受領することが**できない。

4 ○ 宅建業者は、**建築工事完了前**の建物の売買で自ら売主となるものに関して、代金の額の**100分の5を超える金額**又は、**1000万円を超える金額**の手付金等を受領しようとするときは手付金等の**保全措置を講じる必要があり**（同法41条1項柱書ただし書、同法令3条の5）、本肢では代金の10分の2の額を手付金として定めているため、手付金等の保全措置を講じる必要がある。手付金の**保全措置が必要**な場合で宅建業者が**保全措置を講じない**場合、買主は手付金を**支払わないことができる**（同法41条4項）。

【問 28】 **正解 1**

ア ○ **免許権者**は、その免許を受けた宅建業者が**不正の手段により免許を受けたとき**は、当該免許を**取り消さなければならない**（宅建業法66条1項8号）。

イ × 免許権者は、その免許を受けた宅建業者が法3条の2第1項の規定により付された条件に違反したときは、当該宅建業者の免許を**取り消すことができる**（同法66条2項）。「取り消さなければならない」わけではない。

ウ × 宅建業者は、事務所の公衆の見やすい場所に、国土交通大臣が定めた**報酬の額を掲示**しなければならない（同法46条4項）。これに違反した場合、**指示処分**（同法65条1項）だけでなく、**罰則の適用も受ける**（同法83条1項2号）。

エ × 従業者名簿の作成に当たり、法48条3項の規定により記載しなければならない事項について従業者が虚偽の記載をした場合、当該**従業者**が罰則の適用を受けるだけでなく（同法83条1項3号の2）、**宅建業者も罰則の適用を受ける**（同法84条2号）。

以上より、正しいものは**ア**の**1**つであり、正解は**1**となる。

【問 29】 **正解 3**

1 ○ 宅建業の免許の有効期間は**5年**であり（宅建業法3条2項）、免許の更新の申請は、**有効期間満了の日の90日前から30日前までの間**に行わなければならない（同法則3条）。

2 ○ 免許の更新の申請があった場合において、有効期間の満了の日までにその申請について**処分がなされないとき**は、従前の免許は、有効期間の満了後もその処分がなされるまでの間は、**なお効力を有する**（同法3条4項）。

3 × 宅建業者が死亡した場合、相続人は、**死亡の事実を知った日から30日以内**に、その旨を免許権者に届け出なければならない（同法11条1項1号）。

4　○　法人である宅建業者が合併により消滅した場合、**消滅した法人を代表する役員であった者**が、その日から30日以内に、その旨を免許権者に届け出なければならない（同法11条1項2号）。

【問　30】　正解　3

1　×　宅建業者は、宅地又は建物の売買、交換又は貸借に関する広告をするときは、自ら当事者となって売買、交換を成立させるか、代理又は媒介して売買、交換、貸借をするかの**取引態様の別を明示**しなければならない（宅建業法34条1項）。広告を見た者からの問合せはなく、**契約成立には至らなかった場合でも、当該広告は34条の規定に違反する**。

2　×　宅建業者は、工事の完了前においては、当該工事に関し必要とされる**都計法による開発許可、建基法による建築確認等を受けた後**でなければ、当該工事に係る宅地又は建物の売買その他の業務に関する**広告をすることはできない**（宅建業法33条）。本肢は、建築確認申請中であるので、「建築確認申請済」と明示した上で広告した場合、33条の規定に**違反する**。

3　○　顧客を集めるために売る意思のない条件の良い物件を広告し、実際は他の物件を販売しようとする、いわゆる「**おとり広告**」も誇大広告等の禁止に当たり（同法32条、宅建業法の解釈・運用の考え方）、**監督処分の対象となる**（同法65条2項2号）。注文がなく、売買が成立しなかった場合であっても、誇大広告等の禁止に**違反する**。

4　×　免許の取消し前に**契約を締結している場合**、当該宅建業者であった者又はその一般承継人は、当該宅建業者が締結した契約に基づく取引を結了する目的の範囲内においては、なお**宅建業者とみなされる**（同法76条）。よって、売買の広告をしていた程度では、宅建業者と**みなされない**。

【問　31】　正解　2

ア　○　**居住用建物の貸借の媒介**の場合、依頼者の一方から受け取ることができる報酬額は、**借賃1月分の0.55倍**であり、依頼者の承諾を得れば、依頼者の一方から借賃1月分の1.1倍を限度に受け取ることができる（報酬告示第4）。よって、CはDから承諾を得ているときを除き、44,000円を超える報酬をDから受領できない。

イ　○　貸借の媒介の場合、各宅建業者が受け取る報酬の**合計額は借賃の1月分の1.1倍**が限度となる（同告示第4、宅建業法46条、宅建業法の解釈・運用の考え方）。よって、AがBから受領する報酬とCがDから受領する報酬の合計額は88,000円を超えてはならない。

ウ　×　**居住用建物以外の建物の賃貸借**において、**権利金の授受があるとき**の代理又は媒介に関して宅建業者が依頼者から受ける報酬の額については、以下の2つの方法で計算した金額のうち、**高いほうの金額を報酬の限度額**とすることができる（宅建業法46条1項、2項、報酬告示第4、第6）。

①権利金の額を売買代金の額とみなして、以下のとおり、売買又は交換の場合の代理又は媒介の方法で計算した金額

（1）物件価格200万円以下の場合
→物件価格×5%（消費税課税事業者の場合はこれに×1.1）

（2）物件価格200万円超400万円以下

の場合

→物件価格×4％＋2万円（消費税課税事業者の場合はこれに× 1.1）

(3) 物件価格400万円超の場合

→物件価格×3％＋6万円（消費税課税事業者の場合はこれに× 1.1）

②**当該建物の借賃の1か月分の1.1倍に相当する金額**

本肢では①によると200万円×5％× 1.1（消費税課税事業者）＝11万円となる。

上記は依頼者の**一方から**受領することができる金額の限度額なので、依頼者B及びDの双方から受け取ることができる金額は、11万円×2＝22万円となる。

また、②によると、以下の計算となる。

8万円× 1.1 ＝ 88,000円

したがって、①のほうが②よりも高い額なので、**A及びCが受領できる報酬の限度額の合計は22万円**となり、この額を超えることができない。

〔計算の考え方〕

物件の価額	速算式
200万円以下	×5%
200万円超400万円以下	×4%＋2万円
400万円超	×3%＋6万円

エ × 宅建業者は、媒介報酬の他に**依頼者の依頼による**特別の**広告の料金**に相当する額を**別途受領できる**が、**依頼者の依頼によらない通常の広告の料金**に相当する額を別途受領することはできない（同告示第9）。

以上より、誤っているものは**ウ**と**エ**の2つであり、正解は**2**となる。

【問 32】 正解 1

1 ○ 宅建業者は、相手方に対して供託所等の説明を行う際に書面を交付することは要求されていないが、**重要事項説明書に記載して説明することが望ましい**とされている（宅建業法35条の2、宅建業法の解釈・運用の考え方）。

2 × **宅建業者が取引の相手方**の場合、供託所等に係る説明をする必要はない（宅建業法35条の2）。

3 × 宅建業者は、**契約成立前**に、**供託所等に係る説明**をしなければならない（同法35条の2）。

4 × **宅建業者が**保証協会**の社員である場合、社員である旨、当該協会の名称、住所及び事務所の所在地**並びに**弁済業務保証金を供託している**供託所及びその所在地の説明をしなければならない（同法35条の2第2号）。

【問 33】 正解 2

ア × 専任媒介契約を締結した宅建業者は、依頼者に対し、当該専任媒介契約に係る業務の処理状況を**2週間に1回以上**報告しなければならない（宅建業法34条の2第9項）。**1週間**に1回以上報告しなければならないのは、専属**専任媒介契約**の場合である。

イ × 宅建業者は、専任媒介契約を締結した場合、当該**専任媒介契約締結日から7日以内**（休業日数を含まない。）に、指定流通機構に宅地、建物の所在等を登録しなければならない（同法34条の2第5項、同法則15条の10）。そして、**これに反する特約は**無効となる（同法34条の2第10項）。よって、Bの要望により当該宅地を指定流通機構に登録しない旨の特約をしていても無効となる。

ウ ○ 宅建業者は、媒介契約を締結した場合、**遅滞なく**、当該契約の書面を作成して記名押印し、依頼者にこれを交付しなければならない（同法34条の2第1項）。

エ　○　宅建業者は、媒介契約を締結した場合、宅地又は建物の価額又はその評価額について意見を述べるときは、その根拠を明らかにしなければならないが（同法34条の2第2項）、**根拠の明示方法については、口頭でも書面を用いてもかまわない**（同法34条の2、宅建業法の解釈・運用の考え方）。

以上より、正しいものは**ウ**と**エ**の2つであり、正解は**2**となる。

【問　34】　　正解　1

1　○　宅地とは、建物の敷地に供せられる土地をいい、**道路、公園、河川、広場、水路に供せられているものは除かれる**（宅建業法2条1号、同法令1条）。

2　×　**建物の一部**の売買の代理を業として行う行為も、宅地建物取引業に**含まれる**（同法2条2号）。

3　×　建物とは、土地に定着する工作物のうち、**屋根**及び**柱**もしくは**壁**を有するものをいい、**学校等の公共的な施設もこれに含まれる**。

4　×　宅地とは、**現に建物の敷地に供せられている土地に限らず**、広く建物の敷地に供する目的で取引の対象とされた土地をいい、その**地目、現況を問わない**（同法2条1号、宅建業法の解釈・運用の考え方）。

【問　35】　　正解　4

1　×　宅建士は、テレビ会議等のITを活用して重要事項の説明を行うときは、相手方の承諾があっても、**宅建士証の提示を省略することはできない**（宅建業法35条4項）。

2　×　宅建業者が宅地及び建物の売買の媒介を行う場合、**売買契約が成立する前に、買主に対して**、宅建士をして重要事項説明書を交付させなければならない（同法35条1項）。

3　×　宅建業者は、重要事項説明書の交付に当たっては、**宅建士**をして当該書面に**記名**させなければならない（同法35条5項）。これは、**専任の宅建士に限られず**、また売買契約の各当事者が**記名**する義務はない。

4　○　宅建業者は、**買主が宅建業者**であっても、重要事項説明書を**交付**しなければならない。なお、宅建士による説明は省略できる（同法35条6項）。

【問　36】　　正解　4

1　×　法人である宅建業者について**破産手続開始の決定があった場合、その日から30日以内**に、その**破産管財人**が、その旨を**免許権者に届け出**なければならない（宅建業法11条1項3号）。

2　×　宅建業者が免許換えの申請をした場合、**新たに免許を受けたとき**は、従前の免許はその効力を失う（同法7条1項）。つまり、新たに免許を受けるまでは、**従前の免許**で、重要事項説明書及び宅建業法37条の規定により交付すべき**書面を交付することができる**。

3　×　免許証を返納しなければならないのは、①免許換えにより免許が失効したとき②免許を取り消されたとき③亡失した免許証を発見したとき④廃業等の届出をしたときである（同法則4条の4）。よって、免許の更新の申請を怠り、その**有効期間が満了した場合は免許証を返納する必要は**ない。

4　○　宅建業者が免許を受けてから1年以内に事業を開始せず、又は**引き続いて1年以上事業を休止したとき**は、免許権者は**免許を**取り消さなければな

令和3年12月

らない（同法66条1項6号）。

【問　37】　正解　2

1　×　登録を受けている宅建士は、当該登録をしている都道府県知事の管轄する都道府県以外の都道府県に所在する宅建業者の事務所の業務に従事し、又は従事しようとするときは、当該事務所の所在地を管轄する都道府県知事に対し、**登録の移転の申請をすることができる**（宅建業法19条の2）。申請「しなければならない」わけではない。

2　○　宅建士登録簿は一般の閲覧に供されないが、専任の宅建士は、その氏名が**宅建業者名簿**に登載され（同法8条2項6号）、当該名簿は**一般の閲覧に供される**（同法10条）。

3　×　宅建士が、刑法第204条（傷害）の罪により罰金の刑に処せられ、**その刑の執行を終わり、又は執行を受けることがなくなった日から5年**を経過するまでは、新たな登録を受けることができない（宅建業法18条1項7号）。「登録が消除された日」からではない。

4　×　宅建業に係る営業に関し**成年者と同一の行為能力を有する未成年者**は登録を受けることができる（同法18条1項1号参照）。

【問　38】　正解　3

ア　違反する

宅建業者は、工事の完了前においては、当該工事に関し必要とされる**都計法による開発許可、建基法による建築確認等を受けた後**でなければ、当該工事に係る宅地又は建物の売買その他の業務に関する**広告**をすることはできない（宅建業法33条）。これは、**貸借の媒介に関する広告も対象となる**。

イ　違反しない

宅建業者は、工事の完了前においては、当該工事に関し必要とされる**都計法による開発許可、建基法による建築確認等を受けた後**でなければ、当該工事に係る宅地又は建物につき、自ら当事者として、若しくは当事者を代理してその売買、交換の契約を締結又は媒介をすることはできない（宅建業法36条）。これは、**貸借については対象とならない**。

ウ　違反しない

宅建業者は、自己の所有に属しない宅地又は建物について、自ら売主となる売買契約（予約も含む）を締結してはならない（同法33条の2）。もっとも、この規定は、**相手方が宅建業者の場合は適用されない**（同法78条2項）。

エ　違反する

宅建業者が所有者との間で宅地又は建物の取得契約を締結していても、**停止条件が付されている場合**は、宅建業者は、自己の所有に属しない宅地又は建物について、自ら売主となる売買契約を締結することはできない（同法33条の2第1号）。本肢は、農地法5条の許可を停止条件とする売買契約を締結しているので、自ら売主となる売買契約を締結することはできない。

以上より、規定に違反しないものの組合せは**イ**と**ウ**であり、正解は**3**となる。

【問　39】　正解　3

1　○　保証協会は、その名称、住所又は事務所の所在地を変更しようとするときは、あらかじめ、その旨を**国土交通大臣に届け出**なければならない（宅建業法64条の2第3項）。

2　○　保証協会は、**新たに社員が加入したとき**は、直ちに、その旨を当該社員である宅建業者が免許を受けた**国土交通大臣又は都道府県知事に報告**しなければならない（同法64条の4第2項）。

3　×　保証協会に加入しようとする者は、その**加入しようとする日までに**、政令で定める額の弁済業務保証金分担金を保証協会に納付しなければならない（同法64条の9第1項1号）。

4　○　保証協会の社員は、自らが取り扱った宅建業に係る取引の相手方から当該取引に関する苦情について解決の申出が保証協会にあり、保証協会から**説明を求められたとき**は、正当な理由がある場合でなければ、これを**拒んではならない**（同法64条の5第1項、2項、3項）。

【問　40】　　正解　2

1　×　宅建業者は、**宅建士をして**、37条書面に**記名**させなければならない（宅建業法37条3項）。複数の宅建業者が契約に関わった場合は、**各宅建業者全員が、この義務を負う**ことになる（同条1項）。

2　○　宅建業者は、その媒介により宅地又は建物の売買又は交換の契約を成立させた場合、**種類又は品質に関して契約の内容に適合しない場合におけるその不適合を担保すべき責任に関する特約があるとき**は、その特約を**記載**した37条書面を当該契約の**各当事者に交付**しなければならない（同法37条1項11号）。

3　×　宅建業者は、宅地又は建物の売買又は交換に関し、自ら当事者として契約を締結したときはその相手方に、遅滞なく、37条書面を交付しなければならない（同法37条1項）。よって、**宅建業者が自ら買主となる場合**でも、**売主に対して交付**しなければならない。

4　×　宅建業者は、宅地又は建物の**貸借**に関し、**代理**して契約を締結したときや、**媒介**により契約が成立したときは、37条書面を交付しなければならないが（同法37条2項）、**自ら貸主**となる場合は37条書面を**交付する必要はない**。なお、借賃の支払方法は必要的記載事項である（同条項2号）。

【問　41】　　正解　1

1　×　宅建業者は、一団の宅地建物の分譲をするため設置した案内所で、**契約を締結し、又は契約の申込みを受ける場所**に1名以上の専任の宅建士を置かなければならない（宅建業法31条の3第1項、同法則15条の5の2第2号、15条の5の3）。よって、契約を締結することなく、かつ、契約の申込みを受けることがないときは、**専任の宅建士を置く必要はない**。

2　○　宅建業者は、必要な専任の宅建士の人数が欠けたときは、**2週間以内**に、必要な人数に適合させるため必要な措置をとらなければならない（同法31条の3第3項、1項）。

3　○　宅建業者は、10区画以上又は10戸以上の一団の宅地建物の分譲をするため設置した案内所で、契約を締結し、**又は**契約の申込みを受ける場所に専任の宅建士を置かなければならない（同法31条の3第1項、同法則15条の5の2第2号）。よって、**申込みのみを受ける案内所であっても、専任の宅建士を置かなければならない**。

4　○　宅建業者は、事務所等に、**成年者**である専任の宅建士を置かなければならない（同法31条の3第1項）。なお、宅建業者が法人の場合で、その**役員が宅建士であるとき**は、その者が自ら主として業務に従事する事務所等については、その者は、**成年者である専任の宅建士とみなされる**（同条２項）。本肢では、ＥはＤ社の従業者であるが、18歳未満の宅建士なので、Ｄ社の役員であるときを除き、Ｄ社の成年者である専任の宅建士となることはできない。

【問　42】　　　　正解　3

ア　記載が必要

宅建業者は、建物の貸借に関し、**借賃以外の金銭の授受に関する定めがあるとき**は、その**額**並びに当該金銭の**授受の時期**及び**目的**を、37条書面に**記載しなければならない**（宅建業法37条２項３号）。

イ　記載は不要

宅建業者は、建物の貸借に関し、建物が**既存の建物**であるときでも、**設計図書、点検記録その他の建物の建築及び維持保全の状況に関する書面**で国土交通省令で定めるものの保存の状況を、37条書面に**記載する必要はない**。

ウ　記載が必要

宅建業者は、建物の貸借に関し、**契約の解除に関する定めがあるときは、その内容**を、37条書面に**記載しなければならない**（同法37条２項１号、１項７号）。

エ　記載が必要

宅建業者は、建物の貸借に関し、**天災その他不可抗力による損害の負担に関する定めがあるときは、その内容**を、37条書面に**記載しなければならない**（同法37条２項１号、１項10号）。

以上より、記載しなければならない事項は**ア**と**ウ**と**エ**の**3**つであり、正解は**3**となる。

【問　43】　　　　正解　1

1　×　申込みと契約締結の場所が異なる場合、**申込場所で判断**する（宅建業法37条の２第１項）。本肢のＢが買受けの申込みをした場所は、仮設テント張りの案内所で、「事務所等」以外の場所に該当する（同法37条の２第１項、宅建業法の解釈・運用の考え方）。この場合、買主が、宅地又は建物の引渡しを受け、かつ、その代金の全部を支払ったときを除き、宅建業者がクーリング・オフについて**書面を交付して告げた日から起算して８日を経過**しない限り、契約の解除ができる（宅建業法37条の２第１項、同法則16条の６）。本肢では、クーリング・オフについて**書面の交付を受けずに告げられている**ので、告げられた日から８日後でも、Ｂはクーリング・オフによる**契約の解除をすることができる**。なお、買主が宅建業者でなければ法人・個人は問わずクーリング・オフによる契約の解除ができる（同法78条２項）。

2　○　宅建業法で定められているクーリング・オフに反する特約で**買主に不利なもの**は、**無効**になる（同法37条の２第４項）。本肢では、解除期間を**14日間に延長する特約**なので、**買主に有利**であり有効である。よって、書面を交付された日から12日後であっても契約の解除をすることができる。

3　○　クーリング・オフによる契約の解除は、買主がその旨の**書面を発した時**に、その効力を生じる（同法37条の２第２項）。本肢では、Ｃは、クーリング・オフについての書面を受け取った日から起算して８日目に、Ａに対しクーリング・オフによる契約の解除を行う旨の文書を送付しているので、Ａは契約の解除を拒むことができない。

4　○　**事務所等において買受けの申込みをし、事務所等以外の場所において売買契約を締結**した買主はクーリング・オフによる**契約の解除ができない**（同法37条の2第1項）。本肢では、Cは、Aの事務所で買受けの申込みをし、喫茶店で契約を締結しているので、クーリング・オフによる契約の解除をすることができない。

【問　44】　　**正解　2又は3**

問44の設問文アの記述中に誤植（誤：第1項、正：第1号）がありました。このため、設問文アの正誤は問わないものとして取り扱い、選択肢2（正しいものが2つ）と選択肢3（正しいものが3つ）のいずれも正解とします。

ア　○　賃貸借契約において、**水防法施行規則11条1号の規定により当該宅地又は建物が所在する市町村（特別区を含む）の長が提供する図面に当該宅地又は建物の位置が表示されているとき**は、当該図面における当該宅地又は建物の所在地を説明しなければならない（宅建業法35条1項14号、同法則16条の4の3第3号の2）。

イ　○　賃貸借契約において、対象となる建物が既存の建物であるときは、**建物状況調査を実施しているかどうか、及びこれを実施している場合におけるその結果の概要**を説明しなければならない（同法35条1項6号の2イ）。

ウ　○　建物の売買において、その建物の**種類又は品質に関して契約の内容に適合しない場合におけるその不適合を担保すべき責任の履行に関し保証保険契約の締結などの措置を講ずるかどうか、及びその措置を講ずる場合におけるその措置の概要**を説明しなければならない（同法35条1項13号）。

以上より、正しいものは**ア**と**イ**と**ウ**の**3**つであり、正解は**3**（又は**2**）となる。

【問　45】　　**正解　4**

1　×　宅建業者は、自ら売主となる売買契約に基づき買主に引き渡した新築住宅について、当該買主に対する特定住宅販売瑕疵担保責任の履行を確保するため、住宅販売瑕疵担保保証金の供託又は住宅販売瑕疵担保責任保険契約の締結をしていなければならない（履行確保法11条1項、2項）。**買主の承諾にかかわらず義務を負う。**

2　×　宅建業者は、基準日に係る住宅販売瑕疵担保保証金の供託及び住宅販売瑕疵担保責任保険契約の締結の状況について届出をしなければ、当該**基準日の翌日から起算して50日を経過した日**以後においては、新たに自ら売主となる新築住宅の売買契約を締結することはできない（同法13条、12条1項）。

3　×　住宅販売瑕疵担保責任保険契約とは、**保険金額が2,000万円以上**であることを要件とする保険契約をいう（同法2条7項3号）。よって、買主の承諾を得た場合でも、保険金額を500万円以上の任意の額とすることはできない。

4　○　宅建業者が住宅販売瑕疵担保責任保険契約を締結した場合、住宅の構造耐力上主要な部分又は雨水の浸入を防止する部分の瑕疵があり、**宅建業者が相当の期間を経過してもなお特定住宅販売瑕疵担保責任を履行しないとき**は、**新築建物の買主**は住宅販売瑕疵担保責任保険契約の有効期間内であれば、その瑕疵によって生じた損害について**保険金を請求することができる**（同法2条7項2号ロ、品確法95条1項）。

【問　46】　　　　　　　　　　　正解　1

1　×　機構は、**子どもを育成する家庭**若しくは**高齢者の家庭**に適した良好な居住性能及び居住環境を有する**賃貸住宅の建設**に必要な資金の貸付けを**業務として行っている**（機構法 13 条 1 項 8 号）。

2　○　機構は、**災害により住宅が滅失**した場合において、それに代わるべき**建築物の建設又は購入**に必要な資金の貸付けを**業務として行っている**（同法 13 条 1 項 5 号）。

3　○　機構が証券化支援事業（買取型）により譲り受ける貸付債権は、**自ら居住する住宅**又は自ら居住する住宅以外の**親族の居住の用に供する住宅**を建設し、又は購入する者に対する貸付けに係るものでなければならない（同法 13 条 1 項 1 号、業務方法書 3 条 1 号）。

4　○　機構は、**マンションの共用部分の改良**に必要な資金の貸付けを**業務として行っている**（機構法 13 条 1 項 7 号）。

【問　47】　　　　　　　　　　　正解　4

1　×　デパート、スーパーマーケット、コンビニエンスストア、商店等の商業施設は、現に利用できるものを物件からの道路距離又は徒歩所要時間を明示して表示しなければならないが、工事中である等その施設が**将来確実に利用できると認められるもの**にあっては、その整備予定時期を明示して表示することができる（公正規約則 9 条（31））。

2　×　物件の名称として地名等を用いる場合、当該物件が公園、庭園、**旧跡**その他の施設から**直線距離で 300 m 以内**に所在している場合は、これらの施設の名称を用いることができる（同規約 19 条 1 項（3））。直線距離で 1,100 m では用いることができない。

3　×　土地の価格については、**1 区画当たりの価格**を表示しなければならないが、1 区画当たりの土地面積を明らかにし、これを基礎として算出する場合に限り、**1 ㎡当たりの価格**で表示することができる（同規約則 9 条（35））。よって、1 区画当たりの価格並びに 1 ㎡当たりの価格及び 1 区画当たりの土地面積のいずれも表示しなければならないわけではない。

4　○　修繕積立金の額が住戸により異なる場合、その全ての住宅の修繕積立金を示すことが困難であるときは、**最低額及び最高額のみで表示することができる**（同規約則 9 条（43））。よって、全住戸の平均額で表示することはできない。

【問　48】　　　　　　　　　　　正解　4

1　×　令和 3 年版国土交通白書（令和 3 年 6 月公表）によれば、宅建業者数は、令和元年度末において、**12 万 5,638 業者**となっており、**10 万業者を上回っている**。

2　×　令和 3 年地価公示（令和 3 年 3 月公表）によれば、令和 2 年 1 月以降の 1 年間の地価の変動について、**全国平均**では**住宅地**で 5 年ぶりに、**商業地**で 7 年ぶりに**下落**となったが、**工業地**で 5 年連続**上昇**となった。

3　×　令和 3 年版土地白書（令和 3 年 6 月公表）によれば、令和元年における我が国の国土面積は約 3,780 万 ha であり、このうち**森林が約 2,503 万 ha**、**農地が約 440 万 ha** となっており、住宅地、工業用地等の**宅地は約 197 万 ha** となっている。よって、宅地及び農地の合計面積は、**森林の面積より下回っている**。

4　○　建築着工統計（令和３年１月公表）によれば、令和２年１月から令和２年12月までのマンション着工戸数は、三大都市圏計で前年比 6.3％減少及びその他の地域で前年比 17.3％減少で、**いずれにおいても前年を下回っている**。

【問　49】　　　　　　　　　**正解　2**

1　○　地震時の津波を免れるためには、巨大な**防波堤**が必要だが、それには限度があり、**完全に津波の襲来を防ぐことはできない**。

2　×　一般に**凝灰岩**、**頁岩**、風化してマサ土（真砂土）化した**花崗岩**は、**崩壊しやすい**。

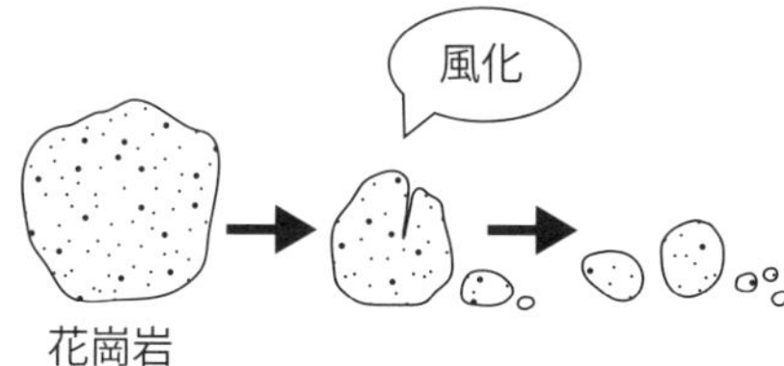

3　○　**低地**は、大部分が水田や宅地として利用され、**大都市の大部分**もここに立地している。

4　○　平地に乏しい都市の周辺では、**住宅地が丘陵や山麓に広がり**、土砂崩壊等の災害を引き起こす例も多い。

【問　50】　　　　　　　　　**正解　4**

1　○　**組積式構造**は、**耐震性は劣る**ものの、熱、音などを遮断する性能が優れている。

2　○　**組積式構造**を耐震的な構造にするためには、大きな開口部を造ることを避け、**壁厚を大きくする**必要がある。

3　○　補強コンクリートブロック造は、壁式構造の一種であり、**コンクリートブロック造を鉄筋コンクリートで**耐震的に**補強**改良したものである。

4　×　補強コンクリートブロック造は、住宅等の**小規模の建物に多く使用**されている。

MEMO

令和３年度
10月試験
正解・解説

正解一覧表

問	正解	問	正解
問 1	1	問 26	2
問 2	2	問 27	4
問 3	4	問 28	4
問 4	1	問 29	4
問 5※	1, 4	問 30	2
問 6	2	問 31	3
問 7	3	問 32	1
問 8	1	問 33	1
問 9	1	問 34	2
問 10	2	問 35	3
問 11	3	問 36	1
問 12	2	問 37	3
問 13	4	問 38	4
問 14	3	問 39	1
問 15	3	問 40	3
問 16	2	問 41	1
問 17	4	問 42	2
問 18	2	問 43	4
問 19	4	問 44	2
問 20	3	問 45	3
問 21	3	問 46	1
問 22	4	問 47	2
問 23	1	問 48	3
問 24	1	問 49	4
問 25	3	問 50	3

※出題後の法改正に伴い、正解肢が複数存在します。

【問　1】　正解　1

本問で提示された判決文は、最判昭49・9・2である。

1　○　判決文は、「**賃借人から家屋明渡を受けた後に前記の敷金残額を返還すれば足りる**」としているから、賃借人の家屋明渡債務が賃貸人の敷金返還債務に対し先履行の関係に立つこととなる。この場合、賃借人は賃貸人に対し、家屋を明け渡さなければ敷金返還請求権を行使することができないこととなるため、賃借人は賃貸人に対し敷金返還請求権をもって家屋につき留置権を取得する余地はない。

2　×　判決文は、「**家屋明渡債務と敷金返還債務とは同時履行の関係にたつものではない**」としているから、両債務は1個の双務契約によって生じた対価的債務の関係にあるとはいえない。

3　×　判決文は、「**賃貸人は、特別の約定のないかぎり、賃借人から家屋明渡を受けた後に前記の敷金残額を返還すれば足りる**」としているから、賃貸人は、賃貸借終了後賃借人の家屋の明渡しまでに生じた債権を敷金から控除したうえで、その残額を賃借人に返還すれば足りることとなる（民法622条の2第1項）。

4　×　**家屋の明渡しまでに賃貸人が取得する一切の債権を担保すること**を目的とする敷金の性質からすると、賃貸借の終了に伴う賃借人の家屋明渡債務と賃貸人の敷金返還債務とは、同時履行の関係には立たないと考えるべきである。判決文も、「**家屋明渡債務と敷金返還債務とは同時履行の関係にたつものではない**」としている。

【問　2】　正解　2

1　○　**弁済、代物弁済、更改、相殺、混同を除いて**、連帯債務者の1人について生じた事由は、**債権者及び他の連帯債務者の1人が別段の意思を表示したときでない限り、他の連帯債務者に対してその効力を生じない**（民法441条）。よって、DのAに対する裁判上の請求は、特段の合意がなければ、BとCに対して効力を生じず、BとCがDに対して負う債務の消滅時効の完成に影響はしない。

2　×　連帯債務者の1人が債権者に対して債権を有する場合において、当該債権を有する連帯債務者が相殺を援用しない間は、**その連帯債務者の負担部分の限度において、他の連帯債務者は、債権者に対して債務の履行を拒むことができる**（同法439条2項）。よって、本肢のCは、BのDに対する債権で**相殺する旨の意思表示をすることができるのではなく**、Bの負担部分100万円の限度で、Dに対して債務の履行を拒むことができることとなる。

3　○　**弁済、代物弁済、更改、相殺、混同を除いて**、連帯債務者の1人について生じた事由は、**債権者及び他の連帯債務者の1人が別段の意思を表示したときでない限り、他の連帯債務者に対してその効力を生じない**（同法441条）。よって、DのCに対する債務の免除は、特段の合意がなければ、AとBに対して効力を生じず、DはAとBに対して、弁済期が到来した300万円全額の支払を請求することができる。

4　○　連帯債務者の1人と債権者との間に更改があったときは、**債権は、全ての連帯債務者の利益のために消滅する**（同法438条）。よって、AとDとの間で更改があったときは、300万円の債権は、全ての連帯債務者の利益のために消滅する。

【問　3】　　**正解　4**

ア　×　**当事者の死亡は、（準）委任の終了事由である**（民法653条1号、656条）。よって、本肢の準委任契約はAの死亡により**終了し**、Aの相続人は、Bとの間で特段の合意をしない限り、当該準委任契約に基づく清掃業務を行う義務を**負わない**。

イ　×　**賃貸人の死亡は、賃貸借契約の終了事由ではなく**、賃貸人が死亡した場合には、**その相続人が賃貸人としての権利義務を承継する**（同法896条参照）。よって、本肢のAの相続人は、AC間の賃貸借契約における賃貸人としての権利義務を**承継し**、Aの死亡を理由として催告によって賃貸借契約を解除することはできない。

ウ　×　**売主の死亡は、売買契約の終了事由ではなく**、売主が死亡した場合には、**その相続人が売主としての権利義務を承継する**（同法896条参照）。よって、本肢のAの相続人は、AD間の売買契約における売主としての権利義務を**承継し**、A所有の土地をDに引き渡す義務を**負う**のであって、当該売買契約は原始的不能となり無効となる**のではない**。

エ　×　**借主の死亡は、使用貸借の終了事由である**（同法597条3項）。よって、本肢のAの相続人は、当該使用貸借契約の借主の地位を**相続することはできず**、Eとの間で特段の合意をしない限り、当該建物を使用することはできない。

以上より、誤っているものはア・イ・ウ・エの4つであり、**4**が正解となる。

【問　4】　　**正解　1**

1　○　**配偶者居住権の存続期間は、配偶者の終身の間**であるが、**遺産分割協議等において別段の定めをしたときは、その定めるところによる**（民法1030条）。よって、遺産分割協議で配偶者居住権の存続期間を20年と定めることができるが、配偶者居住権の延長や更新はできず、存続期間が満了した時点で配偶者居住権は**消滅する**（同法1036条、597条1項）。

2　×　配偶者は、**居住建物の所有者の**承諾を得なければ、**第三者に居住建物の使用・収益をさせることができない**（同法1032条3項）。

3　×　**配偶者が死亡**した場合、配偶者居住権は**消滅し**（同法1036条、597条3項）、配偶者居住権は**相続されない**。

4　×　**配偶者居住権の登記をしたとき**は、その後その建物について物権を取得した者その他の第三者に、配偶者居住権を**対抗することができる**（同法1031条2項、605条）。登記がなければ、配偶者居住権を第三者に対抗することはできない。

【問　5】　　**正解　1、4**

本問は、令和4年4月1日施行の改正民法により、正解が複数存在することとなった。

1　○　成年とされるのは年齢18歳の者である。よって、携帯電話サービスの契約や不動産の賃貸借契約を**1人で締結できる**。

2　×　養育費は、子供が未成熟であって経済的に自立することを期待することができない期間を対象として支払われるものであり、**子供が成年に達したとしても、経済的に自立することができない状況にあることも考えられるので、当然には養育費の支払義務は終了しない**。

3　×　**一種又は数種の営業を許された**

令和3年10月

未成年者は、その営業に関しては、成年者と同一の行為能力を有する（民法6条1項）。よって、その営業に関しない場面で、第三者から法定代理人の同意なく負担付贈与を受けた場合には、法定代理人は当該行為を取り消すことができる。

4 ○ 法律行為の当事者が意思表示をした時に意思能力を有しなかったときは、その法律行為は**無効**である（同法3条の2）。このことは、**意思表示をした者が後見開始の審判を受けているか否かにかかわらない**。

【問 6】 **正解 2**

1 ○ 譲渡制限の意思表示がされた債権が譲渡された場合でも、当該債権譲渡の効力は**妨げられない**（民法466条2項）。この場合、債務者は、**その債権の全額に相当する金銭を債務の履行地の供託所に供託**することができる（同法466条の2第1項）。

2 × 債権が譲渡された場合、その意思表示の時に債権が現に発生していない将来債権であっても譲渡できる（同法466条の6第1項）。よって、**譲受人は、その後に発生した債権を当然に取得する**（同条2項）。

3 ○ 譲渡制限の意思表示がされた債権の譲受人が、その意思表示がされていたことを**知っていたとき、又は重大な過失によって知らなかったとき**は、債務者は、その債務の履行を**拒む**ことができ、かつ、譲渡人に対する弁済その他の債務を消滅させる事由をもって譲受人に**対抗**することができる（同法466条3項）。

4 ○ 債権の譲渡の**債務者及び第三者への対抗要件は、譲渡人による債務者への通知、又は債務者による承諾**であり（同法467条1項）、この譲渡の通知又は承諾を**債務者以外の第三者に対抗するには、確定日付のある証書によってする必要がある**（同条2項）。

【問 7】 **正解 3**

1 ○ 引き渡された目的物が種類、品質又は数量に関して契約の内容に適合しないものであるときは、買主は、売主に対し、**目的物の修補、代替物の引渡し又は不足分の引渡しによる履行の追完を請求することができる**（民法562条1項本文）。本肢では、引き渡された甲自動車の品質に関して契約の内容に適合しない欠陥があるため、BはAに対して、甲自動車の**修理**を請求することができる。

2 ○ 引き渡された目的物が種類、品質又は数量に関して契約の内容に適合しないものである場合において、買主が相当の期間を定めて履行の追完の催告をし、その期間内に履行の追完がないときは、買主は、その不適合の程度に応じて代金の減額を請求することができる（同法563条1項）。ただし、この**履行の追完が不可能であるときは、買主は、履行の追完の催告をすることなく、直ちに代金の減額を請求することができる**（同条2項1号）。本肢では、甲自動車に契約の内容に適合しない修理不能な損傷があり、甲自動車は特定物であるから代替物の引渡しもできないため、**履行の追完が不可能であるときに該当する**。よって、BはAに対し、直ちに売買代金の減額を請求することができる。

3 × 契約の解除は、原則として、当事者の一方がその債務を履行しない場合において、**相手方が相当の期間を定めてその履行の催告をし、その期間内**

に履行がないときに**することができる**（同法541条）。ただし、債務の全部の履行が不能であるとき等、一定の場合には、履行の催告をすることなく、直ちに契約の解除をすることができる（同法542条）。本肢では、甲自動車の修理が可能であるならば、BはAに対して履行の催告として修理を請求せずに直ちに本件契約を解除することは**できない**。

4 ○ 売買の目的について権利を主張する者があり、買主がその買い受けた権利の全部若しくは一部を取得することができず、又は失うおそれがあるときは、買主は、**売主が相当の担保を供したときを除き**、その危険の程度に応じて、**代金の全部又は一部の支払を拒むことができる**（同法576条）。

【問 8】 **正解 1**

1 × 土地の工作物の設置又は保存に瑕疵があることによって他人に損害を生じたときは、第一次的にはその工作物の**占有者**が被害者に対して損害賠償責任を負い、**占有者が損害の発生を防止するのに必要な注意をしたとき**は、その工作物の**所有者**が損害賠償責任を負う（民法717条1項）。よって、Aが甲建物をCから賃借している場合、Aは、甲建物の所有者ではなく**占有者**であるから、甲建物の保存の瑕疵による損害の発生の防止に必要な注意をしなかったときは、Bに対して損害賠償責任（不法行為責任）を**負う**。

2 ○ 工作物の所有者が損害賠償責任を負う場合の**所有者の責任は無過失責任**であり、**所有者は損害の発生の防止に必要な注意をしたとしても損害賠償責任を負う**（同条項）。よって、Aは占有者兼所有者である以上、甲建物の保存の瑕疵による損害の発生の防止に必要な注意をしたとしても、Bに対して損害賠償責任（不法行為責任）を**負う**。

3 ○ 不法行為による損害賠償請求権は、被害者又はその法定代理人が損害及び加害者を知った時を起算点として、3年間又は5年間行使しない場合に時効によって消滅するほか（同法724条1号、724条の2）、**不法行為の時から20年間行使しない場合には、被害者又はその法定代理人が損害及び加害者を知ったか否かを問わず、時効によって消滅する**（同法724条2号）。

4 ○ **人の生命又は身体を害する不法行為**による損害賠償請求権は、**被害者又はその法定代理人が損害及び加害者を知った時から**5年間行使しない場合には、時効によって消滅する（同法724条の2）。

【問 9】 **正解 1**

Dの法定相続人は、配偶者AとDの子F及びGである。Aの連れ子であるCは、Dの血族ではないため、法定相続人とはならない。また、FとGの親権者が誰であるかは、相続とは無関係である。配偶者と子の法定相続分は、各**2分の1**であり（民法900条1号）、F及びGの法定相続分は、**相等しいもの**となるため（同条4号）、各**4分の1**である。よって、法定相続分は、Aが**2分の1**、Fが**4分の1**、Gが**4分の1**であり、正解は**1**となる。

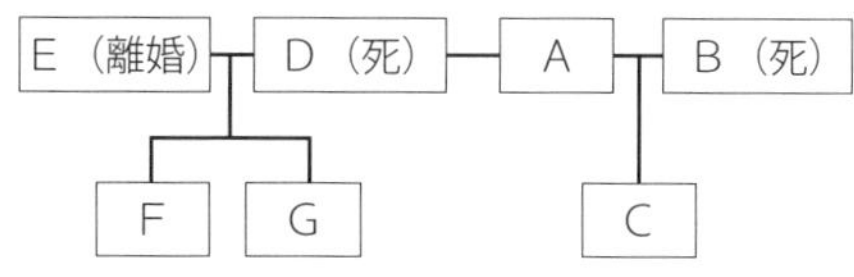

【問　10】　　　　　　　　**正解　2**

1　×　第三者が選択権者である場合において、当該第三者が選択をすることができず、又は選択をする意思を有しないときは、**選択権は債務者に移転する**（民法409条2項）。よって、本肢では**債務者**である**売主A**に選択権が移転する。

2　○　**選択権者の過失**によって、債権の目的である給付の中に**履行不能**となったものがある場合には、**債権は、その残存するものについて存在する**（同法410条）。よって、本肢では**乙**が給付の目的物となる。

3　×　債権の目的が数個の給付の中から選択によって定まるときは、**その選択権は、債務者に属する**（同法406条）。よって、本肢では特段の合意がない以上、**債務者**である**売主A**が選択権者となる。

4　×　第三者が選択権者である場合、その選択は、**債権者又は債務者に対する意思表示によってする**（同法409条1項）。よって、DはAとBの**いずれか**に対して意思表示をすればよく、両者に対して意思表示をする**必要はない**。

【問　11】　　　　　　　　**正解　3**

1　○　**存続期間を50年以上**として借地権を設定する場合には、契約の更新や建物の築造による存続期間の延長がない旨を**書面によって合意**すれば、公正証書によって合意しなくても、**その旨を借地契約に定めることができる**（借地借家法22条1項）。

2　○　存続期間を20年とし、契約の更新や建物の築造による存続期間の延長がない旨を借地契約に定めるためには、**事業用定期借地権等**を設定する必要がある（同法23条参照）。この借地権の設定を目的とする契約は、公正証書によってしなければならないが（同条3項）、**「専ら事業の用に供する建物」の所有を目的とする場合にのみ設定することができる**のであって、**居住の用に供する建物を所有することを目的とする場合には、このような内容を借地契約に定めることはできない**（同条1項）。

3　×　借地権を消滅させるため、借地権の設定から一定期間が経過した日に土地上の建物の所有権を相当の対価で借地権設定者に移転する旨の特約を定めるためには、**建物譲渡特約付借地権**を設定する必要があるが（同法24条参照）、**この借地権を設定するには、存続期間は30年以上としなければならない**（同条1項）。よって、本肢のように借地権の設定から20年が経過した日に土地上の建物の所有権を譲渡する旨の特約を定めることはできない。

4　○　**臨時設備の設置その他一時使用のために借地権を設定したことが明らかな場合**には、**借地借家法上の契約の更新や存続期間に関する規定は**適用されない（同法25条）。よって、本肢のように、存続期間を5年と定め、契約の更新や建物の築造による存続期間の延長がない旨を借地契約に定めることもできる。

【問　12】　　　　　　　　**正解　2**

1　×　期間の定めのない建物の賃貸借契約では、各当事者はいつでも解約の申入れをすることができ、**建物の賃借人が解約の申入れをした場合には、申入れの日から3月、建物の賃貸人が解約の申入れをした場合には、申入れの日から6月を経過することによって、当該賃貸借契約は終了する**（民法617

条1項2号、借地借家法27条1項)。本肢のAは賃貸人であるから、Aの解約の申入れの日から6月を経過することによって本件契約が終了する。

2　○　賃貸借の目的である建物が賃借人に引き渡された後、当該建物を賃貸人が譲渡し所有権が移転した場合、**賃貸人たる地位は、その譲受人に移転し、敷金の返還に係る債務は、譲受人が承継する**(民法605条の2第1項、4項)。そして、判例によれば、**敷金は、他に特段の合意がない限り、賃借人の旧賃貸人に対する未払賃料債務等に当然に充当され、その残額が譲受人に承継される**こととなる(最判昭44・7・17)。

3　×　建物の転貸借がされている場合において、建物の賃貸借が期間の満了又は解約の申入れによって終了するときは、**建物の賃貸人は、建物の転借人にその旨の通知をすることで、その終了を建物の転借人に対抗することができ**(借地借家法34条1項)、**賃貸人がこの通知をしたときは、建物の転貸借は、その通知がされた日から6月を経過することによって終了する**(同条2項)。

4　×　期間を1年以上とする定期建物賃貸借においては、賃貸人は、期間満了の1年前から6月前までの間に、賃借人に対し期間満了により建物の賃貸借が終了する旨の通知をしなければ、その終了を賃借人に対抗することができない(同法38条6項本文)。ただし、**賃貸人が通知期間中にこの通知をしなかった場合であっても、従前の契約と同一条件で契約を更新したものとみなされるのではなく、賃貸人は通知期間経過後に賃借人に対し通知をすることで、その通知の日から6月を経過した後に、契約を終了させることができる**(同項ただし書)。

【問　13】　　**正解　4**

1　○　区分所有法又は規約により集会において決議をすべき場合において、**集会を開催せずに書面によって決議をすることができるのは、区分所有者の全員の承諾があるとき**である(同法45条1項)。よって、**区分所有者が1人でも反対すれば、集会を開催せずに書面による決議をすることはできない**。

2　○　形状又は効用の著しい変更を伴う共用部分の変更については、**区分所有者及び議決権の各4分の3以上の多数による集会の決議で決するのが原則**であるが、**規約でこの区分所有者の定数を過半数まで減ずることができる**(同法17条1項)。

3　○　敷地利用権が数人で有する所有権その他の権利である場合には、規約に別段の定めがあるときを除き、区分所有者は、**その有する専有部分とその専有部分に係る敷地利用権とを分離して処分することができない**(同法22条1項)。

4　×　各共有者の共用部分の持分は、その有する専有部分の床面積の割合によるが、**この床面積は壁その他の区画の内側線で囲まれた部分の水平投影面積**である(同法14条1項、3項)。

【問　14】　　**正解　3**

1　×　所有権の登記の抹消は、**所有権の移転の登記がない場合に限り、所有権の登記名義人が単独で申請することができる**(不登法77条)。

2　×　登記の申請をする者の委任による代理人の権限は、**本人の死亡によっては消滅しない**(同法17条1号)。

3　○　相続又は**法人の合併による権利**

の移転の登記は、登記権利者が単独で申請することができる（同法63条2項）。

4 × 信託の登記は、受託者が単独で申請することができる（同法98条2項）。

【問 15】 正解 3

1 ○ 地区計画については、都市計画に、当該地区計画の目標を定めるよう努めるものとされている（都計法12条の5第2項2号）。

2 ○ 地区計画については、都市計画に、地区計画等の種類、名称、位置及び区域を定めるものとするとともに、区域の面積その他の政令で定める事項を定めるよう努めるものとされている（同法12条の4第2項）。

3 × 地区整備計画においては、一定の事項を定めることができるが、市街化区域と市街化調整区域との区分の決定の有無を定めることができるとはされていない（同法12条の5第7項参照）。

4 ○ 地区整備計画においては、建築物の建蔽率の最高限度を定めることができる（同法12条の5第7項2号）。

【問 16】 正解 2

1 × 都市公園法に規定する公園施設である建築物の建築の用に供する目的で行う開発行為については、公益上必要な建築物のうち開発区域及びその周辺の地域における適正かつ合理的な土地利用及び環境の保全を図る上で支障がないものに該当し、都道府県知事の許可を受ける必要はない（都計法29条1項3号、同法令21条3号）。

2 ○ 首都圏整備法に規定する既成市街地内にある市街化区域において、500㎡以上の開発行為を行おうとする者は、あらかじめ、都道府県知事の許可を受けなければならない（都計法29条1項1号、同法令19条2項1号）。

3 × 準都市計画区域において、3,000㎡未満の開発行為を行おうとする者は、都道府県知事の許可を受ける必要はない（同法29条1項1号、同法令19条1項）。

4 × 区域区分が定められていない都市計画区域において、3,000㎡以上の開発行為を行おうとする者は、あらかじめ、都道府県知事の許可を受けなければならないが（同法29条1項1号、同法令19条1項）、土地区画整理事業の施行として行う開発行為の場合は、許可を受ける必要はない（同法29条1項5号）。

【問 17】 正解 4

1 × 居室を有する建築物においては、石綿等以外の物質でその居室内において衛生上の支障を生ずるおそれがあるものとして政令で定める物質の区分に応じ、建築材料及び換気設備について政令で定める技術的基準に適合するものであるならば、ホルムアルデヒドを発散させる建築材料を使用することが認められる（建基法28条の2第3号、同法令20条の5）。

2 × 階数が3以上である建築物の敷地内には、避難階に設けた屋外への出口から道又は公園、広場その他の空地に通ずる幅員が1.5m以上の通路を設けなければならない（同法35条、同法令128条）。

3 × 防火地域又は準防火地域内にある建築物で、外壁が耐火構造のものについては、その外壁を隣地境界線に接して設けることができる（同法63条）。

4 ○ 建築主は、3以上の階数を有す

る木造の建築物を新築する場合において、特定行政庁が、安全上、防火上及び避難上支障がないと認めたときは、検査済証の交付を受ける前においても、仮に当該建築物を使用することができる（同法6条1項2号、7条の6第1項1号）。

【問　18】　正解　2

1　○　準防火地域内にある耐火建築物については、都市計画による建蔽率の限度に10分の1を加えることができ、さらに、街区の角にある敷地又はこれに準ずる敷地で特定行政庁が指定するものの内にある建築物についても、都市計画による建蔽率の限度に10分の1を加えることができる（建基法53条3項）。本肢はこの両方を満たすので、都市計画による建蔽率の限度である10分の6に10分の2を加えることができ、その限度が10分の8となる。

2　×　市町村は、用途地域における用途の制限を補完し、集落地区計画を除いた当該地区計画等の区域の特性にふさわしい土地利用の増進等の目的を達成するため必要と認める場合においては、国土交通大臣の承認を得て、当該区域における用途制限を緩和することができる（同法68条の2第5項）。

3　○　居住環境向上用途誘導地区内においては、公益上必要な一定の建築物を除き、建築物の建蔽率は、居住環境向上用途誘導地区に関する都市計画において建築物の建蔽率の最高限度が定められたときは、当該最高限度以下でなければならない（同法60条の2の2第1項）。

4　○　都市計画区域内においては、ごみ焼却場等について、特定行政庁が都市計画審議会の議を経てその敷地の位置が都市計画上支障がないと認めて許可した場合には、都市計画においてその敷地の位置が決定しているものでなくても、新築することができる（同法51条）。

【問　19】　正解　4

1　○　宅地造成等工事規制区域内において、宅地を造成するために切土をした土地の部分に生じる崖の高さが2mを超えるものか、又は、切土をする土地の面積が500㎡を超えるものは、都道府県知事の盛土法12条1項本文の工事の許可が必要となる（同法2条2号、同法令3条2号、5号）。本肢ではいずれも超えておらず許可は不要である。

2　○　都道府県知事は、盛土法12条1項本文の工事の許可の申請があったときは、遅滞なく、許可のときは許可証を交付し、不許可のときは文書をもって許可又は不許可の処分を申請者に通知しなければならない（同法14条1項、2項）。

3　○　都道府県知事は、一定の場合には都道府県（指定都市又は中核市の区域内の土地については、それぞれ指定都市又は中核市）の規則で、宅地造成等工事規制区域内において行われる宅地造成に関する工事の技術的基準を強化し、又は必要な技術的基準を付加することができる（同法令20条2項）。

4　×　都道府県知事は、基本方針に基づき、かつ、基礎調査の結果を踏まえ、盛土法の目的を達成するために必要があると認めるときは、宅地造成等工事規制区域内を除き、宅地造成又は宅地において行われる特定盛土等に伴う災害で相当数の居住者等に危害を生ずるものの発生のおそれが大きい一団の造成宅地の区域であって一定の基準に該当するものを、造成宅地防災区域として指定することができる（同法45条1項）。

【問　20】　正解　3

1　○　換地計画において参加組合員に対して与えるべきものとして定められた宅地は、換地処分の公告があった日の翌日において、当該宅地の所有者となるべきものとして換地計画において定められた参加組合員が取得する（区画法104条10項）。

2　○　換地計画において換地を定める場合には、換地照応の原則により、換地及び従前の宅地の位置、地積、土質、水利、利用状況、環境等が照応するように定めなければならない（同法89条1項）。

3　×　土地区画整理組合の設立の認可の公告があった日後、換地処分の公告がある日までは、施行地区内において、土地区画整理事業の施行の障害となるおそれがある土地の形質の変更を行おうとする者は、国土交通大臣が施行する土地区画整理事業では国土交通大臣の、その他の者が施行する土地区画整理事業では都道府県知事の許可を受けなければならない（同法76条1項）。

4　○　組合員は、組合員の3分の1以上の連署をもって、その代表者から理由を記載した書面を土地区画整理組合に提出して、理事又は監事の解任を請求することができる（同法27条7項）。

【問　21】　正解　3

1　○　遺産分割によって農地を取得する場合、農地法3条1項の許可は不要であるが（同項12号）、農業委員会への届出は必要となる（同法3条の3）。

2　○　農地法3条1項の許可を受けないでした行為は、その効力を生じないため、当該許可を受けずに農地の売買契約を締結した場合、所有権移転の効力は生じない（同法3条6項）。

3　×　農地を農地以外のものにするために、当該農地について賃借権などの一定の権利を設定し、又は移転する場合には、原則として、農地法5条1項の許可が必要である。砂利採取法16条の認可を受けて市街化調整区域内の農地を砂利採取のために一時的に借り受けることは、同項による許可が不要となる例外的な場合に該当しないため（農地法5条1項各号参照）同項の許可が必要である。

4　○　国又は都道府県等が、農地を農地以外のものにするために、当該農地について所有権の移転等を行う場合には、農地法5条1項の許可が必要であるが、国又は都道府県等と都道府県知事等との協議が成立すれば、同項の許可があったものとみなされる（同法5条4項）。

【問　22】　正解　4

1　×　土地売買等の契約を締結した場合の事後届出は、その契約を締結した日から起算して2週間以内に行わなければならない（国土法23条1項）。

2　×　都道府県知事は、事後届出をした者に対し、その届出に係る土地に関する権利の移転又は設定後における土地の利用目的について、当該土地を含む周辺の地域の適正かつ合理的な土地利用を図るために必要な助言をすることができる（同法27条の2）。「対価の額」については助言することはできない。

3　×　所定の期間内に事後届出をしなかった者には、罰則（6月以下の懲役又は100万円以下の罰金）が適用される

（同法 47 条 1 号）。

4　○　**都市計画区域外においては、一定の場合を除き 10,000 ㎡以上の土地の売買等について事後届出が必要となる**（同法 23 条 2 項 1 号ハ）。**当事者の一方又は双方が国や地方公共団体等である場合は、事後届出が不要である**ことから（同条項 3 号）、B 市は事後届出を行う**必要はない**が、A 及び C は宅建業者であり国等ではないから、C は一定の場合を除き事後届出を行う**必要がある**。

【問　23】　　正解　1

1　○　譲渡所得の特別控除額（50 万円）は、まず、**譲渡益のうち、資産の取得の日以後 5 年以内にされた譲渡による所得（政令で定めるものを除く。）に係る部分の金額から控除**し、なお**控除しきれない特別控除額がある場合**には、**それ以外の譲渡による所得に係る部分の金額から控除**する（所得税法 33 条 3 項～ 5 項）。

2　×　譲渡所得の金額の計算上控除する資産の取得費は、別段の定めがあるものを除き、**その資産の取得に要した金額、設備費、改良費の額の合計額である**（同法 38 条 1 項）。

3　×　建物の全部の所有を目的とする土地の賃借権の設定の対価として支払を受ける権利金の金額が、その**土地の価額の 10 分の 5 に相当する金額を超えるときは、譲渡所得**として課税される（同法33条1項、同法令79条1項1号）。

4　×　譲渡益から譲渡所得の特別控除額（50 万円）を控除した後の譲渡所得の金額の 2 分の 1 に相当する金額が課税標準とされるのは、**居住者がその取得の日以後 5 年を超えた後に固定資産を譲渡した場合**である（同法 22 条 2 項 2 号、33 条 3 項 2 号、4 項）。

【問　24】　　正解　1

1　○　個人が自己の居住の用に供する既存住宅を取得した場合、**当該住宅の床面積が 50 ㎡以上 240 ㎡以下**であって、**新築年月日が平成 9 年 4 月 1 日以降**であるときには、当該取得に係る不動産取得税の課税標準の算定については、**当該住宅の価格から 1,200 万円が控除される**（地方税法 73 条の 14、同法令 37 条の 16 ～ 18）。

2　×　**家屋が新築された日から 6 月を経過**して、なお、当該家屋について最初の使用又は譲渡が行われない場合には、**当該家屋が新築された日から 6 月を経過した日において家屋の取得がなされたものとみなし、当該家屋の所有者を取得者とみなして**、これに対して不動産取得税が課される（同法 73 条の 2 第 2 項ただし書）。

3　×　不動産取得税は、**普通徴収の方法によって徴収しなければならない**（同法 73 条の 17 第 1 項）。

4　×　**不動産取得税は 4%が標準税率**とされているにすぎず（同法 73 条の 15）、**4%を超えて課税することが禁止されているものではない**。

【問　25】　　正解　3

1　○　不動産鑑定士の通常の調査の範囲では、対象不動産の価格への影響の程度を判断するための事実の確認が困難な特定の価格形成要因が存する場合には、**鑑定評価書の利用者の利益を害するおそれがないと判断される場合に限り、当該価格形成要因について調査の範囲に係る条件**（「**調査範囲等条件**」）を設定することができる（鑑定評価基準第 5 章第 1 節）。

2　○　**再調達原価**とは、**対象不動産を価格時点において再調達することを想**

定した場合において必要とされる適正な原価の総額をいう。建設資材、工法等の変遷により、対象不動産の再調達原価を求めることが困難な場合には、対象不動産と同等の有用性を持つものに置き換えて求めた原価（置換原価）を再調達原価とみなすものとされている（同基準第7章第1節）。

3 × 本肢の記述は事情補正の説明である。時点修正とは、取引事例等に係る取引等の時点が価格時点と異なることにより、その間に価格水準に変動があると認められる場合に、当該取引事例等の価格等を価格時点の価格等に修正することをいう（同基準第7章第1節）。

4 ○ 不動産の鑑定評価によって求める賃料は、一般的には正常賃料又は継続賃料であるが、鑑定評価の依頼目的に対応した条件により限定賃料を求めることができる場合があり、依頼目的に対応した条件を踏まえてこれを適切に判断し、明確にすべきであるとされている（同基準第5章第3節）。

【問 26】 正解 2

1 × 宅建業者は、宅建士をして重要事項の説明をさせなければならないが（宅建業法35条1項柱書）、説明をする宅建士は専任である必要はない。

2 ○ 代金、交換差金及び借賃以外に授受される金銭の額及び当該金銭の授受の目的は、重要事項の説明における説明内容である（同法35条1項7号）。

3 × 当該宅地又は建物の上に存する登記された権利の種類及び内容は重要事項の説明における説明内容であるが（同法35条1項1号）、移転登記の申請の時期は重要事項の説明における説明内容ではない。

4 × 売買の対象となる建物の引渡しの時期は、37条書面の記載事項であるが、重要事項の説明における説明内容ではない。

【問 27】 正解 4

1 × 不正の手段により免許を受けたことにより免許を取り消され、その取消しの日から5年を経過しない者は免許を受けることができないが（宅建業法5条1項2号参照）、5年を経過すれば、再び免許を受けることができる。

2 × 破産手続開始の決定を受けて復権を得ない者は、免許を受けることができないとされており（同法5条1項1号）、復権を得れば、免許を受けることができる。

3 × 免許を受けようとする法人の役員が、禁錮以上の刑に処せられた場合、その刑の執行を終わり、又は執行を受けることがなくなった日から5年を経過するまでの間は、当該法人は免許を受けることができない（同法5条1項5号、同項12号）。本肢のように、当該役員が控訴し裁判が係属中であるときは、「禁錮以上の刑に処せられた場合」に該当しないので、当該法人は免許を受けることができる。

4 ○ 免許を受けようとする法人の役員が、宅建業法の規定に違反したことにより罰金の刑に処せられた場合、その刑の執行を終わり、又は執行を受けることがなくなった日から5年を経過するまでの間は、当該法人は免許を受けることができない（同法5条1項6号、12号）。

【問 28】 正解 4

1 × 宅建士の登録を受けている者は、当該登録をしている都道府県知事の管轄する都道府県以外の都道府県に所在する宅建業者の事務所の業務に従事し、又は従事しようとするときは、当該事務所の所在地を管轄する都道府県知事に対し、**当該登録をしている都道府県知事を経由して、登録の移転の申請をすることができる**（宅建業法19条の2）。よって、本肢のAは、**登録の移転を申請しなければならないわけではなく、また、申請をする場合には甲県知事を経由する必要がある**。

2　×　宅建士の登録を受けているが宅建士証の交付を受けていない者が、宅建士としてすべき事務を行った場合、**情状が特に重いとき**は、当該登録をしている都道府県知事は**当該登録を消除しなければならない**（同法68条の2第2項3号）。

3　×　宅建業者の業務に従事する宅建士は、**専任であるか否かにかかわらず、当該宅建業者の商号又は名称及び免許証番号を宅建士登録簿に登録しなければならず**（同法18条2項、同法則14条の2の2第1項5号）、登録事項に変更があったときは、遅滞なく、変更の登録を申請しなければならない（同法20条）。よって、Cは、遅滞なく、勤務先の変更の登録を申請する**必要がある**。なお、専任の宅建士の氏名は**宅建業者名簿**の登録事項であり（同法8条2項6号）、Cは専任の宅建士ではないから、D社及びE社は宅建業者名簿の変更の登録を届け出る**必要はない**。

4　○　宅建士資格試験に合格した者は、**当該試験を行った都道府県知事の登録**を受けることができる（同法18条1項本文）。よって、Fの登録は**当該試験を受けた甲県知事**に申請する必要がある。

【問　29】　　　　　　　　　　**正解　4**

1　×　宅建業者は、**その事務所ごとに従業者の氏名、従業者証明書番号その他国土交通省令で定める事項を記載した従業者名簿を備えなければならず**（宅建業法48条3項）、当該名簿を**最終の記載をした日から10年間保存**しなければならない（同法則17条の2第4項）。

2　×　宅建業者は、**一団の宅地建物の分譲を、案内所を設置して行う場合**には、**その案内所において宅地建物の売買の契約の締結を行うか否かにかかわらず**、その案内所には国土交通省令で定める**標識を掲示しなければならない**（同法50条1項、同法則19条1項3号）。

3　×　宅建業者は、**その事務所ごとに、公衆の見やすい場所に、国土交通大臣が定めた報酬の額を掲示しなければならない**（同法46条4項）。案内所に報酬の額を掲示する**必要はない**。

4　○　宅建業者が、**事務所以外の継続的に業務を行うことができる施設を有する場所に専任の宅建士を置かなければならない**のは、**契約（予約を含む。）を締結し、又はこれらの契約の申込みを受ける場合に限られる**（同法31条の3第1項、同法則15条の5の2第1号）。

【問　30】　　　　　　　　　　**正解　2**

ア　○　宅建業者は、その業務に関して広告をするときは、当該広告に係る宅地又は建物の**現在若しくは将来の利用の制限**について、**著しく事実に相違する表示をし、又は実際のものよりも著しく優良であり、若しくは有利であると人を誤認させるような表示をしてはならない**（宅建業法32条）。

イ　×　宅建業者は、代理又は媒介に関し、**依頼者の依頼によって行う広告の料金に相当する額に限り**、**報酬とは別に受領することができる**（報酬告示第9）。

ウ　×　宅建業者は、**宅地又は建物の売買、交換又は貸借に関する広告をするときは、取引態様の別を明示しなければならず**、複数の区画がある宅地の売買について**数回に分けて広告する場合であっても、その都度、取引態様の別を明示する必要がある**（宅建業法34条1項）。

エ　○　宅建業者は、**建物の建築に関する工事の完了前**においては、当該工事に関し必要とされる**建築確認等があった後**でなければ、当該工事に係る建物の売買その他の業務に関する**広告をしてはならない**。このことは媒介契約を締結した場合であっても同様である（同法33条）。

以上より、正しいものはア・エの2つであり、正解は**2**となる。

【問　31】　　**正解　3**

1　○　保証協会は、社員が社員となる前に当該社員と宅建業に関し取引をした者の有する**その取引により生じた債権に関し弁済業務保証金の還付が行われることにより弁済業務の円滑な運営に支障を生ずるおそれがあると認めるときは、当該社員に対し、担保の提供を求めることができる**（宅建業法64条の4第3項）。

2　○　保証協会の社員は、**取引の相手方から宅建業に係る取引に関する苦情について解決の申出が保証協会になされ、その解決のために保証協会から資料の提出の求めがあったときは、正当な理由がある場合でなければ**、これを**拒んではならない**（同法64条の5第2項、第3項）。

3　×　保証協会は、弁済業務保証金の還付があったときは、**当該還付に係る社員又は社員であった者に対し、当該還付額に相当する額の還付充当金を保証協会に納付すべきことを通知しなければならない**（同法64条の10第1項）。そして、この通知を受けた保証協会の社員又は社員であった者は、この通知**を受けた日から2週間以内に還付充当金を保証協会に納付しなければならない**（同条2項）。

4　○　保証協会は、**新たに社員が加入し、又は社員がその地位を失ったとき**は、**直ちに**、その旨を**当該社員である宅建業者が免許を受けた国土交通大臣又は都道府県知事に報告しなければならない**（同法64条の4第2項）。

【問　32】　　**正解　1**

1　○　免許が必要な「宅建業」とは、宅地若しくは建物の売買等をする行為で業として行うものをいい（宅建業法2条2号）、**「宅地」とは、建物の敷地に供せられる土地**をいい、**都市計画法に規定する用途地域内のその他の土地**で、道路、公園、河川その他政令で定める公共の用に供する施設の用に供せられているもの以外のものを含む（同条1号）。よって、本肢の土地は「宅地」には**該当せず**、A社が当該土地の売買を媒介することは「宅建業」には**該当しない**から、免許は**不要**である。

2　×　本肢の行為は、宅地若しくは建物の売買等をする行為で業として行うものであるから、**「宅建業」に該当する**ため（同法2条2号）、**免許が必要**である。

3　×　農業協同組合が行う場合であっても、宅地若しくは建物の売買等をする行為を業として行う場合には、**「宅建業」に該当する**ため、**免許が必要**である。

4　×　**宅建業法の規定は、国及び地方公共団体には**適用されないが（同法78

条1項)、国又は地方公共団体から**依頼を受けて宅地若しくは建物の売買等の代理や媒介を業として行おうとする者には、宅建業法が**適用される**ので、その者は**免許が**必要**である。

【問　33】　**正解　1**

1　○　宅建業者は、市町村に照会し、**当該市町村が、取引の対象となる宅地又は建物の位置を含む水害ハザードマップを作成せず、又は印刷物の配布若しくはホームページ等への掲載等をしていないことが確認された場合**は、その照会をもって調査義務を果たしたこととなり、この場合、**重要事項説明書にその旨を記載し、重要事項説明の際に提示すべき水害ハザードマップが存在しない旨を説明すればよい**（宅建業法35条1項14号、同法則16条の4の3第3号の2、宅建業法の解釈・運用の考え方）。

2　×　宅建業者は、市町村が取引の対象となる宅地又は建物の位置を含む「洪水」、「雨水出水（内水）」、「高潮」の水害ハザードマップを作成している場合には、**重要事項説明の際にいずれか1種類の水害ハザードマップの提示**だけでは足りず、その全ての**水害ハザードマップを提示しなければならない**（宅建業法35条1項14号、同法則16条の4の3第3号の2、宅建業法の解釈・運用の考え方）。

3　×　売買・交換・貸借**のときも、**宅建業者は、市町村が取引の対象となる宅地又は建物の位置を含む水害ハザードマップを作成している場合には、**重要事項説明の際に水害ハザードマップを提示しなければならない**（宅建業法35条1項14号、同法則16条の4の3柱書、同条第3号の2)。

4　×　宅建業者は、市町村が取引の対象となる宅地又は建物の位置を含む水害ハザードマップを作成している場合には、**重要事項説明書に水害ハザードマップを添付する**だけでは足りず、**水害ハザードマップにおける**当該宅地又は建物の所在地を記載して説明**しなければならない**（同法35条1項14号、同法則16条の4の3第3号の2、宅建業法の解釈・運用の考え方）。

【問　34】　**正解　2**

1　×　宅建業者は、**営業保証金を供託したとき**は、その供託物受入れの記載のある供託書の写しを添附して、**その旨をその免許を受けた国土交通大臣又は都道府県知事に**届け出なければならない（宅建業法25条4項）。

2　○　**宅建業者と宅建業に関し取引をした者**は、その取引により生じた債権に関し、**宅建業者が供託した営業保証金について、その債権の弁済を受ける権利を**有する**が、取引をした者が宅建業者に該当する場合**には、**このような権利を**有しない（同法27条1項）。

3　×　営業保証金は、金銭による供託のほか、**国債証券、地方債証券その他の国土交通省令で定める有価証券**をもって供託することができ、**両者を併用することも**できる（同法25条3項）。

4　×　有価証券を営業保証金に充てる場合における当該有価証券の価額は、**国債証券の場合はその**額面金額、**地方債証券の場合はその額面金額の100分の**90である（同法25条3項、同法則15条1項1号、2号）。

【問　35】　**正解　3**

ア　○　**宅建士が事務禁止処分を受けた**ときは、**速やかに、宅建士証をその交**

付を受けた都道府県知事に提出しなければならず（宅建業法22条の2第7項）、この義務に違反したときは、**10万円以下の過料**に処せられることがある（同法86条）。

イ ○ 宅建士が**事務禁止処分を受け、その禁止の期間中に本人の申請により登録が消除され、まだその期間が満了しない場合は、他の都道府県において宅建士資格試験に合格したとしても、**当該試験を行った都道府県知事の**登録を受けることができない**（同法18条1項11号）。

ウ × 登録の移転の申請は、**現在登録をしている都道府県知事の管轄する都道府県以外の都道府県に所在する宅建業者の事務所の業務に従事し、又は従事しようとするとき**に行うことができるものであり（同法19条の2）、本人が住所を変更したときは、登録の移転の申請をすることができない。

エ ○ 宅建士は、登録を受けている事項に変更があったときは、遅滞なく、変更の登録を申請しなければならない（同法20条）。**本籍**は、**宅建士登録簿の登載事項である**から（同法18条2項、同法則14条の2の2第1項1号）、宅建士が本籍を変更した場合は、遅滞なく、登録をした都道府県知事に変更の登録を申請する必要がある。

以上より、正しいものはア・イ・エの3つであり、正解は**3**となる。

【問　36】　　　正解　1

1　掲げられていない

「都市計画法第29条第1項の規定に基づく制限」は、**建物の貸借の契約以外の契約を行う場合において、重要事項として説明しなければならない事項である**（宅建業法35条1項2号、同法令3条1項1号、同条3項）。

2　掲げられている

建物の貸借の媒介を行う場合、「当該建物について、石綿の使用の有無の調査の結果が記録されているときは、その内容」は、**重要事項として説明しなければならない事項である**（同法35条1項14号、同法則16条の4の3第4号）。

3　掲げられている

建物の貸借の媒介を行う場合、「台所、浴室、便所その他の当該建物の設備の整備の状況」は、**重要事項として説明しなければならない事項である**（同法35条1項14号、同法則16条の4の3第7号）。

4　掲げられている

宅地の貸借の媒介を行う場合、「敷金その他いかなる名義をもって授受されるかを問わず、契約終了時において精算することとされている金銭の精算に関する事項」は、**重要事項として説明しなければならない事項である**（同法35条1項14号、同法則16条の4の3第11号）。

【問　37】　　　正解　3

1 × 宅建業者は、区分所有建物の貸借において、「専有部分の用途その他の利用の制限に関する規約の定めがあるときは、その内容」を**重要事項説明書に記載して説明**しなければならないが（宅建業法35条1項6号、同法則16条の2第3号）、**37条書面の記載事項**ではない。

2 × 宅建業者は、買主から保全措置を講ずる必要のない金額の手付金を受領する場合、**手付金の保全措置を講ずるかどうか等を、重要事項説明書に記載して説明**しなければならないが（同法35条1項10号）、これは**37条書面**

の記載事項ではない。

3 ○ 宅建業者は、「代金及び交換差金以外の金銭の授受に関する定めがあるときは、その額並びに当該金銭の授受の時期及び目的」を37条書面に記載しなければならない(同法37条1項6号)。

4 × 宅建業者は、自ら売主となる土地付建物の売買契約においては、37条書面を作成し、その取引の相手方に交付しなければならないが(同法37条1項柱書)、自ら貸主となる場合は宅建業に該当しないことから(同法2条2号)、宅建業法は適用されず、37条書面の作成・交付義務がない。

【問 38】 **正解 4**

ア 違反しない

一般媒介契約には有効期間に関する規制がなく、本肢のように協議によって有効期間を3か月としても宅建業法に違反しない。

イ 違反しない

専任媒介契約では、宅建業者は依頼者に対し、当該契約に係る業務の処理状況を原則として2週間に1回以上の頻度で報告しなければならないが(宅建業法34条の2第9項)、一般媒介契約では、業務の処理状況の報告が義務付けられておらず、14日に1回以上の頻度で行っても宅建業法に違反しない。

ウ 違反しない

専任媒介契約では、指定流通機関(レインズ)への登録義務があり、登録後、遅滞なく、依頼者に当該登録を証する書面を交付しなければならないが(同法34条の2第5項、6項)、一般媒介契約ではこのような義務はなく、指定流通機関の登録を証する書面を登録してから14日後に依頼者に交付しても、宅建業法に違反しない。

エ 違反しない

一般媒介契約には有効期間に関する規制はなく、また、宅建業法が規制するのは売買又は交換に関する媒介契約であり、貸借に係る媒介契約については規制していない(同法34条の2第1項柱書参照)。よって、本肢のように貸借に係る一般媒介契約の有効期間を定めなかったとしても宅建業法に違反しない。

以上より、宅建業法に違反しないものはア・イ・ウ・エの4つであり、正解は4となる。

【問 39】 **正解 1**

1 ○ 告知書面には、クーリング・オフによる買受けの申込みの撤回又は売買契約の解除があったときは、その買受けの申込みの撤回又は売買契約の解除に伴う損害賠償又は違約金の支払を請求することができないことを記載しなければならない(宅建業法37条の2第1項1号、同法則16条の6第4号)。

2 × 告知書面には、クーリング・オフについて告げられた日から起算して8日を経過するまでの間は、宅地又は建物の引渡しを受け、かつ、その代金の全部を支払った場合を除き、書面によりクーリング・オフによる買受けの申込みの撤回又は売買契約の解除を行うことができることを記載しなければならない(同法37条の2第1項1号、同法則16条の6第3号)。

3 × 告知書面には、クーリング・オフによる売買契約の解除をするときは、その旨を記載した書面を発した時に、その効力を生ずることを記載しなければならない(同法37条の2第1項1号、同法則16条の6第5号)。

4 × 告知書面には、売主である宅建

業者の商号又は名称及び住所並びに免許証番号を記載しなければならない（同法37条の2第1項1号、同法則16条の6第2号）。**取引を媒介する宅建業者**の商号・名称等は、告知書面の記載事項ではない。

【問 40】 正解 3

1 × 宅建業者は、その**事務所ごと**に、その業務に関する帳簿を備え、宅建業に関し取引のあった都度、その年月日、その取引に係る宅地又は建物の所在及び面積その他国土交通省令で定める事項を記載しなければならない（宅建業法49条）。ここでいう「事務所」には、宅建業を営む**支店は含まれる**が、**案内所は含まれない**。よって、**案内所には帳簿を備え付ける必要がない**が、**支店には帳簿を備え付ける必要がある**。

2 × **成年**である宅建業者が宅建業の業務に関し行った行為は、**行為能力の制限を理由として取り消すことができない**（同法47条の3）。

3 ○ 宅建業者が一団の宅地建物の分譲をする場合、**当該宅地又は建物の所在する場所**に国土交通省令で定める**標識を掲示する必要がある**（同法50条1項、同法則19条1項2号）。

4 × 宅建業者は、**正当な理由がある場合でなければ、その業務上取り扱ったことについて知り得た秘密を他に漏らしてはならない**とされており（同法45条前段）、税務署等の職員から質問検査権の規定に基づき質問を受けたときは、**「正当な理由がある場合」に該当し、宅建業者が質問に回答することは、宅建業法に違反しない**（宅建業法の解釈・運用の考え方）。

【問 41】 正解 1

ア ○ 自ら当事者として宅地又は建物の売買契約を締結した宅建業者及び、当該売買の媒介をした宅建業者は、それぞれ、**宅建士をして37条書面に記名させなければならない**（宅建業法37条3項）。

イ × 「代金及び交換差金以外の金銭の授受に関する定めがあるときは、**その額並びに当該金銭の授受の時期及び目的**」は、37条書面の記載事項であり、その額を記載しても授受の時期を省略することはできない（同法37条1項6号）。

ウ × 取引の相手方が宅建業者であっても、**37条書面の交付義務を省略することはできない**。

エ × **宅地又は建物の上に存する登記された権利の内容等**は、重要事項の説明における説明事項であるが（同法35条1項1号）、**37条書面の記載事項ではない**。

以上より、正しいものはアの1つのみであり、正解は**1**となる。

【問 42】 正解 2

1 × 宅建業者が**自ら売主として宅地又は建物の割賦販売を行った場合**、当該割賦販売に係る宅地又は建物を買主に引き渡すまで（当該宅地又は建物を**引き渡すまでに代金の額の10分の3を超える額の金銭の支払を受けていない場合には、代金の額の10分の3を超える額の金銭の支払を受けるまで**）に、登記その他引渡し以外の売主の義務を履行しなければならない（宅建業法43条1項本文）。よって、本肢のAは、Bから3,200万円×**30%＝960万円**の賦払金の支払を受けるまでに、当該土地付建物に係る所有権の移転登記をしなければならない。

2　○　未完成物件においては、手付金等の額が**代金額の5%超**、又は**1,000万円超**の場合には、保全措置を講じなければならず（同法41条1項、同法令3条の5）、宅建業者が保全措置を講じないときは、買主は手付金等を支払わなくてよい（同法41条4項）。よって、Aは、手付金等の額が代金額の3,200万円×5％＝160万円を超える場合に保全措置を講じなければならないが、Aが受領した手付金等の額は100万円＋60万円＝160万円であるから、保全措置を講じずにこの手付金等を受領することができる。

3　×　宅建業者が自ら売主となる宅地又は建物の売買契約において、当事者の債務の不履行を理由とする契約の解除に伴う損害賠償の額を予定し、又は違約金を定めるときは、これらを合算した額が代金額の**10分の2を超える**こととなる定めをしてはならない（同法38条1項）。本肢では、400万円＋240万円＝640万円とする特約を定めており、代金額の3,200万円×20％＝640万円を**超えていない**ため、当該特約は**有効**である。

4　×　当事者の債務の不履行を理由とする契約の解除に伴う損害賠償の予定額を**定めていない場合**、民法に基づいて債務の不履行により現実に生じた損害額を立証して当該損害額の賠償を請求することができるため、宅建業法の規定は適用されず、**売買代金の額の10分の2を超えて請求することができる**。

【問　43】　正解　4

ア　違反する

宅建業者は、その業務に関して、相手方に対し、**手付について貸付けその他信用の供与をすることにより契約の締結を誘引する行為をしてはならない**（宅建業法47条3号）。ここでいう「**信用の供与」には、手付の分割受領が含まれる**（宅建業法の解釈・運用の考え方）。

イ　違反する

宅建業者は、**正当な理由なく、相手方等が宅建業に係る契約を締結するかどうかを判断するために必要な時間を与えることを拒む行為をしてはならない**（宅建業法47条の2第3項、同法則16条の11第1号ロ）。本肢の宅建業者は、事実を歪めて相手方が契約を締結するかどうかを判断するために必要な時間を与えることを拒んでおり、宅建業法に違反する。

ウ　違反する

宅建業者は、宅建業に係る契約の締結の勧誘をする場合、**当該勧誘に先立って宅建業者の商号又は名称及び当該勧誘を行う者の氏名並びに当該契約の締結について勧誘をする目的である旨を告げずに、勧誘をしてはならない**（同法47条の2第3項、同法則16条の11第1号ハ）。

エ　違反する

宅建業者は、**相手方等が契約の申込みの撤回を行うに際し、既に受領した預り金を返還することを拒む行為をしてはならない**（同法47条の2第3項、同法則16条の11第2号）。

以上より、宅建業法に違反するものは、ア・イ・ウ・エの4つであり、正解は**4**となる。

【問　44】　正解　2

1　×　**居住用建物の貸借の媒介**の場合、宅建業者が**依頼者の双方から受領する報酬の限度額の合計**は、当該建物の借賃の1.1か月分（消費税込み）に相当する金額である（報酬告示第4）。なお、**居住用建物の貸借においては、**権利金**を売買代金とみなして報酬の上限を算定することができない。**よって、本肢では、1か月の借賃20万円×1.1か月分＝22万円が、依頼者双方から受領する報酬の合計額の上限となる。

2 ○ **物件価格が400万円を超える場合**における**媒介**の場合の報酬の限度額は、「**（物件価格×3%＋6万円）×1.1**」（消費税込み）であり、**代理の場合、報酬の限度額は、媒介の場合の2倍**であり、また、**依頼者の双方から受領することができる報酬の合計額の限度額は、媒介の場合の2倍**である（同告示第2、第3）。本肢では、媒介の依頼を受けた買主から受領する報酬の限度額は、（1,000万円×3％＋6万円）×1.1＝396,000円であり、代理の依頼を受けた売主から受領する報酬の限度額は、396,000円×2＝**792,000円**であり、買主及び売主の双方から受領することができる報酬の合計額は、792,000円が限度となる。よって、宅建業者が買主から303,000円の報酬を受領する場合、売主からは792,000円－303,000円＝489,000円を上限として報酬を受領することができるから、本肢は正しい。

3 × **物件価格が200万円超400万円以下の場合**における**媒介**の場合の報酬の限度額は、「**（物件価格×4%＋2万円）×1.1**」（消費税込み）であり、**通常の媒介と比較して現地調査等の費用を要するもの**については、売主から19万8,000円（消費税込み）**を限度**として、その額を報酬に上乗せして、媒介の場合の報酬の限度額の範囲で受領することができる（同告示第2、第7）。本肢では、媒介の場合の報酬の限度額は、（300万円×4％＋2万円）×1.1＝154,000円であり、現地調査等の費用（消費税込み）は6万円×1.1＝66,000円であり、両者を合計すると220,000円となり、限度額の19万8,000円を超過するから、売主からは198,000円（つまり上乗せできる現地調査等の費用は消費税込みで44,000円まで）を上限として受領することができる。一方、買主から受領することができる報酬の限度額は154,000円である。よって、依頼者双方から受領する報酬の合計額は198,000円＋154,000円＝352,000円を超えてはならないこととなる。

4 × **居住用建物の貸借の媒介の場合、**依頼者の一方から受領する報酬の限度額は、当該建物の**借賃の0.55か月分（消費税込み）**に相当する金額であるが（同告示第4）、**居住用建物（「居住の用に供する建物」）**とは、**専ら居住の用に供する建物を指す**ものであり、居住の用に供する建物で**事務所、店舗その他居住以外の用途を兼ねるものは**含まれない（宅建業法の解釈・運用の考え方）。よって、**本肢の店舗兼住宅は、居住用建物**には含まれず、**居住用建物**以外**についての報酬規制が適用される**こととなる。**居住用建物以外の貸借の媒介の場合、**依頼者の一方から受領する報酬の限度額は、当該建物の**借賃の1.1か月分（消費税込み）**に相当する金額である（ただし、依頼者双方から受領する報酬の合計額は借賃の1.1か月分が上限となる）。よって、本肢では、依頼者の一方から受領する報酬は1か月の**借賃20万円×1.1か月分＝22万円**を超えてはならないこととなる。

【問　45】　正解　3

1　×　新築住宅の買主が**宅建業者**である場合は、**住宅販売瑕疵担保保証金の供託又は住宅販売瑕疵担保責任保険契約の締結を行う義務を**負わないが（履行確保法2条7項2号ロ）、買主が**建設業者である場合は、当該義務を負う**。

2　×　住宅販売瑕疵担保責任保険契約は、新築住宅の買主が当該新築住宅の売主である宅建業者から当該新築住宅の**引渡しを受けた時から10年以上の期間にわたって有効なものでなければならない**（同法2条7項4号）。

3　○　**指定住宅紛争処理機関は、住宅瑕疵担保責任保険契約に係る新築住宅の売買契約に関する紛争の当事者の双方又は一方からの**申請**により、当該紛争の**あっせん、**調停及び仲裁の業務**を行うことができる（同法33条1項）。

4　×　新築住宅の売買契約においては、**売主は、買主に引き渡した時から10年間、当該新築住宅の構造耐力上主要な部分等の瑕疵について、民法上の担保責任を負うこととされており、当該責任を負わない旨の特約は買主に不利なものとして、**無効**とされる**（品確法95条1項、2項）。よって、本肢の特約は無効であり、住宅販売瑕疵担保保証金の供託又は住宅販売瑕疵担保責任保険契約の締結を行う義務を負う。

【問　46】　正解　1

1　×　機構は、証券化支援事業（買取型）において、**住宅の建設又は購入**に必要な資金の貸付けに係る金融機関の貸付債権の譲受けを業務として行っているが（機構法13条1項1号）、その対象は、**自ら**居住する住宅又は**自ら**居住する住宅以外の**親族**の居住の用に供する住宅の建設又は購入であり（業務方法書3条1号）、**「賃貸住宅」**の購入に必要な資金の貸付けに係る金融機関の貸付債権は、譲受けの対象としていない。

2　○　機構は、**市街地の土地の合理的な利用に寄与する一定の建築物の建設に必要な資金の貸付けを業務として**行っている（機構法13条1項7号、2条7項）。

3　○　機構は、証券化支援事業（買取型）において、バリアフリー性、省エネルギー性等に優れた住宅を取得する場合に、**貸付金の**利率**を一定期間**引き下げ**る制度**（フラット35S）**を設けている**。

4　○　機構は、経済事情の変動に伴い、貸付けを受けた者の住宅ローンの元利金の支払が著しく困難になった場合に、**償還期間の**延長**等の貸付条件の**変更**を行っている**（業務方法書26条）。

【問　47】　正解　2

1　×　住宅の居室の広さを畳数で表示する場合には、**畳1枚当たりの広さは1.62㎡（各室の壁心面積を畳数で除した数値）以上の広さ**があるという意味で用いなければならない（公正規約則9条（16））。

2　○　団地（一団の宅地又は建物をいう。）と駅との間の距離は、取引する区画のうち**駅から最も近い区画（マンション及びアパートにあっては、駅から最も近い建物の出入口）を起点として算出した数値**とともに、**駅から**最も遠い**区画（マンション及びアパートにあっては、駅から最も遠い建物の出入口）を起点として算出した数値も表示**しなければならない（同規約則9条（8））。

（次ページの図参照）

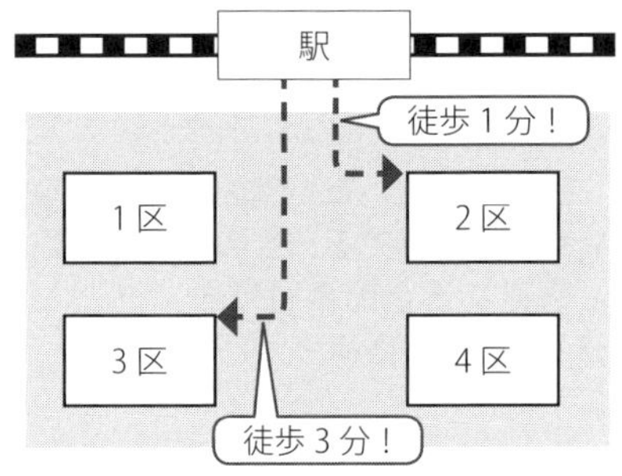

3 × 宅地又は建物のコンピュータグラフィックス、見取図、完成図又は完成予想図は、**その旨を明示して用い、当該物件の周囲の状況について表示するときは、現況に反する表示をしてはならない**(同規約則9条(23))。よって、完成予想図である旨を表示したとしても、周囲に存在しない公園等を表示してはならない。

4 × 過去の販売価格を比較対照価格とする**二重価格表示は、値下げの日から6か月以内に表示するもの**でなければならない（同規約則12条（3))。

【問 48】 **正解 3**

1 × 建築着工統計によれば、令和2年1月から令和2年12月までの**新設住宅着工戸数**は約81.5万戸となり、**4年連続の減少**となっている。

2 × 令和3年版土地白書によれば、**土地取引について、売買による所有権移転登記の件数**でその動向を見ると、令和2年の全国の土地取引件数は約128万件となり、**ほぼ横ばいで推移**している。

3 ○ 令和3年地価公示によれば、令和2年1月以降の1年間の地価の変動を見ると、全国平均の用途別では、**住宅地及び商業地は下落に転じ、工業地は5年連続の上昇**となっている。

4 × 年次別法人企業統計調査によれば、令和元年度における**不動産業の営業利益**は約**4.2兆円**となり、2年連続の**減少**となっている。

【問 49】 **正解 4**

1 ○ 森林は、木材資源として重要であり、**水源涵養や洪水防止等の役割**を担う。

2 ○ 活動度の高い火山の**火山麓**では、噴火による噴石や火山灰など、**火山活動に伴う災害**に留意しなければならない。

3 ○ 林相は良好であっても、**破砕帯や崖錐等の上の杉の植林地**は地質が軟弱であり、豪雨によって崩壊することがある。

4 × **崖錐や小河川の出口で堆積物の多い所**では、土石流の危険が高まる。

【問 50】 **正解 3**

1 ○ 鉄骨構造は、トラス構造、ラーメン構造、アーチ構造等が用いられ、**高層建築の骨組**に適している。

2 ○ **鉄骨構造の床**には、**既製気泡コンクリート板**や**プレキャストコンクリート板**等が用いられている。

3 × 鉄骨構造は**加工性**が高く、住宅、店舗等の建物にも**用いられている**。

4 ○ 鉄骨構造は、**工場**、**体育館**、**倉庫**等、**単層で大空間**の建物で多く利用されている。

令和２年度
12月試験
正解・解説

正解一覧表

問					
問	1	1	2	**3**	4
問	2	**1**	2	3	4
問	3	1	2	3	**4**
問	4	1	**2**	3	4
問	5	1	**2**	3	4
問	6	**1**	2	3	4
問	7	1	**2**	3	4
問	8	1	2	**3**	4
問	9	**1**	2	3	4
問	10	1	2	3	**4**
問	11	1	2	3	**4**
問	12	1	2	**3**	4
問	13	1	2	**3**	4
問	14	1	**2**	3	4
問	15	1	**2**	3	4
問	16	1	**2**	3	4
問	17	**1**	2	3	4
問	18	1	2	3	**4**
問	19	**1**	2	3	4
問	20	1	2	**3**	4
問	21	1	2	**3**	4
問	22	1	2	3	**4**
問	23	**1**	2	3	4
問	24	1	2	**3**	4
問	25	**1**	2	3	4
問	26	1	**2**	3	4
問	27	1	2	**3**	4
問	28	**1**	2	3	4
問	29	1	2	**3**	4
問	30	1	**2**	3	4
問	31	1	2	**3**	4
問	32	1	2	3	**4**
問	33	1	2	3	**4**
問	34	1	2	3	**4**
問	35	1	2	**3**	4
問	36	1	2	**3**	4
問	37	**1**	2	3	4
問	38	**1**	2	3	4
問	39	**1**	2	3	4
問	40	1	2	3	**4**
問	41	1	**2**	3	4
問	42	**1**	2	3	4
問	43	1	2	3	**4**
問	44	1	**2**	3	4
問	45	1	2	3	**4**
問	46	1	2	3	**4**
問	47	1	**2**	3	4
問	48	1	**2**	3	4
問	49	1	2	**3**	4
問	50	1	2	**3**	4

【問　1】　正解　3

1　○　建物の建築に携わる設計者や施工者は、当該建物に建物としての基本的な安全性が欠けることがないように配慮すべき注意義務を負い、この義務を怠って、建物としての基本的な安全性に欠ける建物を設計し又は建築した場合、**契約関係にない当該建物の居住者に対して、不法行為に基づく損害賠償責任を負うことがある**（最判平19･7･6）。また、**設計契約や建築請負契約の当事者に対しては、債務不履行に基づく損害賠償責任を負う**（民法415条）。

2　○　被用者が使用者の事業の執行について第三者に損害を与えた場合、被用者は一般の不法行為責任により損害賠償責任を負うほか（同法709条）、使用者は使用者責任により損害賠償責任を負う（同法715条1項）。この場合に、被用者が第三者に対して損害を賠償したときは、被用者は、**損害の公平な分担という見地から相当と認められる額**について、使用者に対して**求償することができる**（最判令2･2･28）。

3　×　責任能力がない者が他人に損害を与えた場合、原則として、その者を監督する法定の義務を負う者（法定監督義務者）が損害を賠償する責任を負う（民法714条1項）。この点に関し、判例は、責任能力がない認知症患者が線路内に立ち入り、列車に衝突して旅客鉄道事業者に損害を与えた場合、当該責任無能力者の同居の配偶者であるからといって、**直ちに法定監督義務者に該当し損害賠償責任を負うもの**ではないとしている（最判平28･3･1）。

4　○　人の生命又は身体を害する不法行為による損害賠償請求権は、**被害者又はその法定代理人が損害及び加害者を知った時から5年間行使しないとき**、又は**不法行為の時から20年行使しないとき**に、時効によって消滅する（民法724条、724条の2）。

【問　2】　正解　1

1　○　代理人が自己又は第三者の利益を図る目的で行った代理行為は、**相手方がその目的を知り、又は知ることができたときは、無権代理行為と**みなされる（民法107条）。

2　×　同一の法律行為について、相手方の代理人として、又は当事者双方の代理人としてした行為は、債務の履行及び本人があらかじめ許諾した行為を除き、**無権代理行為と**みなされる（同法108条1項）。本人に損害が発生したかどうかは**関係ない**。

3　×　他人に代理権を与えた者は、代理権の消滅後にその代理権の範囲内においてその他人が第三者との間でした行為について、**第三者が過失によってその事実を知らなかったときを除き、代理権の消滅の事実を知らなかった第三者に対してその責任を負う**（同法112条1項）。

4　×　追認は、別段の意思表示がないときは、**契約の時にさかのぼってその効力を生じる**（同法116条）。本肢のように**「追認の時から」効力を生じる**のではない。

【問　3】　正解　4

1　×　姻族関係は離婚によって終了するが、夫婦の一方が死亡した場合には、**当然には**終了せず、生存配偶者が**姻族関係を終了させる**意思を表示**したとき**に終了する（民法728条）。

2　×　離婚に伴い、相手方に対して財産の分与を請求するために、相手方に有責不法の行為があることは**不要**である（同法768条参照）。

3　×　未成年者に対して親権を行う者がないときは、家庭裁判所は、**未成年被後見人、その親族、その他の利害関係人**の請求により、未成年後見人を選任する（同法840条1項）。検察官が請求する**ことは**できず、また未成年後見人は親族の中から選ばれる**とは限らない**。

4　○　夫婦が婚姻の届出前に、その財産について別段の定めをしなかった場合、夫婦のいずれに属するか明らかでない財産は、**その共有に属するものと推定**される（同法755条、762条2項）。

この場合、**共有**に属する！

【問　4】　　正解　2

1　○　債務の履行について不確定期限があるときは、債務者は、**その期限の到来した後に履行の請求を受けた時又はその期限の到来したことを知った時のいずれか早い時から**遅滞の責任を負う（民法412条2項）。したがって、債務者は、その期限が到来したことを知らなくても、期限到来後に履行の請求を受けた時から遅滞の責任を負う。

2　×　債権者が債務の履行を受けることを拒否したことによって、その履行の費用が増加したときは、その増加額については**債権者が負担**しなければならない（同法413条2項）。

3　○　債務者がその債務について遅滞の責任を負っている間に、当事者双方の責めに帰することができない事由によってその債務の履行が不能となったときは、その履行の不能は、**債務者の責めに帰すべき事由によるもの**とみなされる（同法413条の2第1項）。

4　○　契約に基づく債務の履行がその契約の成立の時に不能であったとしても、**その不能が債務者の責めに帰することができない事由によるもの**でない**限り**、債権者は、履行不能による損害について、**債務不履行による損害賠償請求をすることができる**（同法412条の2第2項、415条1項）。

【問　5】　　正解　2

1　○　消滅時効の援用権者である「当事者」とは、権利の消滅について正当な利益を有する者をいい、債務者のほか、**保証人、物上保証人、第三取得者が含まれる**（民法145条）。

2　×　裁判上の請求をした場合、確定判決又は確定判決と同一の効力を有するものによって権利が確定することなくその事由が終了したときは、**その終了の時から6か月を経過するまでの間は、時効は完成しない**（同法147条1項1号）。**当該請求の終了時から新たに時効の進行が始まる**のではない。

3　○　権利の承認があったときは、その時から新たに時効の進行が始まるが、この権利の承認をするには、**相手方の権利についての処分につき行為能力の制限を受けていないことは**必要ない（同法152条）。

4　○　夫婦の一方が他の一方に対して

令和2年12月

有する権利については、**婚姻の解消の時から6か月を経過するまでの間**は、時効は完成しない（同法159条）。

【問　6】　正解　1

1　×　適法に転貸借が行われた後、賃貸人が賃借人との間の賃貸借を合意解除した場合、賃貸人は、原則として、賃借人との間の賃貸借を合意解除したことをもって転借人に対抗することはできない。ただし、その**解除の当時、賃貸人が賃借人の債務不履行による解除権を有していたとき**は、賃貸人は、**賃借人との間の賃貸借を合意解除したことをもって転借人に対抗することができる**（民法613条3項）。

2　○　賃貸借の契約の本旨に反する使用又は収益によって損害が生じた場合、その損害賠償請求は、**貸主が返還を受けた時から1年以内**にしなければならない（同法622条、600条1項）。

3　○　不動産の賃借人が**賃貸借の対抗要件を備えている場合**に、その不動産が譲渡されたときは、**譲渡人と譲受人との間で特段の合意をしない限り、その不動産の賃貸人たる地位は、その譲受人に移転する**（同法605条の2第1項、2項）。本問のCは、Aの承諾を得たBから甲建物の転貸を受けて甲建物に居住していることから、その前提として、甲建物がAからB、BからCへと引き渡されていることは明らかである。そのため、Bは甲建物の賃借権について対抗要件を備えている（借地借家法31条）。したがって、AがDに甲建物を売却した場合、AD間で特段の合意をしない限り、**賃貸人の地位はDに移転する**。

4　○　適法に転貸借が行われた場合の**転借人は、賃貸人と賃借人との間の賃貸借に基づく賃借人の債務の範囲を限度として、賃貸人に対して転貸借に基づく債務を直接履行する義務を負い**、この場合、**賃料の前払をもって賃貸人に対抗することはできない**（民法613条1項）。

【問　7】　正解　2

1　×　売主が**種類又は品質**に関して契約の内容に適合しない目的物を買主に引き渡した場合には、売主が引渡しの時にその不適合を知り、又は重大な過失によって知らなかったときを除き、**買主がその不適合を知った時から1年以内**にその旨を売主に通知しないときは、買主は、その不適合を理由として、履行の追完の請求、代金の減額の請求、損害賠償の請求及び契約の解除をすることができない（民法566条）。本肢のような**「数量」**に関して契約不適合が生じている場合には、**このような通知期間の制限がない**。

2　○　債務者がその債務の本旨に従った履行をしないとき又は債務の履行が不能であるときは、その債務の不履行が契約その他の債務の発生原因及び取引上の社会通念に照らして**債務者の責めに帰することができない事由によるものであるときを除き**、債権者は、これによって生じた損害の賠償を請求することができる（同法415条1項）。

3　×　利息を生ずべき債権について別段の意思表示がないときは、その利率は、その利息が生じた最初の時点における**年3%**の法定利率によることとなる（同法404条1項、2項）。

4　×　錯誤による意思表示は、**その錯誤が法律行為の目的及び取引上の社会通念に照らして重要なものであるとき**は**取り消す**ことができるのであり、**無効ではない**（同法95条1項柱書）。なお、錯誤が表意者の重大な過失によるものであった場合、①相手方が表意者に錯誤があることを知り、又は重大な過失によって知らなかったとき、②相手方が表意者と同一の錯誤に陥っていたときのいずれかの場合を除き、意思表示の取消しをすることができない（同条３項）。

【問　8】　正解　3

ア　×　１億2,000万円の財産を有するAが死亡した場合において、Aの長男の子B及びC、Aの次男の子Dのみが相続人であるときは、代襲相続が発生し、**代襲相続人であるB、Cは被代襲者であるAの長男の相続分を、DはAの次男の相続分を受ける**こととなる（民法887条２項）。そして、**代襲相続人である直系卑属が数人あるときは、各相続分は平等となる**（同法901条１項、900条４号）。本肢では、Aの長男の子と次男の子の相続分は各6,000万円であり（同号）、BとCは長男の子の相続分6,000万円を平等に相続するため、**BとCの法定相続分は各3,000万円**となる。Dは次男の子の相続分6,000万円を相続するため、**Dの法定相続分は6,000万円**となる。

イ　○　アの解説のとおり、**BとCの法定相続分は各3,000万円**となる。また、**Dの法定相続分は6,000万円**となる。

ウ　○　１億2,000万円の財産を有するAが死亡した場合において、Aの父方の祖父母E及びF、Aの母方の祖母Gのみが相続人であるときは、数人の直系尊属のみが相続人となる事例であり、**各直系尊属の相続分は平等**となる（同法900条４号）。したがって、**E、F、Gは、１億2,000万円を平等で相続し、その法定相続分は各4,000万円**となる。

エ　×　ウの解説のとおり、**E、F、Gの法定相続分は各4,000万円**となる。

以上より、正しいものの組み合わせは**イ**と**ウ**であり、正解は**3**となる。

【問　9】　正解　1

1　×　地役権は、継続的に行使され、**かつ**、外形上認識することができるものに限り、時効によって取得することができる（民法283条）。**「又は」**ではない。

2　○　地役権者は、**設定行為で定めた目的にしたがって、他人の土地（承役地）を自己の土地（要役地）の便益に供する権利**を有する（同法280条本文）。

3　○　設定行為又は設定後の契約により、承役地の所有者が自己の費用で地役権の行使のために工作物を設け、又はその修繕をする義務を負担したときは、**承役地の所有者の特定承継人も、その義務を負担する**こととなる（同法286条）。

4　○　地役権は、設定行為に別段の定めがあるときを除き、要役地の所有権に従たるものとして、その所有権とともに移転し、又は要役地について存する他の権利の目的となる（同法281条１項）。そのため、要役地の所有権を取得した者は、原則として地役権を取得し、**要役地について所有権移転登記をして第三者対抗要件を備えれば、地役権の取得も第三者に対抗することができる**（大判大13・3・17）。

【問　10】　正解　4

1　○　共有物の各共有者の持分が不明な場合、その持分は**平等と推定される**（民法250条）。

2　○　各共有者は、**他の共有者の同意**を得なければ、**共有物に変更**（その形状又は効用の著しい変更を伴わないも

令和2年12月

のを除く。）**を加えることはできない**（同法 251 条 1 項）。

3 ○ 共有物の**保存行為は、各共有者が単独ですることができる**（同法 252 条 5 項）。

4 × 共有者の一人が、その持分を放棄したとき、又は死亡して相続人がないときは、その持分は、**他の共有者に帰属する**（同法 255 条）。

【問 11】 **正解 4**

1 × 借地権者が借地権の登記をしておらず、**当該土地上に所有権の登記がされている建物を所有しているとき**は、これをもって**借地権を第三者に対抗することができる**（借地借家法 10 条 1 項）。ここでいう建物の所有権の登記は、**建物の表示の登記**で**もよい**とされている（最判昭 50・2・13）。

2 × 借地権者が登記のある建物を滅失した場合でも、借地権者が、その建物を特定するために必要な事項、その滅失があった日及び建物を新たに築造する旨を土地の上の見やすい場所に掲示した上で、建物が滅失した日から 2 年以内に新たな建物を**築造**し、かつ、その建物について登記した場合に限り、建物が滅失した日から 2 年を経過した後も、借地権を第三者に対抗することができる（借地借家法 10 条 2 項）。

3 × 土地の賃借人がその土地上に登記のある建物を所有している場合、借地権を第三者に対抗することができる（同法 10 条 1 項）。そして、その賃借人から当該土地建物を賃借した転借人は、その賃借人が賃借権を対抗することができる第三者に対し、**当該賃借権を援用して**、自己の転借権を第三者に対抗することができる（最判昭 39・11・20）。**転借人自身が対抗力を備えていなければならないのではない。**

4 ○ 一筆の土地上に借地権者が所有する数棟の建物がある場合は、**そのうち一棟について登記があれば、借地権の対抗力は当該土地全部に及ぶ**（大判大 3・4・4）。

【問 12】 **正解 3**

1 ○ 賃借物の修繕が必要である場合において、賃借人が賃貸人に修繕が必要である旨を通知したにもかかわらず、賃貸人が相当の期間内に必要な修繕をしないときは、賃借人は**自ら修繕をすることができる**（民法 607 条の 2 第 1 号）。

2 ○ 賃借人が賃貸人の承諾を得ずに賃借物を転貸した場合、賃貸人は、賃貸借契約を解除することができる（同法 612 条 2 項）。ただし、**この転貸が賃貸人に対する背信的行為と認めるに足りない特段の事情があるときは、賃貸人は賃貸借契約を解除することができない**（最判昭 28・9・25）。

3 × 期間の定めがある建物の賃貸借契約を書面によって行い、**かつ**、当該賃貸借契約は更新がなく期間の満了により終了することについて、**その旨を記載した書面を交付**して説明した場合には、賃貸借契約は期間満了により終了する（借地借家法 38 条 1 項、3 項）。本肢では、契約の更新がない旨の説明の際に書面を交付していないことから、期間満了によって**終了しない**。

4 ○ **居住の用**に供する建物の賃借人が相続人なしに死亡した場合において、その当時婚姻の届出をしていないものの、建物の賃借人と**事実上夫婦と同様**の関係にあった同居者があるときは、その同居者は、賃借人が相続人なしに死亡したことを知った後 1 月以内に賃貸人に反対の意思を表示しない限り、賃借人の権利義務を**承継する**（同法36条1項）。

【問　13】　　**正解　3**

1　○　規約の保管場所は、**建物内の見やすい場所**に掲示する必要がある（区分所有法33条3項）。

2　○　管理者は、**規約に特別の定め**があれば、**共用部分を所有することができる**（同法27条1項）。

3　×　規約及び集会の決議は、**区分所有者の特定承継人に対しても、効力を生じる**（同法46条1項）。

4　○　区分所有者は、規約に別段の定めがない限り、**集会の決議で管理者を解任することができる**（同法25条1項）。

【問　14】　　**正解　2**

1　○　表題部所有者が表示に関する登記の申請人となることができる場合に、当該表題部所有者について相続その他の一般承継があったときは、**その相続人その他の一般承継人は、当該表示に関する登記を申請することができる**（不登法30条）。

2　×　所有権の登記以外の権利に関する登記がある土地についても、**分筆の登記をすることができる**（同法則102条参照）。

3　○　区分建物が属する一棟の建物が新築された場合における当該区分建物についての表題登記の申請は、**当該新築された一棟の建物についての表題登記の申請と併せて行う必要**がある（同法48条1項）。

4　○　何人も、登記官に対し、手数料を納付して、登記の申請書や添付書面その他の登記簿の附属書類の閲覧を請求することができるが、**図面以外のものの閲覧請求**については、何人も、正当な理由があるときに、**することができる**（同法121条3項）。

【問　15】　　**正解　2**

1　×　市街化区域及び区域区分が定められていない都市計画区域には、少なくとも**道路**、**公園**及び**下水道**を定めるものとされている（都計法13条1項11号）。病院は定めるものと**されていない**。

2　○　市街地開発事業は、**市街化区域又は区域区分が定められていない都市計画区域内**において、一体的に開発し、又は整備する必要がある土地の区域について定めることとされており（同法13条1項13号）、市街化調整区域内では、都市計画に市街地開発事業を定めることができない。

3　×　都市計画区域は、二以上の都府県の区域にわたる都市計画区域を除き、**都道府県**が、あらかじめ、**関係市町村及び都道府県都市計画審議会**の意見を聴くとともに、**国土交通大臣**に協議し、その同意を得て指定する（同法5条3項）。

4　×　準都市計画区域については、都市計画に、高度地区を定めることができる（同法8条2項）。

【問　16】　　**正解　2**

1　×　**非常災害のため必要な応急措置として行う開発行為**には、都道府県知事の許可は**不要**である（都計法29条1項10号）。

2　○　**社会教育法に規定する公民館の建築の用に供する目的で行う開発行為**については、都道府県知事の許可は**不要**である（同法29条1項3号、同法令21条18号）。

3 × **区域区分が定められていない都市計画区域及び準都市計画区域**における、**3,000 ㎡未満**の開発行為については、都道府県知事の許可**は不要**である（同法29条1項1号、同法令19条1項）。

4 × **市街化調整区域において、自己の居住の用に供する住宅の建築の用に供する目的で行われる開発行為**については、**開発規模**にかかわらず、都道府県知事の許可**が必要**である（同法29条1項2号参照）。

【問 17】 **正解 1**

1 × 建築物が防火地域及び準防火地域にわたる場合、その全部について**防火地域内**の建築物に関する規定を適用する（建基法65条2項本文）。敷地の属する面積の大小**は関係ない**。

2 ○ 倉庫の用途に供する建築物で、その用途に供する3階以上の部分の床面積の合計が**200 ㎡**以上のものは、**耐火建築物**としなければならない（同法27条2項1号）。

3 ○ 高さ**20 mを超える**建築物には、周囲の状況によって安全上支障がない場合を除き、有効に避雷設備を設けなければならない（同法33条）。

4 ○ 階段には、原則として手すりを設けなければならないが、高さ**1 m以下**の階段の部分には、手すりを設けなくてもよいものとされている（同法令25条1項、4項）。

【問 18】 **正解 4**

1 ○ 建築物の壁、これに代わる柱、高さ2 mを超える門・塀は、地盤面下の部分又は特定行政庁が建築審査会の同意を得て許可した歩廊の柱その他これに類するものを除き、**壁面線を越えて建築してはならない**（建基法47条）。

2 ○ 特別用途地区内では、地方公共団体は、その地区の指定の目的のために必要と認める場合には、国土交通大臣の承認を得て、条例で、建基法48条1項から13項までの規定による用途制限を**緩和することができる**（同法49条2項）。

3 ○ 都市計画により建蔽率の限度が10分の8と定められている準工業地域では、防火地域内にある耐火建築物については、建基法53条1項から5項までの規定に基づく建蔽率に関する制限が**適用されない**（同法53条6項1号）。

4 × 北側斜線制限は、第一種・第二種低層住居専用地域、田園住居地域内、第一種・第二種中高層住居専用地域に**適用される**（同法56条1項3号）。

【問 19】 **正解 1**

1 × 本肢のような宅地造成等工事規制区域の指定を行うことができるのは、国土交通大臣**ではなく、都道府県知事**である（盛土法10条1項）。

2 ○ 宅地造成等工事規制区域内で宅地造成等に関する工事を行う場合、宅地造成等に伴う災害を防止するために行う高さが**5 m**を超える擁壁の設置に係る工事については、政令で定める資格を有する者の設計によらなければならない（同法13条2項、同法令21条1号）。

3 ○ 都道府県知事等は、基礎調査のため他人の占有する土地に立ち入って測量又は調査を行う必要がある限度で、他人の占有する土地に立ち入ることができるが（同法5条1項）、都道府県は、立入り行為により他人に損失を与えた場合は、その損失を受けた者に対して、**通常生ずべき損失を補償**しなければならない（同法8条1項）。

4　○　盛土法12条1項本文の許可を受けた宅地造成に係る工事が完了した場合は、工事主は、主務省令で定めるところにより、**都道府県知事**の検査を申請しなければならない（同法17条1項）。

【問　20】　　**正解　3**

1　×　市町村が施行する土地区画整理事業の施行後の宅地の価額の総額が土地区画整理事業の施行前の宅地の価額の総額より減少した場合は、その差額に相当する金額を、その公告日における従前の**宅地**の**所有者**及びその**宅地**について地上権、永小作権、賃借権その他の宅地を**使用**し、又は**収益**することができる**権利を有する者**に対して支払わなければならない（区画法109条1項）。従前の宅地に存する「建築物」について賃借権を有する者に対して、支払う**必要はない**。

2　×　施行者は、**換地処分の公告があった場合**に、清算金の徴収又は交付をしなければならない（同法110条1項）。仮換地の指定時**ではない**。

3　○　換地計画において換地を定める場合には、換地及び従前の宅地の位置、地積、土質、水利、利用状況、環境等が**照応**するように定めなければならない（同法89条1項）。これを**換地照応の原則**という。

4　×　**都道府県**又は**市町村**若しくは**国土交通大臣、独立行政法人都市再生機構**又は**地方住宅供給公社**が施行する土地区画整理事業の換地計画では、災害を防止し、及び衛生の向上を図るために宅地の地積の規模を適正にする特別な必要があると認められる場合は、その換地計画に係る区域内の地積が小である宅地について、過小宅地とならないように換地を定めることができる（同法91条1項）。施行者が土地区画整理組合の場合は、このような換地の定めをすることは**できない**。

【問　21】　　**正解　3**

1　×　農地法でいう「農地」とは、耕作の目的に供されている土地をいい、**登記簿上の地目とは無関係**であるから（同法2条1項）、山林を開墾し、農地として耕作している土地は、同法の適用を受ける農地に**該当する**。

2　×　農地の贈与は、農地の所有権の移転（同法3条1項）であるから、**法3条1項の許可を受ける必要がある**。

3　○　競売による農地の取得も、農地の所有権の移転（同法3条1項）であり、**法3条1項の許可を受ける必要がある**。

4　×　農地を農地以外のものにする場合、転用する農地の規模にかかわらず、**都道府県知事等**の許可を受けなければならない（同法4条1項）。

【問　22】　　**正解　4**

1　×　都道府県知事は、事後届出に係る「土地の利用目的」については一定の場合に、届出をした宅建業者に対し、必要な変更をすべきことを勧告することができるが、**「対価の額」については勧告の対象ではない**（国土法24条1項）。なお、勧告を受けた当該業者が勧告に従わなかった場合、その旨及びその勧告の内容を公表することができる（同法26条）。

2　×　事後届出が必要な土地売買等の契約により権利取得者となった者が事後届出を行わなかった場合、国土法23条1項違反となり、**罰則（6月以下の懲役又は100万円以下の罰金）**が適用される（同法47条1号）。

3 × 土地売買等の契約の当事者の一方又は双方が国、地方公共団体その他政令で定める法人である場合、**事後届出は不要である**（同法23条2項3号）。

4 ○ 都市計画区域外の10,000㎡以上の土地について、対価を伴う地上権の設定契約を締結した場合、**事後届出が必要である**（同法23条2項1号ハ参照）。

【問 23】 **正解 1**

1 ○ やむを得ない事情がある場合を除き、その住宅用家屋の**取得後1年以内に所有権の移転登記を受けるもの**に限り、この税率の軽減措置の適用を受**けられる**（租特法73条）。

2 × この税率の軽減措置の適用を受けるのは、**売買又は競落**による住宅用家屋の取得に**限られる**（同法73条、同法令42条3項）。

3 × この税率の軽減措置に係る登録免許税の課税標準となる不動産の価額は、**固定資産課税台帳に登録されたその住宅用家屋の価格**を基礎とする（登録免許税法附則7条）。

4 × この税率の軽減措置の適用回数に**制限はなく**（租特法73条参照）、過去にこの措置の適用を受けた者も、再度適用を受けることが**できる**。

【問 24】 **正解 3**

1 × 固定資産税は、その年の**1月1日時点における固定資産課税台帳に所有者として登録されている者**に課税されるものであり（地方税法343条、359条）、年度の途中に土地を譲渡したとしても、その譲渡後の月数に応じて税額の還付を受けることが**できない**。

2 × 一定の場合には、当該市町村の議会において、当該納税義務者の意見を聴くことにより、**1.7%を超える税率**で固定資産税を課する旨の条例を制定することが**できる**（同法350条2項）。

3 ○ 固定資産税の納期は、4月、7月、12月及び2月中において、当該市町村の条例で定めるのが原則であり、特別の事情がある場合には、これと**異なる納期**を定めることが**できる**（同法362条1項）。

4 × 200㎡以下の住宅用地に対して課する固定資産税の課税標準は、課税標準となるべき価格の**6分の1**の額とする特例措置が講じられている（同法349条の3の2第2項）。

【問 25】 **正解 1**

1 ○ 土地鑑定委員会は、標準地について、一定の基準日における当該標準地の単位面積当たりの正常な価格を判定し公示する（地価公示法2条1項）。そして、地上権などの土地の使用・収益を制限する権利が存在する土地の場合、**これらの権利が存在しないものとして通常成立すると認められる価格**を正常な価格とする(同条2項)。したがって、土地に地上権が存在する場合であっても、土地鑑定委員会は標準地として選定することが**できる**。

2 × 土地鑑定委員会は、標準地について、2人以上の不動産鑑定士の鑑定評価を求めるものとされている（同法2条1項）。そして、この2人以上の不動産鑑定士は、土地鑑定委員会に対し、鑑定評価書を提出しなければならないが（同法5条）、**連名で提出しなければならないこととされて**はいない。

3 × 土地鑑定委員会は、標準地の正常な価格を判定したときは、標準地の単位面積当たりの価格や価格判定の基準日等を官報で公示しなければならないが、**当該標準地の価格の総額は公示事項ではない**（同法6条）。

4 ×　土地収用法その他の法律によって土地を収用することができる事業を行う者は、標準地として選定されている土地を取得する場合において、当該土地の取得価格を定めるときは、**公示価格を規準**としなければならない（同法9条）。**公示価格と同額にする必要はない**。

【問　26】　　**正解　2**

1 ×　宅建業者は、業務に関して、相手方等に対し、**手付**について貸付けその他信用の供与をすることにより契約の締結を誘引する行為をしてはならないが（宅建業法47条3号）、売買代金の貸借のあっせんをすることにより契約の締結を誘引することは**禁止されていない**。

2 ○　宅建士は、自ら役員を務める宅建業者が宅建業に関し不正な行為をし、情状が特に重いことにより免許を取り消された場合、宅建士の登録を**消除される**（同法68条の2第1項1号、18条1項3号、66条1項9号、65条2項5号）。

3 ×　宅建業者は、建築工事完了前の賃貸住宅については、建築確認があった後でなければ、自ら当事者として又は当事者を代理して売買・交換の契約の締結又は媒介をすることができない（同法36条）。これに対し、宅建業者が**自ら貸借の契約**をすることは宅建業に該当しないので（同法2条2号参照）、宅建業者は、**建築工事完了前であっても、賃貸住宅について借主として貸借の契約を締結することが**できる。

4 ×　宅建業者は、その事務所**ごと**に、業務に関する帳簿を備え付けなければならない（同法49条）。**案内所への帳簿の備付け**は**不要**である。

【問　27】　　**正解　3**

1 ×　宅建業者がその業務に関して広告をする場合、**実際のものよりも著しく優良又は有利であると人を誤認させるような表示をしたとき**は、監督処分の対象となる（宅建業法32条、65条2項2号、4項2号）。これは、**誤認による損害が実際に発生したかどうかは問わない**。

2 ×　宅建業者は、建築工事の完了前においては、**建築確認を受けた後**でなければ、当該工事に係る建物の売買その他の業務に関する広告をしてはならない（同法33条）。

3 ○　宅建業者は、宅地の造成工事の完了前においては、当該工事に関し**必要とされる許可等の処分がなければ**、当該工事に係る宅地の売買その他の業務に関する広告をしてはならない（同法33条）。つまり、**許可等の処分**があった**後**ならば、当該宅地の販売に関する広告をすることが**できる**。

4 ×　新聞の折込チラシ、配布用のチラシ、新聞、雑誌、テレビ、ラジオ又はインターネットのホームページ等、広告の媒体を**問わず**、宅建業法の広告に関する**規制の対象となる**（同法32条、宅建業法の解釈・運用の考え方）。

【問　28】　　**正解　1**

ア ×　宅建業者が専任媒介契約を締結したときは、契約の相手方を探索するため、当該契約の締結日から7日以内（当該宅建業者の休業日を含まない。）に、その目的物である宅地・建物につき、所定の事項を指定流通機構に登録しなければならない（宅建業法34条の2第5項、同法則15条の10）。そして、**これに反する特約は無効**とされる（同法34条の2第10項）。したがって、Bの要望により当該宅地を**指定流通機構に登録しない旨の特約は無効**であり、**指定流通機構への登録をしなければならない。**

イ × 専任媒介契約を締結した宅建業者は、依頼者に対して、当該契約に係る業務の処理状況を**2週間に1回以上**報告しなければならない。1週間に1回以上報告しなければならないのは、**専属専任媒介契約**の場合である（同法34条の2第9項）。

ウ ○ 宅建業者が依頼者との間で一般媒介契約を締結し、かつ、依頼者が他の宅建業者に重ねて依頼するときは当該他の宅建業者を明示する義務がある旨を定める場合、宅建業者は、**依頼者が明示していない他の宅建業者の媒介・代理によって売買・交換の契約を成立させたときの措置**を、宅建業法34条の2第1項に基づき交付すべき書面（媒介契約書）に**記載しなければならない**（同法34条の2第1項8号、同法則15条の9第3号）。

エ × 媒介契約を締結した宅建業者が、媒介する物件の価額又は評価額について意見を述べるときは、その根拠を明らかにしなければならないが、他に合理的な説明がつくものであればよく、**不動産鑑定士に依頼する必要はない**（同法34条の2第2項、宅建業法の解釈・運用の考え方）。

以上より、正しいものは**ウ**の1つであり、正解は**1**となる。

【問 29】 **正解 3**

1 × 免許換え後の免許の有効期間は、**新たに免許を受けた場合と同様に、5年**となる（宅建業法3条2項、4項、7条2項参照）。

2 × 宅建士が登録の移転の申請とともに宅建士証の交付の申請をしたときは、**従前の宅建士証の有効期間が経過するまでの期間を有効期間とする宅建士証**が交付される（同法22条の2第5項）。

3 ○ 宅建士が事務禁止処分を受けたときは、宅建士証を**その交付を受けた都道府県知事に**提出しなければならない（同法22条の2第7項）。

4 × 宅建業者が2つ以上の都道府県の区域内に**事務所**を設置してその事業を営もうとする場合には、国土交通大臣に免許換えの申請をしなければならない（同法3条1項）。**2つ以上の都道府県の区域内に案内所を設置したにすぎない場合、免許換えの申請は不要**である。

【問 30】 **正解 2**

1 × 弁済業務保証金分担金の額は、**主たる事務所につき60万円、その他の事務所につき事務所ごとに30万円の割合による金額の合計額**とされる（宅建業法64条の9第1項、同法令7条）。したがって、本店と3つの支店を有する宅建業者が保証協会に加入しようとする場合、**60万円＋30万円×3＝150万円**の分担金を納付しなければならない。

2 ○ 保証協会の社員又は社員であった者が、当該保証協会から、弁済業務保証金の還付額に相当する還付充当金を当該保証協会に納付すべき旨の通知を受けた場合、**その通知を受けた日から2週間以内**に、その通知された額の**還付充当金を当該保証協会に納付**しなければならない（同法64条の10第1項、2項）。

3　×　1つの保証協会に加入している宅建業者は、他の保証協会に**加入できない**（同法64条の4第1項）。

4　×　保証協会の社員と宅建業に関し取引をした者が、その取引により生じた債権に関し、当該保証協会が供託した弁済業務保証金について弁済を受ける権利を実行しようとするときは、弁済を受けることができる額について、**当該保証協会の認証**を受けなければならない（同法64条の8第1項、2項）。

【問　31】　正解　3

1　×　宅建業者は、①不正の手段により免許を受けたとき、②業務停止処分事由に該当し、情状が特に重いとき、③業務停止処分に違反したときのいずれかに該当したことにより免許を取り消され、その取消しの日から5年を経過しない場合は、免許を受けることができない（宅建業法5条1項2号、66条1項8号、9号）。免許を受けてから1年以内に事業を開始せず免許を取り消された場合は、**この①から③のいずれにも該当しないため、その後5年を経過していなくとも、免許を受けることができる。**

2　×　免許を受けようとしている法人の政令で定める使用人が、破産手続開始の決定を受け、**復権を得ない場合**、当該法人は免許を受けることができない（同法5条1項1号、12号）。したがって、**復権を得れば**直ちに**免許を受けることができるため、5年の経過**は不要である。

3　○　免許権者は、**免許に条件を付すことができ**（同法3条の2第1項）、免許の**更新に当たっても条件を付すことができる。**

4　×　宅建業者の役員の**氏名**に変更があったときは、30日以内に免許権者に変更を届け出なければならないが、役員の**住所**に変更があったときは、**届出は不要**である（同法8条2項3号、9条）。

【問　32】　正解　4

ア　○　宅地の売買の媒介を行う場合、**当該宅地が急傾斜地の崩壊による災害の防止に関する法律3条1項により指定された急傾斜地崩壊危険区域にあるとき**は、同法7条1項に基づく**制限の概要**を説明する必要**がある**（宅建業法35条1項2号、同法令3条1項43号）。

イ　○　建物の貸借の媒介を行う場合、当該建物が土砂災害警戒区域等における土砂災害防止対策の推進に関する法律7条1項により指定された**土砂災害警戒区域内にあるときは、その旨**を説明する必要**がある**（宅建業法35条1項14号イ、同法則16条の4の3第2号）。

ウ　○　**宅地の貸借**の媒介を行う場合、文化財保護法46条1項及び5項の規定による**重要文化財の譲渡に関する制限についての概要を説明する必要**はない（宅建業法35条1項2号、同法令3条2項）。

エ　○　宅地の売買の媒介を行う場合、当該宅地が津波防災地域づくりに関する法律21条1項により指定された**津波防護施設区域内にあるとき**は、同法23条1項に基づく**制限の概要**を説明する必要**がある**（宅建業法35条1項2号、同法令3条1項40号）。

以上より、正しいものは**ア**と**イ**と**ウ**と**エ**の**4**つであり、正解は**4**となる。

【問　33】　正解　4

1　×　宅建業者は、事業の開始後、新

たに従たる事務所を設置したときは、その従たる事務所について、**主たる事務所の最寄りの供託所**に政令で定める額の営業保証金を供託し、その旨を免許権者に届け出なければならない（宅建業法26条、25条1項、4項）。

2 × 宅建業者は、主たる事務所を移転したためその最寄りの供託所が変更した場合、有価証券をもって営業保証金を供託しているときは、遅滞なく、営業保証金を**移転後の主たる事務所の最寄りの供託所**に新たに供託しなければならない（同法29条1項）。

3 × 宅建業者は、免許の有効期間満了に伴い営業保証金を取り戻す場合は、還付請求権者に対し、**6月を下らない一定期間内に申し出るべき旨を公告し、その期間内に申出がなかった場合に限り**、営業保証金を取り戻すことができる（同法30条2項）。

4 ○ 免許権者は、宅建業者が宅建業の免許を受けた日から3月以内に営業保証金を供託した旨の届出をしないときは、**その届出をすべき旨の催告**をしなければならない（同法25条6項）。そして、その催告が到達した日から**1月以内に届出がないときは、免許権者は免許を取り消す**ことができる（同条7項）。

【問 34】 **正解 4**

1 ○ 宅建業者が受けることのできる報酬は、国土交通大臣の定める報酬額の上限を超えてはならない（宅建業法46条2項）。**依頼者が承諾していた場合**も同様である。

2 ○ 宅建業者は、その業務に関し、相手方に不当に高額の報酬を**要求**してはならない（同法47条2号）。当該報酬を受領**したかどうかは関係ない**。

3 ○ **居住用建物以外の建物の賃貸借の媒介**の場合、宅建業者が依頼者の双方から受けることのできる報酬の額の合計額は、当該建物の借賃（消費税等相当額を含まない。）の**1か月分の1.1倍**に相当する金額が上限であり、貸主と借主の負担の割合について特段の規制**はない**（報酬告示第4）。

4 × 宅建業者は、**依頼者の依頼によって行う**広告の料金に相当する額については、代理又は媒介に係る報酬とは別に受領することができるが、**依頼者の依頼によらない広告の料金に相当する額**については、**受領することができない**（宅建業法の解釈・運用の考え方）。

【問 35】 **正解 3**

ア ○ 37条書面の**交付**は、当該書面に記名した**宅建士以外の従業者**が行う**ことができる**（宅建業法37条3項参照）。

イ × 宅地・建物の貸借の場合、契約の当事者が宅建業者であっても、37条書面には引渡しの時期を記載しなければならないが（同法37条2項1号、1項4号）、**賃借権設定登記の申請の時期は記載事項**ではない。

ウ ○ 宅地・建物の売買の場合、37条書面には、**天災その他不可抗力による損害の負担に関する定めがあるときは、その内容**を記載する必要がある（同法37条1項10号）。

エ ○ 宅建業者は、37条書面を作成したときは、**宅建士に当該書面へ記名**させなければならない（同法37条3項）。これは**契約の当事者が宅建業者であっても省略すること**はできない。

以上より、正しいものは**ア**と**ウ**と**エ**の**3**つであり、正解は**3**となる。

【問 36】 正解 3

1 × 宅建業者は、正当な理由がある場合でなければ、その業務上取り扱ったことについて知り得た秘密を他に漏らしてはならないという守秘義務を負うが、**依頼者本人の承諾があった場合には、この守秘義務の対象と**はならない（宅建業法45条、宅建業法の解釈・運用の考え方）。

2 × 宅建業者は、**宅建業を営まなくなった後**も、正当な理由がある場合でなければ、その業務上取り扱ったことについて知り得た秘密を他に漏らしてはならない（宅建業法45条）。

3 ○ 宅建業者が裁判の証人として、その取り扱った宅建取引に関して証言を求められた場合は、**「正当な理由」がある場合に**該当し、秘密に係る事項を証言することが**できる**（同法45条、宅建業法の解釈・運用の考え方）。

4 × 宅建業法35条1項各号に掲げる事項は、**必ず**買主に対して説明しなければならない事項であるため、**売主が秘密にすることを希望した場合であっても、買主に説明しなければならない**（同法47条1号イ参照）。

【問 37】 正解 1

1 ○ 既存の建物の構造耐力上主要な部分等の状況について当事者の双方が確認した事項は**37条書面の記載事項**であり（宅建業法37条1項2号の2）、確認した事項がない場合、**確認した事項がない旨**を37条書面に**記載する**必要がある（宅建業法の解釈・運用の考え方）。

2 × 代金又は交換差金についての金銭の貸借のあっせんに関する定めがある場合には、当該あっせんに係る金銭の貸借が成立しないときの措置を37条書面に記載する必要があるが（宅建業法37条1項9号）、**この定めがない場合**、37条書面への**記載**は**不要**である。

3 × 損害賠償額の予定又は違約金に関する定めがあるときは、その内容を37条書面に記載する必要があるが（同法37条1項8号）、**この定めがない場合**、37条書面への**記載**は**不要**である。

4 × 当該宅地又は建物に係る租税その他の公課の負担に関する定めがあるときは、その内容を37条書面に記載する必要があるが(同法37条1項12号)、**この定めがない場合**、37条書面への**記載**は**不要**である。

【問 38】 正解 1

ア × 宅建業者は、事務所に置く唯一の専任の宅建士が退任した場合、その日から**2週間以内に新たな専任の宅建士を設置**しなければならず（宅建業法31条の3第3項）、その**設置の日から30日以内に、その旨を免許権者に届け出なければならない**（同法9条）。

イ × **未成年者**は、法定代理人の同意によって宅建業者の事務所に置かれる専任の宅建士となることができるとさ**れてはいない**（同法31条の3参照）。

ウ ○ 宅建士は、重要事項説明書を交付するに当たり、**相手方が宅建業者である場合**には、相手方から宅建士証の提示を求められない限り、宅建士証の提示義務を**負わない**（同法35条4項、6項、22条の4）。

エ × 成年被後見人又は被保佐人であっても、心身の故障により宅建士の事務を適正に行うことができない者として**国土交通省令で定めるもの**（同法18条1項12号）**に該当しない限り、宅建士として都道府県知事の登録を受けることができる**。

以上より、正しいものは**ウ**の1つであり、正解は1となる。

【問 39】 **正解 1**

1 × 本肢のBが買受けの申込みをした場所は仮設テント張りの案内所であり、土地に定着する建物内に設けられるものではないから「事務所等」以外の場所に**該当し**（宅建業法則16条の5第1号ロ）、Bは、Aから申込みの撤回等を行うことができる旨及びその申込みの撤回等を行う場合の方法について書面で告げられた場合において、**その告げられた日から起算して8日を経過するまでの間**、クーリング・オフにより契約の解除をすることができる（同法37条の2第1項1号）。また、申込者等が、当該宅地・建物の**引渡しを受け、かつ、その代金の全部を支払ったとき**は、クーリング・オフをすることができない（同項2号）。本肢のBはAの事務所で契約を締結した上で代金全額を支払っているものの、宅地の引渡しを受けて**いない**ので、Bはクーリング・オフによる契約の解除をすることができ、Aはこの契約の解除を拒むことができない。

2 ○ 本肢のBが買受けの申込みをした場所は喫茶店であり、「事務所等」以外の場所に**該当する**ため、Bは、Aから申込みの撤回等を行うことができる旨及びその申込みの撤回等を行う場合の方法について書面で告げられた場合において、**その告げられた日から起算して8日を経過するまでの間**、クーリング・オフにより契約の解除をすることができる（同法37条の2第1項1号、同法則16条の5第2号）。本肢の契約締結日から10日後というのは、Bがクーリング・オフについてAから**書面で告げられた日から7日後**なので、契約の解除をすることが**できる**。

3 ○ 本肢のBが買受けの申込みをした場所は仮設テント張りの案内所であり、土地に定着する建物内に設けられるものではないから「事務所等」以外の場所に**該当し**（同法則16条の5第1号ロ）、Bは、Aから申込みの撤回等を行うことができる旨及びその申込みの撤回等を行う場合の方法について書面で告げられた場合において、その告げられた日から起算して8日を経過するまでの間、クーリング・オフにより契約の解除をすることができるのが原則である（同法37条の2第1項1号）。この規定に反する特約で申込者等に不利なものは無効となるが（同条4項）、本肢では、クーリング・オフによる契約の解除ができる期間を14日間としており、**申込者等に有利なものであるため、無効とはならず**、Bは当該契約の締結日から10日後であっても契約の解除をすることが**できる**。

4 ○ **宅建業者**が他の宅建業者に対し、**宅地・建物の売却について代理又は媒介の依頼をした場合、その依頼を受けた他の宅建業者の事務所は**、クーリング・オフをすることができない**「事務所等」に該当する**（同法37条の2第1項、同法則16条の5第1号ハ）。本肢のハウスメーカーは、Aから当該宅地の売却について代理又は媒介の依頼は受けていないので、**「事務所等」には該当せず**、クーリング・オフによる契約の解除をすることが**できる**。そして、本肢ではBがクーリング・オフについて書面で告げられてから8日を経過していないため、Bはクーリング・オフによる契約の**解除をすることが**でき、Aは契約の解除を**拒むことが**できない。

【問　40】　正解　4

1　×　宅建業者が、宅建業に係る契約の締結の勧誘をするに際し、**相手方等が当該契約を締結しない旨の意思（当該勧誘を引き続き受けることを希望しない旨の意思を含む。）を表示したにもかかわらず、当該勧誘を継続すること**は、宅建業法に**違反**する（宅建業法47条の2第3項、同法則16条の11第1号ニ）。

2　×　宅建業者が、**契約の相手方に対し、手付について貸付けその他信用の供与をすることによって契約の締結を誘引する行為**をすることは**禁止**されているため（同法47条3号）、貸し付けた手付が**その後償還されたとしても、同法に違反**する。

3　×　宅建業者が、宅建業に係る契約の締結の勧誘をするに際し、**正当な理由なく**、相手方に対して当該契約を締結するかどうかを判断するために必要な時間を与えることを拒むことは、**宅建業法に違反する**（同法47条の2第3項、同法則16条の11第1号ロ）。したがって、**正当な理由がある場合**には同法に**違反しない**。

4　○　宅建業者が売買代金の額を引き下げて契約の締結を勧誘することは**禁止されて**おらず、宅建業法に**違反しない**。

【問　41】　正解　2

1　×　宅建業者は、その**事務所ごと**に、業務に関する帳簿を備え付けなければならない(宅建業法49条)。したがって、**本店**だけでなく**支店にも帳簿を備え付ける必要**がある。

2　○　宅建業者は、宅建業に関し**取引のあったつど、その年月日、その取引に係る宅地・建物の所在及び面積その他国土交通省令で定める事項**を帳簿に記載しなければならない（同法49条）。

3　×　宅建業者は、帳簿を各事業年度の末日をもって閉鎖するものとし、**閉鎖後5年間**、自ら売主**となる新築住宅に係るものにあっては閉鎖後10年間**、当該帳簿を保存しなければならない（同法則18条3項）。本肢は、**売買の媒介**をする新築住宅に係るものも閉鎖後10年間保存しなければならないとする点で誤っている。

4　×　宅建業者は、帳簿の記載事項が、電子計算機に備えられたファイル又は電磁的記録媒体に記録され、必要に応じて当該事務所において電子計算機その他の機器を用いて明確に紙面に表示されるときは、当該記録をもって帳簿への記載に**代えることができる**（同法則18条2項）。

【問　42】　正解　1

1　×　地域における歴史的風致の維持及び向上に関する法律12条1項により指定された**歴史的風致形成建造物の増築、改築、移転又は除却をしようとする者**は、当該増築、改築、移転又は除却に着手する日の30日前までに市町村長に対し届出を行う必要がある（同法15条1項）。この届出は、**重要事項の説明対象**であり、**届出が必要である旨を説明する必要**がある（宅建業法35条1項2号、同法令3条1項22号）。

2　○　既存の建物の売買の媒介を行う場合、**当該建物の建築確認済証がなくなっているときは、その旨**を説明すれば足りる（同法35条1項6号の2ロ、同法則16条の2の3第1号）。

3　○　区分所有建物の売買の媒介を行う場合、**一棟の建物の維持修繕の実施状況が記録されているときは、その内**

容を説明する必要**がある**（同法35条1項6号、同法則16条の2第9号）。

4 ○　建物の貸借の媒介を行う場合、**台所、浴室、便所その他の当該建物の設備の整備の状況**を説明する必要がある（同法35条1項14号イ、同法則16条の4の3第7号）。

【問　43】　**正解　4**

1 ×　登録を受けている者が精神の機能の障害により宅建士の事務を適正に行うに当たって必要な認知、判断及び意思疎通を適切に行うことができない者となった場合、**本人、その法定代理人、同居の親族**のいずれかが、その旨を、登録をしている都道府県知事に届け出なければならない（宅建業法21条3号、同法則14条の2）。**したがって、本人による届出も認められている。**

2 ×　宅建士が登録の移転の申請とともに宅建士証の交付の申請を行う場合、移転後の都道府県知事が指定した講習を受講する**必要はない**（同法22条の2第5項、2項）。

3 ×　宅建士が事務禁止処分を受け、宅建士証をその交付を受けた都道府県知事に速やかに提出しなかったときは、**10万円以下の過料**に処せられることがある（同法22条の2第7項、86条）。

4 ○　宅建士が、刑法222条（脅迫）の罪により罰金の刑に処せられ、登録が消除された場合、**刑の執行を終わり又は執行を受けることがなくなった日から5年**を経過するまでは、**新たな登録を受けることができない**（宅建業法18条1項7号）。

【問　44】　**正解　2**

ア ○　宅地とは、**建物の敷地に供せられる土地**をいい（宅建業法2条1号）、現に建物の敷地に供されている土地だけでなく、**将来的に建物の敷地に供する目的で取引の対象**とされる土地も含まれる（宅建業法の解釈・運用の考え方）。

イ ×　都市計画法に規定する**用途地域内**のその他の土地で、**道路、公園、河川その他政令で定める公共の用に供する施設の用に供せられているもの以外のもの**は、宅地に含まれる（宅建業法2条1号）。したがって、用途地域内に存するものであれば、農地であっても宅地に**該当する**（同号）。

ウ ○　**都市計画法に規定する用途地域外に存する場合**でも、建物の敷地に供せられる土地であれば、**宅地に該当する**（宅建業法2条1号）。

エ ×　宅地に含まれるのは、都市計画法に規定する**用途地域内**のその他の土地で、**道路、公園、河川その他政令で定める公共の用に供する施設の用に供せられているもの以外のもの**である（宅建業法2条1号）。

以上より、正しいものは**ア**と**ウ**の2つであり、正解は**2**となる。

【問　45】　**正解　4**

1 ×　住宅販売瑕疵担保保証金の供託において、当該住宅の床面積が**55㎡以下**の場合は、新築住宅の合計戸数の算定に当たって、2戸をもって1戸と数える（履行確保法11条3項、同法令6条）。当該住宅の床面積が「100㎡以下」であるとき**ではない**。

2 ×　住宅販売瑕疵担保責任保険契約は、国土交通大臣の承認を受けた場合を除き、**変更や解除をすることができない**（同法2条7項5号）。

3 ×　住宅販売瑕疵担保責任保険契約を締結した宅建業者が保険金の支払を

受けることができるのは、**新築住宅の構造耐力上主要な部分又は雨水の浸入を防止する部分に瑕疵がある場合**である（同法2条7項2号イ、品確法95条1項）。本肢のように「給水設備又はガス設備の隠れた瑕疵」によって損害が生じても、保険金の支払を受けることができない。

4　○　住宅販売瑕疵担保責任保険契約は、新築住宅を引き渡した宅建業者が住宅瑕疵担保責任保険法人と締結する必要があり、**宅建業者が保険料を支払うもの**である（履行確保法2条7項1号）。

【問　46】　　正解　4

1　○　機構は、**地震に対する安全性の向上を主たる目的とする住宅の改良に必要な資金の貸付け**を業務として行っている（機構法13条1項6号）。

2　○　証券化支援事業（買取型）における民間金融機関の住宅ローン金利は、金融機関によって**異なる**場合がある。

3　○　機構は、高齢者が自ら居住する住宅に対して行うバリアフリー工事に係る貸付けについて、貸付金を**高齢者の死亡時に一括して償還する**という制度を設けている（業務方法書24条4項2号）。

4　×　証券化支援業務（買取型）において、機構による譲受けの対象となる住宅の購入に必要な資金の貸付けに係る金融機関の貸付債権には、当該住宅の購入に付随する改良に必要な資金が**含まれる**（機構法13条1項1号、同法令5条1項2号）。

【問　47】　　正解　2

1　×　建基法42条2項により道路とみなされる部分（セットバックを要する部分）を含む土地については、その旨を表示し、セットバックを要する部分の面積が**おおむね10パーセント以上である場合**は、併せてその面積を明示しなければならない（公正規約則7条(2)）。常にその面積の表示が必要となる**のではない**。

2　○　取引態様は、「売主」、「貸主」、「代理」又は「媒介」（「仲介」）の別を**これらの用語を用いて**表示しなければならない（同規約則9条（1））。

3　×　賃貸物件に関する広告その他の表示の内容に変更があったときは、**速やかに修正し、又はその表示を取りやめなければならず**（同規約24条1項）、故意でなかったとしても、掲載を継続すると不当表示に問われる。**インターネット上への広告掲載であっても同様である**。

4　×　新築分譲住宅の販売に当たって、販売価格等が確定していないため直ちに取引することができない場合、その取引開始時期をあらかじめ告知する広告表示である予告広告を行うことが**できる**（同規約4条6項（3））。

【問　48】　　正解　2

1　×　建築着工統計（令和2年1月公表）によれば、平成31年1月から令和元年12月までの新設住宅着工戸数は約90.5万戸となり、**3年連続の減少**となっている。

2　○　令和2年版国土交通白書（令和2年6月公表）によれば、平成31年3月末における宅建業者数は**12万4451**となっている。

3　×　令和2年版土地白書（令和2年6月公表）によれば、平成30年の住宅地、工業用地等の宅地は**約196万ha**あり、前年よりも**増加**している。

4　×　平成30年度法人企業統計調査（令和元年9月公表）によれば、不動産業について、平成30年度の**売上高営業利益率及び売上高経常利益率**は、いずれも11.1%である。

【問　49】　　**正解　3**

1　○　山地は、かなり**急峻**な地形であり、大部分は**森林**である。

2　○　低地は、一般に洪水や地震などに対して弱いため、防災の面からみて、**住宅地としては**好ましくない。

3　×　埋立地は、一般に海面に対して数mの比高を持ち、干拓地に比べて**自然災害に対する危険度が**低い。

4　○　台地は、一般に**地盤が**安定しているため、低地に比べて自然災害に対して**安全度が**高い。

【問　50】　　**正解　3**

1　○　基礎は、硬質の支持地盤に設置し、上部構造とも**堅固に緊結**する必要がある。

2　○　木造建物を耐震、耐風的な構造にするためには、できるだけ**建物の形態を単純**にすることが適切である。

3　×　鉄骨造は、不燃構造であり、靭性が大きいが、**鋼材の防錆処理**を行うことが必要である。

4　○　近年では、コンクリートと鉄筋の強度の向上により、**鉄筋コンクリート造の超高層共同住宅建物**もみられる。

令和２年度 10月試験 正解・解説

正解一覧表

問	正解
問 1	1
問 2	4
問 3	2
問 4	3
問 5	1
問 6	3
問 7	2
問 8	2
問 9	3
問 10	2
問 11	4
問 12	3
問 13	4
問 14	1
問 15	4
問 16	2
問 17	1
問 18	3
問 19	3
問 20	2
問 21	1
問 22	1
問 23	3
問 24	4
問 25	4
問 26	3
問 27	2
問 28	3
問 29	3
問 30	4
問 31	1
問 32	1
問 33	1
問 34	4
問 35	3
問 36	4
問 37	1
問 38	4
問 39	2
問 40	2
問 41	3
問 42※	1, 4
問 43	2
問 44	4
問 45	2
問 46	2
問 47	1
問 48	3
問 49	4
問 50	3

※設問の不備により、正解肢が複数存在します。

【問　1】　　　　　　　　　　　**正解　1**

1　○　分割によって公道に通じない土地が生じた場合には、その土地の所有者は、公道に至るため、**他の分割者の所有地を、償金を支払うことなく通行することができる**（民法 213 条 1 項）。

2　×　他の土地に囲まれて公道に通じない土地の所有者は、公道に至るため、その土地を囲んでいる他の土地を通行することができる（同法 210 条 1 項）。また、**自動車による通行を前提とする通行地役権の成否及びその内容**については、他の土地について自動車による通行を認める必要性、周辺の土地の状況、他の土地の所有者が被る不利益等の**諸般の事情を総合考慮して**判断される（最判平 18･3･16）。よって、本肢は自動車による通行権が認められることはないとする点で誤っている。

3　×　他の土地に囲まれて公道に通じない土地の所有者が、当該土地を第三者に売却した場合、**公道に出るための通路にする目的で賃借した他の土地の賃借権は当然には移転**しない（民法 601 条）。

4　×　公道に通じない土地を囲む他の土地の所有権が時効取得されたときであっても、**その土地について囲繞地通行権を行使することが**できる（同法 210 条）。

【問　2】　　　　　　　　　　　**正解　4**

1　×　保証契約は、**書面でしなければその効力を生じない**（民法 446 条 2 項）。このことは、ケース①の保証契約（通常の保証契約）もケース②の保証契約（根保証契約）も同様である。

2　×　ケース①の保証契約は、極度額を定める必要はない。ケース②の保証契約は、**法人が保証人となる場合には極度額を定める必要は**ないが、個人が保証人となる場合には極度額を定めなければ効力を生じない（同法 465 条の 2 第 2 項）。

3　×　**連帯保証人は、催告の抗弁権及び検索の抗弁権を有しない**（同法 454 条）。これは、ケース①の保証契約もケース②の保証契約も同様である。

4　○　**事業のために負担した貸金等債務を主たる債務とする保証契約**、又は**主たる債務の範囲に事業のために負担する貸金等債務が含まれる根保証契約**は、**保証人になろうとする者が個人の場合**であって、その契約の締結に先立ち、その**締結の日前 1 か月以内に作成された公正証書**で保証人になろうとする者が保証債務を履行する**意思を表示**していなければ、**その効力を生じない**（同法 465 条の 6 第 1 項、3 項）。よって、保証人がこのような意思を表示していない場合、ケース①は、事業資金としての貸金等債務の保証であるので、C が A の事業に関与しない個人であるときは、ケース①の保証契約は効力を生じない。これに対し、ケース②は、事業のために負担する貸金等債務は含まれていないことから、ケース②の保証契約は有効である。

【問　3】　　　　　　　　　　　**正解　2**

本問で提示された判決文は、最判昭 36･11･21 である。

1　○　判決文は、「当事者が契約をなした主たる目的の達成に必須的でない**附随的義務の履行を怠ったに過ぎないような場合**には、**特段の事情の存しない限り、相手方は当該契約を解除することができない**ものと解するのが相当である。」としているから、本肢のような税金相当額の償還という付随的義務の履行を怠ったに過ぎない場合、特段の事情がない限り、売主は当該売買契約の解除をすることができない。

2　×　付随的義務の不履行となるかどうかは、契約の内容によって個別具体的に判断される。すなわち、**債務不履行について債務者の責めに帰すべき事由がないからといって、必ずしも付随的義務の不履行となるわけではない**から、本肢は誤っている。

3　○　債務不履行に対して債権者が相当の期間を定めてその履行の催告をし、その期間内に履行がないときは、債権者は、契約の解除をすることができるのが原則であるが、催告期間を経過した時における債務の不履行が**その契約及び取引上の社会通念に照らして軽微であるときは、契約の解除をすることができない**（民法541条）。

4　○　債務者が債務を履行しない場合であって、債務者がその債務の全部の履行を拒絶する意思を明確に表示したときは、債権者は、相当の期間を定めてその**履行を催告することなく、直ちに契約の解除をすることができる**（同法542条1項2号）。

【問　4】　　正解　3

1　×　賃借人は、賃借物を受け取った後にこれに生じた損傷がある場合、**通常の使用及び収益によって生じた賃借物の損耗並びに賃借物の経年変化を除き**、その損傷を原状に復する義務を負う（民法621条本文）。

2　×　賃借人は、賃借物を受け取った後にこれに生じた損傷がある場合、**その損傷が賃借人の帰責事由によるものではないときを除き**、その損傷を原状に復する義務を負う（同法621条）。

3　○　賃貸物の返還と敷金の返還の関係については、**賃貸物の返還が先履行**となるため（同法622条の2第1項）、賃貸人は、賃借人から敷金の返還請求を受けたときは、賃貸物の返還を受けるまでは、これを拒むことができる。

4　×　賃借人は、未払賃料債務がある場合、賃貸人に対し、**敷金をその債務の弁済に充てるよう請求することができない**（同法622条の2第2項）。

【問　5】　　正解　1

1　○　委任者の責めに帰すべき事由によって履行の途中で委任が終了した場合、受任者は**報酬全額を請求することができる**が、**自己の債務を免れたことによって利益を得たときは、これを委任者に償還しなければならない**（民法536条2項）。

2　×　受任者は、委任の本旨に従い、**善良な管理者の注意**をもって委任事務を処理しなければならない（同法644条）。

3　×　受任者の責めに帰すべき事由によって履行の途中で委任が終了した場合であっても、受任者は、**既にした履行の割合に応じて報酬を請求することができる**（同法648条3項1号）。

4　×　受任者が死亡すると、委任は終了する（同法653条1号）。そして、受任者の相続人は、**急迫の事情がある**

ときは、委任者又はその相続人若しくは法定代理人が委任事務を処理することができるに至るまで、**委任事務を処理しなければならない**（同法654条）。

【問　6】　　　　　　　　　　正解　3

1　×　本肢のAにはAB間で成立した代金10万円とする売買契約について**「意思表示に対応する意思を欠く錯誤」**（民法95条1項1号）があるが、Aには**重大な過失**があり、BはAの言葉を**過失なく信じた**ことから、Aは**錯誤による取消しをすることができない**（同条3項1号）。

2　×　本肢のAにはAB間で成立した代金10万円とする売買契約について**「法律行為の基礎とした事情についてのその認識が真実に反する錯誤」**（同法95条1項2号）があるが、**その事情が法律行為の基礎とされていることが表示されていない**ことから、Aは**錯誤による取消しをすることができない**（同条2項）。

3　○　本肢のAにはAB間で成立した代金10万円とする売買契約について**「法律行為の基礎とした事情についてのその認識が真実に反する錯誤」**（同法95条1項2号）がある。そして、AはBに対し、「贋作であるので、10万円で売却する」と伝えており、**その事情が法律行為の基礎とされていることが表示されている**。よって、Aは**錯誤による取消しをすることができる**（同条2項）。

4　×　本肢のAにはAB間で成立した代金8,000ドルとする売買契約について**「意思表示に対応する意思を欠く錯誤」**（同法95条1項1号）があるが、Aには**重大な過失**があり、BはAの錯誤について**過失なく知らなかった**ことから、Aは**錯誤による取消しをすることができない**（同条3項1号）。

【問　7】　　　　　　　　　　正解　2

1　○　特定物売買における売主の保証人は、特に反対の意思表示がない限り、売主の債務不履行により契約が解除された場合には、**原状回復義務である既払代金の返還義務についても保証する責任を負う**（最判昭40･6･30）。

2　×　主たる債務の目的が保証契約の締結後に加重されたときは、**保証人の負担は加重されない**（民法448条2項）。また、**時効利益の放棄の効力は相対的**であり、主たる債務者が時効の利益を放棄しても、その効力は連帯保証人には及ばない。

3　○　委託を受けた保証人が主たる債務の弁済期前に債務の弁済をした場合において、主たる債務者が当該保証人からの求償に対して、当該弁済日以前に相殺の原因を有していたことを主張するときは、保証人は、債権者に対し、**その相殺によって消滅すべきであった債務の履行を請求することができる**（同法459条の2第1項）。

4　○　委託を受けた保証人は、履行の請求を受けた場合だけでなく、履行の請求を受けずに自発的に債務の消滅行為をする場合であっても、**あらかじめ主たる債務者に通知をしなければ、主たる債務者から、債権者に対抗することができた事由をもって対抗されうる**（同法463条1項）。よって、委託を受けた保証人は、あらかじめ主たる債務者に通知をしなければ、同人に対する求償が制限されることがある。

【問　8】　　　　　　　　　　正解　2

1　○　相続回復の請求権は、相続人又はその法定代理人が**相続権を侵害された事実を知った時から5年間行使しないとき**、又は相続開始の時から20年のいずれか先に経過した時点で、時効によって消滅する（民法884条）。

2 × 被相続人の子が相続の開始以前に死亡したときは、その者の子がこれを代襲して相続人となり（同法887条2項）、さらに**代襲者も死亡していたときは、代襲者の子が相続人となる**（同条3項）。

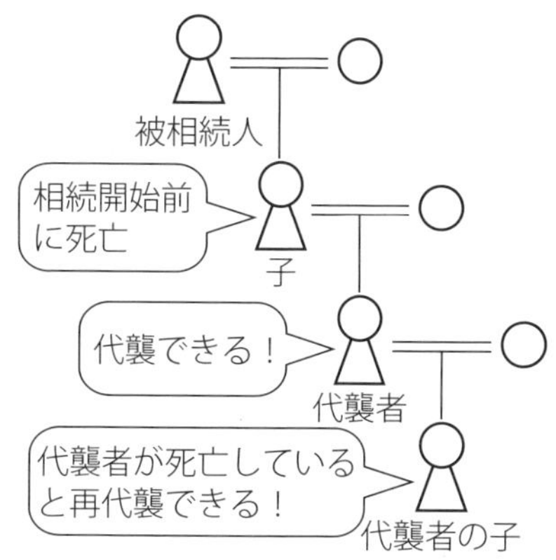

3 ○ 被相続人に相続人となる子及びその代襲相続人がいない場合には、**被相続人の直系尊属が相続人となり、被相続人の兄弟姉妹は相続人とはならない**（同法889条1項）。

4 ○ **兄弟姉妹については再代襲が認められていない**（同法889条2項参照）。よって、兄弟姉妹の孫は相続人とならない。

【問 9】 **正解 3**

1 × 買主が売主に手付を交付したときは、**相手方が契約の履行に着手するまでは、買主はその手付を放棄し、売主はその倍額を現実に提供して、契約の解除をすることができる**（民法557条1項）。本肢のBは、履行期の到来後に代金支払の準備をしてAに履行の催告をしており、履行の提供をするために欠くことのできない前提行為をしているから、「履行に着手」したといえる。よって、Aは、もはや手付の倍額を現実に提供して契約の解除をすることはできない。

2 × 書面によらない贈与は、履行の終わった部分を除いて、各当事者が解除をすることができる（同法550条）。そして、**不動産の贈与の場合、不動産の引渡し又は移転登記のいずれかが終わっていれば、「履行の終わった」ものとされる**（最判昭31・1・27、最判昭40・3・26）。よって、Aは、甲建物の引渡し又は所有権移転登記の両方が終わらなくても、いずれかが終わっていれば、書面によらないことを理由に契約を解除することはできない。

3 ○ 負担付贈与における贈与者は、**その負担の限度において、売主と同じく担保責任を負う**（民法551条2項）。

4 × ①の売買については、売主の債務不履行を理由として、民法541条以下に基づき、買主は契約を解除することができる。また、②の負担付贈与については、受贈者が負担を履行しないときは、同法541条以下が準用され、**贈与者は負担の不履行を理由として契約を解除することができる**（最判昭53・2・17）。

【問 10】 **正解 2**

1 ○ 占有は、相続によって承継され（最判昭37・5・18）、占有者の承継人は、その選択に従い、自己の占有のみを主張し、又は**自己の占有に前の占有者の占有を併せて主張することができる**（民法187条1項）。よって、Cは、自己の占有期間である3年間とBの占有期間である17年間を併せて20年間の占有継続を主張することで、同法162条1項によって甲土地の所有権を時効取得することができる。

2 ×　10年間、所有の意思をもって、平穏に、かつ、公然と他人の物を占有した者は、その**占有の開始の時に、善意であり、かつ、過失がなかったとき**は、その所有権を取得する（同法162条2項）。よって、甲土地の占有開始時にEが無権利者であることにつき善意無過失であったDは、甲土地の所有権を時効取得することができる。

3 ○　占有者の承継人は、その選択に従い、自己の占有のみを主張し、又は自己の占有に前の占有者の占有を併せて主張することができる（同法187条1項）。そして、**前の占有者が善意無過失で占有を開始していた場合には、占有の承継人の善意・悪意を問わず、前主の占有と併せて10年間占有を継続すれば、同法162条2項による取得時効が認められる**（最判昭53・3・6）。よって、Fは、自己の占有期間とEの占有期間とを併せて10年間甲土地の占有を継続していることから、甲土地の所有権を時効取得することができる。

4 ○　**所有権は、消滅時効にかかることはない**（民法166条2項参照）。

【問　11】　　**正解　4**

1 ×　土地の引渡しを受けたとしても、**借地権の登記**をしていなければ、借地権を第三者に対抗することはできない。なお、借地権の登記をしていない場合であっても、借地権者が**土地の上に登記された建物を所有**していれば、借地権を第三者に対抗することができる（借地借家法10条1項）。

2 ×　土地の借賃が近傍類似の土地の借賃と比較して不相当となったときは、契約の条件にかかわらず、当事者は、将来に向かって土地の借賃の額の増減を請求することができる。ただし、一定の期間借賃の額を「増額」しない旨の特約がある場合には、その定めに従うことになるが（同法11条1項ただし書）、一定の期間借賃の額を**「減額」しない旨の特約**がある場合でも、土地の借賃の額の**減額を請求することができる**（同項本文）。よって、本肢のBは借賃の減額を請求することができる。

3 ×　**借地権の存続期間が満了した場合**において、契約の更新がないときは、借地権者は、借地権設定者に対して、借地上の建物を時価で買い取ることを請求することができる（同法13条1項）。**この規定による建物買取請求権を排除する特約**は、借地権者に不利なものであり、**無効**となる（同法16条）。しかし、本肢の合意は、「借地権の存続期間が満了した場合」ではなく、「借地権者であるBの債務不履行により賃貸借契約が解除された場合」に建物買取請求権を排除するものであり、同法13条1項の建物買取請求権を排除する特約ではないから、この合意は**有効**である。

4 ○　当事者が借地契約を更新する場合、その期間は、更新の日から10年、**借地権の設定後の最初の更新**については**20年**となり、当事者がこれより長い期間を定めたときは、その期間となる（同法4条）。

【問　12】　　**正解　3**

1 ○　建物の賃借人が、旧賃貸人に対して契約期間中の賃料全額を前払いしていた場合、この**前払いを新賃貸人に**

対抗することができる（最判昭38・1・18）。

2 ○ 定期建物賃貸借契約における当事者は、賃料改定に関する**特約がなく**、経済事情の変動により賃料が不相当となったときは、原則として、賃料の**増額又は減額の請求**をすることが**できる**。なお、一定の期間建物の借賃を増額しない旨の特約がある場合には、その定めに従う（借地借家法32条1項）。

3 × 居住の用に供する定期建物賃貸借においては、**床面積200㎡未満の建物**であって、転勤、療養、親族の介護その他の**やむを得ない事情**により、建物の賃借人が建物を自己の生活の本拠として使用することが困難となったときは、建物の賃借人は、建物の賃貸借の解約の申入れをすることができ、解約申入れの日から1月を経過することによって当該契約を終了させることができる（同法38条7項）。このように、契約を終了させることができるのは**賃貸人Aではなく賃借人B**であるため、本肢は誤りである。また、本肢では床面積の条件を満たしているか否かが不明であるから、**賃借人Bが契約を終了させることができるとは限らない**という点にも注意すること。

4 ○ 定期建物賃貸借契約において、造作買取請求に関する特約がない場合であっても、建物の賃借人は、当該契約が期間満了又は解約の申入れによって終了するときに、賃貸人の同意を得て当該建物に付加した**造作について買取請求をすることができる**（同法33条1項）。

【問 13】 **正解 4**

1 × 共用部分の変更（その形状又は効用の著しい変更を伴わないものを除く）は、**区分所有者及び議決権の各4分の3以上の多数による集会の決議**で決する。ただし、この区分所有者の定数は、**規約でその過半数まで減ずることができる**（区分所有法17条1項）。本肢は規約で「2分の1以上の多数まで」減ずることができるとする点で誤っている。

2 × 各共有者は、規約に別段の定めがない限り、**その持分に応じて**、共用部分の負担に任じられる（同法19条）。共有者で等分するのではない。

3 × 共用部分の管理に関する事項は、原則として集会の決議で決するが、**保存行為は、各共有者がすることができる**（同法18条1項ただし書）。

4 ○ 一部共用部分は、これを共用すべき区分所有者の共有に属するが、**規約で別段の定めをすることができる**（同法11条1項、2項）。よって、規約で別段の定めをすることで、区分所有者全員の共有に属するとすることもできる。

【問 14】 **正解 1**

1 ○ 区分建物については、表題部所有者のほか、表題部所有者から所有権を取得した者も、所有権の保存の登記を申請することができるが、当該建物が**敷地権付き区分建物**であるときは、**当該敷地権の登記名義人の承諾を得なければならない**（不登法74条2項）。

2 × 所有権に関する仮登記に基づく本登記は、登記上の利害関係を有する第三者がある場合には、**当該第三者の承諾があるときに限り**、申請することができる（同法109条1項）。

3 × 登記官が申請人に対して登記識別情報を通知するのは、**その登記をすることによって申請人自らが登記名義**

人となる場合において、当該登記を完了した場合である（同法21条本文）。本肢のような債権者の代位による登記の場合は、「申請人自らが登記名義人となる場合」ではないため、登記識別情報は通知されない。

4　×　配偶者居住権は、**登記できる権利に含まれる**（同法3条9号）。

【問　15】　　　　　　　　**正解　4**

1　×　地区計画については、都市計画に、**地区施設及び地区整備計画を定めなければならない**（都計法12条の5第2項1号）。本肢のように努力義務にとどまるものではない。

2　×　都市計画事業の認可の告示があったときは、当該事業の施行者により、すみやかに一定の事項が公告される（同法66条）。そして、この公告の日の翌日から起算して10日を経過した後に、事業地内の土地建物等を有償で譲り渡そうとする者は、当該土地建物等、その予定対価の額等の一定の事項を書面で**施行者に届け出なければならない**（同法67条1項本文）。

3　×　第二種住居地域は、**主として住居の環境を保護するため定める地域**である（同法9条6項）。中高層住宅に係る良好な住居の環境を保護するため定める地域とされているのは、第一種中高層住居専用地域である（同条3項）。

4　○　市街化調整区域における地区計画は、市街化区域における市街化の状況等を勘案して、地区計画の区域の周辺における市街化を促進することがない等当該**都市計画区域における計画的な市街化を図る上で支障がないように定める**こととされている（同法13条1項15号イ）。

【問　16】　　　　　　　　**正解　2**

1　○　開発許可を申請しようとする者は、あらかじめ、**開発行為又は開発行為に関する工事により設置される公共施設を管理することとなる者**その他政令で定める者と**協議**しなければならない（都計法32条2項）。

2　×　市街化調整区域のうち開発許可を受けた開発区域以外の区域内においては、原則として、知事の許可を受けなければ、建築行為を行うことはできない（同法43条1項柱書本文）。ただし、**都市計画事業の施行として行う建築物の新築、改築若しくは用途の変更**等については、例外的に、**知事の許可を受ける必要はない**とされている（同項1号）。

3　○　開発許可を受けた開発行為又は開発行為に関する工事により公共施設が設置されたときは、その公共施設は、工事完了の公告の日の翌日において、原則として**その公共施設の存する市町村の管理**に属する（同法39条本文）。

4　○　開発許可を受けた者から当該開発区域内の土地の所有権その他当該開発行為に関する工事を施行する権原を取得した者は、**都道府県知事の承認**を受けて、当該開発許可を受けた者が有していた当該**開発許可に基づく地位を承継することができる**（同法45条）。

【問　17】　　　　　　　　**正解　1**

1　○　**木造以外の建築物で2以上の階数**を有し、又は**延べ床面積が200㎡を超える**建築物の大規模の修繕をしようとする場合、建築主は、当該工事に着手する前に、建築主事等の確認を受け、**確認済証の交付を受けなければならない**（建基法6条1項3号）。本肢は、鉄骨造で階数が2である共同住宅の大規模の修繕をしようとしているから、確認済証の交付を受ける必要がある。

2 ×　居室の天井の高さは、室の床面から測り、2.1 m以上でなければならず、一室で天井の高さの異なる部分がある場合は、その**平均の高さ**によるものとする（同法令21条1項、2項）。

3 ×　延べ面積が1,000 ㎡を超える建築物は、防火上有効な構造の防火壁又は防火床によって有効に区画し、かつ、各区画における床面積の合計をそれぞれ1,000 ㎡以内としなければならないのが原則である（同法26条柱書本文）。ただし、**耐火建築物又は準耐火建築物**については、**例外的にこのような規制を受けない**（同条1号）。

4 ×　非常用の昇降機を設けなければならないのは、高さ**31 mを超える**建築物である（同法34条2項）。

【問　18】　　正解　3

1 ×　建築物又は敷地を造成するための擁壁は、道路内に、又は道路に突き出して建築し、又は築造してはならないのが原則であるが、公衆便所及び巡査派出所については、**特定行政庁が通行上支障がないと認めて建築審査会の同意を得て許可したもの**は、道路に突き出して建築することができる（建基法44条1項2号）。

2 ×　近隣商業地域内においては、映画館の建築にあたって、**客室の床面積に制限はない**（同法48条9項、別表第2（り）参照）。本肢の制限は、準住居地域内の場合である（同法48条7項、別表第2（と）5参照）。

3 ○　老人ホームの共用の廊下又は階段の用に供する部分の床面積は、共同住宅と同じく、**容積率の算定の基礎となる延べ面積には算入**されない（同法52条6項）。

4 ×　日影による中高層の建築物の高さの制限に係る日影時間の測定は、**冬至日の真太陽時の午前8時から午後4時までの間**について行われる（同法56条の2第1項）。

【問　19】　　正解　3

1 ○　都道府県知事又はその命じた者若しくは委任した者が、基礎調査のため他人の占有する土地に立ち入って測量又は調査を行う場合、土地の占有者は、**正当な理由がない限り**、この**立入りを拒み、又は妨げては**ならない（盛土法5条1項、5項）。

2 ○　**「宅地造成」**とは、**宅地以外**の土地を**宅地**にするために行う盛土その他の土地の形質の変更で政令で定めるものをいう（同法2条2号）。

3 ×　宅地造成等に関する工事を行わない場合、都道府県知事の**許可は不要**である。なお、宅地造成等工事規制区域内において、公共施設用地を宅地又は農地に転用した者は、その転用した日から14日以内に、その旨を都道府県知事に**届け出なければならない**（同法21条4項）。

4 ○　工事施行者の変更は軽微変更に該当し、遅滞なく、その旨を都道府県知事に**届け出ればよく**、改めて**許可を受ける必要はない**（同法16条1項、2項、同法則38条1項1号）。

【問　20】　　正解　2

1 ×　土地区画整理組合の設立認可を申請しようとする者は、施行地区となるべき区域内の宅地について所有権を有するすべての者及びその**区域内の宅地について借地権を有するすべての者**のそれぞれの**3分の2以上の同意**を得なければならない（区画法14条1項、2項、18条）。これらの同意を得ようとする者は、あらかじめ、施行地区となるべき区域の公告を、当該区域を管轄する市町村長に申請しなければならず、この公告がされた施行地区となるべき区域内の宅地について**未登記の借地権を有する者**は、公告があった日から1月以内に当該市町村長に対し、書面によって借地権の種類及び内容を申告しなければならない。未登記の借地権でこの**申告がないものについては、申告期間を経過した後は、その同意を得る必要はない**（同法19条1項～4項）。よって、本肢は、未登記の借地権を有する者について、一律、その同意を得る必要はないとする点で誤っている。

2 ○　土地区画整理組合の総会の会議は、定款に特別の定めがある場合を除くほか、**組合員の半数以上が出席**しなければ開くことができない（同法34条1項）。

3 ×　土地区画整理組合は、その事業に要する経費に充てるため、賦課金として参加組合員以外の組合員に対して金銭を賦課徴収することができ、その賦課金の額は、**組合員が施行地区内に有する宅地又は借地の位置、地積等を考慮して公平に定めなければならない**とされている（同法40条1項、2項）。

4 ×　**独立行政法人都市再生機構、地方住宅供給公社その他政令で定める者**であって、組合が都市計画事業として施行する土地区画整理事業に参加することを希望し、**定款で定められたもの**が、参加組合員として組合員となることができる（同法25条の2）。本肢のように、事業に参加するのに必要な資力及び信用を有する者であることは要求されていない。

【問　21】　　正解　1

1 ○　農地法3条1項の許可を受けずに行った農地の売買は、**その効力を生じない**（同法3条6項）。

2 ×　市街化区域内にある農地を農地以外のものに転用する場合、農地法4条の許可は不要であるが、**あらかじめ農業委員会に届け出なければならない**（同法4条1項7号）。本肢は、農地転用した後に届け出ればよいとする点で誤っている。

3 ×　相続により農地の所有権を取得する場合、**農地法3条1項の許可は不要**である。なお、取得者は、遅滞なく、その農地の存する市町村の農業委員会にその旨を届け出なければならない（同法3条の3）。

4 ×　抵当権は使用収益権を伴わない物権であるから、**農地に抵当権を設定する行為は使用及び収益を目的とする権利の設定又は移転に該当せず、農地法3条1項の許可は不要**である。

【問　22】　　正解　1

1 ○　**市街化区域内**において、2,000㎡以上の土地の売買等の契約を締結した場合は、事後届出を行わなければならない（国土法23条2項1号イ参照）。また、**市街化調整区域内**において、5,000㎡以上の土地の売買等の契約を締結した場合は、事後届出を行わなければならない（同号ロ参照）。ここでいう「売買等の契約」には、**売買に係る予約契約も含む**（同条1項、14条1項）。よって、本肢のBは、市街化区域内の2,000㎡に満たない土地を購入したのであるから、事後届出を行う必要はないが、Dは、市街化調整区域内の5,000㎡以上の土地の売買に係る予約契約を締結したのであるから、事後届出を行う必要がある。

2 ×　事後届出は、**「契約を締結した日から」**起算して**2週間以内**に行う必要がある（同法23条1項）。

3 ×　事後届出の対象となるのは、**「土地売買等の契約」**であり（同法23条1項）、贈与による土地の取得は、「土地売買等の契約」に該当しないため（同法14条1項）、**事後届出を行う必要はない**。

4 ×　土地の交換契約は**「土地売買等の契約」に該当し**（同法23条1項、14条1項）、**都市計画区域外では10,000㎡以上、市街化調整区域内では5,000㎡以上**の土地売買等が事後届出の対象となる（同法23条2項1号）。よって、本肢では事後届出を行う必要がある。

【問　23】　**正解　3**

1 ×　消費税の課税事業者が消費税及び地方消費税の課税対象取引に当たって課税文書を作成する場合に、消費税額及び地方消費税額が区分記載されているとき、又は、税込価格及び税抜価格が記載されていることにより、その**取引に当たって課されるべき消費税額等が明らかとなる場合**には、**その消費税額等は印紙税の記載金額に含めない**こととされている。本肢の工事請負契約書には、消費税額と地方消費税額100万円が区分記載されているので、この100万円は印紙税の記載金額に含めず、印紙税の課税標準となる当該契約書の記載金額は1,000万円である。

2 ×　土地の交換契約書において、交換金額が記載されていないときは、記載金額のないものとなり、交換対象物の双方の価額が記載されているときは**いずれか高い方**（等価交換のときは、いずれか一方）の金額が記載金額となる（印紙税通達23条（1）ロ）。よって、本肢では、5,000万円が当該契約書の記載金額である。

3 ○　国等と民間とが取り交わす契約書（課税文書）のうち、**民間側が保存する契約書**は「国等」が作成したものとみなして**印紙税は課されない**。なお、「国等」が保存する契約書は民間が作成したものとみなして印紙税が課され、この課税分の印紙税を民間側が負担する（印紙税法4条5項、5条2号参照）。

4 ×　土地の賃貸借契約書は、印紙税法別表第1の6項第1号の2に掲げる文書（**土地の賃借権の設定に関する契約書**）に該当し、その記載金額は、土地の賃借権の設定又は譲渡の対価たる金額、すなわち、**権利金その他**名称のいかんを問わず、**契約に際して相手方当事者に交付し、後日返還されることが予定されていない金額**である。保証金や敷金、契約成立後における使用収益上の対価ともいうべき**賃貸料は記載金額には該当しない**。よって、本肢では、権利金の額である100万円が記載金額とされ、印紙税が課される。

【問　24】　**正解　4**

1 ×　不動産取得税の標準税率は4％だが、**土地及び住宅**については**3%**に軽減されるため、標準税率が4％となるのは住宅以外の家屋である（地方税法73条の15、同法附則11条の2第1項）。

2 ×　不動産取得税は、課税標準が**「一定の金額」**に満たないものについては**課税されない**が（地方税法73条の15の2参照）、本肢のような「一定の面積」に満たない土地の取得については課税されないという規定は存在しない。

3 ×　家屋を改築したことにより、当該**家屋の価格が増加した場合**には、当該**改築をもって家屋の取得**とみなして、不動産取得税が**課される**（同法73条の2第3項）。

4 ○ 共有物の分割による不動産の取得は**形式的な所有権の移転**であり、不動産取得税は**課されない**。なお、当該不動産の取得者の分割前の当該共有物に係る**持分の割合を超える部分の取得**は、単に形式的な所有権の移転とはいえないため、不動産取得税が**課される**（同法73条の7第2号の3）。

【問　25】　　正解　4

1 ○ 不動産の価格は、その不動産の効用が最高度に発揮される可能性に最も富む使用を前提として把握される価格を標準として形成される（最有効使用の原則）。ただし、ある不動産についての現実の使用方法は、必ずしも最有効使用に基づいているものではなく、不合理な又は個人的な事情による使用方法のために、**当該不動産が十分な効用を発揮していない場合がある**ことに留意すべきであるとされている（鑑定評価基準第4章）。

2 ○ 対象建築物に関する工事が完了していない場合であっても、**当該工事の完了を前提として**鑑定評価の対象とすることがあるとされている（同基準第5章）。

3 ○ 特殊価格とは、文化財等の**一般的に市場性を有しない不動産**について、その利用現況等を**前提とした不動産の経済価値**を適正に表示する価格をいう（同基準第5章）。文化財の指定を受けた建造物について、その保存等に主眼を置いた鑑定評価を行う場合に求められる価格がその例である。

4 × 原価法とは、価格時点における対象不動産の再調達原価を求め、この再調達原価について減価修正を行って対象不動産の試算価格を求める手法である。原価法は、対象不動産が建物又は建物及びその敷地である場合において、再調達原価の把握及び減価修正を適切に行うことができるときに有効な手法であるが、**対象不動産が土地のみ**である場合においても、再調達原価を適切に求めることができるときは**この手法を適用することができる**（同基準第7章）。

【問　26】　　正解　3

1 × 宅建業の免許は一身専属性を有するから、法人である宅建業者が合併により消滅した場合、**消滅会社の免許を存続会社が承継することはできない。**

2 × 信託業法3条の免許を受けた信託会社は、**宅建業の免許を受ける必要はなく**、国土交通大臣への**届出**のみで宅建業を営むことができる（宅建業法77条1項～3項）。

3 ○ 本肢のように、**転売目的で宅地を取得し不特定多数の者に分譲する行為**は、**宅建業に該当する**ため、宅建業者に販売代理を依頼する場合であっても、本人であるCは**免許**を受けなければならない（同法2条2号）。

4 × 2つ以上の都道府県の区域内に事務所を設置して宅建業を営もうとする場合には、国土交通大臣の免許を受ける必要があるが、**1つの都道府県の区域内にのみ事務所を設置**して宅建業を営もうとする場合には、**当該事務所の所在地を管轄する都道府県知事の免許**を受ける必要がある（同法3条1項）。本肢のEは、乙県内のみに事務所を設置してその事業を営もうとしているので、免許替えの申請は必要ない。

【問 27】 正解 2

ア × 宅建業者は、宅地又は建物の売買、交換又は貸借に関する広告をするときは、自己が契約の当事者なのか、代理人なのか、媒介なのかという、**取引態様の別を明示**しなければならない（宅建業法34条1項）。そして、その後**取引の注文を受けたとき**にも、たとえ**広告時点と取引態様に変更がなくとも**、遅滞なく、取引態様の別を明示しなければならない（同条2項）。

イ ○ 宅建業者は、その業務に関して広告をするときは、実際のものよりも著しく優良又は有利であると人を誤認させるような表示をしてはならない（同法32条）。そして、**誤認させる方法には限定がなく**、本肢のように宅地又は建物に係る現在又は将来の利用の制限の一部を表示しないことにより誤認させることも禁止される（宅建業法の解釈・運用の考え方）。

ウ ○ 数回に分けて広告を行う場合、最初に行う広告だけでなく、すべての広告について、**広告の都度**取引態様の別を明示しなければならない（同法34条1項）。

エ × 宅建業者は、**宅地の造成又は建物の建築に関する工事の完了前**においては、当該工事に関し必要とされる都計法に基づく開発許可、建基法に基づく建築確認その他法令に基づく**許可等があった後**でなければ、当該工事に係る宅地又は建物の売買その他の業務に関する広告をすることができない（同法33条）。本肢のように「申請をした後」であれば広告が許されるのではない。

以上より、正しいものは**イ・ウ**の2つであり、正解は**2**となる。

【問 28】 正解 3

1 × 宅建士資格試験**合格の効果及び登録の申請については、有効期間はない**。よって、合格した日から10年以内に登録の申請をしなかったからといって、その合格が無効となることはない。

2 × 宅建士証の有効期間の更新の申請期間については、**特に定められていない**。

3 ○ 宅建士は、**重要事項の説明をするとき**は、説明の相手方からの請求の有無にかかわらず宅建士証を提示しなければならず（宅建業法35条4項）、また、**取引の関係者から請求があったとき**にも宅建士証を提示しなければならない（同法22条の4）。

4 × 登録の移転を申請する際に、**移転先の県知事が指定する講習を受講しなければならないという規定はない**。

【問 29】 正解 3

ア ○ 宅建業者は、宅地・建物の売買の専任媒介契約を締結し、所定の事項を指定流通機構に登録したときは、**その登録を証する書面を遅滞なく依頼者に引き渡さなければならない**（宅建業法34条の2第5項、6項）。

イ ○ 宅地・建物の売買に関する媒介契約を締結したときは、**当該契約が国土交通大臣が定める標準媒介契約約款に基づくものであるか否かの別**を、宅建業法34条の2第1項の規定に基づき交付すべき書面に**記載しなければならない**（同法34条の2第1項8号、同法則15条の9第4号）。

ウ × 宅建業者は、宅地・建物の売買の専任媒介契約を締結するときは、**依頼者の要望に基づく場合であっても**、当該契約の有効期間について、有効期間満了時に**自動的に更新することはで**

きない（宅建業法の解釈・運用の考え方）。

エ ○ 宅建業者は、宅地・建物の売買の**専属専任媒介契約**を締結したときは、依頼者に対し、当該契約に係る業務の処理状況を**1週間に1回以上報告**しなければならない（宅建業法34条の2第9項）。

以上より、正しいものは**ア・イ・エ**の3つであり、正解は**3**となる。

【問 30】 **正解 4**

1 × **売買の代理**の場合の報酬の額の上限は、**媒介の場合の報酬の額の上限の2倍**であり、**物件価格が400万円を超える場合**における消費税課税事業者が受領することのできる報酬の上限は、**「(物件価格×3%＋6万円)×1.1×2」**となる（宅建業法46条1項、2項、報酬告示第2、第3）。よって、本肢のAは、(5,000万円×3%＋6万円)×1.1×2＝343万2,000円を上限として報酬を受領することができる。そして、売買の媒介はこの上限額の2分の1であるから、本肢のBは、171万6,000円を上限として報酬を受領することができる（なお、本肢のような土地には消費税はかからないことに注意）。ただし、**1つの取引において複数の宅建業者が関与する場合、報酬額の合計は媒介の報酬額の2倍を超えることはできない**（同告示第3）。よって、本肢のAとBが合計で受けることのできる報酬の上限は343万2,000円であり、合計で514万8,000円の報酬を受けることはできない。

2 × **居住用建物の貸借の媒介**の場合、宅建業者が依頼者の一方から受けることのできる報酬の上限額は、**媒介の依頼を受けるに当たって依頼者の承諾を得ている場合**には当該建物の**借賃の1.1か月分**、得ていない場合にはその2分の1、すなわち借賃の1か月分の0.55倍に相当する金額となる（同告示第4）。本肢は、報酬の上限額について、当該媒介の依頼者から「報酬請求時までに承諾を得ている場合」に借賃の1.1か月分であるとする点で誤っている。

3 × **居住用建物以外の貸借の媒介**において、権利金の授受があるときの宅建業者が依頼者の一方から受ける報酬の額については、**その権利金を売買代金とみなして報酬の上限を算定**し、**1か月分の賃料と比較して高いほうの金額**を限度として受け取ることができる（宅建業法46条1項、2項、報酬告示第4、第6）。そして、**権利金が200万円超400万円以下の場合**、その報酬の上限は**「権利金の額（消費税相当額を含まない）×4%＋2万円」**となる。本肢では、300万円×4%＋2万円＝14万円に消費税10%相当を加えた15万4,000円が、Aが**依頼者の一方**から受けることのできる報酬の上限額となり、この2倍の額である30万8,000円は、Aが**依頼者の双方から**受けることのできる報酬の上限額である。

4 ○ **事務所用建物の貸借の媒介**の場合、宅建業者が受ける**報酬の合計が借賃の1.1か月分以内**であれば、依頼者の双方からどのような割合で報酬を受けても構わず、依頼者の一方のみから報酬を受けることもできる（同告示第4）。

【問 31】 **正解 1**

1 ○ 「損害賠償額の予定又は違約金に関する事項」は、宅地・建物の**売買・貸借を問わず、重要事項として説明**しなければならない（宅建業法35条1項

9号)。

2 × 建物の売買又は貸借においては、「当該建物について、石綿の使用の有無の調査の結果が記録されているときは、その内容」を**重要事項として説明しなければならない**(同法35条1項14号イ、同法則16条の4の3第4号)。ただし、宅建業者自らが**石綿の使用の有無の調査を実施する必要は**ない(宅建業法の解釈・運用の考え方)。

3 × 既存の住宅の取引においては、「建物状況調査(実施後1年を経過していないものに限る。)を実施しているかどうか、及び**これを実施している場合におけるその結果の概要**」を、重要事項として説明しなければならない(宅建業法35条1項6号の2イ、同法則16条の2の2)。

4 × **区分所有建物の売買及び貸借**においては、区分所有法2条3項に規定する「専有部分の用途その他の利用の制限に関する規約の定め(その案を含む。)があるときは、その内容」を**重要事項として説明しなければならない**(宅建業法35条1項6号、同法則16条の2第3号)。

【問 32】 **正解 1**

1 ○ 宅建業者は、自ら売主となる宅地・建物の売買契約の締結に際して手付を受領したときは、**相手方が契約の履行に着手するまでは**、買主はその手付を放棄して、当該宅建業者はその倍額を現実に提供して、契約の解除をすることができる(宅建業法39条2項)。よって、Bが当該契約の履行に着手した後においては、手付による契約解除をすることはできない。

2 × クーリング・オフによる契約の解除が行われた場合においては、宅建業者は、申込者等に対し、速やかに、買受けの申込み又は売買契約の締結に際し受領した手付金その他の金銭を返還しなければならず(同法37条の2第3項)、**これに反する特約で申込者等に不利なものは、**無効とされる(同条4項)。本肢のようなクーリング・オフによる契約の解除の際に手付金を返還しない旨の特約は、申込者等に不利なものであるから、無効である。

3 × 宅建業者は、自ら売主となる宅地・建物の割賦販売の契約について賦払金の支払の義務が履行されない場合、**30日以上の相当の期間を定めてその支払を書面で催告し、その期間内にその義務が履行されないとき**でなければ、賦払金の支払の遅滞を理由として当該契約を解除することができない(同法42条1項)。

4 × 未完成物件については、**受領しようとする手付金の額が代金の額の5%又は1,000万円を超える場合**に手付金等の**保全措置**を講じる必要がある(同法41条1項)。本肢では、5,000万円×5%=250万円以下の手付金であれば保全措置を講じることなく受領することができるから、Aは、保全措置を講じることなくBから200万円の手付金を受領することができる。

【問 33】 **正解 1**

1 ○ 宅地・建物の貸借においては、「借賃の額並びにその支払いの時期及び方法」を**37条書面に記載しなければならない**(宅建業法37条2項2号)。また、宅建業者が貸借の媒介をしたときは、当該書面を**契約の各当事者に交付**しなければならない。

2 × 宅地又は建物の貸借においては、「宅地又は建物の引渡しの時期」を**37**

条書面に記載しなければならない（同法37条2項1号、1項4号）。本肢のように重要事項説明書に記載して説明を行ったときであっても、37条書面への記載を省略することはできない。

3 × 宅建業者が自ら売主として宅地・建物の売買契約を締結した場合、**37条書面に宅建士をして記名させなければならない**（同法37条3項）。買主が宅建業者であっても、宅建士による記名や37条書面の交付義務を省略することはできない。

4 × 宅建業者が自ら売主として宅地・建物の売買契約を締結した場合、「代金についての金銭の貸借のあっせんに関する定めがある場合においては、当該あっせんに係る金銭の貸借が成立しないときの措置」を**37条書面に記載しなければならない**（同法37条1項9号）。

【問 34】 **正解 4**

1 × 宅建士の登録は、宅建士試験に**合格した都道府県**でのみ行うことができ、**登録申請は宅建士試験に合格した都道府県の知事あてにしなければならない**（宅建業法18条1項、19条1項）。よって、本肢では、甲県知事あてに登録の申請をしなければならない。

2 × 宅建士の登録を受けている者は、**住所に変更**があったときは、遅滞なく、**登録を受けている都道府県知事に変更の登録申請をしなければならない**（同法18条2項、20条）。

3 × 従事先として登録している**宅建業者の事務所の所在地は宅建士資格登録簿への登載事項ではない**ため（同法18条2項、同法則14条の2の2第5号）、都道府県知事に変更の登録を申請する必要はない。

4 ○ 登録の移転の申請とともに宅建士証の交付の申請をした場合、移転後の都道府県知事は、**移転前の宅建士証の有効期間が経過するまでの期間を有効期間とする**新たな宅建士証が交付される（同法22条の2第5項）。

【問 35】 **正解 3**

1 × 宅建業者が供託した営業保証金から弁済を受ける権利を有するのは、**宅建業者と宅建業に関し取引をした者（宅建業者を除く。）**である（宅建業法27条1項）。本肢の建設業者は、Aと宅建業に関し取引をした者には当たらないから、営業保証金から弁済を受ける権利を有しない。

2 × 宅建業者は、新たに支店を設置したときは、本店の最寄りの供託所に政令で定める額の営業保証金を供託したうえで（同法26条1項）、**供託した旨について免許権者への届出**を行わなければ、当該支店での事業を開始することができない（同法25条4項、5項）。

3 ○ 宅建業者は、営業保証金の還付により、営業保証金の額が政令の定める額に不足することとなったときは、**免許権者から不足額を供託すべき旨の通知書の送付を受けた日から2週間以内にその不足額を供託しなければならない**（同法28条1項、保証金則5条）。

4 × 宅建業者が供託すべき営業保証金の額は、**主たる事務所につき1,000万円、その他の事務所につき事務所ごとに500万円の割合による金額の合計額**である（宅建業法25条2項、同法令2条の4）。よって、Aが供託すべき営業保証金の合計額は、本店と支店2つなので1,000万円＋500万円×2＝2,000万円である。

【問　36】　　正解　4

1 ×　保証協会の社員との宅建業に関する取引により生じた債権を有する者は、**当該社員が社員でないとしたならばその者が供託すべき営業保証金の額に相当する額の範囲内**で弁済を受ける権利を有する（宅建業法64条の8第1項）。

2 ×　保証協会の社員と宅建業に関し取引をした者が、その取引により生じた債権に関し、弁済業務保証金について弁済を受ける権利を実行するときは、弁済を受けることができる額について当該保証協会の**認証**を受けるとともに、**供託所に対し還付請求**をしなければならない（同法64条の8第2項、弁済業務保証金規則2条1項）。

3 ×　保証協会は、弁済業務保証金の還付があったときは、当該還付に係る社員又は社員であった者に対し、当該還付額に相当する額の**還付充当金を保証協会に納付すべきことを通知**しなければならない（宅建業法64条の10第1項）。

4 ○　保証協会は、弁済業務保証金の還付があったときは、**当該還付額に相当する額の弁済業務保証金を供託**しなければならない(同法64条の8第3項)。

【問　37】　　正解　1

ア ×　宅建業者が自ら売主として宅地・建物の売買契約を締結した場合、当該契約の買主に対して37条書面を交付しなければならないが（宅建業法37条1項）、**宅建士による37条書面の内容の説明義務はない**。

イ ×　宅建業者が自ら売主として宅地・建物の売買契約を締結した場合、当該契約の買主に対して、契約が成立するまでの間に、供託所等について説明しなければならないが（同法35条の2）、**供託所等に関する事項は37条書面の記載事項ではない**。

ウ ○　宅建業者が自ら売主として宅地・建物の売買契約を締結した場合、当該契約の買主に対して、37条書面を遅滞なく交付しなければならない（同法37条1項）。**買主が宅建業者であっても、37条書面の交付義務を省略することはできない**。

エ ×　宅建業者が自ら売主として宅地・建物の売買契約を締結した場合、宅地又は建物の引渡しの時期及び移転登記の申請の時期を37条書面に記載しなければならない（同法37条1項4号、5号)。**買主が宅建業者であっても、37条書面の記載事項を省略することはできない**。

以上より、正しいものは**ウ**の1つであり、正解は**1**となる。

【問　38】　　正解　4

1 ×　宅建業法34条の2第1項の規定に基づき交付すべき書面（媒介契約書）には、**宅建業者が記名押印**して依頼者に交付しなければならない（同条項)。宅建士をして記名押印させる必要はない。

2 ×　宅建業者が、媒介する物件の価額又は評価額について意見を述べるときは、その**根拠**を明らかにしなければならない（同法34条の2第2項)。この根拠の明示は、**口頭でも書面でもよい**（宅建業法の解釈・運用の考え方)。

3 ×　一般媒介契約においては、**指定流通機構への登録は不要**である。指定流通機構への登録が必要なのは、専任媒介契約の場合である（宅建業法34条の2第5項)。

4 ○　媒介契約書へは、「媒介契約の有

効期間及び解除に関する事項」を**記載しなければならない**（同法34条の2第1項5号）。

【問　39】　　　　　　　　　　正解　2

1　×　宅建業者は、**取引の関係者から請求があったとき**は、従業者名簿をその者の閲覧に供しなければならない（宅建業法48条4項）。取引の関係者以外の者から請求があった場合にはその者に閲覧させる必要はない。

2　○　宅建業者は、その業務に従事させる者に従業者証明書を携帯させなければならない（同法48条1項）。**その者が宅建士であり宅建士証を携帯していても、従業者証明書の携帯が必要である。**

3　×　宅建業者は、その事務所ごとに従業者名簿を備えなければならず（同法48条3項）、**従業者名簿は、最終の記載をした日から10年間保存**しなければならない（同法則17条の2第4項）。よって、**退職した従業者に関する事項も消去せずその期間保存しなければならない。**

4　×　宅建業者は、その業務に従事させる者に従業者証明書を携帯させなければならず（同法48条1項）、その者が**非常勤の役員**や**単に一時的に事務の補助**をする者である場合にも、**従業者証明書を携帯させなければならない**（宅建業法の解釈・運用の考え方）。

【問　40】　　　　　　　　　　正解　2

ア　解除できない　本肢のBが買受けの申込みをした場所は喫茶店であり、**「事務所等以外」の場所**であるから、Bは、Aからクーリング・オフについて書面で告げられた場合において、その**告げられた日から起算して8日を経過するまでの間**、クーリング・オフにより契約の解除をすることができる（宅建業法37条の2第1項1号）。本肢のBがクーリング・オフによる契約の解除の書面を発送したのは、「クーリング・オフについて書面で告げられた日の翌日から起算して」8日目であり、告げられた日から起算すると9日目であることから、Bはクーリング・オフにより契約の解除を行うことはできない。

イ　解除できる　クーリング・オフによる契約解除は、売買における手付解除とは異なり、相手方が契約の履行に着手したときであっても、**クーリング・オフによる契約の解除ができる期間内であれば解除を行うことができる。**

ウ　解除できる　当事者間でクーリング・オフによる契約の解除をしない旨の合意をしても、この合意は**申込者等に不利な特約**として無効となる（同法37条の2第4項）。よって、本肢のような合意があっても、Bはクーリング・オフによる契約の解除を行うことができる。

エ　解除できない　宅建業者の**事務所以外の場所で継続的に業務を行うことができる施設**を有するものであって、宅建業法31条の3第1項の規定により**専任の宅建士が置かれている場所**は、**「事務所等」に該当する**ため、この場所で買受けの申込みをした場合はクーリング・オフによる契約の解除を行うことができない（同法37条の2第1項、同法則16条の5第1号イ）。

以上より、解除を行うことができるものは**イ・ウ**の2つであり、正解は**2**となる。

【問　41】　　　　　　　　　　正解　3

1　×　重要事項説明書には、**宅建士が記名**をしなければならない（宅建業法

35条5項)。代表者の記名を宅建士の記名に代えることはできない。

2　×　重要事項説明書への記名も、重要事項の説明も、宅建士が行えばよく、**専任の宅建士である必要はない**（同法35条1項柱書参照)。専任の宅建士も一般の宅建士も、行うことができる業務に変わりはない。

3　○　重要事項の説明を行う際には、相手方に対して、**宅建士証を提示**しなければならない(同法35条4項)。よって、宅建士証を亡失した宅建士は、**宅建士証の再交付を受けるまでは重要事項の説明を行うことができない**。

4　×　**重要事項の説明をする場所に制限はなく**、宅建業者の事務所でなくてもよい。

【問　42】　　正解　1、4

本問は出題時の設問の不備により、正解肢が複数存在することとなった。

1　×　宅建業者は、自ら売主となる宅地・建物の売買契約において、その目的物が種類又は品質に関して契約の内容に適合しない場合におけるその不適合を担保すべき責任に関して、民法566条に規定する期間についてその目的物の引渡しの日から2年以上となる特約をする場合を除き、**同法566条の規定よりも買主に不利となる特約をしてはならず、これに反する特約は無効となる**(宅建業法40条)。民法566条は、買主がその**不適合を知った時から1年以内にその旨を売主に「通知」**すれば、売主は担保責任を負うこととしているので、この規定よりも買主に不利な特約は無効となる。本肢の特約は、売主Aが不適合を担保すべき責任を負う期間を「Bがその不適合を知った時から2年」とするものであり、同法566条の「通知」期間を伸長する規定ではなく、債権の消滅時効期間について「債権者が権利を行使することができることを知った時から5年間」とする同法166条1項1号に反する内容となっていることから、結果として同法566条の規定よりも買主に不利となる特約であるといえる。よって、この特約は無効である。

2　○　未完成物件については、**受領しようとする手付金等の額が代金の額の5%又は1,000万円を超える場合**に手付金等の保全措置を講じる必要がある（宅建業法41条1項)。ここでいう「手付金等」とは、代金の全部又は一部として授受される金銭及び手付金その他の名義をもって授受される金銭で代金に充当されるものであって、契約の締結の日以後当該宅地又は建物の引渡し前に支払われるものをいい（同項かっこ書)、引渡し前に支払われる**中間金も含まれる**。本肢では、5,000万円×5%＝250万円以下の手付金であれば保全措置を講じることなく受領することができる。よって、Aは、手付金200万円を受領した後は、保全措置を講じなければ、当該建物の引渡し前に中間金300万円を受領することができない。

3　○　**取引の相手方が宅建業者である場合には、手付金等の保全措置の規定は適用されない**(同法78条2項)。よって、Aは、保全措置を講じないで、当該宅地の引渡し前に手付金800万円を受領することができる。

4　×　宅建業者は、自ら売主となる宅地・建物の売買契約において、その目的物が種類又は品質に関して契約の内容に適合しない場合におけるその不適合を担保すべき責任に関して、民法

566条に規定する期間についてその目的物の引渡しの日から2年以上となる特約をする場合を除き、**同法566条の規定よりも買主に不利となる特約をしてはならず、これに反する特約は無効となる**(宅建業法40条)。本肢のような、**契約不適合を担保すべき責任を一切負わないとする特約は、民法566条の規定よりも買主に不利**であるから、この**特約は無効**となる。その結果、**同法566条により、買主Bがその不適合を知った時から1年以内にその旨を売主Aに通知すれば、Aは担保責任を負う**こととなる。Aが当該責任を負う期間は「引渡日から2年」に限定されるのではない。

【問　43】　　　　正解　2

1　×　**法人の役員が禁錮以上の刑に処せられ**、その刑の執行を終わり、又は執行を受けることがなくなった日から**5年を経過しない**場合は、その法人は宅建業の免許を受けることができない(宅建業法5条1項5号、12号)。しかし、**執行猶予期間が満了した場合**、刑の言渡しは効力を失うから(刑法27条)、その**満了の日の翌日から、当該法人は免許を受けることができる**。よって、A社の取締役について執行猶予期間が満了した場合、A社は直ちに免許を受けることができる。

2　○　宅建業者である個人が死亡した場合、**その相続人は、当該個人が締結した契約に基づく取引を結了する目的の範囲内においては宅建業者とみなされる**(宅建業法76条)。よって、Bの相続人Cは、Bが売主として締結していた売買契約を結了する目的の範囲内においては宅建業者とみなされるため、その目的物を買主に引き渡すことができる。

3　×　宅建業者について破産手続開始の決定があった場合、その**破産管財人**が廃業の届出を行い(同法11条1項3号)、**廃業の届出があったときに免許の効力が失われる**(同条2項)。

4　×　法人の役員が**破産手続開始の決定を受けて復権を得ない場合**は、その法人は宅建業の免許を受けることができない(同法5条1項1号、12号)。**役員が復権を得れば、その法人は直ちに免許を受けることができ**、5年の経過を待つ必要はない。

【問　44】　　　　正解　4

1　○　**昭和56年5月31日以前に新築の工事に着手した建物**の売買・貸借では、当該建物が地方公共団体による耐震診断を受けたものであるときは、その内容を**重要事項として説明しなければならない**(宅建業法35条1項14号、同法則16条の4の3第5号)。

2　○　**宅地・建物の貸借**では、「敷金その他いかなる名義をもつて授受されるかを問わず、契約終了時において精算することとされている金銭の精算に関する事項」を**重要事項として説明しなければならない**(同法35条1項14号、同法則16条の4の3第11号)。

3　○　自らを委託者とする宅地・建物に係る**信託の受益権の売主**となる場合、取引の相手方に**重要事項説明書を交付して説明しなければならない**。これは**取引の相手方が宅建業者である場合も同様**である(同法35条3項、同法則16条の4の4第1項参照)。

4　×　区分所有建物の売買では、「当該一棟の建物の計画的な維持修繕のための費用の積立てを行う旨の規約の定めがあるときは、その**内容及び既に積み**

立てられている額」を重要事項として説明しなければならない（同法35条1項6号、同法則16条の2第6号）。

【問 45】 **正解 2**

1 × 宅建業者は、自ら売主として新築住宅を販売する場合、**住宅販売瑕疵担保保証金の供託**を行うことや、自ら**住宅販売瑕疵担保責任保険契約の締結**を行って保険料を支払うことを約することが必要である（履行確保法11条1項、2条7項1号）。

2 ○ 新築住宅の売主である宅建業者が住宅販売瑕疵担保保証金の供託をし、その額が、基準日において、販売新築住宅の合計戸数を基礎として算定する基準額を超えることとなった場合、**免許権者である国土交通大臣又は都道府県知事の承認**を受けた上で、その**超過額を取り戻すことができる**（同法9条1項、2項、16条）。

3 × 新築住宅の売主である宅建業者が当該新築住宅を買主に引き渡した場合、基準日ごとに**基準日から3週間以内**に、当該基準日に係る住宅販売瑕疵担保保証金の供託及び住宅販売瑕疵担保責任保険契約の締結の状況について、免許権者に届け出なければならない（同法12条1項、同法則16条1項）。

4 × **新築住宅の買主が宅建業者**である場合、売主である宅建業者は、本肢の**資力確保義務を負わない**（同法2条7項2号ロかっこ書）。

【問 46】 **正解 2**

1 ○ 機構は、**証券化支援事業（買取型）**において、金融機関から買い取った住宅ローン債権を担保としてMBS（資産担保証券）を発行して、債券市場（投資家）から資金を調達している（機構法13条1項1号、19条1項）。

2 × 機構は、災害により住宅が滅失した場合、その住宅に代わるべき住宅の建設又は購入に係る貸付金について、一定の**元金返済の据置期間を設けることができる**（業務方法書24条2項）。

3 ○ 機構は、証券化支援事業（買取型）において、**住宅の建設又は購入**に必要な資金の貸付けに係る金融機関の貸付債権の譲受けを業務として行っているが(機構法13条1項1号)、その対象は、自ら居住する住宅又は親族のための住宅の建設又は購入であり、**「賃貸住宅」**の建設又は購入に必要な資金の貸付金は、**譲受けの対象としていない**。

4 ○ 機構は、貸付けを受けた者とあらかじめ契約を締結して、その者が死亡した場合（重度障害の状態となった場合を含む）に支払われる生命保険の保険金等を当該貸付けに係る債務の弁済に充当する、**団体信用生命保険業務を業務として行っている**（同法13条1項11号）。

【問 47】 **正解 1**

1 ○ 路地状部分のみで道路に接する土地であって、その路地状部分の面積が当該土地面積の**おおむね30%以上**を占めるときは、**路地状部分を含む旨及び路地状部分の割合又は面積**を明示しなければならない（公正規約則7条(8)）。

2 × 徒歩による所要時間は、**道路距離80メートルにつき1分間を要するものとして算出した数値**を表示しなければならない（同規約則9条(9)）。

3 × 事業者は、宅地の造成又は建物の建築に関する工事の完了前においては、その**許可等の処分があった後**でなければ、当該工事に係る宅地又は建物の内容又は取引条件その他取引に関する**広告表示をしてはならない**（同規約5条）。よって、本肢のように当該物件が建築確認を受けていない場合は、広告表示をすることができない。

4 × 管理費については、1戸当たりの月額（予定額であるときは、その旨）を表示しなければならない。ただし、住戸により管理費の額が異なる場合において、**その全ての住宅の管理費を示すことが困難であるとき**は、**最低額及び最高額のみで表示**することができる（同規約則9条（41））。

【問 48】 **正解 3**

1 × 令和2年地価公示によれば、平成31年1月以降の1年間の地価変動は、全国平均では、**住宅地**については3年連続の**上昇**であり、商業地については5年連続の上昇であった。

2 × 令和2年版土地白書によれば、土地取引について、売買による所有権の移転登記の件数でその動向をみると、令和元年の全国の土地取引件数は**約131万件**となり、**横ばい**で推移している。

3 ○ 建築着工統計によれば、平成31年1月から令和元年12月までの持家及び分譲住宅の新設住宅着工戸数は、持家が前年に比べて1.9％、分譲住宅が前年に比べて4.9％それぞれ**増加**したが、貸家の新設住宅着工戸数は13.7％と大きく**減少**している。

4 × 平成30年度法人企業統計調査によれば、不動産業の売上高経常利益率は、平成26年度から平成30年度までの5年間は、いずれも**10％以上**となっている。

【問 49】 **正解 4**

1 ○ 都市の中小河川の氾濫の原因の一つとして、**急速な都市化や宅地化**によって、**降雨時に雨水が短時間で大量に流れ込むようになった**ことが挙げられる。

2 ○ 中小河川に係る防災の観点から、宅地の選定に当たっては、その地点のほか、**周辺の地形と防災施設**に十分注意することが求められる。

3 ○ 地盤の液状化について重要なのは、**宅地の地盤条件**について調査することのほか、古地図などによって**過去の地形**について確認することである。

4 × 地形や地質的な条件については、宅地に適しているかを調査するとともに、**周辺住民の意見を聴く**ことが重要である。

【問 50】 **正解 3**

1 ○ 建物は、大きく**基礎構造**と**上部構造**から構成され、基礎構造は、**地業**と**基礎盤**から構成されている。

2 ○ 基礎は、**直接基礎と杭基礎（杭地業）**に大別され、直接基礎とは基礎の底面が建物を支持する**地盤に直接接する**基礎であり、杭基礎とは建物を支持する**地盤が深い**場合に使用する基礎である。

3 × 直接基礎には、形状によって、柱の下に設ける独立基礎、**建物の底部全体**に設ける**べた基礎**、**壁体等の下**に設ける**布基礎（連続基礎）**等がある。本肢は、べた基礎と布基礎（連続基礎）の説明が逆になっている。

4 ○ 建物の構成のうち、上部構造は、**主要構造**と**仕上げ部分等**から構成され、主要構造は重力、風力、地震力等の荷重に耐える役目を負い、仕上げ部分等は屋根、壁、床等の部分である。

令和元年度
正解・解説

正解一覧表

問 1	❶ ② ③ ④
問 2	① ② ③ ❹
問 3	❶ ② ③ ④
問 4	① ② ③ ❹
問 5	① ❷ ③ ④
問 6	① ❷ ③ ④
問 7	❶ ② ③ ④
問 8※	① ② ③ ④
問 9	① ② ③ ❹
問 10	❶ ② ③ ④
問 11	① ② ❸ ④
問 12	① ② ③ ❹
問 13	① ② ❸ ④
問 14	① ② ❸ ④
問 15	① ② ③ ❹
問 16	❶ ② ③ ④
問 17	① ② ③ ❹
問 18	① ❷ ③ ④
問 19	① ② ❸ ④
問 20	❶ ② ③ ④
問 21	❶ ② ③ ④
問 22	① ② ❸ ④
問 23	① ❷ ③ ④
問 24	① ② ③ ❹
問 25	① ② ❸ ④
問 26	① ② ③ ❹
問 27	❶ ② ③ ④
問 28	① ② ③ ❹
問 29	① ② ❸ ④
問 30	① ② ③ ❹
問 31	❶ ② ③ ④
問 32	① ② ③ ❹
問 33	① ② ❸ ④
問 34	① ❷ ③ ④
問 35	① ② ③ ❹
問 36	① ❷ ③ ④
問 37	① ② ❸ ④
問 38	① ❷ ③ ④
問 39	① ② ❸ ④
問 40	① ❷ ③ ④
問 41	❶ ② ③ ④
問 42	❶ ② ③ ④
問 43	① ❷ ③ ④
問 44	① ② ❸ ④
問 45	❶ ② ③ ④
問 46	❶ ② ③ ④
問 47	① ② ③ ❹
問 48	① ❷ ③ ④
問 49	① ② ❸ ④
問 50	① ② ③ ❹

※出題後の法改正に伴い、正解肢が存在しなくなりました。

【問　1】　正解　1

1　×　登記がなければ物権取得を第三者に対抗することができないが（民法177条）、「第三者」とは、当事者及びその包括承継人以外の者で、**登記の欠缺を主張する正当な利益を有する者**をいい、**不法占拠者は「第三者」に当たらない**（最判昭25・12・19）。よって、甲土地の不法占拠者Cに対し、Bは甲土地の所有権移転登記を備えることなく、甲土地の所有権を主張して明渡請求をすることができる。

2　○　他人に賃貸中の土地を譲り受けた者が土地の賃借人に対して所有権を対抗するためには、**土地の所有権移転登記が必要**である（民法605条の2第3項）。よって、Bが甲土地の所有権移転登記を備えていない場合には、Dに対して甲土地の所有者であることを主張することができない。

3　○　民法177条の「第三者」とは、**当事者及びその包括承継人以外の者で**、登記の欠缺を主張する正当な利益を有する者をいう。本肢のAとBは甲土地の**前主・後主の関係**にありEとA・Bは当事者の関係に立つので、Aは「第三者」には該当しない。よって、Eは、甲土地の所有権移転登記なくして、Aに対して甲土地の所有権を主張することができる。

4　○　取得時効の完成時における**当該不動産の所有者と時効取得者との関係**は、**物権変動の当事者と同視**され、取得時効者は、当該不動産の所有権の取得を**登記なくして対抗することができる**（最判昭41・11・22）。よって、Fは、甲土地の所有権移転登記を備えていなくても、Bに対して甲土地の所有権を主張することができる。

【問　2】　正解　4

1　○　詐欺による意思表示の取消しは、**善意でかつ過失がない第三者**に対抗することができない（民法96条3項）。ここでいう「第三者」とは、**詐欺取消しの前に登場した第三者**をいう。本肢のCは、Aによる詐欺取消しの後に登場しているため、同法96条3項の「第三者」には該当せず、Aは詐欺取消しをCに対抗することができない。このような**詐欺取消後に登場した第三者**との関係は、同法177条の対抗問題として処理され、**登記を先に備えた者が当該不動産の所有権を取得することとなる**（大判昭17・9・30）。ただし、背信的悪意者は同法177条の「第三者」には該当しないため、背信的悪意者が登記を備えても不動産の所有権は取得できない。本肢のCは甲土地の所有権移転登記を備えているから、Cが背信的悪意者ではない以上、AはCに対して、甲土地の返還を請求することができない。

2　○　詐欺による意思表示の取消しは、**善意でかつ過失がない第三者**に対抗することができない（民法96条3項）。ここでいう「第三者」とは、**詐欺取消しの前に登場した第三者**をいう。本肢のCは、Aによる詐欺取消しの前に登場しているため、同法96条3項の「第三者」に該当するが、Cは悪意であることから、Cが甲土地の所有権移転登記を備えていたとしても、Aは詐欺取消しをCに対抗することができる。よって、AはCに対して、甲土地の返還を請求することができる。

3　○　令和2年4月1日施行の改正民法により、錯誤の効果は無効ではなく**取り消す**ことができるものとなった（同法95条1項）。そして、**錯誤が表意者の重大な過失によるものではない**場合、錯誤による取消しは、**善意かつ無過失の第三者に対抗することができない**（同条4項）。本肢のAには重大な過失がないが、Cは、善意ではあるものの過失があるので、AはCに対し、錯誤による意思表示の取消しを主張することができ、甲土地の返還を請求することができる。

4　×　**錯誤が表意者の重大な過失によるもの**であった場合には、相手方が表意者に錯誤があることについて**悪意又は重過失**であったとき、又は**相手方が表意者と同一の錯誤に陥っていたとき**を除いて、**錯誤による取消しをすることができない**（同法95条3項）。本肢のAには重大な過失があるため、BがAに錯誤があることについて善意無過失であり、BがAと同一の錯誤に陥っていなかった場合には、AはBに対して、意思表示の取消しを主張して、甲土地の返還を請求することはできない。

【問　3】　　**正解　1**

1　○　売主は、契約不適合の場合における担保責任を負わない旨の特約をしたときであっても、**知りながら告げなかった事実**については、**その責任を免れることができない**（民法572条）。Aは、「建物引渡しから3か月に限り担保責任を負う」旨の特約を付けているが、売買契約締結時点において当該建物の構造耐力上主要な部分に契約不適合が存在していることをAは知っていたにもかかわらずBに告げていないことから、建物引渡しから3か月を経過しても、Aは担保責任を免れることができない。よって、Bが建物引渡しから1年が経過した時に当該契約不適合を知ったとしても、BはAに対して担保責任を追及することができる。

なお、売主が**種類又は品質**に関して契約の内容に適合しない目的物を買主に引き渡した場合において、**買主がその不適合を知った時から1年以内にその旨を売主に通知しないときは、売主が引渡しの時にその不適合を知り、又は重大な過失によって知らなかったときを除いて**、買主は、その不適合を理由として、**担保責任の追及**（履行の追完の請求、代金の減額の請求、損害賠償の請求及び契約の解除）を**することができない**（同法566条）。

2　×　建物の構造耐力上主要な部分の契約不適合は、「品質」に関する契約不適合であるから、**買主は売買契約を解除することができる**（同法564条）。この解除権の行使について、**契約の目的を達成できるか否かは改正により関係ないこととなった**。

3　×　建物の構造耐力上主要な部分の契約不適合は、「品質」に関する契約不適合であるから、**買主は損害賠償請求や売買契約の解除をすることができる**（同法564条）。この損害賠償請求は、契約不適合を理由に売買契約を解除することができない場合に**限られない**。

4　×　売買契約における買主が担保責任を追及することができるのは**売主に対して**であり（同法562条1項参照）、売買の媒介をした者に対して担保責任を追及することはできない。

【問　4】　　　　　　　　**正解　4**

1　×　不法行為によって損害を受けると同時に、支出すべき費用の支出を免れることとなった場合のように、同一の原因によって損害と同質性のある利益を既に受けた場合に、この利益を損害賠償請求金額から控除することを**損益相殺**という。しかし、**損害保険金**は、保険料支払の対価として保険事故発生の際に支払われるものであるから、**損益相殺として控除されるべき利益には当たらない**（最判昭50・1・31）。

2　×　不法行為によって損害を受けると同時に、支出すべき費用の支出を免れることとなった場合のように、**同一の原因によって損害と同質性のある利益を既に受けた場合には、この利益は損害賠償請求金額から**控除される（損益相殺）。

3　×　数人が共同の不法行為によって他人に損害を加えたときは、各自が連帯してその損害を賠償する責任を負い（民法719条1項）、**行為者を教唆した者は、共同行為者とみなされ、**この場合も**各自が連帯してその損害を賠償する責任を負う**（同条2項）。

4　○　他人の名誉を毀損した者に対しては、被害者は、裁判所に対して、**損害賠償に代えて、又は損害賠償とともに、**名誉を回復するのに適当な処分を命ずることを**請求することができる**（同法723条）。また、被害者は、人格権としての名誉権に基づき、加害者に対し侵害行為の差止めを求めることもできる（最大判昭61・6・11）。

【問　5】　　　　　　　　**正解　2**

本問で提示された判決文は、最判平10・7・17である。

1　○　判決文は、「本人が追認を拒絶すれば無権代理行為の効力が本人に及ばないことが確定し、**追認拒絶の後は本人であっても追認によって無権代理行為を有効とすることができず**」としているから、本肢は正しい。

2　×　本人が追認拒絶をした後に無権代理人が本人を相続した場合の法律効果について、判決文は、「追認拒絶の効果に何ら影響を及ぼすものではない」から「**無権代理行為が有効になるものではない**」としている。これに対し、本人が追認拒絶をする前に無権代理人が本人を相続した場合の法律効果については、本人が自ら法律行為をしたのと同様の法律上の地位を生じ、**無権代理行為は当然に有効となる**とされている（最判昭40・6・18）。よって、**両者の法律効果は異なる**ため、本肢は誤っている。

3　○　追認は、別段の意思表示がないときは、**契約の時にさかのぼってその効力を生ずるが、第三者の権利を害することはできない**（民法116条）。

4　○　本人が無権代理人を相続した場合、**当該無権代理行為は当然には有効とならない**（最判昭37・4・20）。

【問　6】　　　　　　　　**正解　2**

1　×　被相続人は、**遺言で、相続開始の時から5年を超えない期間を定めて、遺産の分割を禁ずることが**できる（民法908条1項）。

2　○　共同相続人は、既に成立している**遺産分割協議の全部又は一部を全員の合意により解除した上で、改めて遺産分割協議を成立させることが**できる（最判平2・9・27）。

3　×　遺産に属する**預貯金債権**は、**相続開始と同時に当然に相続分に応じて分割されることはなく、遺産分割の**対象となる（最大決平28・12・19）。よって、共同相続人は、その持分に応じて、単独で預貯金債権に関する権利を行使することはできない。なお、葬儀費用などの一定額については、単独で行使することができる（民法909条の2前段）。

4　×　遺産の分割は、**相続開始の時にさかのぼってその効力を生ずる**が、第三者の権利を害することはできない（同法909条）。本肢は、遺産分割について「共同相続人の遺産分割協議が成立した時から効力を生ずる」とする点で誤っている。

【問　7】　　**正解　1**

1　×　受領権者（債権者及び法令の規定又は当事者の意思表示によって弁済を受領する権限を付与された第三者をいう。）以外の者であって取引上の社会通念に照らして受領権者としての外観を有するものに対してした弁済は、**その弁済をした者が善意かつ無過失であったときに限り、有効となるのが原則である**（民法478条）が、**受領権者以外の者に対してした弁済によって債権者が利益を受けた場合は、その利益を受けた限度で有効となる**（同法479条）。本肢では、受領権者以外の者であるCがBから受領した代金をBの債権者Aに引き渡しており、AはBの弁済によって利益を受けているから、Bの弁済は有効になる。

2　○　**債権者の代理人と詐称して債権の弁済を受ける者**は、「受領権者以外の者であって取引上の社会通念に照らして受領権者としての外観を有するもの」（同法478条）に**該当する**。よって、本肢のDに受領権限がないことにつきBが**善意かつ無過失**であれば、Bの弁済は**有効となる**。

3　○　**債権者の相続人と称して債権の弁済を受ける者**は、「受領権者以外の者であって取引上の社会通念に照らして受領権者としての外観を有するもの」（同法478条）に**該当する**。よって、本肢のEに受領権限がないことにつきBが**善意かつ無過失**であれば、Bの弁済は**有効となる**。

4　○　売買契約のような双務契約の当事者の一方は、**相手方がその債務の履行を提供するまでは、相手方の債務が弁済期にないときを除いて、自己の債務の履行を拒むことができる**（同法533条）。よって、本肢のBは、Aから甲建物の引渡しに係る履行の提供を受けていない場合は、本件代金債務の履行期が過ぎた場合であっても、Aに対して代金の支払を拒むことができる。

【問　8】　　**正解　無**

本問は、令和2年4月1日施行の民法改正前の条文を問う問題であり、出題当時は2が正解であったが、改正民法の下では、全ての選択肢が民法の条文に規定されたため、正解は存在しないこととなる。

1　○　請負契約の目的物である建物に重大な契約内容の不適合があるためこれを建て替えざるを得ない場合、**注文者は、契約不適合を理由として**、履行の追完請求（民法559条、562条1項）のほか、**損害賠償請求をすることができる**（同法559条、564条、415条）。よって、本肢のAは、Bに対して当該建物の建替えに要する費用相当額の損害賠償を請求することができる。

2　○　本肢は、令和2年4月1日施行の改正民法前の民法の規定を前提とする出題であり、改正前民法の下では、改正前民法638条1項ただし書、639

条により、存続期間は10年が限度であるから、本肢は誤りであった。改正民法の下では、改正前民法638条、639条は**削除**されたため、**現在では正しい記述（○）**となる。

3 ○ 注文者の責めに帰すべき事由によって、請負契約に基づく仕事の完成が不能となったときは、**請負人は、未履行部分の仕事完成債務を免れ**、注文者に対して報酬全額を請求することができる（民法536条2項参照）。

4 ○ **請負人が仕事を完成しない間**は、注文者は、**いつでも損害を賠償して契約の解除をすることができる**（同法641条）。

【問 9】 **正解 4**

1 ○ 訴えの取下げのような「確定判決又は確定判決と同一の効力を有するものによって権利が確定することなくその事由が終了した場合」には、**その終了の時から6か月を経過するまでの間は、時効は完成しない**（民法147条1項柱書）。

2 ○ 訴えの却下のような「確定判決又は確定判決と同一の効力を有するものによって権利が確定することなくその事由が終了した場合」には、**その終了の時から6か月を経過するまでの間は、時効は完成しない**（同法147条1項柱書）。

3 ○ 請求棄却の判決が確定した場合、「確定判決又は確定判決と同一の効力を有するものによって権利が確定することなくその事由が終了した場合」に該当するため、**その終了の時から6か月を経過するまでの間は、時効は完成しない**（同法147条1項柱書）。

4 × 裁判上の和解は確定判決と同一の効力を有するから（民事訴訟法267条）、裁判上の和解が成立した場合は、**時効はその時から新たにその進行を始める**（民法147条2項、1項1号）。

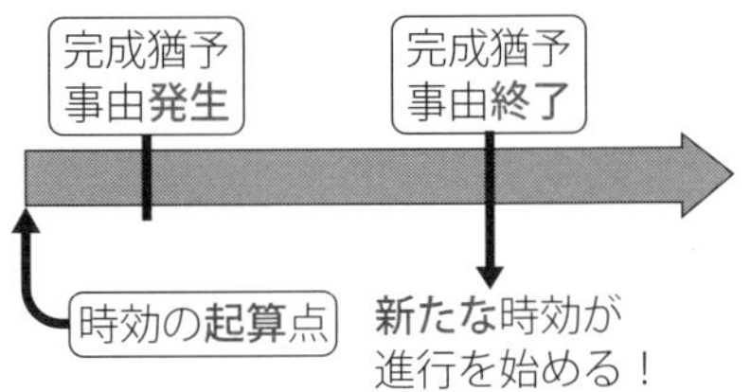

【問 10】 **正解 1**

抵当権の順位の譲渡（民法376条1項後段）があった場合、**譲渡人は、自分が抵当権によって配当を受けることができる額について、譲受人に優先的に配当を受けさせることとなる**。本肢の場合、抵当権の順位の譲渡がなかった場合、Bは2,000万円、Cは2,400万円、Dは6,000万円－2,000万円－2,400万円＝1,600万円の配当を受けることとなるが、抵当権の順位の譲渡により、Bは2,000万円についてDに優先的に配当を受けさせることとなる。その結果、Dは1,600万円＋2,000万円＝3,600万円の範囲で優先的に配当を受けることができ、Dは自己の債権額3,000万円全額の配当を受けることができる。よって、Bの受ける配当額はこの残額、すなわち3,600万円－3,000万円＝**600万円**となる。

【問 11】 **正解 3**

1 × 本肢の賃貸借契約は建物を所有する目的ではなく、資材置場とする目的としているから、借地借家法の適用はなく、民法が適用されることとなる（借地借家法1条、2条1号参照）。民法は、**賃貸借の存続期間は50年を超えることができず、これより長い期間を**

定めた場合にはその期間は50年とするとしている（同法604条1項）。また、**民法は、賃貸借の存続期間の下限を制限していない**。よって、ケース①では期間は50年となり、ケース②では期間は15年となる。

2　×　本肢の賃貸借契約は建物の所有を目的としているから、借地借家法が適用される（同法1条、2条1号参照）。借地借家法は、**借地権の存続期間を30年とし、契約でこれより長い期間を定めたときは、その期間とする**としている（同法3条）。よって、ケース①の期間は50年となり、ケース②の期間は30年となる。

3　○　本肢の賃貸借契約は建物の所有を目的としているから、借地借家法が適用される（同法1条、2条1号参照）。そして、**居住の用に供する建物の所有を目的とする場合においては、存続期間を50年以上として借地権を設定するときは、契約の更新がないことを書面によって定めることができる**（**一般定期借地権**、同法22条）。ケース①は、期間を50年と定めており、一般定期借地権を設定することができるから、契約の更新がないことを書面で定めればその特約は有効である。これに対し、ケース②では、期間を50年以上と定めていないから、一般定期借地権を設定することはできず、契約の更新がないことを書面で定めても無効である。この場合、期間は30年となる（同法3条）。

4　×　本肢の賃貸借契約は建物の所有を目的としているから、借地借家法が適用される（同法1条、2条1号参照）。そして、**専ら工場の用に供する建物の所有を目的とする場合**は、一般定期借地権（同法22条）及び事業用定期借地権（同法23条）のどちらも設定することができる。**一般定期借地権**を設定する場合は、**存続期間を50年以上**とする借地権を設定して、**契約の更新がないことを書面で定めればその特約は有効となり、公正証書で定める必要がない**（同法22条参照）。これに対し、**事業用定期借地権**を設定する場合は、**存続期間を10年以上50年未満**とする借地権を設定して、**契約の更新がないことを公正証書で定めればその特約は有効となる**（同法23条参照）。ケース①は、期間を50年と定めているから、一般定期借地権を設定することができ、契約の更新がないことを書面で定めればその特約は有効となり、公正証書で定める必要はない（同法22条参照）。ケース②は、期間を15年と定めているから、事業用定期借地権を設定することができ、契約の更新がないことを公正証書で定めれば特約は有効となる。

【問　12】　　**正解　4**

1　×　期間の定めがある建物の賃貸借であって、契約の更新がない建物賃貸借のことを定期建物賃貸借といい、定期建物賃貸借契約を締結するためには、**公正証書による等書面によって契約をしなければならない**（借地借家法38条1項）。これに加えて、**建物の賃貸人は、あらかじめ建物の賃借人に対し、契約の更新がなく、期間の満了により当該建物の賃貸借は終了することについて、その旨を記載した書面を交付して説明しなければならない**（同条3項）。よって、本肢は「契約の更新がない旨を定めるには、公正証書による等書面によって契約すれば足りる」とする点で誤っている。

2　×　期間の定めがある建物の賃貸借であって、契約の更新がない建物賃貸借（定期建物賃貸借）契約を締結するにあたり、**建物の用途の制限はない**（同法38条1項参照）。

3 × 建物の賃貸借について期間の定めがある場合において、当事者が**期間の満了の1年前から6月前までの間**に相手方に対して更新をしない旨の通知又は条件を変更しなければ更新をしない旨の通知をしなかったときは、従前の契約と同一の条件で契約を更新したものとみなされ、その期間は、定めがないものとなる（同法26条1項）。本肢は「期間満了の3月前まで」とする点で誤っている。

4 ○ 建物の転貸借がされている場合において、建物の賃貸借が期間の満了又は解約の申入れによって終了するときは、**建物の賃貸人は、建物の転借人にその旨の通知をしなければ、その終了を建物の転借人に対抗することができない**（同法34条1項）。

【問 13】 正解 3

1 × 専有部分が数人の共有に属するときは、**共有者は、議決権を行使すべき者一人を定めなければならない**（区分所有法40条）。共有者がそれぞれ議決権を行使できるのではない。

2 × 区分所有者の承諾を得て専有部分を占有する者は、会議の目的たる事項につき利害関係を有する場合には、**集会に出席して意見を述べることができるが**（同法44条1項）、**議決権の行使をすることはできない**。

3 ○ 集会においては、規約に別段の定めがある場合及び別段の決議をした場合を除いて、**管理者又は集会を招集した区分所有者の一人が議長となる**（同法41条）。

4 × 集会の議事は、区分所有法又は規約に別段の定めがない限り、**区分所有者及び議決権の各過半数で決する**（同法39条1項）。

【問 14】 正解 3

1 ○ **登記の申請に係る不動産の所在地が当該申請を受けた登記所の管轄に属しないときは**、登記官は、理由を付した決定で、当該申請を**却下しなければならない**（不登法25条1号）。

2 ○ 表題部所有者又は所有権の登記名義人が相互に異なる土地の合筆の登記は、**することができない**（同法41条3号）。

3 × 登記官は、分筆の登記の申請がない場合であっても、**一筆の土地の一部が別の地目となったときは、職権で、その土地の分筆の登記をしなければならない**（同法39条2項）。

4 ○ **登記の申請をする者の委任による代理人の権限は、本人の死亡によっては、消滅しない**（同法17条1号）。

【問 15】 正解 4

1 ○ 高度地区は、用途地域内において市街地の環境を維持し、又は土地利用の増進を図るため、**建築物の高さの最高限度又は最低限度を定める**地区とされている（都計法9条18項）。

2 ○ 特定街区は、市街地の整備改善を図るため街区の整備又は造成が行われる地区について、その街区内における**建築物の容積率、建築物の高さの最高限度、壁面の位置の制限を定める**街区とされている（同法9条20項）。

3 ○ 準住居地域は、**道路の沿道としての地域の特性にふさわしい業務の利便の増進**を図りつつ、これと調和した**住居の環境を保護するため定める**地域とされている（同法9条7項）。

4　×　特別用途地区は、**用途地域内の一定の地区**における当該地区の特性にふさわしい土地利用の増進、環境の保護等の特別の目的の実現を図るため**当該用途地域の指定を補完して定める**地区とされている（同法 9 条 14 項）。本肢は、特定用途制限地域（同条 15 項）の記述である。

【問　16】　　**正解　1**

1　○　**準都市計画区域内における 3,000 ㎡以上の開発行為**については、原則として**都道府県知事の許可を受けなければならない**（都計法 29 条 1 項 1 号、同法令 19 条 1 項）。本肢は 4,000 ㎡の開発行為であるから、都道府県知事の許可を受けなければならない。

2　×　**市街化区域における 1,000 ㎡以上の開発行為**については、原則として**都道府県知事の許可を受けなければならない**（同法 29 条 1 項 1 号、同法令 19 条 1 項）。ただし、この例外として、**市街化区域「以外」の区域内**において、農業、林業、漁業を営む者の居住の用に供する建築物の建築の用に供する目的で行う開発行為については、**都道府県知事の許可は不要**となる（同法 29 条 1 項 2 号、2 項 1 号）。本肢は「**市街化区域**」における開発行為について問われているため、原則どおり都道府県知事の許可を受けなければならない。

3　×　都道府県知事の許可を受ける必要がある「**開発行為**」とは、主として建築物の建築又は**特定工作物の建設の用に供する目的で行う土地の区画形質の変更**のことをいう（同法 4 条 12 項）。そして、**10,000 ㎡以上の野球場**は、第二種特定工作物に該当し、「特定工作物」に該当するため、その建設の用に供する目的で土地の区画形質の変更を行おうとする者は、あらかじめ、**都道府県知事の許可を受けなければならない**（同条 11 項、同法令 1 条 2 項 1 号）。本肢の野球場は 8,000 ㎡であるから、第二種特定工作物には該当せず、その土地の区画形質の変更は「開発行為」ではない。よって、都道府県知事の許可を受ける必要はない。

4　×　駅舎その他の鉄道の施設、図書館、公民館、変電所その他これらに類する**公益上必要な建築物**のうち開発区域及びその周辺の地域における適正かつ合理的な土地利用及び環境の保全を図る上で支障がないものとして政令で定める建築物の建築の用に供する目的で行う開発行為については、**都道府県知事の許可は不要**である（同法 29 条 1 項 3 号）。**病院は、この「公益上必要な建築物」には含まれない**ため、病院の建築を目的とした土地の区画形質の変更を行おうとする者は、都道府県知事の許可を受けなければならない。なお、本肢で問われている「市街化調整区域」における開発行為については、規模によって都道府県知事の許可が不要になる旨の規定はないことに注意しよう。

【問　17】　　**正解　4**

1　○　特定行政庁は、**緊急の必要がある場合**においては、建築基準法の規定に違反した建築物の所有者等に対して、**仮に、使用禁止又は使用制限の命令をすることができる**（同法 9 条 7 項）。

2　○　地方公共団体は、条例で、津波、高潮、出水等による危険の著しい区域を**災害危険区域として指定することができる**（同法 39 条 1 項）。そして、当該区域内における住居の用に供する建築物の建築の禁止その他**建築物の建築に関する制限で災害防止上必要なもの**

は、**当該条例で定める**こととされている（同条2項）。

3 ○ **防火地域内にある看板**、広告塔、装飾塔その他これらに類する工作物で、**建築物の屋上に設けるもの**又は高さ3メートルを超えるものは、その**主要な部分を不燃材料で造り、又は覆わなければならない**（同法64条）。

4 × 一戸建の住宅、長屋、**共同住宅の住戸**には、非常用の照明装置を**設ける必要はない**（同法令126条の4第1項1号）。

【問 18】 **正解 2**

1 × 第一種低層住居専用地域内においては、**延べ面積の2分の1以上を居住の用に供し**、かつ、クリーニング取次店等を営む**店舗の用途に供する部分の床面積の合計が50㎡以内である兼用住宅であれば、建築することができる**（建基法48条1項、別表第2（い）2号、同法令130条の3第3号）。本肢の兼用住宅は、これらの要件をみたすから、第一種低層住居専用地域内に建築することができる。

2 ○ **工業地域内には学校を建築してはならない**が、ここでいう学校には**「幼保連携型認定こども園」は含まれない**（同法48条12項、別表第2（を）5号）。よって、工業地域内においては、幼保連携型認定こども園を**建築することができる**。

3 × 都市計画において定められた建蔽率の限度が10分の8とされている地域外で、かつ、「**防火地域内にある耐火建築物等**」又は「**準防火地域内にある耐火建築物等・準耐火建築物等**」の建蔽率については、都市計画において定められた建蔽率の数値に10分の1を加えた数値が限度となる（同法53条3項1号）。本肢のような「防火地域内にある準耐火建築物」については、建蔽率の緩和規定の適用はない。

4 × 地方公共団体は、その敷地が袋路状道路にのみ接する建築物で、延べ面積が150㎡を超えるものについて、条例で、その敷地が接しなければならない道路の幅員に関して必要な制限を付加することができるが、**「一戸建ての住宅」は除外されている**（同法43条3項5号）。よって、一戸建ての住宅については、条例で本肢のような制限を付加することはできない。

【問 19】 **正解 3**

1 × **宅地造成等工事規制区域「内」**において行われる宅地造成等に関する工事については届出や許可が必要となるが、**宅地造成等工事規制区域「外」**において行われる宅地造成等に関する工事については、**届出や許可は不要である**。

2 × 宅地造成等工事規制区域内において行われる宅地造成等に関する工事の許可を受けた者は、原則として、**当該許可に係る工事の計画の変更をしようとするときは、都道府県知事の許可を受けなければならない**（盛土法16条1項本文）。ただし、主務省令で定める**軽微な変更をしたにすぎないときは、遅滞なく、都道府県知事に届け出ることで足りる**（同項ただし書、2項）。このように、原則として都道府県知事の許可が必要であり、本肢は原則として都道府県知事に届け出なければならないとする点で誤っている。

3 ○ **宅地造成等工事規制区域の指定の際、当該宅地造成等工事規制区域内において行われている宅地造成等に関する工事の工事主は**、その指定があった日から21日以内に、主務省令で定めるところにより、**当該工事について都道府県知事に届け出なければならない**（同法21条1項）。このように、都道府県知事へ届け出れば足り、都道府県知事の**許可を受ける必要はない**。

4 ×　都道府県知事は、基本方針に基づき、かつ、基礎調査の結果を踏まえ、盛土法の目的を達成するために必要があると認めるときは、**宅地造成又は特定盛土等に伴う災害で相当数の居住者等に危害を生ずるものの発生**のおそれが大きい一団の造成宅地の区域であって政令で定める基準に該当するものを、**「造成宅地防災区域」として指定することができる**（同法45条1項）。本肢の記述は、造成宅地防災区域ではなく「宅地造成等工事規制区域」に関するものである（同法10条1項参照）。

【問　20】　**正解　1**

1 ×　**「換地処分の公告」があった日後**は、土地区画整理事業の施行による施行地区内の土地及び建物の変動に係る登記がされるまでの間は、登記の申請人が確定日付のある書類によりその公告前に登記原因が生じたことを証明した場合を除き、**施行地区内の土地及び建物に関しては他の登記をすることができない**（区画法107条3項）。本肢のように「仮換地の指定」があった日後ではない。

2 ○　施行者は、施行地区内の宅地について換地処分を行うため、換地計画を定めなければならず、**施行者が個人施行者、組合、区画整理会社、市町村又は機構等**であるときは、その**換地計画について都道府県知事の認可を受けなければならない**（同法86条1項）。

3 ○　個人施行者以外の施行者は、換地計画を定めようとする場合においては、その**換地計画を2週間公衆の縦覧に供しなければならない**（同法88条2項）。

4 ○　換地処分の公告があった場合においては、換地計画において定められた換地は、**その公告があった日の翌日から**従前の宅地とみなされ、換地計画において換地を定めなかった従前の宅地について存する権利は、**その公告があった日が終了した時において消滅する**（同法104条1項）。

【問　21】　**正解　1**

1 ○　**農地を農地以外のものにする者**は、原則として、農地法4条1項の許可を受けなければならない（同法4条1項）。本肢では、原野を農地にしようとする場合であるから、これに該当せず、農地法4条1項の許可は不要である。

2 ×　農地について所有権を移転し、又は使用及び収益を目的とする権利を設定・移転する場合には、農地法3条1項の許可が必要となる（同法3条1項）。抵当権は使用収益権を伴わない物権であるから、**抵当権の設定は使用及び収益を目的とする権利の設定・移転には該当せず、農地法3条1項の許可は不要である。**

3 ×　農地を農地以外のものにするものであっても、**市街化区域内にある農地を農地以外のものに転用する場合は、あらかじめ農業委員会に届出を行うのみでよく**、農地法4条1項の許可は不要である（同法4条1項8号）。

4 ×　**農地を農地以外のものにするために貸し付ける場合**には、**農地法5条1項の許可を受けなければならない**（同法5条1項、3条1項）。**農地を一時的に貸し付ける場合であっても同様**である。

【問　22】　正解　3

1　×　**市街化区域内**において、2,000㎡**以上**の土地の売買等の契約を締結した場合は、**事後届出**を行わなければならない（国土法23条2項1号イ参照）。この事後届出の要否は、**権利取得者が取得する土地の面積によって判断**される。本肢のBとCは、それぞれ1,000㎡の土地をAから取得しており、いずれも2,000㎡に満たないから、事後届出を行う必要はない。

2　×　事後届出が必要となるのは、「土地売買等の契約」であり、**対価を得て行われるものに限られる**（同法23条1項柱書）。**相続**による土地取得は、対価を伴うものではないから、**事後届出を行う必要はない**。

3　○　**市街化調整区域内**において、**5,000㎡以上**の土地の売買等の契約を締結した場合は、**事後届出**を行わなければならない（同法23条2項1号ロ参照）。この事後届出の要否は、**権利取得者が取得する土地の面積によって判断**される。本肢のGは、一団の土地を3,000㎡ずつに分割して購入しているものの、合計6,000㎡を購入していることから、事後届出を行わなければならない。

4　×　土地売買等の契約の**当事者の一方又は双方が国・地方公共団体等である場合**は、**事後届出は不要**である（同法23条2項3号）。

【問　23】　正解　2

1　○　収用交換等の場合の譲渡所得等の5,000万円特別控除と、居住用財産を譲渡した場合の軽減税率の特例は、**重複して適用を受けることができる**。

2　×　居住用財産を譲渡した場合の軽減税率の特例の適用を受けるには、**その個人がその年の前年又は前々年において既にこの項の規定の適用を受けていないこと**が必要である（租特法31条の3第1項）。よって、本肢のように平成29年において既にその特例の適用を受けている場合には、令和元年（平成31年）中の譲渡による譲渡益について、この特例の適用を受けることはできない。

3　○　居住用財産の譲渡所得の3,000万円特別控除は、その個人の**配偶者及び直系血族に対する譲渡については適用されない**（同法35条）。よって、本肢のようにその個人がその個人と生計を一にしていない孫に譲渡した場合には、適用を受けることができない。

4　○　その譲渡について収用等に伴い代替資産を取得した場合の課税の特例の適用と、居住用財産を譲渡した場合の軽減税率の特例は、**重複して適用を受けることができない**。

【問　24】　正解　4

1　×　居住用超高層建築物（タワーマンション）に対して課する固定資産税は、各区分所有者に按分する際に用いる**各区分所有者の専有部分の床面積**に、**住戸の所在する階層の差違**による床面積当たりの取引単価の変化の傾向を反映するための**補正率（階層別専有床面積補正率）を反映して計算する**（地方税法352条2項、同法則15条の3の2、7条の3の2）。本肢の記述は、一般の区分所有建物に係る固定資産税の計算方法である（同法352条1項）。

2　×　住宅用地のうち、小規模住宅用地に対して課する固定資産税の課税標準は、当該小規模住宅用地に係る固定資産税の課税標準となるべき価格の6

分の１の額とされている（同法349条の３の２第２項）。

3　×　固定資産税の納期は、原則として、４月、７月、12月、２月中において、市町村の条例で定められるが、特別の事情がある場合には、市町村はこれと異なる納期を定めることができる（同法362条１項）。

4　○　固定資産税は、固定資産の所有者に対して課されるが、質権又は100年より永い存続期間の定めのある地上権が設定されている土地については、その質権者又は地上権者が固定資産税の納税義務者となる(同法343条１項)。

【問　25】　　正解　3

1　×　都市及びその周辺の地域等において、土地の取引を行う者は、「取引の対象土地に類似する利用価値を有すると認められる標準地」について公示された価格を指標として取引を行うよう努めなければならない（地価公示法１条の２）。本肢は、「取引の対象土地から最も近傍の標準地」とする点で誤っている。

2　×　標準地は、公示区域から指定され、この公示区域には国土利用計画法12条１項の規定により指定された規制区域は含まれないが、都市計画区域外は含まれる(地価公示法２条１項)。よって、標準地は、都市計画区域外から選定されることもある。

3　○　標準値の「正常な価格」とは、土地について、自由な取引が行われるとした場合におけるその取引（農地、採草放牧地又は森林の取引（農地、採草放牧地及び森林以外のものとするための取引を除く。）を除く。）において通常成立すると認められる価格をいい、当該土地に関して地上権その他当該土地の使用・収益を制限する権利が存する場合には、これらの権利が存しないものとして通常成立すると認められる価格をいう（同法２条２項）。

4　×　標準地は、土地鑑定委員会が、国土交通省令で定めるところにより、自然的及び社会的条件からみて類似の利用価値を有すると認められる地域において、「土地の利用状況、環境等が通常と認められる一団の土地」について選定する（同法３条）。本肢は、「土地の利用状況、環境等が特に良好と認められる一団の土地」とする点で誤っている。

【問　26】　　正解　4

1　×　宅建業者は、自己の名義をもって、他人に、宅建業を営む旨の表示をさせることをしてはならず、宅建業を営む目的をもってする広告をさせることもしてはならない（宅建業法13条２項）。

2　×　宅建業とは、宅地・建物の売買・交換や、宅地・建物の売買・交換・貸借の代理・媒介をする行為で業として行うものをいい、ここでいう建物には、建物の一部も含む(同法２条２号)。よって、建物の一部の売買の代理を業として行う行為は宅建業に当たる。

3　×　宅建業の免許を受けていない者は、宅建業を営んではならず（同法12条１項)、免許を受けていない者が業として行う宅地建物取引に宅建業者が代理又は媒介として関与したとしても、当該取引は無免許事業に該当する（宅建業法の解釈・運用の考え方)。

4　○　宅建業を営もうとする者は、宅建業の免許を受けなければならず（宅建業法３条１項)、宅建業者の従業者が、当該宅建業者とは別に自己のために宅建業を営むためには、**宅建業の免許を受ける必要がある**。よって、本肢のようなケースは無免許事業に当たる。

【問　27】　　　　　　　　　　**正解　1**

ア　×　宅建業者は、一定の場合を除き、**自己の所有に属しない**宅地・建物について、**自ら売主となる売買契約（予約を含む。）を締結してはならない**（宅建業法33条の2）。なお、買主が宅建業者である場合はこの規定は適用されない（同法78条2項）。

イ　×　宅建業者は、自ら売主となる宅地・建物の売買契約の締結に際して、その目的物が**種類又は品質に関して契約の内容に適合しない場合におけるその不適合を担保すべき責任**に関し、民法566条に規定する期間（「**買主がその不適合を知った時から1年以内に通知しない時**」まで）についてその目的物の引渡し**の日から2年以上となる特約をする場合を除き**、同条に規定するものより**買主に不利となる特約をしてはならない**（宅建業法40条1項）。損害賠償の請求期間を当該宅地・建物の「引渡しの日から1年」とする本肢の特約は、上記の規定よりも買主に不利な特約であるから、有効に定めることはできない。なお、買主が宅建業者である場合はこの規定は適用されない（同法78条2項）。

ウ　×　宅建業者は、**正当な理由がある場合でなければ**、その業務上取り扱ったことについて知り得た秘密を他に漏らしてはならない（同法45条前段）。宅建業者は本肢のようにいかなる場合でも守秘義務を負うわけではない。

エ　○　宅建業者が、宅建業に係る契約の締結の勧誘をするに際して、その相手方等に対し、**利益を生ずることが確実であると誤解させるべき断定的判断を提供する行為をすることは**禁止されている（同法47条の2第1項）。

以上より、正しいものは**エ**の1つであり、正解は**1**となる。

【問　28】　　　　　　　　　　**正解　4**

1　×　宅建業者が**建物の売買・交換**を行う場合においては、当該建物が住宅の品質確保の促進等に関する法律5条1項に規定する**住宅性能評価を受けた新築住宅**であるときは、**その旨を説明しなければならない**が、**建物の貸借**の場合には、**説明は不要**である（宅建業法35条1項14号イ、同法則16条の4の3第6号）。

2　×　宅建業者は、**建物の売買・交換を行う場合**において、当該建物が既存の建物であるときは、既存住宅に係る住宅の品質確保の促進等に関する法律6条3項に規定する**建設住宅性能評価書の保存の状況**について説明しなければならないが、**建物の貸借**の場合には、**説明は不要**である（宅建業法35条1項6号の2ロ、同法則16条の2の3第4号）。

3　×　宅建業者は、**建物の売買・交換・貸借を行う場合**において、当該建物について、**石綿の使用の有無の調査の結果が記録されているときは、その内容を説明**しなければならない（同法35条1項14号、同法則16条の4の3第4号）。石綿の使用の有無の調査が記録されていないときは、調査結果の記録がない旨を説明するだけで足り、本肢のように**「石綿使用の有無の調査を自ら実施」する必要はないため**（宅建業法の解釈・運用の考え方）、**「その結果について」説明する必要もない**。

4　○　宅建業者は、**建物の売買・交換・貸借**を行う場合において、当該建物が建物の区分所有等に関する法律2条1項に規定する**区分所有権の目的であるもの**であって、同条3項に規定する**専有部分の用途その他の利用の制限に関する規約の定め**があるときは、その内容を**説明しなければならない**（宅建業法35条1項6号、同法則16条の2第3号）。

【問　29】　　正解　3

ア　×　都道府県知事は、国土交通大臣又は他の都道府県知事の免許を受けた宅建業者で当該都道府県の区域内において業務を行うものが、当該都道府県の区域内における業務に関し、宅建業法37条に規定する書面を交付しなかったことなど一定の事由に該当する場合には、当該宅建業者に対し、1年以内の期間を定めて、業務停止処分をすることができる（同法65条4項2号）。**国土交通大臣が宅建業者に対して業務停止処分をしようとするときは、あらかじめ、内閣総理大臣に協議しなければならないが**（同法71条の2第1項）、**都道府県知事による業務停止処分の場合は、この協議をする必要はない**。

イ　○　免許権者が宅建業者に対して指示処分をしようとするときは、**聴聞**を行わなければならない（同法69条1項）。そして、この**聴聞の期日における審理は、公開**により行わなければならない（同条2項、16条の15第5項）。

ウ　○　免許権者は、その免許を受けた宅建業者が**免許を受けてから1年以内に事業を開始せず**、又は引き続いて1年以上事業を休止したときは、**免許を取り消さなければならない**（同法66条1項6号）。

エ　○　都道府県知事は、当該都道府県の区域内における宅建業者に対して、宅建業の適正な運営を確保するため必要があると認めるときは、その業務について**必要な報告を求めることができる**（同法72条1項）。この報告を求められたにもかかわらず報告を怠った宅建業者は、**50万円以下の罰金**に処せられることがある（同法83条1項6号）。

以上より、正しいものは**イ・ウ・エ**の**3**つであり、正解は**3**となる。

【問　30】　　正解　4

ア　違反する

宅建業者は、**建築基準法6条1項の建築確認を受ける前の建物**については、当該建物の売買**その他の**業務に関する**広告をすることができない**（宅建業法33条）。

イ　違反する

宅建業者は、宅地・建物の売買、交換、貸借に関する広告をするときは、取引態様の別を明示しなければならない（同法34条1項）。数回に分けて広告を行う場合には、最初に行った広告だけでなく、**すべての広告について**取引態様の別を明示しなければならない。

ウ　違反する

宅建業者は、**依頼者の依頼によらない広告の料金**については、**報酬とは別に受領することはできない**（宅建業法の解釈・運用の考え方）。

エ　違反する

宅建業者は、**建築基準法6条1項の建築確認を受ける前の建物**については、当該建物の売買その他の業務に関する**広告をすることができない**（宅建業法33条）。

以上より、宅建業法に違反するものは**ア・イ・ウ・エ**の**4**つであり、正解は**4**となる。

【問　31】　　　　　　　　　**正解　1**

ア　×　宅建業者は、**専任媒介契約の締結の日から、休業日数を除き7日以内に**、所定の事項を指定流通機構に登録しなければならない（宅建業法34条の2第5項、同法則15条の10第1項、2項）。本肢は、休業日数を算入しなければならないとする点で誤っている。

イ　×　**専任媒介契約の有効期間は、3月を超えることができず、これより長い期間を定めたときは、その期間は3月とする**（同法34条の2第3項）。よって、本肢では媒介契約は無効となるのではなく、有効期間を3月とする媒介契約が成立する。

ウ　×　専任媒介契約を締結した宅建業者は、依頼者に対し、**当該専任媒介契約に係る業務の処理状況を2週間に1回以上報告しなければならない**（同法34条の2第9項）。そして、媒介契約に関する規定である同法34条の2は、**宅建業者間の取引にも適用される**。よって、Bが宅建業者である場合であっても、Aは、当該専任媒介契約に係る業務の処理状況の報告をしなければならない。

エ　○　媒介契約を締結した宅建業者は、**当該建物が既存の建物であるときは、依頼者に対する建物状況調査を実施する者のあっせんに関する事項**を媒介契約書に記載しなければならない（同法34条の2第1項4号）。そして、この建物状況調査を実施する者は、**建築士法2条1項に規定する建築士であって国土交通大臣が定める講習を修了した者**でなければならない（同法則15条の8第1項）。

以上より、正しいものは**エ**の1つであり、正解は**1**となる。

【問　32】　　　　　　　　　**正解　4**

1　○　**売買の代理の場合の報酬の額の上限は、媒介の場合の報酬の額の上限の2倍**であり、**物件価格が200万円以下の場合**における消費税課税事業者が受領することのできる報酬の上限は、**物件価格×5.5%×2**となる（宅建業法46条1項、2項、報酬告示第2、第3）。また、**400万円以下の宅地・建物の売買の代理であって、通常の売買の代理と比較して現地調査等の費用を要するもの**については、報酬の上限に上乗せすることができる（同告示第7、第8）。本肢の宅地は代金200万円であるから、Aは、現地調査等の費用で通常の売買の代理と比較して多く要した8万円（消費税額を加算すると、8万円×1.1＝8万8,000円）を報酬の上限に上乗せすることができる。そうすると、本肢のAはBから、200万円×5.5％×2＝22万円に8万8,000円を上乗せした308,000円を上限として報酬を受領することができる。

2　○　**居住用建物以外の建物の賃貸借の媒介**の場合、宅建業者が依頼者の双方から受けることのできる報酬の額の合計額は、**当該建物の借賃（消費税等相当額を含まない。）の1か月分の1.1倍に相当する金額以内**である（同告示第4）。本肢は「事務所」であり、居住用建物以外の建物の貸借の媒介であるから、Aは依頼者の双方から合計で、1か月分の借賃から消費税等相当額を除いた100万円の1.1倍である110万円を上限に報酬を受領することができる。

3　○　宅建業者が報酬とは別に受領することができるのは、**依頼者の依頼によって行う広告費や依頼者の特別の依頼により支出を要する特別の費用に限られる**（宅建業法の解釈・運用の考え方、報酬告示第9)。よって、Aは、既存住宅の売買の媒介について、売主Cから報酬とは別にあっせんに係る料金を受領することはできない。

4　×　**売買の**媒介**において、物件価格が200万円以下の場合**における消費税課税事業者が受領することのできる報酬の上限は、**物件価格×5.5%**となる(同告示第2)。また、**400万円以下の宅地・建物の売買の**媒介**であって、通常の売買の媒介と比較して現地調査等の費用を要するもの**については、報酬の上限に上乗せすることができる(同告示第7、第8)。**通常の売買の媒介と比較して現地調査等の費用を多く要しない場合には、たとえ売主と合意していたとしても、当該費用を報酬の上限に上乗せすることは**できない。よって、本肢のAはDから、200万円×5.5%＝110,000円を上限として報酬を受領することができる。

【問　33】　　正解　3

1　×　宅建業者で保証協会に加入しようとする者は、その**加入しようとする日までに**弁済業務保証金分担金を保証協会に納付しなければならない(宅建業法64条の9第1項1号)。本肢のように「加入の日から2週間以内」ではない。

2　×　保証協会の社員となった宅建業者は、保証協会に加入する前に供託していた営業保証金を供託することを要しなくなったときは、供託した営業保証金を取り戻すことができる(同法64条の14第1項)。この場合、**還付請求権者に対する公告をする必要は**ない。

3　○　保証協会の社員は、弁済業務保証金分担金を納付した後に、**新たに事務所を設置したときは、その日から**2**週間以内に、弁済業務保証金分担金を当該保証協会に納付しなければならず**(同法64条の9第2項)、**納付しなかったときは、保証協会の社員の地位を失う**こととなる(同条3項)。

4　×　還付充当金の未納によって保証協会の地位を失った宅建業者は、その地位を失った日から**1週間以内に営業保証金**を供託しなければならない(同法64条の15)。本肢のように、「その地位を失った日から2週間以内」に「弁済業務保証金」を供託しなければならないという規定は存在せず、また、供託により「その地位を回復する」という規定も存在しない。

【問　34】　　正解　2

1　×　宅建業者が宅地・建物の売買を行う場合、**損害賠償額の予定又は違約金に関する定めがあるときは、その内容**を37条書面に**記載しなければならない**(宅建業法37条1項8号)。よって、本肢のように、損害賠償額の予定をするときは、37条書面にその内容を記載する必要がある。

2　○　宅建業者が宅地・建物の売買の媒介を行う場合、**当該建物が既存の建物であるときは、建物の構造耐力上主要な部分等の状況について当事者の双方が確認した事項**を37条書面に**記載しなければならない**(同法37条1項2号の2)。

3　×　宅建業者が宅地・建物の売買の媒介を行う場合、**当該宅地又は建物に係る租税その他の公課の負担に関する定めがあるときは、その内容**を37条書面に**記載しなければならない**(同法37条1項12号)。

4　×　宅建業者は、宅建士に37条書面へ記名させなければならないが(同法37条3項)、**37条書面に記名する宅建士は、35条書面に記名した宅建士である必要はない**。

【問　35】　　　　　　　　正解　4

1　違反する

宅建業者は、一定の場合を除き、**自己の所有に属しない**宅地・建物について、**自ら売主となる売買契約(予約を含む。)を締結してはならない**(宅建業法33条の2本文)。ただし、**宅建業者が当該宅地・建物を取得する契約**(予約を含み、その**効力の発生が条件に係るものを除く**。)を締結しているときは、例外的に、自ら売主となる売買契約を締結することが認められている(同条1号)。よって、その効力の発生が条件に係るものは除かれている(同号かっこ書)。本肢の宅地の売買契約には停止条件が付されているから、原則どおり、Aは、当該宅地について自ら売主となる売買契約を締結することはできず、Cとの間で当該宅地の売買契約を締結したことは宅建業法の規定に違反する。なお、買主が宅建業者である場合はこの規定は適用されない(同法78条2項)。

2　違反する

宅建業者は、主たる事務所に従事する唯一の専任の宅建士が退職した場合には、2**週間以内に**必要な措置を執らなければならない(同法31条の3第1項、3項)。本肢のAは、Dの退職後2週間以内に新たな専任の宅建士Eを置いていないから、宅建業法の規定に違反する。

3　違反する

宅建業者は、**宅地・建物の売買、交換、貸借に関する注文を受けたとき**は、遅滞なく、その注文をした者に対し、**取引態様の別を明らかにしなければならない**(同法34条2項)。この規定は、**取引の相手方が宅建業者の場合であっても適用される**(同法78条2項参照)。よって、本肢のAが宅建業者Fに対して取引態様の別を明示しなかったことは、宅建業法の規定に違反する。

4　違反しない

宅建業者は、宅地の造成・建物の建築に関する工事の完了前においては、当該工事に関し必要とされる**都市計画法29条の許可があった後**でなければ、当該工事に係る宅地・建物につき、**自ら当事者として、若しくは当事者を代理して、その売買・交換契約を締結し、又は売買・交換の媒介をしてはならない**(宅建業法36条)。しかし、宅建業者による**貸借の代理・媒介**については、このような**制限はない**。よって、本肢のAによる宅地の貸借の媒介は、宅建業法の規定に違反しない。

【問　36】　　　　　　　　正解　2

ア　○　宅建業者が宅地・建物の売買の媒介を行う場合、**当該宅地・建物を特定するために必要な表示**を37条書面に記載しなければならない(宅建業法37条1項2号)。この表示について37条書面で交付する際、**工事完了前の建物については、重要事項の説明の時に使用した図書を交付することにより行うものとされている**(宅建業法の解釈・運用の考え方)。

イ　×　宅建業者が宅地・建物の貸借の代理・媒介を行う場合、**借賃の額、その支払の時期、支払方法を37条書面に記載しなければならない**(宅建業法37条2項2号)。また、**37条書面は、借主が宅建業者である場合であっても交付しなければならない**。しかし、**宅建**

業者が自ら貸主となる場合は、宅建業法上の「宅地建物取引業」には該当せず、**同法の規制を受けない**（同法2条2号参照）。よって、自ら貸主となる本肢のAは、借賃の支払方法を37条書面に記載する必要はなく、また借主に当該書面を交付する必要もない。

ウ　×　宅建業者が宅地・建物の売買の契約を行う場合、**契約の解除に関する定めがあるときは、その内容**を37条書面に**記載しなければならない**（同法37条1項7号）。よって、本肢のAは、「買主が金融機関から住宅ローンの承認を得られなかったときは契約を無条件で解除できる」旨を37条書面に**記載しなければならない**。

エ　○　宅建業者が宅地・建物の売買、貸借のいずれの契約の媒介を行う場合であっても、**契約の解除に関する定めがあるときは、その内容**を37条書面に**記載しなければならない**（同法37条1項7号、2項1号）。

以上より、正しいものは**ア・エ**の2つであり、正解は**2**となる。

【問　37】　　　　　　　　　　**正解　3**

1　×　建築工事の完了前の物件（未完成物件）について、自ら売主となる宅建業者が受領しようとする手付金等の額（既に受領した手付金等の額も加える。）が、**代金の5%以下**であり、かつ**1,000万円以下**であるときは、**保全措置は不要**である（宅建業法41条1項ただし書、同法令3条の5）。本肢の場合、3,000万円×5%＝150万円以下の手付金等の受領であれば保全措置を講じる必要はないが、Aは手付金として200万円を受領しようとしているから、保全措置を**講じなければならない**。AがBに対して書面で手付金等の保全措置を講じないことを告げても、この結論は変わらない。

2　×　宅建業者が、自ら売主となる宅地・建物の売買契約の締結に際して手付を受領したときは、その手付がいかなる性質のものであっても、**相手方が契約の履行に着手する前であれば**、当該宅建業者は**その倍額を現実に提供して、契約の解除をすることができる**（同法39条2項）。本肢は、解除することについて正当な理由を必要とする点で誤っている。

3　○　保全措置を講じなければならない「手付金等」とは、契約の締結の日から当該物件の引渡しの日までに支払われるものをいい（同法41条1項柱書）、**中間金も「手付金等」に含まれる**。本肢の場合、3,000万円×5%＝150万円を超える手付金等を受領する場合に保全措置を講じる必要があり、Aが150万円を手付金として受領した時点では保全措置を講じる必要はないが、その後中間金として50万円を受領しようとする場合は、合計額が200万円となるため、保全措置を講じなければならない。よって、Aは、合計額200万円について手付金等の保全措置を講じれば、当該中間金を受領することができる。

4　×　本肢の場合、Aが150万円を手付金として受領した時点では保全措置を講じる必要はないが、その後中間金として500万円を受領しようとする場合は、合計額650万円について保全措置を講じなければならない。そして、Aは、合計額650万円について**手付金等の保全措置を講じれば、当該中間金を受領することができる**。

【問　38】　　　　　　　　**正解　2**

ア　×　**クーリング・オフに関する宅建業法の規定に反する特約で申込者等に不利なものは、無効**である（宅建業法37条の2第4項）。そして、クーリング・オフ制度は、一定期間の間、申込者等に**無条件で売買契約の解除を認めるもの**であることから、申込者等に対して**違約金の支払請求をすることができる旨の特約は、宅建業法の規定に反する特約で申込者等に不利なものといえ、無効**とされる。よって、本肢の特約は無効であり、Aは、Bに対して違約金の支払を請求することはできない。

イ　○　本肢のBが買受けの申込みをした場所は喫茶店であり、**「事務所等以外」の場所**であるから、Bは、Aから申込みの撤回等を行うことができる旨及びその申込みの撤回等を行う場合の方法について告げられた場合において、その**告げられた日から起算して8日を経過するまでの間**、クーリング・オフにより契約の解除をすることができる（同法37条の2第1項1号）。本肢では、BがAからクーリング・オフについて告げられたのは、買受けの申込みの3日後であるから、その日から起算して8日を経過するまでの間、つまり、買受けの申込みから11日を経過するまでの間は、クーリング・オフにより契約の解除をすることができることとなる。よって、本肢の「クーリング・オフにより契約を解除できる期間について買受けの申込みをした日から起算して10日間とする旨の特約」は、Bが本来クーリング・オフにより契約の解除をすることができる期間を1日間短縮するものであるから、**宅建業法の規定に反する特約で申込者等に不利なものであり、無効**となる（同条4項）。

ウ　×　クーリング・オフにより契約の解除をするためには、**売主である宅建業者の「事務所等以外」の場所で買受けの申込みをしたこと**が必要となる（同法37条の2第1項）。そして、**売主である宅建業者が他の宅建業者に対し、宅地・建物の売却について代理・媒介の依頼をした場合には、代理・媒介の依頼を受けた宅建業者の事務所はクーリング・オフにおける「事務所等」と扱われる**（同法則16条の5第1号ハ）。本肢のBが買受けの申込みをした場所は、Aが媒介を依頼した宅建業者Cの事務所であることから、Aの「事務所等」に該当する。よって、Bはクーリング・オフにより契約を解除することができない。

以上より、誤っているものは**ア・ウ**の2つであり、正解は**2**となる。

【問　39】　　　　　　　　**正解　3**

1　×　宅建業者は、**建物の売買・交換を行う場合**において、当該建物が既存の建物であるときは、**建物の建築及び維持保全の状況**に関する書類の保存状況について説明しなければならないが、**建物の貸借**の媒介の場合には、**説明は不要**である（宅建業法35条1項6号の2ロ、同法則16条の2の3）。

2　×　宅建業者は、宅地・建物の売買・交換・貸借の媒介を行う場合において、**当該宅地・建物の上に登記された権利が存在する**ときは、その種類、内容、登記名義人又は登記簿の表題部に記録された所有者の氏名を説明しなければならない（同法35条1項1号）。登記された権利が**引渡しまでに抹消される場合であっても、必ず説明しなければならない。**

3　○　宅建業者は、**宅地の貸借**の媒介を行う場合には、**契約終了時における当該宅地の上の建物の取壊しに関する事項を定めようとするときは、その内容**を説明しなければならない（同法35条1項14号、同法則16条の4の3第13号）。

4 × 宅建業者は、**宅地・建物の**売買・交換・**貸借**の媒介を行う場合において、当該宅地・建物が津波防災地域づくりに関する法律53条1項により指定された**津波災害警戒区域内にあるときは、その旨**を説明しなければならない（宅建業法35条1項14号、同法則16条の4の3第3号）。本肢は、貸借の場合は説明しなくてよいとする点で誤っている。

【問 40】 **正解 2**

1 ○ 宅建業者の従業者は、取引の関係者の**請求があったとき**は、**従業者証明書**を提示しなければならない（宅建業法48条2項）。また、宅建士は、**重要事項の説明**をするときは、**請求がない場合であっても**、説明の相手方に対し、**宅建士証**を提示しなければならない（同法35条4項）。

2 × 宅建業者は、その業務に関する帳簿を、**各事業年度の末日をもって閉鎖し**、**閉鎖後**5年間、当該宅建業者が自ら売主となる新築住宅に係るものにあっては10年間、保存しなくてはならない（同法49条、同法則18条3項）。本肢は、帳簿を「各取引の終了後」から保存しなければならないとする点で誤っている。

3 ○ 宅建業者が一団の宅地建物の分譲を案内所を設置して行う場合には、当該**案内所**には所定の事項を表示した**標識を掲げなければならない**（同法50条1項、同法則19条1項2号、3号）。そして、宅建業者が一団の宅地建物の分譲を案内所を設置して行う場合、当該案内所が**土地に定着する建物内に設けられるものではないとき**は、「事務所等」に**該当せず**（同法37条の2第1項、同法則16条の5第1号ロ）、クーリング・オフ制度が**適用される**ため、**当該案内所の標識には、クーリング・オフ制度の適用がある旨の表示が**必要**となる**（同法則19条2項3号）。本肢の案内所は、「一時的かつ移動が容易な施設」であるから、「土地に定着する建物内に設けられるもの」ではなく、クーリング・オフ制度が適用される。よって、本肢の案内所には、クーリング・オフ制度の適用がある旨等所定の事項を表示した標識を掲げなければならない。

4 ○ 宅建業者は、その**事務所等**に、成年者である専任の宅建士を置かなければならない（同法31条の3第1項）。そして、宅建業者が**一団の宅地建物の分譲を案内所を設置して行う場合において、当該案内所が契約を**締結**し、又は契約の**申込み**を受ける場所**であるときは、当該案内所は、**専任の宅建士の設置義務がある「事務所等」に該当する**（同法則15条の5の2第2号）。よって、本肢の案内所には、専任の宅建士を置かなければならない。

【問 41】 **正解 1**

1 ○ 宅建業者が**建物の貸借**の契約を行う場合において、当該一棟の建物及びその敷地の管理が委託されているときは、その**委託を受けている者の**氏名**（法人の場合はその商号又は名称）及び**住所**（法人の場合は、その主たる事務所の所在地）**を借主に説明しなければならない（宅建業法35条1項6号、同法則16条の2第8号）。当該建物が

令和元年

区分所有建物であるか否かを問わず、説明が必要である（同法則16条の4の3第12号）。

2 × 宅建業者である売主は、**他の宅建業者に媒介を依頼して宅地・建物の売買契約を締結しようとする場合であっても**、買主になろうとする者に対して**重要事項説明の義務を負う**（同法35条1項柱書参照）。

3 × 宅建業者は、**建物の売買・交換**の契約を行う場合において、**建築基準法に規定する建蔽率及び容積率に関する制限があるときは、その概要**を説明しなければならない（同法35条1項2号、同法令3条1項）が、**建物の貸借**の媒介を行う場合には**この説明は不要**である（同法令3条3項）。

4 × 重要事項説明では、**「代金、交換差金又は借賃の額」は説明**しなくてよいが、**「それ以外に授受される金銭の額」については説明**しなければならない（同法35条1項7号）。本肢の記述は逆の説明となっている。

【問 42】 **正解 1**

1 × 宅建業法における「宅地」とは、建物の敷地**に供せられる土地**をいい、都市計画法8条1項1号の**用途地域内のその他の土地で、道路、公園、河川その他政令で定める公共の用に供する施設**の用に供せられているもの「**以外**」**のもの**を含む（宅建業法2条1号）。よって、用途地域内であっても、道路、公園、河川等の公共施設の用に供されている土地は、「宅地」には該当しない。

2 ○ 宅建業法における「宅地」とは、建物の敷地に供せられる土地をいうが、**現に建物の敷地に供せられている土地に限らず、広く建物の敷地に供する目的で取引の対象とされた土地**であればよく、**その地目、現況は**無関係である（宅建業法の解釈・運用の考え方）。

3 ○ 都市計画法に規定する市街化調整区域内か区域外かを問わず、**建物の敷地に供せられる土地は、宅建業法における「宅地」に該当する**（宅建業法2条1号）。

4 ○ 都市計画法8条1項1号の**用途地域内の土地**で、道路、公園、河川その他政令で定める公共の用に供する施設の用に供せられているもの以外のものは、宅建業法における「**宅地**」に該当する（同法2条1号）。本肢の準工業地域内は都市計画法における用途地域の一種であり、そこで建築資材置場の用に供せられている土地は「宅地」に該当する。

【問 43】 **正解 2**

1 × **法人の役員が**禁錮**以上の刑に処せられ**、その刑の執行を終わり、又は執行を受けることがなくなった日から**5年を経過しない**場合は、その法人は免許を受けることができない（宅建業法5条1項5号、12号）。**非常勤役員であってもここでいう「役員」に該当**する。よって、本肢の法人は免許を受けることができない。

2 ○ **法人の政令で定める使用人が**禁錮**以上の刑に処せられ**、その刑の執行を終わり、又は執行を受けることがなくなった日から**5年を経過しない**場合は、その法人は免許を受けることができない（同法5条1項5号、12号）。しかし、執行猶予**期間が満了した場合**、刑の言渡しは効力を失うから（刑法27条）、**その満了の日の**翌日**から、当該法人は免許を受けることができる**。

3 × 法人の専任の宅建士は、免許の欠格要件の対象者には**含まれていない**。

また、刑法261条の罪により**罰金の刑に処せられた場合、免許の欠格要件には該当しない**（宅建業法5条1項6号参照)。よって、本肢の場合、当該法人は免許を受けることができる。

4 × 法人の役員が欠格要件に該当する場合は、その法人は免許を受けることができない（同法5条1項5号、12号)。代表取締役は「役員」であるが、**拘留の刑は免許の欠格要件である禁錮以上の刑**（同法5条1項5号、12号）**ではない**ので、当該法人は免許を受けることができる。

【問 44】 **正解 3**

1 × 業務停止の処分に違反したとして宅建業の免許の取消しを受けた**法人の役員であった者**は、当該免許取消しの日から5年を経過しなければ、登録を受けることができない（宅建業法18条1項3号､66条1項9号､65条2項、4項)。本肢のような「**法人の政令で定める使用人であった者**」は、宅建士資格登録の**欠格要件には該当しない**。

2 × 宅建士登録を受けている者が勤務先宅建業者を変更したときは、遅滞なく、変更の登録を申請しなければならない（同法20条、18条2項、同法則14条の2の2第1項5号)。この**変更の登録の申請先は、登録を受けている都道府県知事**である（同法20条、18条2項)。よって、本肢では、乙県知事ではなく、甲県知事に対して勤務先の変更の登録を申請しなければならない。

3 ○ 宅建士登録を受けている者が住所を変更したときは、遅滞なく、変更の登録を申請しなければならない（同法20条、18条2項)。**宅建士証の交付を受けていなくても、住所の変更の登録を申請しなければならない**（同法20条)。

4 × 宅建士の登録を受けるには、宅建士資格試験の合格者で、**2年以上の実務の経験を有する者**又は国土交通大臣がその**実務の経験を有する者と同等以上の能力を有すると認めた者（登録実務講習を受講した者）**でなければならない（同法18条1項、同法則13条の15)。なお、合格した日から1年以内に登録を受けようとするときに受講が不要となるのは、宅建士証の交付申請をする場合の法定講習である（同法22条の2第2項ただし書)。

【問 45】 **正解 1**

1 × 宅建業者は、**自ら売主として新築住宅を販売する場合**に、住宅販売瑕疵担保保証金の供託又は住宅販売瑕疵担保責任保険契約の締結を行う**義務を負う**（履行確保法11条1項、2項)。宅建業者が**新築住宅の売買の媒介をする場合**には、これらの**義務を負わない**。

2 ○ 自ら売主として新築住宅を販売する宅建業者は、住宅販売瑕疵担保保証金の供託をしている場合、**当該住宅の売買契約を締結するまでに**、当該住宅の宅建業者ではない買主に対し、**供託所の所在地等**について、**それらの事項を記載した書面を交付して説明しなければならない**（同法15条1項)。

3 ○ 自ら売主として新築住宅を宅建業者ではない買主に引き渡した宅建業者は、**基準日ごとに基準日から3週間以内**に、当該基準日に係る**住宅販売瑕疵担保保証金の供託及び住宅販売瑕疵担保責任保険契約の締結の状況**について、宅建業の免許を受けた国土交通大臣又は都道府県知事に**届け出なければならない**（同法12条1項、同法則16

条1項)。

4 ○ **住宅販売瑕疵担保責任保険契約**を締結している宅建業者は、当該保険に係る新築住宅に、**構造耐力上主要な部分**又は**雨水の浸入を防止する部分**の瑕疵(構造耐力又は雨水の浸入に影響のないものを除く。)がある場合に、特定住宅販売瑕疵担保責任の履行によって生じた損害について**保険金を請求することができる**(同法2条7項、品確法95条1項)。

【問 46】 **正解 1**

1 × 機構は、証券化支援事業(買取型)において、新築住宅のほか、**中古住宅を購入するための貸付債権を買取りの対象としている**(機構法13条1項1号、業務方法書3条)。

2 ○ 機構は、証券化支援事業(買取型)において、**バリアフリー性、省エネルギー性、耐震性又は耐久性・可変性に優れた住宅を取得**する場合に、**貸付金の利率を一定期間引き下げる制度**(フラット35S)を**実施している**。

3 ○ 機構は、マンション管理組合や区分所有者に対する**マンションの共用部分の改良に必要な資金の貸付け**を業務として行っている(機構法13条1項7号)。

4 ○ 機構は、**災害により住宅が滅失**した場合において、それに**代わるべき建築物の建設又は購入に必要な資金の貸付け**を業務として行っている(同法13条1項5号)。

【問 47】 **正解 4**

1 × 「**建築条件付土地**」とは、自己の所有する土地を取引するにあたり、自己と土地購入者との間において、**自己又は自己の指定する建設業を営む者との間に、当該土地に建築する建物について一定期間内に建築請負契約が成立することを条件として取引される土地**をいう(**建築請負契約の相手方となる者を制限しない場合を含む**。)(公正規約4条6項(1))。本肢のように、購入者に対し、購入後一定期間内に当該土地に建物を建築することを条件としていれば、建物建築の発注先を購入者が自由に選定できることとなっていても「建築条件付土地」に該当するため、当該土地の広告に「建築条件付土地」と表示しなければならない。

2 × 賃貸される住宅(マンション又はアパートの場合は住戸)の賃料については、取引する全ての住戸の1か月当たりの賃料を表示しなければならないが、新築賃貸マンション又は新築賃貸アパートの賃料については、パンフレット等の媒体を除き、**1住戸当たりの最低賃料及び最高賃料**のみで表示することができる(同規約則9条(40))。本肢は、「標準的な1住戸1か月当たりの賃料」を表示すれば不当表示に問われないとする点で誤っている。

3 × 建物を増築・改築・改装又は改修したことを表示する場合は、その**内容及び時期を明示**しなければならない(同規約則9条(21))。本肢のように「改装済みである旨」を必ず表示しなければならないわけではない。

4 ○ 「新築」という用語は、**建築工事完了後1年未満**であって、**居住の用に供されたことがない**ものという意味で使用しなければならない(同規約18条1項(1))。本肢ではこれに当てはまるから、広告に「新築」と表示しても、不当表示に問われることはない。

【問 48】 **正解 2**

1 × 平成29年度法人企業統計年報によれば、平成29年度における全産業の経常利益は前年度に比べ11.4％増加となり、不動産業の経常利益は**13.8%増加**した。本肢は、不動産業の経常利益が「減少」したとする点で誤っている。

2 ○ 平成31年地価公示によれば、平成30年1月以降の1年間の地価変動率は、全国平均では住宅地、商業地、工業地の**いずれについても上昇**となった。

3 × 令和元年版国土交通白書によれば、平成30年3月末における宅地建物取引業者数は12万3,782であり、**20万に達していない**。

4 × 建築着工統計によれば、平成30年の貸家の新設着工戸数は約39.6万戸となっており、前年に比べ**5.5%減少**し、**7年ぶりの減少**となった。

【問 49】 **正解 3**

1 ○ 台地、段丘は、農地として利用され、都市的な土地利用も多く、一般に**地盤が安定している**。

2 ○ 台地を刻む谷や台地上の池沼を埋め立てた所では、**地盤の液状化**が発生する**危険性がある**。

3 × 台地、段丘は、水はけが良く、**自然災害に対して安全度が高い**ことから、宅地として積極的に利用されている。

4 ○ 旧河道や低湿地、海浜の埋立地では、地震による**地盤の液状化**が発生する**危険性がある**ことから、その対策が必要である。

【問 50】 **正解 4**

1 ○ 地震に対する建物の安全確保には、**耐震**、**制震**、**免震**という考え方がある。

2 ○ **制震**は、制振ダンパーなどの制**振装置を設置**することによって、地震等の周期に建物が共振することで起きる**大きな揺れを制御する技術**である。

3 ○ **免震**は、ゴムなどの**免震装置を設置**し、上部構造の**揺れを減らす技術**である。

4 × **耐震**は、建物の強度や粘り強さによって**地震に耐える技術**であり、**既存不適格建築物の地震に対する補強に利用**されている。

令和元年

MEMO

※矢印の方向に引くと正解・解説編が取り外せます。